"博学而笃志,切问而近思。"
（《论语》）

博晓古今,可立一家之说；
学贯中西,或成经国之才

复旦博学·复旦博学·复旦博学·复旦博学·复旦博学·复旦博学

主编简介

谭术魁，男，1965年生，湖北省巴东县人，土家族，华中农业大学博士、南京大学博士后、美国加利福尼亚大学伯克利分校（University of California, Berkeley）访问学者，教育部新世纪优秀人才支持计划入选者。现为华中科技大学公共管理学院副院长，土地管理系主任，教授，博士生导师，同时担任国家自然科学基金申请项目同行评议专家，国家社会科学基金申请项目同行评议专家，国家社会科学基金项目成果通讯鉴定专家，教育部博士硕士学位授权点通讯评议专家，教育部博士学位论文定期评估通讯评议专家。主要研究领域为土地管理、房地产管理、住房政策。主持完成国家自然科学基金、国家社会科学基金等多个研究项目。出版专著2部，主编教材6部（含普通高等教育"十一五"国家级规划教材1部），公开发表学术论文175篇，其中SSCI/SCI论文10篇。

21世纪工程管理系列

房地产开发与经营

（第三版）

谭术魁　主编
李　悦　副主编

复旦大学出版社

内容提要

本书在管理学、工程经济学、工程管理技术等有关理论和方法的基础上，首先界定了房地产开发与经营的关系，对相关理论及房地产企业进行了一定程度的阐述，然后以房地产项目的开发程序为主线，紧扣房地产开发与经营的内容，全面阐述了环境分析、开发用地的获取、可行性研究、开发项目的准备与实施、房地产营销管理及项目后评价等各个阶段的工作、方法等相关知识。

本书注重与实践相结合，相关的例题、案例、规范文本加强了学生对理论知识的理解，全书内容丰富、时效性强、实际操作性强，既可以作为工程管理专业、房地产经营管理专业本科生的教材或教学参考书，也可供房地产开发企业、房地产经营管理企业、工程管理人员与技术人员学习使用。

博学·21世纪工程管理系列
编 委 会

丛书主编：谭术魁　华中科技大学

编　　委：（按姓氏拼音排列）

陈耀东	南开大学
邓宏乾	华中师范大学
冯　浩	湖北大学
李　斌	华中科技大学
李慧强	华中科技大学
卢新海	华中科技大学
彭浩涛	湖北大学
谭术魁	华中科技大学
王爱民	武汉理工大学
王晓鸣	华中科技大学
杨克磊	天津大学
杨　青	复旦大学
张宗新	复旦大学
郑立群	天津大学

房地产开发与经营

主　编　谭术魁　华中科技大学
副主编　李　悦　湖北大学
参　编　李进涛　华中科技大学
　　　　　　陈晓川　湖北大学
　　　　　　汪文雄　华中农业大学
　　　　　　郭志涛　河南工业大学
　　　　　　吴焕军　中南财经政法大学

PREFACE 总 序

摆在我们面前的这套丛书是一套21世纪工程管理类专业的系列教材。这是我国高校工程管理教育中的一件大喜事。

众所周知,20世纪90年代末以来,我国房地产业得到了迅猛发展。这无论对改善我国城镇广大居民住房条件、拓展城市空间、改变城镇面貌,还是对启动内需、促进经济增长,都起了巨大的积极作用。当然,在房地产业迅猛发展过程中,也产生了一系列包括房地产供应结构失衡、房价上升过快、市场秩序不规范等问题,但这些问题都是前进中的问题。房地产业作为我国国民经济的支柱产业,地位并不会因产生了这些问题而有所动摇。从2005年的"国八条"到2006年的"国六条",政府对房地产业发展的一系列宏观政策调控,绝不是要打压或抑制这一行业的发展,相反,完全是为了引导和扶植房地产业更好地、健康地发展。正如医生给一个生了点病的孩子打针吃药一样,是为了使孩子能更好、更健康地成长。

今天,我国经济在科学发展观指引下正阔步前进,人民生活水平在不断提高,农村城镇化进程在加速,在这样的大背景下,我国房地产业的发展正方兴未艾,前程似锦。为了使我国房地产业在今后能更科学、更健康地持续发展,人才培养可说是重中之重。正因为这样,我国目前已有190所高校设置了与国际接轨的工程管理专业,这还不包括只在一所大学设置的本科专业。如果含交叉学科(专业基础课,如土地资源管理专业、公共管理专业等),目前全国约有360所高校开设有工程管理课程。工程管理专业既不是一般的房地产经济专业,也不是纯土木建筑工程专业,而是一个涵盖这些专业并着重于管理的交叉学科专业。这个专业主要是培养具备管理学、经济学和土木工程技术的基本知识,掌握现代管理科学理论、方法和手段,能在国内外工程建设领域从事项目决策和全过程管理的复合型高级管理人才。这样的人才,必须获得和掌握以下几方面的知识和能力:(1)工程管理的基本理论和方法。(2)投资经济的基本理论和知识。(3)土木工程的技术知识。(4)工程项目建设的方针、政策和法规。(5)国内外工程管理发展动态的信息和知识。(6)运用计算机辅助解决管理问题的能力。

为了适应培养这样人才的需要,复旦大学出版社组织了国内一些著名大学的一批专家教授编写出版这套工程管理系列教材,包括《房地产市场营销》《工程项目投资与融资》《工程经济学》《投资经济学》《房地产开发与经营》《工程合同管理》《国际工程承包管理》《工程造价与管理》《建设工程成本计划与控制》《房地产法》《房地产开发企业财务管理》《房地产开发企业会计》《房地产金融》《房地产估价》《物业管理》《房地产管理学》等。由于这套教材是由从华北到华中再到上海的几所知名大学里的有经验知名教授编写的,因此,有理由预期,这套教材的问世,将对提升我国工程管理专业类教学水平起到极大推动作用。

尹伯成

2006 年 7 月于复旦大学

FOREWORD OF THE THIRD EDITION 第三版前言

本书是复旦大学"博学·21世纪工程管理系列"教材的一部分,目的是为工程管理专业提供一部专业主干课程教材,使学生了解房地产开发与经营的基本理论与方法,培养学生在房地产开发与经营领域的基本素养,为将来从事相关行业打下坚实的理论基础。

随着社会的不断发展,现代房地产市场对专业人才的需求提出了更高的要求,为了适应这种变化,本教材具有以下特点。

第一,在各章节的安排上,按房地产开发的程序,以一定的时间序列为主要发展脉络,便于学生的理解,并使学生对房地产开发全过程有一个更为直观的感觉。

第二,本书以房地产产品的特点为中心,以房地产产品的生产过程——房地产开发为主线,以不断发生变化的房地产市场为背景,在理论分析的基础上总结房地产开发与经营的成功经验,内容丰富,紧扣房地产实践。本书可作为工程管理专业、房地产经营管理专业的教材或教学参考书,也可作为建筑经济管理、土木工程等专业选修课程的教学用书。

本书第三版仍由谭术魁教授(华中科技大学)担任主编,李悦(湖北大学)担任副主编。编写分工是:第1章由谭术魁编写;第2章、第6章由李进涛(湖北工业大学)编写;第3章、第5章由谭术魁、陈晓川(湖北大学)编写;第4章、第10章由李悦编写;第7章由汪文雄(华中农业大学)编写;第8章由郭志涛(河南工业大学)编写;第9章由吴焕军(中南财经政法大学)编写。修正、确定第三版的工作主要由谭术魁、欧国良、王斯亮完成。

本书的编写参考了国内外有关房地产开发与经营管理方面的书籍和我国房地产管理的相关法律、法规、文件及其资料,在此对有关书籍和资料的作者表示衷心的感谢。由于编者学术水平所限,书中难免有错误或不妥之处,恳请读者批评指正。

编 者

2014年2月于武汉喻家山

CONTENTS 目录

第一章　绪论	1
第一节　房地产开发与房地产经营	1
第二节　房地产开发程序	9
第三节　房地产经营的基本环节	12
第二章　房地产开发与经营基本理论	19
第一节　房地产开发与经营策略分析	19
第二节　房地产开发与经营决策理论	20
第三节　房地产开发与经营新理念	27
第三章　房地产企业	34
第一节　房地产企业概述	34
第二节　房地产企业人员与组织	45
第三节　房地产企业经营与管理	53
第四章　房地产开发与经营环境分析	64
第一节　房地产开发与经营环境概述	64
第二节　房地产开发与经营环境分析的原则、内容	67
第三节　房地产开发与经营环境分析方法	77
第四节　房地产开发经营机会选择与风险分析	80
第五章　房地产开发用地的获取	89
第一节　土地使用权的获取	89
第二节　房地产开发用地的征用拆迁	100

第三节　房地产企业参与土地竞标 …………………………………………… 107

第六章　房地产开发项目可行性研究 …………………………………………… 113
　　第一节　可行性研究概述 …………………………………………………… 113
　　第二节　房地产市场的调查与研究 ………………………………………… 118
　　第三节　房地产开发项目的投资估算与收入估算 ………………………… 134
　　第四节　房地产开发项目的财务评价 ……………………………………… 136
　　第五节　房地产开发项目可行性研究报告的撰写 ………………………… 150

第七章　房地产开发项目的准备 ………………………………………………… 157
　　第一节　房地产开发资金筹措 ……………………………………………… 157
　　第二节　房地产开发项目规划设计方案的评价 …………………………… 169
　　第三节　房地产开发项目报建管理 ………………………………………… 178
　　第四节　房地产开发项目招标投标 ………………………………………… 181

第八章　房地产开发项目实施 …………………………………………………… 199
　　第一节　房地产开发项目建设管理 ………………………………………… 199
　　第二节　房地产开发项目合同管理 ………………………………………… 211
　　第三节　工程索赔管理 ……………………………………………………… 219
　　第四节　项目竣工验收 ……………………………………………………… 226

第九章　房地产营销管理 ………………………………………………………… 236
　　第一节　房地产销售管理 …………………………………………………… 236
　　第二节　房地产价格管理 …………………………………………………… 240
　　第三节　房地产销售渠道管理 ……………………………………………… 251
　　第四节　房地产促销管理 …………………………………………………… 258

第十章　房地产开发与经营项目后评价 ………………………………………… 270
　　第一节　房地产开发与经营项目后评价概述 ……………………………… 270
　　第二节　房地产开发与经营项目综合效益评价 …………………………… 273
　　第三节　房地产购买后行为评价 …………………………………………… 281

复习思考题参考答案 ……………………………………………………………… 288

附录　国有土地使用权出让合同 ………………………………………………… 300

第一章 绪 论

学 习 目 标

学习本章后,你应该能够:
1. 了解房地产开发、房地产经营的含义及相互的关系;
2. 熟悉房地产开发的基本程序;
3. 熟悉房地产经营的基本环节。

第一节 房地产开发与房地产经营

一、房地产开发的含义、特征和分类

(一)房地产开发的含义

"开发"一词,意指生产者或经营者对森林、土地、水等自然资源进行整理或改造以达到一定的经济或社会目的的行为。

将开发活动延伸到房地产领域中,就是房地产开发。根据《中华人民共和国城市房地产管理法》第二条,"房地产开发,是指在依据本法取得国有土地使用权的土地上进行基础设施、房屋建设的行为"。具体来讲,房地产开发是指具有相应资质的房地产开发企业依据相关法律、法规或政策,根据城市发展和建设的总体规划,充分考虑经济效益、社会发展的要求,对获取的土地进行投资、建设和管理的行为。

房地产开发是一种经济行为,需要借助土地、建筑材料、基础设施、专业人员、资金等资源的优化组合形成建筑产品,再通过后续的销售活动实现经济效益。同时,房地产开发涉及社会生产生活的方方面面,房地产开发的每一个步骤甚至每一道工序都受到政府的高度重视,都要在《中华人民共和国城市房地产管理法》、《中华人民共和国土地管理法》、《中华人民共和国城乡规划法》、《中华人民共和国建筑法》、《中华人民共和国消防法》等规定的框架内运作。

（二）房地产开发的特征

房地产开发是房地产企业生产和再生产的过程，也是房地产产品形成的过程。房地产产业的特殊性、房地产企业的特点以及房地产产品的独有属性，使得房地产开发具有与其他开发活动不同的特点。

1. 全面系统性

房地产开发包括的相关环节多、涉及的部门多、受到的制约条件多、影响的社会因素多，同时还与社会经济、城市建设、生态环境等息息相关，是一项复杂的系统工程。在这一个复杂的系统中，土地开发与建筑物生产是房地产开发的根本内容，土地开发和经营最终要统一到房屋的建设与经营上来。正是因为土地与房产的直接统一性，房地产开发也表现出明显的全面系统性的特点。

房地产开发包括立项、规划、设计、征地、拆迁、施工建设、材料供应、销售等流程，每一项工作都是密切联系、相辅相成的，任何一个环节的滞后都将影响房地产开发的顺利推进，整个工作的完整性决定房地产开发行为最终的结果。

国民经济飞速发展使得城市建设与发展加快，同时也不可避免地出现了诸如工业发展速度过快、能源紧缺、城市人口激增等负面现象，从而导致住宅紧缺、交通堵塞、建筑秩序混乱、生活环境恶化。在这样的情况下，综合考虑房地产开发的系统性，将房地产开发全过程放在整个城市建设与发展这一大系统中，"统一规划、统一设计、统一建设"，根据城市建设的性质，借助有机分散的手段，严格按照城市规划进行开发建设，实行房地产综合开发，才能保证房地产业沿着健康的轨道发展。

2. 广泛联系性

房地产开发是一种具有广泛社会联系性的经济行为。首先，房地产开发在一开始就需要考虑很多社会因素，包括国家法律、法规、地方相关政策、城市规划要求等，只有确认开发行为在这些规定的范围之内，才能继续下一步的工作，否则将寸步难行；其次，房地产开发包括的相关环节很多，从立项、获取土地、规划、设计、施工建设到经营管理等各个方面的工作都需要与社会中的各个部门相互协作，包括国土资源管理部门、设计单位、拆迁公司、城市建设管理部门、消防、环境保护、银行、文教、交通、物资供应等十几个部门、近百个协作单位，如果在某一个环节之中与某一个相关单位的协作出现问题，都将影响到后续的所有开发行为；再次，房地产开发与城市居民的生活是分不开的，房地产开发行为最终形成的建筑产品，既提供了入住的空间，为人们解决了"住"这一需求，同时也改变了生存的人居环境。在大规模的旧城改造中，征地、拆迁和安置的每一个过程都需要广大居民的密切配合，开发经济适用房、建设廉租房从某种程度上也帮助政府解决了中低收入居民的居住问题。房地产开发必须考虑诸多的社会因素，必须得到社会的广泛支持，必须与各行各业及千家万户保持良好的公共关系，才能保证开发行为取得预期目的。

3. 风险与效益并存

房地产开发的对象往往是成片的住宅建筑群或是大型的公共建筑，投资额大，建设资金少则几千万，多则上亿。从综合开发的整个过程来看，从规划设计、征地拆迁、七通一平、组织施工,一直到验收交付使用,规模小的住宅区一般需3—4年,中等规模需五至六年,大规模的则需十年或更长的时间。正是房地产产品投资额大、建设周期长的特点,决定了房地产开发的风险与效益并存性。

随着全国房地产开发投资规模不断扩张和投资结构不断完善,以房地产开发公司为主体的房地产开发投资体系迅速扩大,商品房开发的施工面积、竣工面积和销售面积大幅提高。同时,随着经济的发展,人们的收入水平越来越高,对居住条件的要求也越来越高,对房地产产品的质量和数量都提出了更多、更高的要求。在这样的背景之下,房地产产品需求量大,价格高,虽说期间也有过波动,但总的来说房地产开发的回报率在行业中是较高的。

房地产开发项目投资金额大,除部分自有资金外,大多数是银行贷款,资金的时间价值决定了其风险性。同时,由于房地产开发建设周期长,少则数年,多则十几年,在这样长的建设周期中,与近百家协作单位打交道,涉及的社会影响因素多,市场变数难以预计,承担的风险较大。国内外经济、政治形势的影响、政府开发政策、通货膨胀、居民收入水平、建筑材料价格、劳动力工资水平等因素的变化都将给房地产开发项目带来或高或低的风险。因此,充分考虑市场因素,事先对房地产开发投资进行深入细致的风险分析是规避风险、保证经济效益的有效手段。

4. 地域性

房地产产品的不可移动性决定了房地产开发的地域性。不同的地域,外部环境不同,房地产供需市场特征不同,也就决定了房地产开发的方式、方案不同。因此,房地产开发企业必须充分考虑地域特点,做到知己知彼,方能百战不殆。

(三)房地产开发的分类

房地产开发有许多种,传统的房地产开发分类是从区域范围、项目规模大小、建设对象等方面进行划分,在这里,结合房地产开发的实践,将房地产开发进行三级划分(图1-1)。

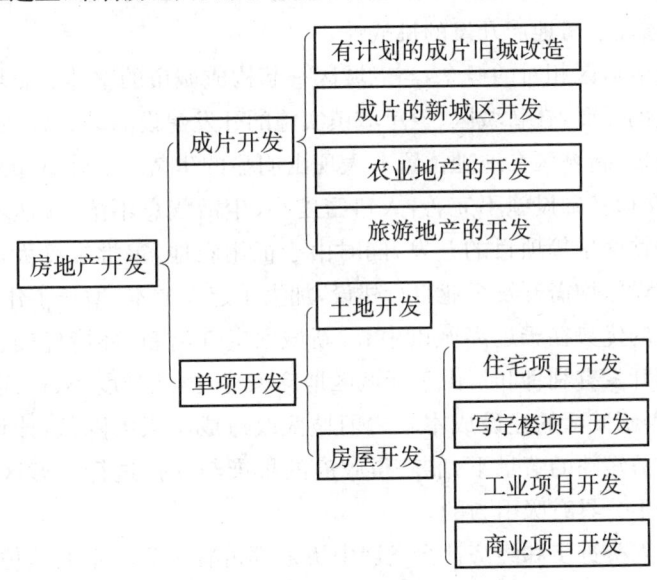

图1-1 房地产开发分类示意

1. 成片开发

房地产成片开发,开发规模大,所需投资额大,建设周期长,开发建设都是成街成片,或是在更大区域范围内大规模统一配套进行。由于占地面广、规模大、容量大,因此在进行成片开发的过程中,不仅要实行土地与房屋的开发,还应包括给排水、煤气管网、道路交通、景观绿化、幼儿园、中小学校、商业网点、娱乐设施等一系列与居民生活息息相关的基础设施的开发建设。它包括以下四大类:旧城改造、新城区开发、农业地产开发和旅游地产开发。

有计划的旧城改造,是指整体地、有步骤地改造和更新老城市的物质生活环境,以便从根本上改善其居住、劳动、生活服务和休息娱乐条件。从房地产开发的角度上来说,旧城改造的开发行为主要是对旧城或大城市的某些区域进行改建、扩建的生产活动。

相对于新片区而言,旧城区不仅拥有成熟的社区配套、丰富的人文资源、良好的生活氛围,而且具有较大的商业价值,通常都是寸土寸金的地段。这样的区位优势使得房地产开发项目建成后能够给投资经营者带来很大的经济回报。

同时我们也应该看到,随着目前我国城市旧城改造的实施与深入,其风险与挑战性逐渐凸显出来。一方面拆迁成本高、困难大,导致土地开发费用高,旧城区由于历史原因,道路狭窄、交通条件差、市政管线布置杂乱、容量小,而这些问题的解决又必须由开发企业根据城市发展规划对其进行改造,并建设相应的学校、商业网点等公共配套设施,这些费用最终将分摊到房地产开发成本中去,这些都是导致房地产开发成本过高的原因所在;另一方面由于旧城区居住时间长、人口密度大、建筑密度大,使得居住环境差,空气污染严重,使得一部分居民选择居住在环境优美的近郊区,这种来自需求层面的威胁也必将增加旧城改造的风险性。另外,在旧城区进行房地产开发必须受到来自规划部门的严格约束。规划部门考虑城区开发应和周围地区的环境协调一致,或者为了保持传统建筑风格等原因,制定建筑高度、容积率、土地用途以及功能分区等限制条件,有的地方甚至规定建筑物体形、立面形式、建筑式样、色彩,在这样严格的约束条件下进行项目规划、建筑设计,无疑也增加了房地产开发的挑战性。

新城区是与老城区相对的概念,与老城区一起构成城市的整体。新城区开发是指由于城市空间拓展的需要,在新城区、卫星城镇实施的开发建设活动。

与老城区相比,新城区在地理位置上表现出明显的劣势:地处城市外围,商业配套、文教设施、道路交通基础设施不完善,人口密度小,生活气息不浓,显然不适合进行商业中心、写字楼、餐饮娱乐等项目的开发,同时由于征用农地,审批难度大,给排水、电、气、电讯等配套市政设施均需开发企业自行建设,加大了建设成本,增长了建设周期。

新城区开发的优势在于远离城市中心,新城区空气清新、环境优美、四周宽敞空旷,这对住宅小区的开发有利;同时,由于新城区地广人稀,拆迁难度小、拆迁成本小、规划约束条件少,都使得新城区的建设成本较之旧城区改造成本大大降低,建设难度降低。在如今土地资源日益短缺的背景下,能获得政府的批准与支持进行新城区开发,对房地产开发企业而言是十分具有吸引力的。

城市发展在人类进步和经济社会发展中历来都占有举足轻重的地位,城市文明很大程度上代表着人类文明和先进文化的发展方向。近年来随着我国城镇化进程的加快推进,如何运用科学发展观指导城市建设和发展,特别是在我国人多地少的基本国情下,如何正确处理好旧城改造与新区建设、节约用地与合理开发之间的关系,越来越成为社会各界关注的热点。

2. 单项开发

单项开发是指零星分散建造的单项工程或单位工程的开发建设,如单独建造几栋住宅、一座商业中心、一座写字楼、一条道路等。单项开发规模虽小,没有连带的配套设施的开发,但也必须严格按照城市建设总体规划进行,工业与民用建筑须缴纳一定的城市建设配套费用。

土地开发是指土地开发企业以获得土地使用权的土地为对象,通过征地、拆迁、安置,将土地开发成供水、排水、供电、供热、供气、电讯和道路畅通、场地平整的建筑场地,达到"七通一平"的土地通过协议、招标或拍卖的方式,将其使用权有偿转让给各类房屋开发企业或投资建设部门进行房屋建设的一种经营方式。

房屋开发是指房地产开发企业依法获得土地之后,按规划的统一要求组织建设场地的房屋建设,开发各类符合规划要求的房地产产品,如:住宅、写字楼、工业厂房、商业娱乐设施。

当然,土地开发与房屋开发是一个整体,亦可由一个房地产开发企业来统一完成,不分层次或阶段进行开发建设。一般来讲,城市开发是先开发土地,进行土地使用权的有偿转让,标价高者取得土地使用权。当发展商购得土地使用权后,进行平整,修筑道路,铺设上下水及热水管网,建造住宅,并同时修建公共设施,包括购物中心、娱乐中心和绿化园地等。房屋开发是按城市的规划建设要求,根据房屋销售市场情况来决定建造速度的。

二、房地产经营的概念及分类

（一）房地产经营的概念

经营是市场经济的一个重要范畴,是商品生产者以市场为对象,以商品生产和商品交换为手段,为实现企业的目标,使企业的生产技术经济活动与企业的外部环境达成动态均衡的一系列有组织的活动。

将经营的概念引入房地产市场,研究市场需求、了解市场发展趋势、确定产品类别、成功销售并获得预期的利润,就是房地产经营。房地产经营有广义和狭义之分,狭义的房地产经营是指房地产经营者对房屋和建筑地块的销售、租赁及售后服务管理等活动,活动范围主要是在流通领域。广义的房地产经营是指房地产经营者对房屋的建造、买卖、信托、交换、维修、装饰以及土地使用权的出让、转让等按价值规律所进行的有目标、有组织的经济活动,活动范围贯穿于房地产产品生产、流通、消费的全部过程,而非仅仅局限于流通领域。本章将从广义的角度来研究房地产经营。

（二）房地产经营的特点

房地产经营与一般商品经营相比,虽然都属于商品经营,都要受到供求规律、价值规律的影响,但由于房地产商品的特殊性,表现出不同于一般商品经营的特点。

1. 交易形式的多样化

房地产商品价格昂贵,对大多数购买者而言往往承受力有限,要一次性支付进行购买难度较大。为解决过高的产品价格与有限的购买力之间的矛盾,房地产商品的交易形式呈现出多样化的特点,除了一般的一次性买卖方式外,还有分期付款、抵押贷款、租赁等多种形式。

2. 交易对象的位置固定性

土地的不可移动性决定了房地产产品在交易的过程中不可能有商品位置的流动,而是商品所有者或使用者的更换。

3. 经营对象的限制性

一般商品的交换对象范围不受限制,而房地产产品的交易则要受到各种各样的限制,如土地一级市场的国家垄断,城市土地批租只能由代表国家的城市土地管理部门组织进行,经济适用房的销售对象也在生活水平与经济条件上有严格的限制等。

4. 售后用途的约束性

一般商品出售后的用途是不加限制的,一旦购买,拥有该商品的用户便有了任意处置权。而房地产商品往往规定有严格的使用性质,如城市土地的使用性质、房屋的使用性质等用户不得随意更改。

5. 产权关系的复杂性

一般的商品交易只是单纯的买卖关系,而房地产商品的交易却涉及许多复杂的产权关系,往往需要依赖律师进行。专业的房地产律师指的是经过房地产、经济法等方面专业训练,从事房地产业务的律师。其主要业务范围包括:处理各类房地产买卖诉讼纠纷;处理各类房地产产权权益纠纷;处理各类出租产业的租户与业主之间的法律纠纷;应买方或者卖方的要求编写各种合同文件或应他们各自的要求办理产权转移或产权过户手续;审查业主现行所有权、使用权的合法性,调查产业的权益是否完全,并到土地登记部门办理过户登记手续;准备转让契据和其他必备的法律文件;为委托人提供各种法律建议和法律咨询服务。

房地产律师也可以同时兼作不动产经纪人,但随着房地产业的发展以及各类业务的高度专门化,在大多数情况下,房地产律师仅作为法律文件的咨询顾问或产权诉讼专家。

6. 供求调整缓慢性

一般的商品经营,遵循的是市场经济下的价格机制和竞争机制,市场的影响是最主要的因素。房地产经营则不同,从宏观的角度出发,政府必然要综合考虑社会效益、环境效益,采取某些手段来对房地产经营进行调控,例如,对某些低收入阶层采取住房补贴的福利性政策,对别墅等高档住宅建设的限制,对市场投机行为的制约等。因此,在房地产市场中,价格机制、竞争机制对房地产产品的供求关系的调节作用,远不如对一般商品的作用明显。

从供应角度看,房地产经营的供应弹性小。我国地产市场实际上是政府垄断的市场,这使得市场规律对土地供求关系的影响已经大大降低。由于土地的获得、招投标手续繁杂、牵涉的部门多,房地产经营者通常在短期内很难增大其市场供应量,即无论市场上对某种房地产商品的需求量有多大、价格有多高,房地产经营者都很难在较短时间或特定空间范围内迅速、大量地生产,以满足市场需求。

从需求角度看,房地产经营的需求弹性小。尽管房地产商品的需求具有广泛性和多样性,但其需求弹性也是较小的。房地产作为人类生存、享受、发展的基本物质条件,其使用期限要超过任何耐用消费品,不会也不可能用后即弃,经常见到的是一块土地、一幢住宅代代相守、辈辈相传。就个人和家庭来说,有的十几年、几十年,甚至一生都没有购置房地产的需求和能力。所以说房地产市场的需求增长有时是十分缓慢的,只有随着人口的增长,经济发展水平的逐步提高,居民收入水平的提高,房地产的需求量才会逐步增大。

(三)房地产经营的分类

从房地产经营的内容来分,可以将房地产经营分为地产经营、房产经营、服务经营和房地产综合开发经营。

1. 地产经营

地产经营是以城市土地使用权为对象的出让、转让、出租、抵押等产权经营和以城市土地为劳动对象进行的土地开发经营。我国宪法规定,土地归国家所有,但是土地的使用权可以依法进行转让,城市土地有偿使用,是指国家作为城市土地的所有者,将土地的使用权长期或一定期限内有偿地转移给用地者和向土地使用者征收税、费的土地使用制度。这是在我国土地公有制基础上,在马克思广义地租理论和社会主义制度下的一项重大经济政策。土地使用权在经济上表现为一定的价格,土地使用权的出让、转让、出租、抵押等活动,都必须按价值规律,进入商品经济领域中。

城市的地产经营,实际上就是经营者为了获得一定的经济利益而对土地使用权的经营。国家总的指导方针是国家垄断城镇土地一级市场,实行土地使用权有偿、有限期出让制度,建立正常的土地使用权价格的市场形成机制,促进地产经营健康发展。

2. 房产经营

房产经营是经营者以房产为对象,根据国家政策要求,考虑自身技术经济条件和外部环境条件,经营房屋开发和房屋流通并取得一定经济效益的经济活动。为了更好地整合房屋资源,实现房屋最大的使用价值,使其发挥出最大的效用,经营者对房屋进行建造、买卖、租赁、信托、交换、维修、装饰等活动,房产经营是一种经营内容广泛、形式多样、有偿性和服务性并存的经营活动。

3. 服务经营

服务经营是指房地产业在开发建设、经营过程以及对房地产的使用过程中提供的一系列经营性和服务性的活动,如对房地产开发进行的投资咨询、价值评估、拆迁安置服务等,使用过程提供的房屋装饰、修缮服务、居住区环境服务及管理等。房地产服务经营活动贯穿于房地产开发全过程的始终,从目标决策开始,到建设施工之中,一直到最后的物业管理,都离不开房地产服务经营活动。

4. 房地产综合开发经营

房地产综合开发经营是根据城市总体规划,选择一定区域内的建设用地,对地下设施和地上建筑物进行统一规划、配套建设的一种开发经营方式。综合开发必须遵循"统一规划、统一设计、合理布局、配套建设"的工作方针,与以往城市建设方式的根本差别在于它包含着经营的内容,具有经营的特征,特别是在市场经济机制下,开发与经营更是相依相伴。综合开发经营对于加速实现城市总体规划、加快改善城市面貌、促进生产建设协调发展、缩短建设周期、提高经济效益和社会效益,具有十分重要的作用。

三、房地产开发与房地产经营的关系

我国房地产业起步尚晚,相关的理论在不断地发展与变化。早期的房地产开发与房地产经营是两个相对独立的概念,但是随着房地产市场与社会主义市场经济的接轨,这两个概念在某种程度上已经发生了交叉与融合,它们既相互区别又有一定的联系。

1. *广义的角度理解,两者本质上一致,侧重点不同*

从市场经济的角度来看,房地产开发指的是房地产开发企业为了获得一定的经济效益而对土地及建筑物进行投资、建设、管理的行为,而这种通过一定的劳动获得经济利益的活动就是经营。所以,从广义上来说,房地产开发就是房地产经营。但是,在使用这两个概念的时候,侧重点不同。房地产开发侧重的是一种行为,强调的是房地产产品形成的过程;房地产经营则强调的是这种行为的目的——获得预期的经济效益。

2. *狭义的角度理解,两者相对独立*

从狭义上来说,这两个概念是相对独立的。房地产经营反映的是在一定社会经济形态下的房屋、土地关系,这种关系通常是通过市场交换来实现的。房地产开发只是一种投资、建设和劳动的过程,虽然投资者亦要用经营的观念指导开发行为,以期用最少的投入换取最大的经济效益,但就开发活动本身,并不反映上述社会经济关系的本质特征。

3. *房地产开发以房地产经营为核心*

房地产开发是一种以经营为核心的经济行为。由于我国长期的计划经济体制的作用,传统的房地产开发一直以来都被人们视为以开发为核心、简单的土地开发和自我满足性的建筑生产。随着社会经济的发展,我国的房地产开发也有了新的内容,现代的房地产开发直接包含土地开发与经营、建筑生产与经营等。由于房地产规模大、投资多、建设周期长、风险性大,掌握市场需求成为现代房地产开发能否达到预期目的的关键所在。首先是经营活动和市场行为,然后才是开发行为,房地产开发必须以经营为核心,这是现代房地产开发的根本要求。

4. *房地产经营以房地产开发为基础*

房地产经营在人们社会经济生活中占据重要的地位,尤其是在人类社会进入工业化发展阶段后,在人类社会经济活动向城市形式集约化发展进程中,房地产经营对社会消费、就业、金融等行业的发展所产生的影响力在逐渐加大。

经营是在设定目标之后采取一系列使得目标能够得以实现的管理行，目标的实现依赖于后续行为的进行。房地产经营贯穿于房地产开发的始终，并在开发行为结束并形成一定的房地产产品之后，仍然以产品为主要经营对象而继续。房地产经营目标是获得一定的投资效益，投资的对象是房地产产品，而这个产品的形成则依赖于房地产开发行为的实施，若是没有房地产开发这一行为的实施，一切均是纸上谈兵。

第二节　房地产开发程序

一、房地产开发的主要工作阶段

房地产开发涵盖从前期策划分析、征地、拆迁、规划、设计、施工、预销售、产权登记、发证到物业管理的全过程，一般可分为以下六个阶段。

（一）投资决策分析阶段

1. 开发设想的形成

像许多项目一样，房地产开发通常开始于某一个设想（concept）。比如，某人了解所居住区域的市场空白点，并且很清楚进行该项目的开发将有利可图；或者某房地产企业获得了某地块的使用权，而该地块的地理优势随着城市交通枢纽工程的建设逐渐凸显出来，这就是一个机会，也将是房地产开发的起点。一般来说，开发设想的形成需要大量的信息来源，而且需要专业人士具有较强的信息敏感性。这个设想在一开始也许只是一个比较模糊的概念，比如，大致的建设地点、项目的基本类型、主要目标顾客等，还需要进一步的市场研究才能决定是否进行下一步的开发行动。

2. 环境分析与机会选择

设想形成之后，房地产开发企业就会组织专业人员进行环境分析以确定满足市场需求的产品类型。在搜集大量的市场信息并进行详尽的环境分析之后，进行机会选择，即进行时机、区域、产品类型与质量的选择。环境分析与机会选择非常关键，它将一开始的开发设想具体化，确定项目融资的可行性，从而确定项目最终的可行性。

（二）依法取得土地使用权阶段

土地是人们生产和生活必不可少的物质基础，对这种重要而且稀缺的资源实行有偿使用，不仅是实现所有权的重要方式，而且是商品经济发展的客观要求。房地产开发的成功与土地是息息相关的，若是没有取得土地使用权，再优秀的开发设想也只能是空中楼阁。尤其是在城市飞速发展，城市空间拓展越来越困难的今天，怎样获得一块地理位置适合的地块，是每一个开发企业都非常关心的问题。

（三）可行性研究阶段

在国外,可行性研究包括两个内容:一是在获得土地之前的初步可行性研究;二是获得土地之后的融资可行性研究。在我国,可行性研究是合二为一的,既研究项目本身的可行性,也研究项目融资的可行性,在顺序上它可以与取得土地使用权阶段相互调换。

项目可行性研究包括的工作较多,主要有市场研究、建筑方案设计、项目经济分析等,房地产开发是一项综合性的经济活动,投资额大、建设周期长、涉及面广、影响因素多,要想取得预期的经济效益,做好可行性研究工作十分重要。可行性研究的根本目的是实现项目决策的科学化、民主化,减少或避免投资决策的失误,提高项目开发建设的经济、社会和环境效益。

（四）前期准备阶段

在完成开发项目决策之后、正式开发建设之前,还有一些具体的工作需要做,这些统称为前期准备工作,主要包括资金筹措、项目招投标、规划设计和项目报建。

1. 资金筹措

在商品经济条件下,资金是联系生产与消费环节的中枢。房地产开发资金包括自有资金和信贷资金,后者所占的比重较大,因此在这里研究的资金筹措主要是信贷资金的筹措,而信贷资金的筹措,实质上就是国家通过金融手段对房地产投资进行的管理与调节。筹集房地产信贷资金要与当地政府发展居住产业的思路相结合,要与住房制度改革相结合,要与城市规划相结合,还要与当地的发展速度相结合。

2. 项目招投标

房地产开发项目的招投标包括的内容很多,包括:设计招投标、施工招投标、材料设备购置招投标等。在市场经济发展日趋完善的今天,招投标是优化资源组合的最佳方式。

3. 规划设计

规划设计是开发建设所遵守的依据和准则,指的是为了满足居民对居住区内的生产、生活、文化娱乐等多方面功能的要求,提高所在地块的整体或综合使用功能,对所在地块空间布局的预先安排。

4. 项目报建

房地产开发是一项受到国家法律法规、政府严格约束的经济活动,也是一项对国民经济影响较大的行为。因此,国内外政府对房地产开发活动都有一整套管理办法。从项目立项开始,就必须进行报建的审批工作,从报建范围、报建手续到报建程序,各地方政府都有详细的管理条例。

（五）实施阶段

项目实施阶段其实是将设计图纸实体化的一个过程,在这个阶段将开发过程涉及的人力、材料、机械设备、资金等聚集在一个特定的空间与时间上,通过一系列的管理行为使资源整合，最终形成一定的建筑产品。

（六）销售阶段

开发项目建成后，就进入房地产产品的销售阶段。在此期间，应根据市场情况进行房产经营，及时获得货币资金，加快资金周转。销售阶段是房地产开发的一个重要环节，它是连接生产和消费的桥梁。只有良好的销售才能使房产的价值得以顺利实现，使房产的投资得到良性循环，满足各种房产的需求，促进房地产业的发展。

二、房地产开发的主要参与者

房地产开发项目是一个庞大的系统工程，为了保证这个系统工程的顺利实施，每一个参与者都发挥着重要的作用。

1. 房地产开发企业

房地产开发企业（开发商）是项目的出资者、组织者、管理者与协调者，参与并控制从策划到建筑产品售后服务全部开发过程，是房地产开发全部工作的直接决策人、受益人和责任人。房地产开发企业开发房地产产品的目的是在注重社会效益和环境效益的前提下，通过实施开发过程来获取直接的经济利益。

2. 投资公司

我国从计划经济转向社会主义市场经济后，国家宏观调控能力增强，微观操作能力减弱，投资主体呈现出多元化的发展趋势，涌现出相当数量的投资公司（投资商），投资公司作为投资主体直接从事各种投资经济活动。

投资公司投资开发房地产的主要目的与房地产开发企业相同，但是在获利方式上有一定的差异。投资公司投资开发房地产产品不是通过出售的方式来迅速获得回报，而是在一个较长的时期内通过稳定经营获得利润，或直接购买房地产产品从事商务经营活动，因此更注重产品的抗风险性，更能承受较低的初始回报率。例如，投资公司投资开发酒店，通过合理的经营逐年获得利润，公司的目的不是快速回收资金，而是通过经营来获取长期稳定的回报。

3. 建筑承包公司

建筑承包公司（承包商）是开发过程中房屋等建筑产品的直接生产者，是房地产开发直接物质过程中规划、设计、建筑施工、物资供应、建筑质量、投资成本注入等几乎全部物质工作的直接担当者，建筑承包商以开发商为市场，不享受项目经营效益，只是从工程建筑施工中收取工程费用。

承包商在开发项目的建设过程中起着十分重要的作用，其队伍素质、管理水平直接关系着房地产产品的质量。

4. 质量检查单位

在项目施工建设的过程中，必须接受质量检查单位的检查，认可合格之后方可继续施工。质检人员按照建筑法规、施工规范以及当地的规定要求和经过当地城市规划管理部门批准的图纸,对施工项目的每一重要环节进行严格检查,签署合格意见,对不合格的部分要求全部返工,直至达到要求为止。重要的施工环节包括:地基、钢筋混凝土基础、空心砖混凝土灌孔、钢木结构连接、混凝土结构钢筋绑扎、楼板结构、屋顶结构、水电管线安装等,未通过质量检查的工程不得出租和销售。

5. 政府建设主管部门

政府建设主管部门是房地产开发活动的行政管理者,以法律、法规、政策、经济等手段对房地产开发活动进行管理和控制,政府有时以开发商身份投资参与公益性项目建设,甚至以开发及投资主体身份进行重大项目建设。

总的来说,政府有关部门对房地产开发的调控主要是调节市场中房地产供给与需求的矛盾,在需求与供给的总量上进行宏观调控;调整房地产开发的投资结构,统筹布局,确保城市风貌;筹集建设资金,开发市政基础设施和城市各种配套设施,提高城镇居民的生活环境质量;改善居民的居住条件,特别是为危房户、困难户提供廉价的商品房;协调房地产开发的社会效益、环境效益、经济效益的统一。

6. 金融机构

金融机构一般以资金提供者身份参与房地产开发,特殊情况下甚至以直接投资人身份进行房地产开发。房地产金融业务必须通过一定的金融机构来完成,金融机构是房地产金融市场中重要的资金供给者和资金需求者。我国现在的房地产金融是伴随房地产业的兴起而产生和发展起来的,它从无到有,目前正处于正常的发展阶段,已形成一个以中国人民银行为领导,以建设银行、工商银行、农业银行房地产信贷部为主体,其他商业银行房地产信贷部和地方性住房储蓄银行为辅助,住房合作社、信托投资公司、各类保险公司等为补充的房地产金融机构体系。

第三节 房地产经营的基本环节

房地产经营是指房地产开发、流通、管理、服务全过程的经营,经营的概念贯穿于房地产经济活动的全过程。我们不仅在房地产的交换流通领域要遵循价值规律,用经营的观念来主导思想,即使在房地产的开发生产过程、管理服务过程,也要按经营的原则来组织运行。

根据房地产经济活动的过程,房地产经营可分为房地产产品形成环节的经营、房地产产品流通环节的经营和房地产产品消费环节的经营三种(图1-2)。

一、房地产产品形成过程的经营

房地产产品的形成,从立项、选址开始,历经环境分析与机会选择、可行性研究、依法取得土地使用权、前期准备、建设施工一直到竣工验收为止,从时间序列上来看,与房地

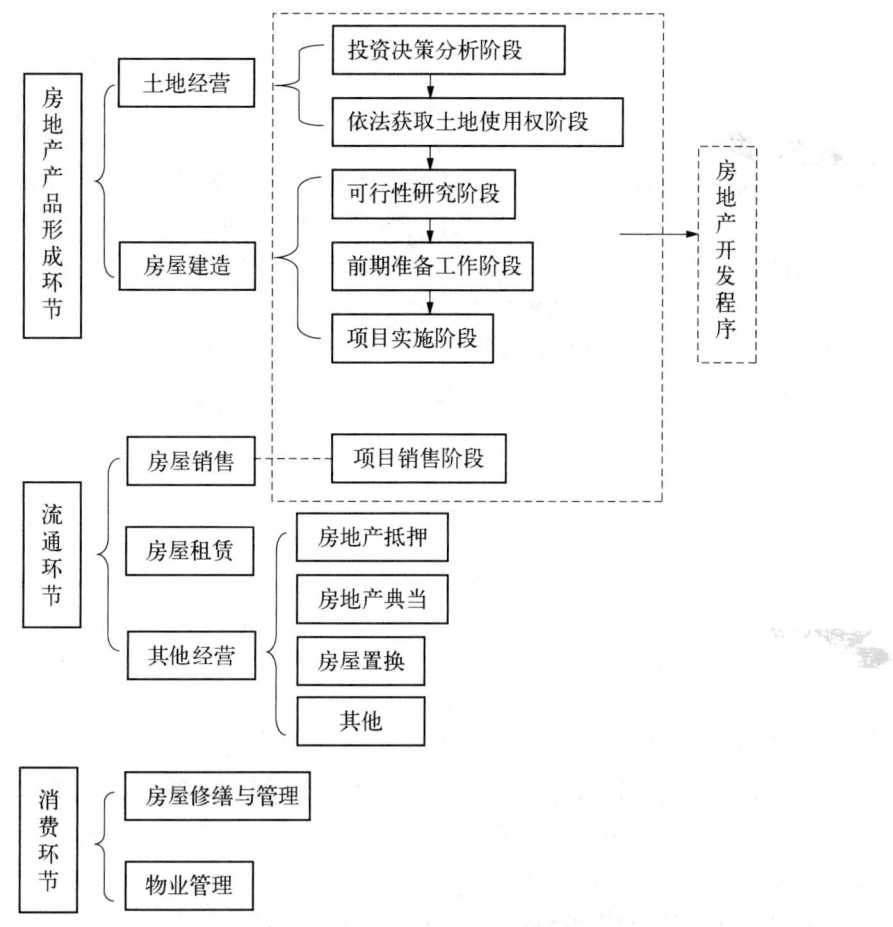

图 1-2 房地产经营环节示意

产开发的程序是一致的。在这期间,需要投入大量的人力、物力、财力,需要多个专业工种的组织协调,需要近百家相关单位的密切配合,跨越较长的建设周期,影响因素复杂,涉及国土、规划、房管等政府部门,这一过程的总体安排与决策、协调工作,绝非一件简单的事情,需要房地产开发与经营企业充分了解市场、掌握先机、仔细筹划,方能保证产品的顺利完成。

在这一过程中房地产经营的主要内容有地产经营和房产建造,因为前面章节已有过相关阐述,这里不再赘述。

二、房地产产品流通过程的经营

房地产产品通过一系列的开发行为形成之后,便作为一种特殊的商品进入房地产流通领域。

流通过程的房地产经营,主要指的是房产交易,包括房屋销售、房屋租赁以及房地产抵押、房地产典当、房屋置换等其他经营形式。流通过程的房地产经营是房地产企业的主要内容,是房地产企业能否收回成本、获得预期利润的关键,决定着房地产企业经营的成功与失败。

(一) 房屋销售

房屋销售,是指房屋作为商品实行的买卖行为。房屋销售是房产交易的一种基本形式,是房地产开发企业经营过程的最后阶段,是企业能否收回生产成本、实现产品价值、获得利润的关键所在。

房屋销售分为住宅房屋销售和非住宅房屋销售两类。影响房屋销售的因素很多,其中影响最大的因素就是价格。商品价格一般由价值规律来决定,但是房屋是一种特殊的商品,其价格构成是复杂的,并且这些构成还因时因地而异,加上具体用途的不同,理论价格与商品价格之间往往会有一定的差异。此外,由于位置的固定性,房屋作为不动产在流通过程中不能以实物形式在买卖双方之间转手,而只是房产证上使用权属的变更。

(二) 房屋租赁

房屋租赁,是指房屋所有人或经营者,通过房屋出租,收取租金,把房屋的使用价值分期出售给房屋使用者的一种交易行为。房屋所有人或经营者称为出租人,房屋使用人称为承租人。承租人定期向出租人交付一定数额的租金,并从出租人那里取得房屋在租赁期内的使用权,而房屋的所有权属不变。

与房屋销售一样,房屋租赁是房地产企业以房屋为商品,进入流通领域,实现房屋价值置换的又一种形式。不同的是房屋销售实现的是房屋所有权的转换,而房屋的租赁实现的是一定期限内使用权的转换。

与发达国家相比,我国城市居民收入水平和消费水平还有一定的差距,而房屋价值金额较大,使用年限长,房地产企业通过房屋租赁,使房屋以另一种形式进入流通领域,以满足城市居民对住房的消费需求,同时也适应城市各项事业对房产的需要,这对解决我国居民的住房问题是非常有效的。

房产经营者通过收取一定的租金来实现房屋的交换价值,租金的确定要依据国家的房产政策、房屋的用途、市场供求关系的变化,同时还应考虑原有的房产租金水平、居民收入与消费结构等因素的影响。

(三) 其他经营形式

随着我国住房制度改革的深入、市场经济的发展,在房地产市场上涌现出更多的房产经营形式。

1. 房地产抵押

房地产抵押,是指房地产抵押人以房屋所有权与土地使用权的契约作为还款保证,从贷款发放人那里取得贷款并按期偿还本息的经营形式。贷款发放人称为抵押权人。抵押权人只能按期收取本息,而无使用房屋的权利,待借款本息全部还清,抵押人收回契约,抵押方告结束;当抵押人不能如期偿还本金和利息时,抵押权人有权处分抵押物,并优先获得贷款的本金和利息。

个人的房地产抵押贷款,是目前解决居民一次性付款购房困难的一种有效手段,通常由各级银行作为抵押权人,实施时应书证齐备、手续清楚、责任明确,并遵守平等、互利、协商一致的原则。但是,由于我国房地产金融市场发展尚不成熟,住宅抵押贷款还存在一些有待探讨的问题,如借贷组合选择的优化、抵押贷款保险业务的不成熟、抵押贷款二级市场不活跃等问题。

2. 房地产典当

房地产典当,是指产权所有人,或称出典人,将其房地产以一定价格和一定期限交给承典人,出典人获得一笔贷款金额,而承典人在典期内取得房地产的占有权和使用权。典当期间,承典人所付典金不计利息,出典人典出的房地产亦不收租金。典期届满,出典人退回典金,赎回房屋,典当权便告消亡,这种典当也称"活卖"。如果出典人逾期不赎,则将丧失房地产权,被视作卖断,这种典当称为"绝卖",此时房地产所有权转移给承典人,典当关系亦告结束。

同样都是房地产作为抵押物实行的借贷关系,但房地产典当与房地产抵押有着明显的不同:房地产抵押时,房地产的产权归房屋所有人,抵押权人只是按期取回本息,并无占、使用房屋的权利;房地产典当期间,房地产产权归承典人所有,承典人不收利息,享有房屋的占有、使用、收益和管理权。

典当交易的结果,使房地产所有权人多余的或暂时不用的房屋的使用价值得以实现,又解决了的确需要房屋使用、手头握有资金的人对房屋消费的需求,从而缓解了房屋的供求矛盾。同时,它也使一部分社会闲散资金得以利用,缓解资金的供求矛盾,从另一个方面促进了房地产业的发展。

3. 房屋置换

房屋置换,是指房屋使用人之间根据各自需要,按照有关法规,以房屋互换为主、货币补偿为辅的一种以房换房的交易行为。房屋置换,包括两种形式:一是房屋所有权与土地使用权的转换;二是仅房屋使用权的转换。

房屋置换应遵循平等、自愿、互惠互利、协调一致的原则,签订换房协议,按房屋交易有关规定进行。

三、房地产产品消费过程的经营

房地产产品在流通过程中作为一种消费商品形成之后,便进入房地产的消费领域。随着国民经济的发展与人民生活水平的提高,房地产企业不但要考虑房地产商品在生产、流通过程中的经济效益,还需要考虑物业经营管理中的经济效益。实现物业的良好使用价值及社会效益与环境效益,提高企业的社会信誉,增强企业的市场竞争力,是房地产企业发展势在必行的新趋势。

由于土地资源的稀缺性,房地产产品具有保值、增值的特点,而这种保值、增值还需要在消费过程中的经营行为都能得以实现,在此期间的经营内容包括房屋修缮与管理、物业管理等。

1. 房屋修缮与管理

房屋修缮是指在房屋使用过程中，为了维护房屋的正常使用功能，对房屋及房屋设备所进行的维护与修理，是房地产企业对经营房屋所进行的修建技术管理。房地产企业在房屋使用流通过程中，必须掌握房屋修建技术档案资料，了解房屋及其设备的完好状态。并根据房屋损坏的程度，安排修缮和改建，从而不断提高房屋完好率，延长使用年限，改善人们的居住环境。

随着城市建设的逐步发展，大规模的城市住房建设必然由新建逐渐转向旧房维修和改建。因此，对旧房的维修与管理，将日益成为房地产业面临的重要经营业务。在实现市场经济的房地产经营体制下，房屋修缮将从过去政府垄断、财政补贴、无偿服务的福利体制中逐步解脱出来，实现商品化、专业化经营。

2. 物业管理

物业管理基本分为管理和服务两个方面。管理方面主要是做好户籍、产权、产业、租赁、租金、设备等方面的管理工作，如掌握房产的变动和使用情况，使房屋及时得到修理，保持房屋功能；把房屋的数量、建筑形式、完好程度、设备使用情况及时准确地记录下来随时变更原始记录等，这都是管理方面的经常性工作。同时，还应制定一系列小区管理条例，如不准污染环境，不准损坏园林绿化及康乐设施，不准载重汽车进入小区通道，不准在中小学、幼儿园、医疗所门前设摊摆点叫卖等。

服务方面主要是充分保证满足用户要求，除了及时登门进行日常事务外，平时在日常工作时要注意宣传爱护使用房屋设备的常识并注意设备变化情况。另外，治安、防盗、防火与日常值勤，照看停车、环卫、维护区容区貌，为居民提供生活服务，如家务劳动、代送病人去医院、代送接幼儿上学与回家、家用电器修理、代换煤气、代收或代缴水电煤气供热费、代办保险与缴税、代收与分送信件报纸杂志、传呼电话都属于物业管理服务的内容。

物业售租后服务或物业管理不仅可以使物业及其设备处于完好状态、正常运行及延长使用寿命，而且可以为在物业中生活与工作的人们创造与保持一个安全、舒适、文明和谐的生活与工作环境和氛围。运作良好的大厦设施，有助于工作效率的提高；称心如意的住宅环境，有助于人际关系的协调。住宅社会学研究表明，良好的环境不仅能减少烦恼、焦虑、矛盾、摩擦乃至某些危害社会的不法行为，还会形成互助、互谅的社会风气，促进身体健康、提高小孩的学习成绩。这一切，是社会稳定和经济增长所必须具备的前提条件。

本章小结

房地产开发是指具有相应资质的房地产开发企业依据相关法律、法规或政策，根据城市发展和建设的总体规划，充分考虑经济效益、社会发展的要求，对获取的土地进行投资、建设、管理的行为。房地产经营是指房地产经营者对房屋的建造、买卖、信托、交换、维修、装饰以及土地使用权的出让、转让等按价值规律所进行的有目标、有组织的经济活动,活动范围贯穿于房地产产品生产、流通、消费的全部过程。房地产开发与房地产经营的含义、特征与分类及两个概念之间的关系,是学习房地产开发与经营课程所必须掌握的。

房地产开发的程序包括投资决策分析阶段、依法取得土地使用权阶段、可行性研究阶段、前期准备工作阶段、项目实施阶段和项目销售阶段。房地产经营则包括三个基本环节,即房地产产品形成环节、流通环节、消费环节,本章对此进行了详细讲述,从宏观角度把握房地产开发与房地产经营在时间序列、包含内容上既相互独立又相互关联的关系。

 关键词

房地产开发　房地产经营　开发程序　经营环节

 复习思考题

1. 选择题(以下选项中至少有一个是正确的)

(1) 房地产开发的广泛联系性主要表现在以下哪几个方面?(　　)。
(A) 房地产开发需要考虑的因素多
(B) 房地产开发包括的相关环节多
(C) 房地产开发与城市居民的生活相关性大
(D) 房地产开发建设时间长,需要资金多

(2) 下列关于房地产成片开发的说法,哪些是正确的?(　　)。
(A) 房地产成片开发不仅要进行房地产产品的建设,还应进行相应基础设施的建设
(B) 新区开发与旧城区开发最大的不同在于建设成本与建设难度低
(C) 随着城市建设的发展,旧城区改造已经成为目前房地产开发中的热点问题
(D) 与新区开发相比,旧城区开发的风险更大

(3) 下面关于房地产经营含义的说法,哪些是正确的?(　　)。
(A) 房地产经营就是房地产市场中的经营行为
(B) 房地产经营是指地产经营与房产经营的总和
(C) 狭义的房地产经营将范围限定在流通领域
(D) 广义的房地产经营活动范围较广,包括生产、流通、消费这三个过程

(4) 下面关于房地产经营特征的说法,哪些是正确的?(　　)。
(A) 房地产产品的售后用途有一定的限制条件

(B) 房地产经营不受市场机制的约束

(C) 房地产经营的供应、需求弹性均很小

(D) 和一般经营行为一样,房地产经营的对象没有限制

(5) 下面关于房地产开发与房地产经营关系的阐述哪些是正确的?（　　）。

(A) 房地产开发就是房地产经营

(B) 从时间序列上来看,房地产经营包含房地产开发

(C) 从本质上看,两者一致,只是侧重点不同

(D) 从狭义上看,两者相互独立

2. 简答题

(1) 房地产开发的基本程序有哪些?

(2) 房地产经营的基本环节指的是什么?每个环节所包含的经营内容有哪些?

第二章 房地产开发与经营基本理论

学习目标

学习本章后,你应该能够:
1. 了解房地产开发与经营策略;
2. 熟悉房地产开发与经营决策类型及其决策准则;
3. 理解房地产开发与经营理念。

第一节 房地产开发与经营策略分析

企业的开发与经营策略是在一定的经营思想指导下,在对企业内部条件深入调查研究的基础上,结合对外部政治、经济、社会、法律、文化等环境因素所做的科学分析与预测,从发展角度提出某一时间跨度内的经营方向、方针与目标,并提出为实现这些目标而采取的具体步骤。

一、生产策略

房地产企业生产或服务的基本出发点是满足社会需要,生产策略的主要内容包括确定房地产企业的生产规模、明确开发或经营项目生产量调节以及生产作业方式的确定等。

房地产产品是具有特殊性的生活耐用品,房地产位置的固定性及其价值量大、开发周期长等特性,决定了房地产开发结果的难以变更性和巨大的社会影响性。房地产企业的生产决策不仅影响到本企业的生存和发展,也影响到相关金融业、建筑业等行业及整个国民经济的波动,所以房地产企业生产经营策略的制定至关重要。

二、市场开发策略

一般来讲，企业市场开发策略主要有市场开拓型、市场渗透型、产品开发型及多角型策略等。前两种主要是针对老产品而言的，即为老产品寻求新市场，或使老产品在原有市场上扩大销售量。后两种则主要强调增加新产品或使老产品更新换代，同时谋求占领新的市场。

从房地产产品的特点来看，新产品是指在原有建筑类型系列中增加新类型，或在原有建筑基础上经过采用新技术、新材料、新设计而开发建设的房屋。从某种角度来说，房地产产品都具有新产品的性质，可以采用相应的市场开发策略开拓市场。

从我国房地产市场现状来看，采取各种措施将大量积压或滞销的房地产产品盘活，是启动房地产市场，使房地产开发进入良性循环的关键所在。当然，在处理市场遗留问题的同时，还要注意运用市场开发策略，为产品占有市场、得到市场的认可创造条件。

三、价格策略

价格策略一般包括高价策略、低价策略、均衡价格策略等。

1. 高价策略

企业在新产品打入市场时，由于具备独占市场的有利时机，为了在短期内尽可能获得较多的利润，收回投资，常采用较高的定价。其他情况下，利用产品优势或同行业生产能力限制等，也可以暂时采取高价策略。

2. 低价策略

低价策略是以扩大市场面和增加市场占有率为主要目标而采取的策略，通过降低单位产品的创利额而增加总创利额的方法。这种策略的理论依据是"量本利分析模型"，只要单位产品售价略高于单位变动成本且销售量超过保本点就可以获利，售量越大，获利越多。

3. 均衡价格策略

均衡价格策略是通过经济学的供给曲线和需求曲线指导商品定价的途径。供给曲线和需求曲线交点处的价格称为均衡价格，可以看作是生产企业与消费者都能接受的价格。

第二节　房地产开发与经营决策理论

房地产开发与经营是房地产投资活动的重要内容，房地产开发与经营决策是房地产投资过程中最重要、最关键的环节，决策科学合理与否是整个房地产开发与经营过程能否顺利进行并最终获取目标收益的首要条件。

一、房地产开发与经营决策类型

(一)构成决策问题的基本条件

决策就是针对问题和目标,分析问题、解决问题。房地产开发与经营决策就是按照事先确定的开发与经营目标,在搜集大量信息的基础上,借助于现代化手段与分析方法,通过定性的推理判断和定量的分析计算,对两个或两个以上可以达到目标的不同方案进行比较和评价,并作出判断,选择某一个开发与经营方案的过程。从决策的含义可看出,构成决策问题要具备以下基本条件。

1. 有明确的目标

所有的决策都是为了解决确定的问题,达到明确的目标。如果一开始就缺乏明确的目标,将会使整个决策过程偏离方向,最终导致不正确的决策结果。因此,确定目标是决策的第一步,是决策的基础。决策的目标应明确、详细,而且应当可以定量描述,有具体的衡量标准。

2. 有两个以上可供选择比较的方案

决策必须在两个或两个以上的备选方案中进行选择,如果只有一个方案,那就不用选择,也不存在决策,决策的过程实际上也是多种方案的评价与比较的过程。同一问题往往存在多种平行或互补的实施方案,决策的目的就是寻找与发现那些最优方案。

3. 有评价方案优劣的标准

方案的优劣必须存在一种客观的评价标准,而且这些标准应当尽可能是定量描述,可以通过计算得出一定可供比较的结果。

4. 有真实地反映客观实际的信息

正确的决策不仅有赖于科学的方法,更有赖于信息的准确程度,决策者只有在充分掌握客观信息的基础上,进行逻辑分析,才能归纳出科学的符合客观实际的规律,作出正确的决策。

(二)开发与经营决策原则

房地产经营决策过程所面临的众多复杂的因素和问题,这就使得决策者除了要按照一定的规范性程序、标准和方法进行逻辑思维和分析外,还要以一种普遍的符合客观实际的通用规则进行判断,这就是决策中应当遵循的基本原则。

1. 遵守政策法规原则

房地产业在我国还处于发展阶段,为了促进房地产业的发展,培育房地产市场,国家及地方政府制定了一系列有关房地产的法规、政策。因此,不论是部门决策,还是企业决策,都必须以政策法规为依据,政策法规是进行房地产开发与经营决策的重要制约因素之一。

2. 经济效益原则

房地产企业作为一个经济组织,在运用正确的方法从多个可行性方案中寻求最优方案的过程中,必须把取得良好的经济效益、实现营利目标作为中心问题来考虑。同时,在进行决策时应把速度和效益、眼前利益和长远利益、企业效益和社会效益很好地结合起来,选择效益较高的营销决策方案,使企业获得最大的经济效益,同时也取得良好的社会效益。

3. 风险意识的原则

房地产投资数额大、期限长,不仅受经济因素的影响,而且受政治因素、社会因素的影响。尤其在竞争激烈、市场波动较大时,项目投资将冒一定的风险。房地产投资决策应当把具备风险意识、进行各类风险因素的分析与判断作为一项基本原则。对每个具体的投资项目都应进行风险分析,制定各种风险控制措施。

4. 定性分析与定量分析相结合的原则

定性分析是通过对经济现象矛盾的揭示,对其内在联系的逻辑推理来认识经济现象发展的内在规律,是一种更为灵活,考虑问题更复杂、更深刻,受人的主观思维影响更多的分析方法。定量分析注重经济现象数量的描述,采用数学模型,依赖数学计算进行分析。定量分析能更真实、更客观地反映实际情况,是一种更科学、更符合实际的方法。

房地产投资决策分析离不开大量数据计算,许多技术经济指标唯有依赖定量分析才能求得,这些指标往往是进行投资决策的基础。因此,房地产投资决策必须坚持以定量分析为主的原则。然而定量分析有赖于定性分析,只有建立在科学的定性分析基础上的定量分析才是最可靠的。房地产投资问题的复杂性,决定投资决策所面临的许多因素,如政治因素、法律、法规因素等,都无法进行定量描述,因而房地产投资决策必须坚持定量分析与定性分析相结合的原则。

二、房地产开发与经营决策的类型

房地产开发与经营决策的类型因划分标准的不同可以划分为多种不同类型。决策所需的外部条件或决策变量的自然状态可以分为确定、部分确定和不确定三种状态,从这个角度出发,根据房地产开发经营环境的可控程度,可以把房地产开发与经营决策的类型分为确定型决策、风险型决策和不确定型决策。

(一)确定型决策

确定型决策是一种在自然状态的发生非常明的情况下进行的决策,决策者确知需要解决的问题、环境条件、未来结果,在决策过程中只要比较各种备选方案的可知执行结果,就能作出精确估计的决策。如有效需求量较大的住宅项目,投资总成本费用、建设期、租售价格等因素都可以确定,市场变化对项目的影响不大,这种情况下的决策就属于确定型决策。确定型决策只需求出各方案在已知自然状态下的收益值或损失值,然后进行对比分析,从中选择收益值最大的方案或损失值最小的方案作为决策方案。一般情况下,投资利润率、投资回收期、净现值、内部收益率等静、动态财务评价指标都可用于确定型决策。另外,复杂一些的效益费用分析法、线性规划法等也可以用于确定型决策。

(二)风险型决策

风险型决策也称随机决策,即决策方案未来的自然状态不能预先确定,可能存在若干状态。在不同状态下,每个备选方案会有不同的执行结果,不管哪个备选方案都有一定的风险,但每种自然状态的发生可以从统计结果得到一个客观的概率。

风险型决策常用的决策方法是决策树法,用树状图来描述各种方案在不同情况(或自然状态)下的收益,据此计算每种方案的期望收益,从而作出决策。

风险型决策的基本思路是:根据已知条件下直接有的或计算出来的状态收益值或损失值及概率,计算出状态期望值,然后累计状态期望值得到方案期望值,即可能出现的所有自然状态方案的期望值,最后根据方案期望值的大小来决定取舍。风险型决策判断的准则可以采用期望值法、净现值期望法和最大可能法。

1. 期望值法

期望值法也叫期望收益值法,是指一投资项目的多个可选择方案在不同自然状态、不同概率、不同损益的期望收益值,其中期望收益值最大的方案为最佳方案。

2. 净现值期望值法

净现值期望值法更多地考虑资金的时间价值。其决策关键是先计算不同自然状态、不同概率条件下投资的净现值期望值,或不同方案的净现值期望值,然后对各方案的净现值进行比较,凡是净现值期望值大于零的方案都是可以考虑的;如果有多个方案的净现值期望值大于零,则净现值期望值最大者为最佳方案。

3. 最大可能法

最大可能法决策的实质是把概率最大的自然状态看作是必然发生的事情,即发生的概率为1;其他自然状态则被看成是不可能事件,即概率为0。然后按确定型决策方法进行决策。

(三)不确定型决策

不确定型决策是指决策者对未来可能发生的情况虽有所了解,但又无法确定或估计其自然状态发生概率的情况而作出的决策。对于不确定型决策,关键在于尽可能地掌握有关信息资料,根据决策者的直觉、经验和判断,果断行事。常见的不确定型决策方法主要有以下三种。

1. 大中取大法

大中取大法又称为乐观主义准则即对客观情况总是抱着乐观的态度。首先找出每种方案在各状态下的最大收益值,再从中找出最大收益值,其对应的方案则为最佳方案。

例如,某房地产开发项目在将来可能会发生四种状态,每一种状态又分别对应A、B、C、D四种方案,各方案在四种状态下的期望值如表2-1所示。

表 2-1 各方案在不同状况下的期望值　　　　　　　　（单位：万元）

状态 方案	Q_1	Q_2	Q_3	Q_4
A	1 000	1 200	1 150	980
B	745	958	1 240	850
C	955	1 050	945	1 120
D	869	1 270	1 075	987

根据上表中的期望值，可以找出 A 方案在四种状态下的最大期望值为 1 200，同样可以找出 B、C、D 方案所对应的最大期望值分别为 1 240、1 120、1 270，在比较四个最大期望值可以知道最大值为 1 270，其对应的方案为 D，则 D 方案为可选方案。

2. 小中取大法

小中取大法又称悲观主义准则。是坏中求好，即先从每个方案中选择一个最小的期望值（最坏的结果），然后从中选择一个相对最大者（坏中求好），其所对应的方案就是较好方案。一般来说，这种方法常为比较保守稳健的投资决策者所采用，因为它可以保证在各种可能的情况下收益不低于此值。

仍以表 2-1 为例，根据小中取大法，四个方案对应的最小期望值分别为 980，745，945，869，这四个最小期望值中的最大值为 980，其对应的方案为 A，则 A 方案为可选方案。

3. 最小最大后悔值法

最小最大后悔值法又称为最小机会准则、后悔值准则。这种决策方法是将某个自然状态下的最大收益值定为理想目标。如果没有采取这一理想方案，而采取了其他方案从而使取得的收益减少，就会感到"后悔"，这样每个自然状态下的理想最大收益值与它在其他方案的收益值之差所形成的损失值，称为"后悔值"。然后选最大后悔值最小的方案作为比较满意的方案。

根据表 2-1 所列的期望值，可以分别计算每一种状态下四个方案的"后悔值"，如表 2-2 所示。

表 2-2 后悔值法计算表　　　　　　　　（单位：万元）

状态 方案	Q_1	后悔值	Q_2	后悔值	Q_3	后悔值	Q_4	后悔值
A	1 000	0	1 200	70	1 150	90	980	140
B	745	255	958	312	1 240	0	850	270
C	955	45	1 050	220	945	295	1 120	0
D	869	131	1 270	0	1 075	165	987	133

可以看出，A、B、C、D 四个方案的最大后悔值分别为 140，312，295，165，其中最小值为 140，其对应的方案为 A，则 A 方案为可选方案。

三、房地产开发与经营决策的程序

开发与经营决策程序是人们在房地产开发与经营决策过程中不断总结经验,对决策过程的规律性认识不断深化的基础上制定出来的,是房地产开发与经营项目在决策过程中应遵循的符合其自身运动规律的先后顺序。这个决策过程不是随意制定的,而是科学的,它必须建立在符合客观规律的科学决策程序基础之上,才能避免出现决策的主观性和盲目性,从而达到理想目标的开发与经营效果。正确的决策不仅取决于决策者个人的素质、知识、经验以及审时度势和多谋善断的能力,并且与认识和遵循科学决策的程序有着密切关系。

按照科学的决策理论,房地产开发与经营决策可分为以下六个基本步骤。

(一)发现问题

决策是针对所需解决的问题而进行的,发现所需解决问题的症结所在及分析其产生的原因是决策的起点。决策者要善于根据企业内、外部经营环境进行分析和判断,从中找出问题。如果不能经常地发现问题,也就无从作出决策。

(二)确定目标

合理的目标是有效决策的前提,也是评价决策效果的依据。目标选择错了,就会一错再错,造成整个决策的失误。在发现问题之后,就要进行调查研究,弄清楚问题的性质、特点和范围,尽量以差距的形式把问题的症结所在表达出来,找到产生差距的真正原因,从而确定问题所期望达到的结果,即决策目标。一个好的决策目标应满足以下四点要求。

1. 针对性

房地产开发与经营决策目标的提出应当有的放矢,针对所存在的问题,切中要害,选中解决问题的突破口,或把握开拓发展的最好机会。

2. 明确性

确定决策目标是为了实现目标,因此必须明确、具体,使人能够领会执行。房地产开发与经营决策目标的含义要准确,必须有定性与定量相结合的表述,不能模棱两可、含糊其辞,也不能空洞无物。同时,必须严格规定目标的约束条件。约束条件就是一些实现目标的限制条件,如人、财、物、时间、政策法规、技术条件等的限制。

3. 层次性

在同一决策系统同时存在多个目标时,必须分清主次,应从其可能性、可靠性、重要性等方面出发,按照主次先后进行排队,有取有舍,形成一个有机整体。

4. 可行性

房地产开发与经营决策目标的可行性是指实现目标所必需的物质条件、信息条件和组织条件。只有条件具备了,目标才有可能实现。决策目标必须建立在可靠条件的基础上,企图超越条件的目标,将导致决策的失败。

（三）拟定方案

决策在于选择,没有选择就没有决策。拟定供决策者选择的各种可能行动方案是经营决策的基础。在确定目标之后,充分发动企业多方面力量搜集、掌握丰富的信息,集思广益、科学论证、精心设计,拟定实现目标的各种备选方案,供进一步选择。拟订方案时,需注意以下两点。

1. 整体详尽性

拟订的备选方案应包括所有可能找到的方案,以供下一步评价选优。方案越多,质量越好,选择的余地就越大。如果有疏漏,最后选择的方案就不一定是最优的方案。

2. 相互排斥性

各种备选方案之间应是相互排斥的,只能选用一个方案,即执行了第一个方案,就不可能执行第二个方案。只有这样,才可能进行方案的比较选择。

（四）分析评价

方案的分析评价就是在进行选择之前对每一个备选方案有关的技术、经济、社会环境等各方面的条件、因素、潜在问题进行可行性分析,并与预先确定的目标进行比较,作出评价。

1. 限制因素分析

任何一个决策和行动方案都有一定的约束条件,因此,必须研究论证与方案有关的人力、物力、财力、时间、技术以及其他条件,从而判定方案是否行得通,是否能达到预期目标。

2. 潜在问题分析

潜在问题分析是指预测每一个备选方案可能发生的问题是什么,发生的原因是什么,研究防止和补救的可能性,准备防范措施和应急方案,以减少潜在问题发生的可能性和危害性。

3. 综合评价

根据房地产开发与经营决策目标全面分析方案的经济效益、社会效益和环境影响,主要通过计算投资利润率、财务净现值、财务内部收益率、投资回收期等财务指标对房地产开发与经营项目进行经济评价。根据项目性质的不同,有时还要作社会效益评价和专项的环境影响评价。

分析评价一般由各方面的专家、学者组成评审团评议,或召开专家论证会进行,评价过程也是进一步完善方案的过程。

（五）选择方案

选择方案是整个房地产开发与经营决策的中心环节,也是决策者的重要职责。尽管选择一个方案看起来很简单,只需要考虑全部可行方案并从中挑选一个最佳解决问题的方案即可。但实际上,作出选择是很困难的,它集中体现了决策者的开发与经营艺术和素质。要正确有效地进行方案选择,决策者必须仔细考察全部事实、确定是否可以获取足够的信息,并掌握方案选择的标准,最终选择最好方案。

选择标准和开发与经营决策目标紧密相连,并且能保证更好地实现目标。选择标准指的是在同样可以实现目标的前提下,要使得到的利益尽可能大,付出的代价尽可能小;实现目标的决策正面作用尽可能大,副作用尽可能小等。需要指出的是,所谓最优方案是相对的,要受到许多不确定因素的限制,因此最优标准是很难选定的。在实际选择中,人们多采用"满意标准"来比较各个方案的优劣,淘汰那些不好的方案,留下最好的方案,或在吸收各个备选方案长处的基础上,形成一个新的综合性方案。

（六）实施追踪方案

决策的结果是具体措施的执行,不付诸实施的决策是没有现实意义的。执行一个决策方案往往需要较长的时间,在这段时间内,情况可能会发生变化,在实施过程中必然会碰到新问题,引发新矛盾,会出现实际发生的情况与决策目标偏离的现象。这就要求决策者必须重视信息反馈,及时总结经验教训,依据客观情况对所执行方案进行必要的调整和完善,以保证决策目标的最终实现。

1. 反馈控制

房地产开发与经营决策中的反馈控制是指把决策过程中实际值与目标值的偏差准确而及时地输送给决策者,从而使决策者根据经营环境的变化,对决策方案进行不断修正,以保证决策目标顺利实现。为保证反馈的及时、有效,应建立信息反馈网络,并保证信息渠道畅通无阻。

2. 追踪决策

追踪决策是指原有决策的实施危及经营决策目标的实现时,或原有决策是正确的,但由于客观或主观条件发生重大变化时,原先决策目标无法实现时,则要寻找问题或机会,确定新的目标,重新拟定可行的方案,并进行评估、选择和实施方案。

以上是决策过程的基本程序,其中每一步骤都是房地产开发与经营决策过程所必不可少的。它们相互联系、相互制约,构成房地产开发与经营决策的动态过程。

第三节　房地产开发与经营新理念

理念是人或组织所追求的理想信念、价值标准,用以指导各项活动,达到人或组织的目标。

对于企业来说,企业经营理念是企业追求利益、经营战术战略的核心,要符合时代潮流,符合社会意识观念。企业理念的目标并非是单纯地把营利作为企业的远景目标或宗旨,应该以社会、消费者、员工服务为企业的最高目标或宗旨,并以此为指导来设计企业战略、经营方针,从而提高企业的竞争力。

一、节约型房地产开发理念

(一) 节约型房地产开发理念的提出

我国政府提出了全面构建和谐型社会的目标,《中华人民共和国国民经济和社会发展第十二个五年(2011—2015年)规划纲要》(以下简称"十二五规划")提出促进区域协调发展和城镇化健康发展,建设资源节约型、环境友好型社会,大力发展循环经济,加强资源节约和管理。

资源是人类赖以生存和发展的基本条件,资源还是国民经济和社会发展的重要物质基础,资源本身具有有限性和消耗性的特征。正是因为资源的基础性地位和其重要的特征,必然要求资源的节约使用,资源节约是建设节约型社会的重要组成部分,也是建设节约型社会的直接动力和直接起因。

节约型社会是和谐社会的条件,同时又互为促进。构建和谐社会必须以建设节约型社会为条件,节约型社会的建设有益于人与自然和谐关系的建立,人与地的关系影响到人与人的关系。如果资源供应高度紧张,那么就会产生经济发展与资源的尖锐矛盾,人与人的和谐、人与社会的和谐也就难以实现。节约型社会的建设有利于促进资源系统的良性循环。

可以看出资源节约、节约型社会、和谐社会三者之间相互联系密切,资源节约、节约型社会在建设和谐社会进程中具有基础性和前提性的重要地位。

房地产业是我国国民经济中重要的支柱产业之一。在房地产业的各项活动中,特别是房地产开发领域,其开发活动涉及城市土地、能源、风景园林等绝大多数城市建设资源,而我国又处于城市化高速发展的阶段,城市建设资源日渐紧缺,因此在城市房地产开发活动中,树立节约型房地产开发理念,像节约生产成本那样,节约各种可利用城市建设资源,正确运用科学的发展观来指导城市房地产的开发活动,对促进房地产业全面、协调、可持续发展,实现和谐社会目标具有重要的现实意义。

(二) 实现节约型房地产开发的途径

从目前来看,房地产开发可以从以下四个方面实现节约型房地产开发。

1. 强化集约利用土地,提高土地利用率

土地资源具有有限性、不可再生性等特点。我国人口众多,人均占有土地资源数量非常有限,特别是城市化进程加快,城市人口快速增长,有限土地资源短缺问题显得更为突出。城市土地利用普遍存在土地粗放使用、土地闲置浪费、土地利用率和利用效益不高等问题。

为强化节约和集约利用土地,必须实现土地利用方式的根本性转变,利用方式由粗放型向集约型转变、由大手大脚用地向厉行节约用地转变、由宽松优惠供地向从紧从严供地转变、由约束性不强的管理向依法依规严格管理转变。要实现上述四个转变,要求土地利用的决策者(政府及其职能部门)、具体实施者(开发商)以及社会各方面的共同努力。

(1) 继续推行严格的土地保护制度。土地保护制度的推行要求建立建设用地定额指标体系,完善土地使用准入制度,推进土地整理工作。

(2) 开展土地利用规划。土地利用规划是国民经济和社会发展规划的重要组成部分,也是城乡建设、土地管理的重要依据。在城市房地产开发过程中,要严格保护耕地特别是基本农田,重点控制建设用地,大力推进节约和集约用地,充分挖掘用地潜力,统筹规划各类用地,对土地资源进行有效配置。

现阶段,人们已经逐步意识到土地的综合规划和集约利用的重要性,例如在不影响使用的前提下,适当提高建筑物高度,增加土地容积率。但应当强调的是,我们在强化地面及地上空间集约利用的同时,恰恰忽略了城市地下空间的综合集约利用,我国城市的地下空间利用程度不高、建筑产品的地下空间利用自成体系,缺乏全面、系统、合理利用城市地下空间的前瞻性,而这又是解决城市土地资源日渐匮乏难题的有效途径之一。

(3) 开展农村集体建设用地整理。由于我国土地制度设计的缺陷,农村集体建设用地管理是比较薄弱的一个环节,粗放、闲置浪费利用土地现象也同样严重。因此,要指导村镇按集约利用原则做好规划和建设,加快农村建设用地的节约集约利用。

2. 积极推进原材料节约

在开发中,要严格设计规范、生产规程、施工工艺等技术标准和材料消耗核算制度,推行产品生态设计和使用无毒、再生材料,减少消耗大量的建筑材料及各种类型的建筑设备,减少损失浪费,提高原材料利用率。同时,还要延长材料使用寿命,鼓励研发、生产高强度和耐腐蚀的金属材料,提高材料使用强度和使用寿命。

3. 大力推进建筑节能

建筑节能是当今世界的主流,是解决当前世界能源紧缺的重要途径之一。

我国在较早的时候就开始提倡、推广建筑节能措施和技术。从 1986 年试行建筑节能设计标准,国家及地方也陆续颁布一系列有关建筑节能的法规、技术规范等文件。虽然经过近 20 年的努力,建筑节能工作得到了推进,然而数字显示,目前我国每年城乡新建房屋建筑面积近 20 亿平方米,其中 80% 以上为高耗能建筑;既有建筑近 400 亿平方米,95% 以上是高能耗建筑,全国单位建筑面积耗能是发达国家的 2—3 倍以上。可以看出,建筑节能并未得到有效的大范围推行,绝大多数建筑还在沿用高耗能、利用率低的建筑材料。

建筑节能在我国推广缓慢,有多方面的原因。第一,建筑节能开发建设的成本相对较高。按照建筑节能设计,采用节能材料每平方米建筑面积要增加成本 100 元左右,增加了开发成本。第二,建筑节能的法规配套不够完善。目前已经出台的法规及节能设计标准,对建筑节能只有总的要求和使用的局限范围,难以推广到不同的建筑类型。第三,节能技术与产品不够成熟。目前我国采用的建筑节能产品高科技含量较低,节能率也不高,多数是常规的建筑节能产品,高科技的高效保温建筑材料的开发应用范围较窄。第四,国家对建筑节能的规范还没有列入强制性条文执行的范畴,使得许多房地产开发商还在使用落后产品技术。第五,消费者对节能建筑了解不够,不懂得节能建筑带来的种种好处,这使得开发商也不愿意去使用节能建筑材料。

"十二五规划"明确提出,建设资源节约型、环境友好型社会,大力发展循环经济,加强资源节约和管理。将节约能源作为重要的发展目标,要严格执行建筑节能设计标准,推动既有建筑节能改造,推广新型墙体材料和节能产品,推广高效节点绿色照明系统,还要充分利用余热余压利用。有建筑实现节能改造,新建建筑完全实现建筑节能65%的总目标,使我国建筑的节能水平接近或达到现阶段中等发达国家的水平。

在房地产开发与经营的过程中,必须树立节约能源观念,开展节能工作,努力推进建筑节能的发展,实现建筑事业的可持续发展。一是全方位推进,包括在法规政策、标准规范、推广措施、科技攻关等方面开展工作;二是全过程监督,包括在立项、规划、设计、审图、施工、监理、检测、竣工验收、核准销售、维护使用等环节加以监管;三是全面展开,制定并强制执行节能标准,以及提高工艺水平的措施;四是实行按房地产类型分类指导、区域统筹、整体推进、分阶段实施的工作方法;五是全社会参与,从政府到设计单位、施工图审查机构、施工单位、监理单位、质量监督机构、房地产开发企业、物业管理公司以至广大人民群众都要积极参与。

房地产开发是建筑生产的重要环节,房地产业已经成为建设节约型社会的重要领域,房地产企业在中间发挥积极的作用。在房地产开发过程中,无论是规划设计,还是建筑结构选型,施工过程中采用一系列屋面、墙体、门窗等保温隔热的高新材料和技术,大大减少对水电等能源的消耗,对实现"十二五规划"的节能目标有很大的现实意义。虽然在建设阶段可能会引起开发商成本的上升,但随着人民生活水平的提高,人们对居住品质的要求越来越高,既节能又舒适的房子逐渐被消费者看好,进而促进房地产的销售,同时还能促进我国传统建材向节能建材转产,推动建材产业升级,给节能材料、产品带来广阔的市场空间,从而实现社会的和谐发展。

4. 整合优化利用城市建设资源

房地产开发活动是一项影响深远的活动,在推动城市规划的实施与完善,合理配置有限的城市土地资源,美化城市环境,改善投资环境,发挥城市综合功能,加速经济的发展等方面起着积极重要的作用。

城市房地产开发过程中,除了涉及土地资源外,还与城市风景园林资源(如城市公园、绿地、广场、湖泊水景)、城市历史文化资源(如历史文物、革命遗址)发生密切的联系,这些城市资源丰富了城市房地产开发的内容。但现在有些地方城市房地产开发,无论是旧城改造,还是新城开发,对整个城市的资源、环境产生了极大的破坏,不可避免地造成房地产开发中的建设和保护的矛盾。

在新城开发方面,由于城市人口的快速增加,居住呈现郊区化的特征,通过外延式的扩张解决城市居住用地紧张的问题。我国众多城市中,山、水、园林资源丰富,极大地改善了城市人口的居住环境。但开发商在为居民打造环境舒适的住宅的同时,大肆破坏城市所拥有的宝贵资源,对山、水等资源进行掠夺式的开发,开山、毁林、破坏植被,破坏了城市的生态环境,还由于位于郊区的居住区生活污水、废弃物处理设施建设滞后,生活污水任意排放,废弃物任意处置,使生态环境进一步恶化。

在旧城改造方面,旧城记载着城市的历史,老街、老巷、老房体现了当地的地域风情,沉淀了诸多人文精神。但有的城市在超大规模、超大范围旧城改造中,一概重新规划,大拆大建,许多优秀的历史文化遗产也未能幸免,致使最能代表自己城市特色的历史城区被风格雷同的现代新区所代替。历史文脉一旦被割断,城市个性也就消失了。因此,在旧城改造过程中,应该充分重视传统城区的保持及复兴,严格按照对旧城优秀文化内涵保护的要求,延续城市整体文化特色和文化文脉,特别对于历史悠久的城市而言,要注意对地方特色建筑形式的保护和发扬,避免对优秀文化传统风貌造成无法挽回的破坏。规划既要与城市总体规划相一致,又要与区域特征相协调,突出个性和品位,使之成为一个独特的人文景观的城市。

(三)节约型房地产开发理念的意义

从上面可以看出,树立节约型房地产开发的理念,一方面反映了我国社会主义建设的要求,符合时代的潮流,有利于社会的可持续发展;另一方面,房地产开发企业可以以此为契机,运用科学的发展观指导企业树立科学的经营思路、方针,整合企业内外部资源,提高企业的市场竞争力,实现企业的可持续发展之路。

二、房地产资产经营管理理念

房地产资产是房地产形态的资产,是房地产财产中被经济主体拥有或控制的能够以货币计价并在市场上交换的部分,属于固定资产,可以划分为实物(土地、房屋)和权利两种形态。

房地产资产具有资产的基本特征:被经济主体拥有或控制、能以货币计量、能够给经济主体带来经济利益的资源,即可以给经济主体带来现金流入的资源。

人们往往比较注重房地产的开发过程,而开发完成后,忽略了房地产作为资产的特性,致使房地产的资产作用难以发挥,实际上是造成了经济利益的损失。如果被恰当使用,房地产资产的获利潜力就能够被实现,进而能更好地发挥房地产的使用价值和交换价值。

从内容上看,房地产资产经营管理所涉及的范围比物业管理大得多,其范围广、专业性强,因而需要专业性的资产管理公司对房地产进行资产经营管理。

经营性物业资产经营管理的主要内容有以下四个方面。

1. 制定经营管理目标

专业性的房地产资产管理公司应考虑市场状况、物业自身条件、投资者期望等因素,最大限度地维护投资者利益,与投资者达成共识,制定恰当的经营管理目标。

2. 制定推广计划

资产管理公司凭借专业精神帮助投资者制定市场推广计划,包括市场定位、目标顾客群认定、租售等方案,以期快速收回投资,为投资者带来直接的利益。例如,专业的资产管理公司通过对写字楼的良好经营,塑造写字楼优秀的市场形象,增加对大厦的认同等无形资产,以期在可能发生的写字楼再次产权转移中,为投资者带来巨大的增值利益。

3. 投资管理

专业性的资产管理公司在经营性物业投入使用前,建立完全的投资财务管理手段,财务管理系统及成本控制系统,准确、有效、及时地保证经营性物业正常运转,达到物业最大的升值,使投资者的投资得到应有的回报。

4. 资金融通管理

房地产资产除了通过经营业务获取稳定的现金流入外,还可以发挥其融通资金的功能。通过设定抵押权,发挥其融通资金的功能,获得的资金可以投入其他经济活动中,创造更大的经济价值,将固定资产变成活的资产。如抵押贷款业务、抵押贷款证券等。除了以上方式还可以通过高比率融资,如回租、回买融资,从而扩大房地产投资规模,提高投资者自有资金收益率。下面以一个例子来说明房地产回租原理。

某公司甲用1 500万元买下一幢写字楼,后按9折即1 350万元出售给某金融机构乙,然后甲向乙长期租赁,年租金 M 万元,经营房地产年收入 N 万元,只要 N 大于 M,甲就能营利,而甲公司实际投资只有150万元,很显然,甲公司自有资金投资收益率非常高。当然这种融资方式风险比较高,对房地产资产管理公司的经营管理水平要求很高。通过资金融通管理,将房地产推进资产市场的流通领域,进行资产运营,发挥了房地产作为"硬通货"的功能。

经营性房地产管理的效果实现如何,在很大程度上取决于专业性房地产资产管理公司的水平。因为国内经营性物业管理发展时间不长,无论在理论上还是从实践上均需借鉴国外的成功经验。

本章小结

房地产开发与经营的基本理论是管理学、经济学、经营学理论在房地产开发与经营过程中的实践应用理论,它为房地产开发与经营活动提供理论指导,以提高开发经营活动的科学性和合理性,使房地产开发与经营活动提供的产品和服务符合房地产市场的客观要求。

本章介绍了房地产开发与经营中的生产策略、价格策略等策略,讨论了房地产开发与经营决策的类型以及根据各种决策类型在进行正式决策时应该遵循的决策准则。也介绍了房地产开发与经营决策的一般程序。

房地产开发经营活动过程涉及许许多多的城市资源,同时又创造了占社会固定资产较大比重的房地产资产。因此,本章结合我国正在大力提倡建设节约型社会,实现国民经济和社会可持续发展的要求,提出了节约型房地产开发理念、房地产资产经营理念,来指导房地产开发经营活动,使房地产开发经营活动更加日臻完善,对促进我国房地产业持续健康发展具有重要意义。

 关键词

经营策略 经营决策 理念

 复习思考题

1. 选择题(以下选项中至少有一个是正确的)

　　(1) 一个好的决策目标应满足以下要求(　　)。

　　(A) 针对性　　　　　(B) 层次性　　　　(C) 可行性　　　　　(D) 明确

　　(2) 房地产开发与经营决策必须(　　)。

　　(A) 有明确的目标　　　　　　　　　　　(B) 至少有一个方案

　　(C) 评价标准能够定性描述　　　　　　　(D) 能够反映客观实际的信息

　　(3) 常见的不确定型决策方法主要有(　　)。

　　(A) 大中取大法　　　　　　　　　　　　(B) 净现值期望值法

　　(C) 最大可能法　　　　　　　　　　　　(D) 最小最大后悔值法

　　(4) 在实施方案过程中,下列说法正确的有(　　)。

　　(A) 决策一旦形成,实施过程中必须全盘执行

　　(B) 遇情况有变,对方案可以进行调整和完善

　　(C) 对方案进行控制是一个动态的过程

　　(D) 方案可以全盘否定

2. 简答题

　　(1) 简述房地产开与经营决策的原则及决策类型。

　　(2) 不确定型决策有哪几种方法?

　　(3) 试述房地产开发与经营决策的一般程序。

　　(4) 你认为房地产开发商在开发与经营过程中还应该具备哪些理念?

第三章 房地产企业

> **学习目标**
>
> 学习本章后,你应该能够:
> 1. 了解房地产企业、组织、目标、决策及计划的有关概念和内容;
> 2. 理解房地产企业的分类方法、组织设计的一般原则;
> 3. 掌握房地产企业几种组织形式的应用范围、计划编制及计划调整方法。

第一节 房地产企业概述

一、房地产企业的概念

房地产企业是指集合土地、资本、人力、物力、企业家才能等生产要素,创造利润,承担风险,并专门从事房地产开发、房屋买卖、物业管理、租赁、房地产抵押,以及房屋信托、交换、维修、装饰乃至房地产信息、咨询、管理服务,并包括土地使用权的出让、转让等经济活动在内的经济组织。

房地产企业以营利为目标,以开发与经营活动为内容,在充分利用企业资源的基础上,实现房地产企业经济效益最大化。

二、房地产企业的性质

房地产企业具有和其他各类国民经济企业相同的特性,即具有普遍意义的社会经济属性,同时也具有自身的特殊属性。

(一)房地产企业的一般属性

企业的一般属性是指在现有体制下,企业的经营目的及企业与政府、企业与员工、企业与企业之间的相互关系。房地产企业的一般属性主要体现在以下四个方面。

1. 经营目的

房地产企业的经营目的是在满足社会需要的同时实现自身的经济效益。正如其他各类企业一样,房地产企业也是以营利为基本前提。为此,房地产企业必须按照国民经济整体协调发展的需要以及城市建设总体规划和经济、社会发展规划的要求,积极开展企业的经营活动,实现企业的长远发展。

2. 与政府的关系

就房地产企业与政府的关系而言,一方面,政府通过制定经济和社会发展的战略、计划、方针和政策,并运用经济、税收、法律等手段对房地产企业的经济活动进行调整、制约和引导,以达到政府宏观调控的目标,并保证房地产市场健康持续的发展;另一方面,房地产企业应按照国家宏观政策的要求,调整企业经营活动,实现企业自身经济效益与国家经济发展的总体需要相协调。

3. 与员工的关系

就房地产企业与员工的关系而言,一方面,企业在不断提高经济效益的同时,要切实为员工提供优良的工作和学习环境,重视经济激励的作用,充分调动员工的主动性、积极性和思考性;另一方面,员工应该忠于企业,保守商业秘密,尽心竭力、尽职尽责为房地产企业发展谋求出路。

4. 与其他房地产企业的关系

就房地产企业之间的关系而言,既需要企业之间的密切配合,充分发挥各自的专业领域优势,同时也存在着相互竞争,这样就迫使企业不断改善经营管理、扬长避短、发挥优势。当然,在企业相互竞争的过程中应该重视政策法规和行业自律的规范作用,以避免企业间可能出现的不正当竞争或盲目竞争。

(二)房地产企业的特殊属性

房地产开发与经营的全面系统性、广泛社会联系性决定了房地产企业活动涉及生产、经营、管理、服务等多个领域,但由于各个环节较强的专业性使得其并不参与一线工作,更多的是充当组织协调的角色,从而决定了房地产企业的非生产性企业性质,主要表现为以下五点。

1. 知识密集型企业

房地产企业一般都没有自身的建筑施工队伍,而是把这类价值创造活动外包,由建筑施工企业负责房地产项目所需要的技术与劳务。房地产企业工作的侧重点,是根据城市规划的总体要求和开发项目本身的特点执行开发经营者的决策、计划、组织、指挥、控制和协调企业管理活动的各项职能。为此,企业一般都要求由熟悉国家有关房地产业方针政策、法令法规和能够熟练从事房地产开与发经营业务的专业人员组成专门的队伍,因此,与一般的劳动密集型企业相比,房地产企业具备相当程度的知识密集型企业的特点。

2. 资金密集型企业

房地产开发是一项很大的系统工程，其过程需要消耗大量的人力、物力和财力，因此房地产投资所需的巨额资金是带动和制约房地产企业业务发展极其重要的因素。比如，投资一个几千平方米的项目，单在安装工程方面的造价就可达千万元以上。当前我国房地产企业发展如此迅速，在相当程度上是依赖于银行信贷的支持，主要表现在土地使用权获取阶段、建设期流动资金阶段和居民购房按揭阶段。虽然资金对于任何企业来说都很重要，但是这一点对于房地产企业尤为关键。值得一提的是，在当前房地产行业政策调整以后，首先就要求房地产企业本身拥有雄厚的自有资金，其次是具备较强的融资能力和资本运营意识，只有这样才能满足开发建造房屋过程中所需的巨额投资。

3. 业务运作具备商业企业的特征

房地产企业最重要的经营活动就是出售房地产商品，在向客户提供房地产商品的同时收回建设投资，以实现盈利，这与商业企业出售商品的过程是非常类似的。一般来讲，房地产企业作为甲方，先为建筑施工企业（乙方）垫付一定数量的工程建设资金，然后开始房屋的建造施工，进而建成验收，最后结清工程款。这一过程可以看作是房地产企业从建筑企业购买房地产商品，然后由房地产企业将房地产商品出售。这是一个完整的房地产商品依次从生产领域、流通领域、消费领域进行转移的过程。

4. 业务内容体现服务行业的特色

房地产企业作为房地产商品的经营者，在从事出售和出租房地产商品经营活动的同时，还具有对房地产商品进行管理与服务的各种职能，这是房地产企业业务内容的有机组成部分。例如，对房地产商品进行定期检查、保养和修缮，提供房地产信托服务、物业管理服务等。这些都体现了房地产企业的业务内容具有服务行业的特征。

5. 经营方式具有租赁企业的特点

房地产企业除了出售房地产商品以外，还可以用出租的方式经营房地产商品，即不出让所有权，而是转让使用权。其并非一次性地将预付的建设资金及利润收回，而是用收取租金的办法，在未来的时间内逐步收回投资，获取利润。在此期间，承租方凭借分期支付租金的方式取得房地产商品的使用权，而房地产企业则依旧保有对房地产商品的所有权。

三、房地产企业在国民经济中的作用

实践表明，房地产业对国民经济发展具有重要的推动作用，是国民经济的支柱产业，也是繁荣城市经济的先导性、动力性产业。房地产企业专门从事房地产商品在生产、流通、消费领域的各种经济活动，是房地产业具体从事房地产开发、经营活动的经济实体，是房地产业在国民经济中拥有重要地位、具有重要作用的具体体现者和执行者。房地产企业在国民经济中的重要作用具体表现在以下四个方面。

(一)为国民经济的发展提供物质保证

房地产企业开发建设的房地产商品为国民经济的发展奠定了坚实的物质基础,有利于社会生产和生活的需要,以及国家财富的积累。据测算,截至2012年10月底,我国城市建筑存量面积约为180亿平方米,房屋价值总量约为120万亿元,这是一笔巨大的固定资产,为国民经济的发展打下了比较坚实的基础。考虑到当前我国城市化水平的提高和房地产业发展规模及速度,我国房屋价值总量将持续增加。

(二)为城市建设事业的发展开辟稳定的资金来源

当前很多城市的中央商务区(central business district,CBD)或中央居住区(central living district,CLD)建设,是政府在城市建设总体规划要求的基础上,对城市建设进行全面、综合考虑,并使房地产与城市建设基础设施的建设协调进行,以取得良好的社会效益和经济效益。房地产企业从事的房地产综合开发是房屋与城市基础设施的协调配套建设,通过综合开发,减少城市财政的支出,可以提高单位土地的产出,并使城市环境得到极大的改善,加快城市建设的步伐。

(三)为相关产业的发展起到有力的带动作用

产业经济学的理论认为,衡量一个行业在国民经济中的地位和作用,其中一个很重要的指标就是行业的关联度。房地产业和国民经济的其他许多行业之间都有着密切的关系,表现出很强的产业关联性,最明显的例子就是钢铁、水泥、木材、玻璃、塑料制品、家电等产业,它们都与房地产业密切联系。统计数据表明,在这些项目的年产量中,钢铁的25%、水泥的70%、木材的40%、玻璃的70%和塑料制品的25%,都投入房地产开发建设。因此,房地产业的发展对这些产业的发展具有很大的促进作用。据研究,房地产业的行业关联系数高达1.7以上,即每100元的房地产销售就能带动相关产业170元的销售。此外,据统计,当前中国房地产业对国民经济的贡献率为1—1.5个百分点,即在目前中国9%的GDP增长速度中,有1%—1.5%是来自房地产业的贡献。由于房地产业的发展依赖于房地产企业的执行和体现,因而房地产企业的发展也能为相关产业的发展起到有力的带动作用。

(四)促进消费结构和产业结构的合理化

消费结构,是指社会人群对不同商品的消费支出占其总收入的比例或比重。长期以来,食物支出在我国居民所有商品消费支出中占很大比重,住房消费支出很低,而房地产企业开发的房地产商品,由于使用周期长、价值大,居民必须支付相当的价款才能购得房屋的所有权,这样通过使住房消费在家庭总收入中所占比例的适当提高,进而使整个社会的消费结构逐渐趋向合理化。

产业结构是指国民经济中各产业部门及产业部门内部不同层次之间质的结合与量的比例情况。由于我国长期实行计划经济体制,给我国产业结构的合理构成带来了很多的问题。房地产企业的发展,将带动城市金融业、商业、服务业等相关产业的同步发展,具体体现是使城市金融业与各产业部门之间的联系更加紧密,使市场经济机制得到充分发展和加强,使得财政政策、货币政策的调节作用更为有效。因此,房地产企业的发展对于促进我国产业结构的优化调整具有十分重要的意义。

四、房地产企业的分类

对房地产企业作出合理的分类,有助于依照各个企业的类型与特点进行分析研究,进而实行科学的管理。我国房地产企业数量多,成分复杂,因此必须本着动态性的原则,根据宏观环境与微观环境的变化对分类的方式方法及结论作出及时的调整。

总体来讲,对我国房地产企业进行分类主要有以下两种分类方法。

（一）根据企业经营活动与房地产生产、流通、消费各个环节的相关程度进行分类

这种分类方法的基础,是由于房地产企业涉及房地产生产、流通、消费各个环节,并且兼有开发、经营、管理、服务等多种职能,这样各个具体企业因工作业务的侧重不同而导致与房地产生产、流通、经营环节的关联程度各不相同(图3-1)。

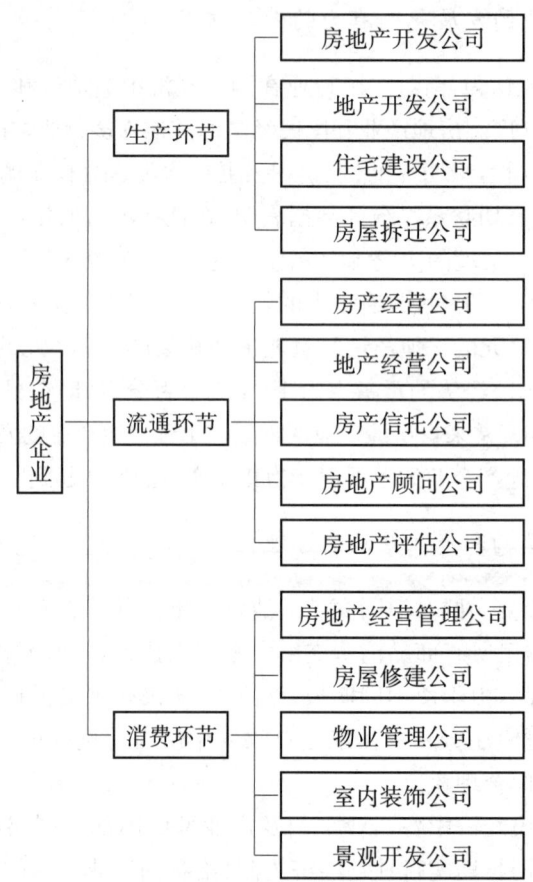

图3-1 房地产企业分类框架图示

1. 与房地产生产环节相关的企业形式

(1) 房地产开发公司。房地产开发公司是房地产企业的主要形式。它是指通过参与土地储备中心举行的土地招标、拍卖和挂牌活动，有偿、有期限地获得土地使用权，或是通过地产开发公司从土地二级市场上获取土地使用权，然后进行房地产商品开发经营活动的企业。其主要经营业务有新区开发、旧城改造、商品房销售等。

(2) 地产开发公司。地产开发公司通过"三通一平"（水通、电通、道路通及场地平整）或"七通一平"（给水通、排水通、电通、道路通、通讯、通燃气、通热及场地平整），将自然状态的土地或有部分基础设施的土地变为可用于房屋建设或其他建筑用途的土地（即"生地""毛地"变为"熟地"），然后出让或转让，使房地产企业得以在其上建造房屋或其他设施。其主要业务是进行地产开发。

(3) 住宅建设公司。住宅建设公司实际上属于建筑施工企业，但由于其具有专业技术生产的优势，经常能够介入房地产开发活动当中去。从现实情况看，当前有很多房地产开发企业的前身就是建筑施工企业。

(4) 房屋拆迁公司。这类企业是近年来伴随我国房地产业的发展及对城市存量土地的利用而出现的新兴企业形式，有利于顺利进行旧城改造和提高对城市存量土地的利用率。其主要经营业务是拆除原有房屋。

2. 与房地产流通环节密切相关的企业形式

(1) 房产经营公司。房产经营公司具有经营、管理等多项职能，其主要业务是出售或出租房屋，也可以接受委托进行房屋维修、改建发包、组织旧城改造，或者同其他房地产企业共建、联营。

(2) 地产经营公司。地产经营公司是指服从土地管理或城市房地产管理部门的直接领导，并接受其委托，代表政府统一对城市区域内的土地进行整理，然后择期公开出让土地使用权，并获取经营利润。我国当前很多城市成立的土地储备中心就属于这类企业。值得一提的是，地产经营公司与地产开发公司在概念和本质上完全不同：地产经营公司是受政府委托，在土地的一级市场上从事经济活动；地产开发公司则是在土地二级市场上从事经济活动。

(3) 房产信托公司。房产信托公司是一种在房屋产权所有者的委托之下，代理经租、维修和管理房产，或者提供各种相关中介服务的房地产企业。

(4) 房地产顾问公司。房地产顾问公司是指从事具体房地产项目的代理营销策划、销售及综合服务的房地产企业。这类企业的主要业务是为房地产开发企业提供全程服务，并最终获取房屋销售代理权。

(5) 房地产评估公司。房地产评估公司是指由房地产专业估价人员根据估价目的，遵循估价原则，按照估价程序，选用适宜的估价方法，在综合分析影响房地产价格因素的基础上，对房地产价格或价值进行估算的企业。其主要业务有房产评估和地产评估，其相应的专业估价人员为注册房产估价师和注册地产估价师。

3. 与房地产消费环节密切相关的企业形式

(1) 房地产经营管理公司。房地产经营管理公司是一种经营与管理合一的企业,其经营业务活动表现出较强的综合性,除了开展房屋的修缮、管理业务外,还兼营房产出售或出租。

(2) 房屋修建公司。房屋修建公司是一种专业化企业,它的经营业务主要是房屋修缮,同时还兼营房屋翻建、增建,以及改建业务。

(3) 物业管理公司。物业管理公司是指以租出、售出的房屋(商贸大厦、办公写字楼等非住宅房屋)或建成的住宅小区为管理对象,运用先进而科学的管理手段与方法,提供有关服务以方便用户工作与生活的一种专业化企业。这类企业的经营宗旨就是为用户提供并保持一个卫生、舒适、安全而文明的良好居住或工作环境。

(4) 室内装饰公司。室内装饰公司是指通过为业主提供室内环境装饰服务,以提高房屋使用价值,满足业主对房屋使用舒适和美观需要的专业化企业。其业务主要有室内设计和制作,制作包括木工、泥水工、油漆工、金属制作、水电工、隔墙制作、地毯制作等。

(5) 景观开发公司。景观开发公司是指为了使建成后的居住小区内部或房屋周边环境得到美化,以园林、绿化建设为主要经营业务的专业化企业。这类企业是一种新型的企业,它随着我国房地产业的蓬勃发展而出现,同其他房地产企业之间存在着一种配套和协作的关系。

(二) 根据房地产企业经营特点进行分类

1. 房地产专营企业

房地产专营企业是指依法注册成立,具有一定企业资质并长期从事专门的房地产开发经营业务的企业。

2. 房地产兼营企业

房地产兼营企业是指某些以其他行业,如商业、建筑业、金融业、电子工业、化学工业为主营业务,而在注册时申请并经批准兼营房地产开发经营的一类企业。如北京城建集团、北京建工集团。

3. 房地产项目型企业

房地产项目型企业是特别针对某一开发项目而设立的开发企业。这类企业通常在开发项目经过可行性论证并经立项之后方行组建,而待项目建成并销售完成后,企业就自然解散终止。如北京为举办2008年奥运会所成立的开发企业就属于这种项目型企业。

五、房地产企业的建立

(一) 房地产企业组建的条件

要建立房地产开发经营企业,需要具备以下条件:有符合公司法人登记的名称和组织机构;有适应房地产开发经营需要的固定办公场所;有符合规定额度的注册资本和流动资金;有一定人数的持有专业证书的房地产专业、建筑工程专业的专职技术人员和专职财会人员以及法律、法规规定的其他条件。

要设立房地产开发企业,除应当符合有关法律、行政法规的其他条件外,还应当达到《城市房地产开发经营管理条例》第五条对其所应当具备的条件所作出的补充规定:注册资本达100万元以上;有4名以上持有资格证书的房地产专业、建筑工程专业的专职技术人员,2名以上持有资格证书的专职会计人员。各省、自治区、直辖市人民政府可以根据本地方的实际情况,对设立房地产开发企业的注册资本和专业技术人员的条件作出高于前款的规定。

另外,各省、自治区、直辖市人民政府根据本地方的实际情况,还可以在前款的基础上另行规定,提高设立房地产开发企业的注册资本和专业技术人员的条件。

(二)房地产企业设立的程序

设立房地产企业的程序为:向上级机关提出组建房地产开发企业的申请报告;拟定房地产开发经营企业的章程;向当地政府或房地产主管部门提出成立房地产开发经营企业的申请报告;申报企业的资质等级;办理银行的开户手续,并存入资金;办理资金信用证明;办理经营场所的使用证明;向工商行政管理部门申请注册登记。

工商行政管理部门对符合《城市房地产开发经营管理条例》规定条件的房地产开发企业作出如下规定:应当自收到申请之日起30日内予以登记;对不符合条件登记的,应当说明理由。工商行政管理部门在对设立房地产开发企业申请登记进行审查时,应当听取同级房地产主管部门的意见。

(三)房地产企业的资质

房地产企业的资质,是房地产企业专业经济技术素质、管理素质、资本数额、企业经历和业绩的综合体现。对房地产企业进行资质管理,对于保证房地产企业依法规范地从事开发经营活动,维护房地产市场正常的经济秩序,确保企业素质的不断提高,是一项极为重要的措施。

房地产企业形式很多,当前国家对房地产企业资质审查的重点主要是对房地产开发企业进行资质审查,故本章的房地产企业资质主要是以房地产开发企业为研究对象来进行阐述,指房地产开发企业的资质等级确定、业务范围、资质审批以及违规处罚等;房地产经营企业的资质管理主要是按照国家颁布的《企业法人登记管理条例》进行。

我国房地产开发主管机构对房地产开发企业实行资质管理制度。总体而言,我国房地产开发企业资质等级可划分为五个级别,即一级、二级、三级、四级和暂定级或临时级。房地产开发企业资质等级具体划分要求见表3-1。

表 3-1 房地产开发企业资质等级划分规定

	划 分 条 件	一级资质	二级资质	三级资质	四级资质	其 他
1	注册资本	不低于 5 000万元	不低于 2 000万元	不低于800万元	不低于100万元	暂定级或临时级，主要是针对新成立的房地产开发企业，其应当自领取营业执照之日起30日内，持相关文件到房地产开发主管部门申请《暂定资质证书》，申请《暂定资质证书》的条件不得低于四级资质企业的条件
2	从事房地产开发经营年限	5年以上	3年以上	2年以上	1年以上	
3	房屋建筑累计竣工面积，或累计完成与此相当的房地产开发投资额	近3年30万平方米以上	近3年15万平方米以上	5万平方米以上	无规定	
4	建筑工程质量合格率	连续5年达100%	连续3年达100%	连续2年达100%	达100%	
5	上一年房屋建筑施工面积，或完成与此相当的房地产开发投资额	15万平方米以上	10万平方米以上	无规定	无规定	
6	有职称的建筑、结构、财务、房地产及有关经济类的专业管理人员。 其中：具有中级以上职称的管理人员 其中：持有资格证书的专职会计人员	40人以上 20人以上 4人以上	20人以上 10人以上 3人以上	10人以上 5人以上 2人以上	5人以上 无规定 2人以上	
7	工程技术负责人具有相应专业职称。 财务负责人具有相应专业职称。 统计等负责人具有相应专业职称	中级以上	中级以上	中级以上 初级以上	中级以上 初级以上 统计员	
8	具有完善的质量保证体系，商品住宅销售中实行了《住宅质量保证书》和《住宅使用说明书》制度	是	是	是	是	
9	未发生过重大工程质量事故	未发生	未发生	未发生	未发生	

（四）房地产开发企业业务范围

各级房地产开发企业必须按照资质证书确定的业务范围从事房地产开发业务，不得越级承担任务。各级房地产开发企业业务范围如下：

（1）一级资质的房地产开发企业承担房地产项目的建设规模不受限制，可以在全国范围内承揽房地产开发项目。

(2) 二级资质的房地产开发企业可以承担建筑面积 25 万平方米以下的开发建设项目,承担业务的具体范围由省、自治区、直辖市人民政府建设行政主管部门确定。如湖北省建设厅规定,二级资质的房地产开发企业承担的开发建设项目建筑面积限定在 25 万平方米以下,可以在全省范围内承揽房地产开发项目。

(3) 三级资质的房地产开发企业可以承担建筑面积 10 万平方米以下的开发建设项目,并限定在本市(州)行政区域内承揽房地产开发项目。

(4) 四级资质的房地产开发企业可以承担建筑面积 4 万平方米以下的开发建设项目,不得承担 8 层以上的开发建设项目,并限定在本市区(县、市)范围内承揽房地产开发项目。

(5) 暂定级或临时级的房地产开发企业承揽建设规模不得超过四级资质房地产开发企业的承揽规模,并限定在本市(州)行政区域内承揽房地产开发项目。

(五) 房地产开发企业资质审批

我国对房地产开发企业资质等级实行分级审批制。

(1) 一级资质由省、自治区、直辖市人民政府建设行政主管部门初审,报国务院建设行政主管部门审批。

(2) 二级资质及二级以下资质企业的审批办法由省、自治区、直辖市人民政府建设行政主管部门制定。

经资质审查合格的企业,由资质审批部门发给相应等级的资质证书。除此之外,还对房地产开发企业的资质实行年检制度,对于不符合原定资质条件或者有不良经营行为的企业,由原资质审批部门予以降级或者注销资质证书。

(六) 房地产开发企业违规处罚

房地产开发企业的违规行为包括以下六种情形。

(1) 企业未取得资质证书从事房地产开发经营的,由县级以上地方人民政府房地产开发主管部门责令限期改正,处 5 万元以上 10 万元以下的罚款;逾期不改正的,由房地产开发主管部门提请工商行政管理部门吊销营业执照。

(2) 企业超越资质等级从事房地产开发经营的,由县级以上地方人民政府房地产开发主管部门责令限期改正,处 5 万元以上 10 万元以下的罚款;逾期不改正的,由原资质审批部门吊销资质证书,并提请工商行政管理部门吊销营业执照。

(3) 企业有下列行为之一的,由原资质审批部门公告资质证书作废,收回证书,并可处以 1 万元以上 3 万元以下的罚款:隐瞒真实情况、弄虚作假骗取资质证书的;涂改、出租、出借、转让、出卖资质证书的。

(4) 企业开发建设的项目工程质量低劣,发生重大工程质量事故的,由原资质审批部门降低资质等级;情节严重的吊销资质证书,并提请工商行政管理部门吊销营业执照。

(5) 企业在商品住宅销售中不按照规定发放《住宅质量保证书》和《住宅使用说明书》的,由原资质审批部门予以警告、责令限期改正、降低资质等级,并可处以 1 万元以上 2

万元以下的罚款。

(6) 企业不按照规定办理变更手续的,由原资质审批部门予以警告、责令限期改正,并可处以 5 000 元以上 1 万元以下的罚款。

六、我国房地产开发企业发展现状特点

(一) 企业数量稳步增加,但大多数企业规模偏小

随着我国房地产市场的发展,房地产开发企业及从业人员的数量都在不断增加。全国房地产开发企业在 1986 年仅 1 991 家,截至 2013 年底,企业数量约为 8 万家,是 1986 年时企业数量的 40 倍左右。由于多种复杂的原因,我国大多数房地产开发企业规模普遍偏小。首先,在 2013 年所有的房地产开发企业当中,具有一级资质的房地产开发企业所占比例约 5%,一级、二级资质企业的总数约 20%,大多数企业只有三级、四级的资质或刚刚成立尚未取得资质等级;其次,我国大多数房地产开发企业资产规模偏小,即使是房地产百强开发企业的平均资产规模也不过几十亿元人民币,与国外房地产开发企业动辄百亿美元资产相比,差距甚远;再次,从主营业务收入方面来看,我国绝大多数开发企业的主营业务收入在 100 亿元以下,截至 2013 年底,在房地产开发百强企业当中,主营业务收入在 1 000 亿元以上的企业仅 7 家,主营业务收入在 500 亿—1 000 亿元的企业仅 5 家;最后,在我国国内房地产市场上,百强房地产开发企业的市场份额在 30%左右,而在中国香港地区房地产市场上,仅排名前 10 位的房地产开发企业就占据了 80%的市场份额,其中前三家的市场份额高达 50%,内地状况与之相差甚远。

(二) 企业经营业绩普遍提高,但增长缓慢

随着我国房地产市场的发展,从经营业绩上看,虽然众多房地产开发企业差异较大,但整体规模普遍提高,并涌现出一批较大规模的房地产开发企业,1996 年我国房地产开发企业的平均资产仅为 1 732 万元,截至 2013 年底,我国房地产开发企业的平均资产已超过 10 亿元;根据中国房地产 TOP10 研究小组的成果,2013 年我国综合实力前十强的房地产开发企业平均总资产已高达百亿元,TOP10 企业销售房屋面积达到 543 万平方米,较去年同期增加了 132 万平方米;2007 年时,世茂房地产以 100 亿元 刚好入榜 TOP10 企业,而至 2013 年,世茂房地产销售额已跃至 671 亿元,此时十强房企准入门槛也提升至 554 亿元,6 年时间,TOP10 企业金额门槛实现了 5.5 倍增长。

(三) 企业的区域分布具有较高的集中性

全国的房地产开发企业,有一大半都集中在东部地区的广东、上海、北京、江苏、浙江等 12 个省市中,其企业竞争已经由资本与土地开发权上的竞争向品牌、营销、服务等方面扩展。而西部边远地区,不仅开发企业数量少,而且企业规模也不大,在盈利水平、经营能力、创新意识等各个方面与东部地区企业差异巨大。

在区域分布上,我国房地产百强企业的分布也呈现出不均衡的特点,2013 年,受区域

经济和房地产行业发展水平的影响,华北、华东、华南三大地区占据了房地产百强企业总数的70%以上。最为显著的变化是,华东地区的房地产百强企业数量剧增,而华北和华南两大区域房地产百强企业的数量却在减少,华中和西部地区的百强企业数量有一定的增加,显然华东、华南地区是2013年中国房地产市场最具吸引力的区域,除上海以外,杭州、苏州、南京等华东二线城市也都吸引了大量房地产投资和跨区域开发的百强企业的进入。

(四)企业融资渠道比较单一

一般而言,房地产开发企业除依赖银行系统以外,还可以通过房地产信托、房地产基金、上市和房地产债券融资,由于受国家政策和企业自身条件的限制,银行贷款形式仍然是目前乃至今后一段时期内房地产开发企业的主要融资方式。同时,信托融资和基金的形式随着国家政策的出台也将会成为房地产企业融资的重要方式。

据统计,房地产开发企业自筹资金比例逐年提高,由2001年的24.1%上升到2004年底的27.4%,到2012年,已达到35%以上。然而,其中有很大比重是房地产开发企业通过各种变通的方式套取银行贷款来充当自有资金。根据有关调查资料推算,2004年年初以来,房地产开发企业自筹资金中银行贷款占房地产投资资金的比重由过去的8%左右上升到目前的35%左右。所以,从总体上看,目前房地产开发企业至少有60%以上的资金是来自银行系统,融资渠道过于依赖银行。

(五)企业的经济类型具有多样性,民营企业的发展势头远强于国有企业

同其他行业一样,我国房地产开发企业在所有制形式上也存在着多种经济形式,即民营企业、国有企业及外资企业并存。

1996年,国有企业(包含国家所有和集体所有)数量占总数的63.4%,民营企业占总数的16.5%,外资企业占总数的20.1%,然而随着国有企业改革的不断深入,很多国有企业都改制成股份制企业,因此民营或股份制房地产开发企业所占比重不断加大,截至2013年底,民营企业数量已占总数的80%以上,从开发企业经济类型的变化来看,民营企业的发展势头远强于国有企业。

第二节 房地产企业人员与组织

一、房地产企业人员

由于房地产企业人员是企业开发经营计划的具体执行者,也是企业实现开发经营目标的保障,因而有必要对房地产企业人事分类和人员构成进行了解,以利于更好地组织和协调工作。

（一）房地产企业人事分类

在房地产项目开发的过程中，由于周期长、涉及面广，其中既有复杂的技术性工作，又有头绪纷繁的管理工作，因而完成这样一项综合性的工作，需要一支结构合理、配合默契的专业人员团队。房地产开发企业的人员包括三类。

1. 经济管理类

经济管理类的企业人员主要负责房地产开发与经营过程中的行政、经济、财务、人事等方面的工作。

2. 专业类

专业类的企业人员主要负责企业中的策划、销售以及项目拓展等方面的工作。

3. 工程技术类

工程技术类的企业人员主要负责工程技术或技术管理方面的工作。

（二）房地产企业人员构成

具体来说，房地产开发企业主要人员构成如下。

1. 建筑师

建筑师主要负责开发用地的规划设计方案、房屋建筑设计、建筑施工技术指导、建筑施工合同管理等方面的工作。通常开发企业将设计工作进行外包，建筑师作为项目设计的主持人应对设计工作进行管理、组织或协调。在工程开发的建设过程中，建筑师还应负责施工合同的管理、工程进度的控制以及选聘工程监理单位等。一般情况下，建筑师应定期组织技术工作会议，签发与合同有关的各项任务，提供施工所需图纸资料，协助解决施工过程中的技术问题等。

2. 工程师

工程师包括结构工程师、电气工程师、给排水工程师、供暖工程师、设备造价及土建造价工程师。负责企业开发项目施工计划的执行和工程项目的概预算，代表企业进行施工材料的合同签订、建筑设备的订购、施工监督及协助解决工程施工中的技术问题等工作。

3. 财务人员

财务人员包括会计师和成本控制人员。会计师负责企业的经济核算工作，从全局的角度为项目开发提出财务安排或税收方面的建议，包括财务预算、工程预算、付税与清账和合同监督，并及时向公司负责人通报财务状况。成本控制人员负责编制工程成本计划，对计划成本与实际成本进行比较和进行成本控制等工作。

4. 营销策划人员

营销策划人员主要负责开发项目可行性研究、项目策划总体思路、销售策略制定和执行工作；负责优化与推进房地产业务流程；负责企业策划部门的日常管理工作等。现阶段，许多开发企业将此项业务外包，由专业的地产代理或咨询顾问机构承担。

5. 项目拓展及发展人员

项目拓展及发展人员负责收集宏观、行业市场发展、市场竞争格局信息,跟踪潜在项目并进行可行性研究,为企业储备土地或项目。

6. 法律顾问

法律顾问参与房地产开发的全过程,负责处理一些法律和实际纠纷,如获得土地使用权时签订土地出让合同或转让合同,工程施工前签订发包合同,处理客户购房纠纷等。

二、房地产企业组织

房地产开发企业在确定了企业的任务和目标后,为了使企业的开发经营活动进行合理分工与协作,正确处理房地产企业员工之间的相互关系,就必须设计和维持一种组织结构,它包括组织机构、职务系统和相互关系。

(一)房地产企业组织的基本概念

房地产企业组织是指围绕企业的开发与经营目标,将企业全体员工组织起来并开展分工协作,从而推动企业的房地产开发与经营各项活动顺利开展所必需的组织形式和组织机构。房地产企业组织这个概念表明四个方面的要素。

1. 目标

房地产企业组织是以目标存在为前提条件,不论这种目标是明确的还是模糊的,目标是房地产企业组织存在的前提,没有目标,就没有房地产企业组织存在的必要性。

2. 人员与职务

人员在房地产企业组织中有双重身份,既是管理者又是被管理者,建立良好的人际关系,是建立房地产企业组织系统的基本条件和要求。明确每个人在系统中所处的位置及相应的职务,便可形成一定的职务结构。

3. 职责与职权

房地产企业组织职责是指某项职位应该完成某项任务的责任,它反映了上下级之间的一种关系;职权是指经过一定的正式程序所赋予某项职位的一种权力,职责和职权是紧密联系的,两者不能脱离。

4. 信息

房地产企业组织内部及内部与外部联系,主要依赖于信息联系。只有信息沟通,才能保证房地产企业组织的有效运转。

(二)房地产企业组织的一般原则

1. 目标同一性原则

组织结构和组织形式的选择必须有利于组织目标的实现。任何一个组织,都与既定的组织目标有密切关系,否则就没有存在的意义。因此,组织目标层层分解,直到每一个人都了解自己在总目标的实现中应完成的任务,这样建立起来的组织结构才是一个有机整体,才能保证组织目标的实现。

2. 分工协作原则

分工就是按照提高管理专业化程度和次序的要求,把组织的目标分成各级、各部门以至各个人的目标和任务,使组织各个层次、各个部门都了解自己在实现组织目标中应承担的工作职责和职权,它是明确责任的前提。但组织目标实现需要协作,兼顾分工与协作,要求在观念上有整体的目标和围绕目标共同努力的意识,在制度上应明确分工的责任和协作的义务。在组织形式上,应将分工与协作结合起来,分工与协作是使组织协调和具有整体效应的保证。

3. 统一指挥原则

除了位于金字塔顶部的最高行政指挥外,组织中的所有其他成员在工作中都会收到来自上级行政部门或负责人的命令,根据上级的指令开始或结束、进行或调整、修正或废止自己的工作。但是,一个人如果同时接受两个或两个以上的命令,就会造成其无所适从、行动紊乱。企业组织内部指挥不统一,是管理秩序混乱的根本原因之一。因此,在组织设计当中,应避免下级人员同时受到两个或两个以上的上级人员的直接领导。

4. 权责一致原则

权责一致原则是指职权与职责必须对等。在进行组织结构的设计时,既要明确规定每个管理层次和各个部门的职责范围,又要赋予完成其职责所必需的管理权限。职责与职权必须协调一致,要履行一定的职责,就应该有相应的职权,这就是权责一致的原则。有权无责,必滥用权;有责无权,必难尽责。因此,在实际的组织设计中应尽量避免这两种倾向。科学的组织结构设计应该是将职务、职责和职权形成规范,订出章程,使无论什么人,只要担任该项工作就得有所遵从。权责对等是发挥企业组织成员作用的必要条件。

5. 机构精简原则

机构精简原则是指组织形式应尽可能简单,管理层次应尽可能减少,人员应尽可能少而精,充分发挥组织成员的积极性,提高管理效率,更好地实现组织目标。任何一种组织形式,都必须将精简原则放在重要地位。一个组织只有机构精简,队伍精干,工作效率才会提高。如果组织层次繁多,机构臃肿,人浮于事,则势必导致人力资源浪费,官僚主义滋长,效率低下。因此,一个组织是不是具备精干高效的特点,是衡量其组织结构是否合理的主要标准之一。

6. 有效管理幅度原则

有效的管理幅度受诸多因素的影响,主要有工作能力、管理者与被管理者的工作内容、工作条件及工作环境,因而上一级领导下属的数量是有限的。此外,管理幅度与管理层次密切关联,从企业组织管理的角度来看,一般都要求在尽可能扩大管理幅度的基础上减少管理层次,以减少管理人员和管理费用,精简机构,提高工作效率。

7. 授权原则

授权是企业分权的途径之一,它是指担任一定管理职务的领导者在实际工作中,为充分利用专门人才的知识和技能,或出现新增业务的情况下,将部分解决问题、处理新增业务的权力委任给某个或某些下属。一般而言,当企业规模扩大、业务活动分散或出现新增业务活动时,就要求上级将权力授予有特长的下属,这样可以提高下属的工作积极性。

8. 均衡性原则

均衡性原则是指同一级机构、人员之间在工作量、职责、职权等方面应大致平衡,不宜偏多或偏少。工作强度不均等都会影响工作效率和人员的积极性。任务过多,要将一部分工作分配给其他人员或部门去做;在任务过少的情况下,要加大任务量或进行合并。此外,企业组织内部各部门规模大小应适当均衡,企业内部某些部门的规模过大或过小均不利于管理职能的均衡发挥,并会给企业各部门之间的相互协调带来困难。

9. 弹性原则

任何组织都是一个开放的社会子系统,在其活动过程中,都与外部环境发生一定的相互联系和相互影响,因而组织的形式和结构也不是固定不变的。弹性原则是指企业组织必须不断适应外界环境的变化,适时进行自身调整改造,以达成企业组织和企业外部环境之间的动态平衡。一般而言,组织要进行实现目标的有效活动,就要求必须维持一种相对平衡的状态,组织越稳定,效率也将越高。但是,组织本身是在不断变化运动的,而且组织赖以生存的大环境也是在不断变化的,当组织结构呈现相对僵化状态时,组织内部效率就会低下,而且无法适应外部的变化或危及生存,这样组织的调整与变革就是不可避免的。

以上基本原则是建立、健全房地产企业组织的基本依据,鉴于房地产企业自身具有的某些独有特点,房地产企业对上述各种原则应该做到有机吸收、灵活运用。

(三)房地产企业组织结构设计

组织管理体系是企业核心能力的重要组成部分。组织结构设计则是指为了有效地实现组织目标而形成分工与协作关系的策划和安排过程,即用以实现达到组织目标的有关职务、职权、职责、流程、信息沟通、利益等的正式安排。其目的在于围绕企业的核心业务,帮助其建立起强有力的组织管理体系,而不是根据企业的人员配备及职能管理需要增减若干职能部门或绘制企业组织结构图表。因而,房地产企业组织的结构设计应该考虑房地产企业核心业务的特点。

房地产企业组织结构设计的任务首先是基于对房地产企业基本目标及宗旨的分析与确立,明确房地产企业的战略与核心能力;其次,在明确战略的基础上,对房地产企业的组织结构进行设计,明确各部门的使命、职责及人员编制,建立起明晰的权责体系;最后,考虑房地产企业核心业务的特点,建立起内部协调及控制体系,明确组织决策与冲突解决的规则或制度,建立各部门、各核心责任人的考核与激励机制。

基于房地产企业组织结构设计的任务,房地产企业组织结构设计工作主要包括以下三个方面。

(1)为房地产企业设计出一个正式的组织结构,使其能够有效控制并协调企业的内部权力、责任、资源分配以及其他各项职能活动。

(2) 为房地产企业构建信息交流渠道,以提高管理与决策的效率。值得注意的是,这种信息交流渠道不仅仅局限于以正式组织结构为基础的正式信息交流渠道,还应该包含以人际关系为基础的非正式信息交流渠道,两者共同构成了信息交流渠道的基础。

(3) 为房地产企业建立组织文化与组织管理规则。房地产企业组织文化与组织管理思想的建立,能够在房地产企业组织管理过程中形成一种具有强大凝聚力的共同价值观或信念。

房地产企业组织设计工作是一个系统而复杂的工程,三个方面的工作缺一不可。

(四) 房地产企业组织结构形式

一般而言,房地产开发企业所从事的业务活动之一就是进行项目开发,因此,房地产开发就不可避免地会有项目管理的特征,房地产企业的行为也会表现出一种项目管理的特点。要进行房地产开发项目的管理是一项十分复杂的工作,其复杂程度甚至超过了一般的生产管理。

在建立组织结构的过程中,为了与房地产企业开发的项目管理特征相适应,主要有以下四种组织结构形式,即职能型组织结构、项目型组织结构、矩阵型组织结构及混合型组织结构。这四种组织结构形式各有其优点与缺点,房地产企业具体采用何种组织结构形式,需要综合考虑企业开发经营活动的具体要求、企业规模、市场需求及企业自身管理水平等。下面分别介绍四种组织结构形式及其优劣势。

1. 职能型组织结构

当今世界的组织形式当中,得到最普遍应用的就是层次化的职能型组织结构。这种结构呈现出金字塔形,处在金字塔顶部的是高层管理者,而顺着塔顶而下,依次分布着中层管理者和基层操作人员。这种组织结构的主要特点是按照专业分工设置职能部门,各职能部门在其业务范围内有权指挥下属单位及人员。按照市场投资、营销、开发、工程、预算、财务、人事等不同的职能,可以把公司的经营活动划分到不同的部门当中(见图3-2)。

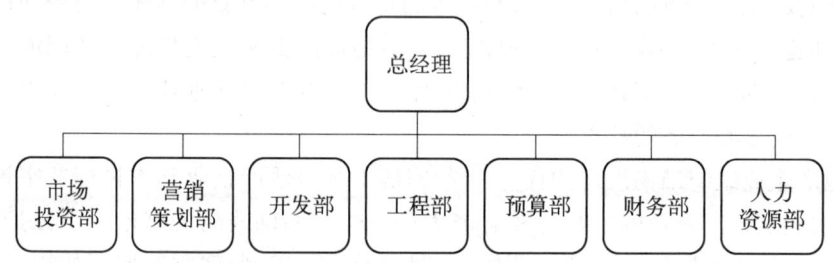

图3-2 房地产企业的职能型组织结构

在职能型的组织结构中,必然有一个部门对完成项目最有帮助或在这个部门完成实现最有可能,如开发项目放在房地产企业的开发部,其他职能部门配合其工作。

职能型组织结构的优势主要表现在以下四个方面:第一,在使用人员方面灵活性较大,为了实施项目,可以把其他职能部门的人员进行调配,同时,职能部门的技术专家可以服务多个项目;第二,专业人员属于同一部门,有利于知识与经验的交流,有助于项目的技术问题获得创造性的解决;第三,项目参与者在专业上获得发展与进步,仅依靠项目的运作是不够的,还需要依托于一个相对稳定的职能部门;第四,有利于项目技术连续性的保持,在一个项目或一个企业,人员的流动是不可避免的,在这种情况下,要保持项目技术连续性,职能部门是最可靠的基础;此外,项目作为部门的一部分,不仅在技术上,而且在政策、工程、管理等方面,都有利于其连续性的保持。

其劣势主要表现在以下三个方面:第一,要完成一个复杂的项目,通常要求多个部门共同合作,而各个部门所注重的,往往是本领域,这样就可能造成忽略整个项目的目标。此外,进行跨部门的交流与沟通也会比较困难。第二,从整个部门来看,由于职能部门各有其日常工作,因而它们所优先考虑的往往不是项目与客户的利益,而是项目中那些与职能部门利益直接相关的问题,这样就导致了对项目支持的不足。第三,在这种结构当中,常常是把项目分解成不同的部分,由项目经理负责其中的一部分,其余的由另外一些人来完成,这样就出现了没有一个人为项目承担全部的直接责任的情况。

2. 项目型组织结构

项目型组织结构是指在公司内部成立专门的项目机构,独立地承担项目管理任务,对项目目标负责。这种项目组织结构如图 3-3 所示。

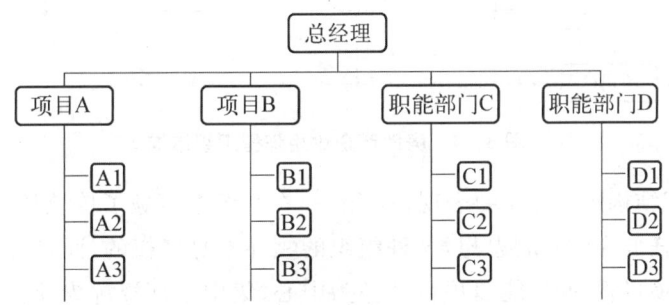

图 3-3 房地产企业项目型组织结构

这种结构仍然是企业内部的一个项目组织,每个项目组织的运作方式如同一个微型公司,在项目组织运行过程中,项目组织成员完全进入项目,已摆脱职能部门的任务,项目结束后项目组织解散,重新构建其他项目组织或回到原来职能部门。

项目型组织结构的优势主要表现在:第一,能将项目参加者的力量集中于项目,可使项目的决策过程简单、迅速,可使项目能对受到的外界干扰作出迅速的反应,满足项目本身及环境的要求,使项目内容容易协调,争执较少,同时可避免权力和资源分配的争执;第二,能对项目加强领导,并实施统一指挥,从而使项目目标能得到保证,使项目的组织任务、目标、权力、职责透明且易于落实;第三,这种组织形式适用于企业进行较大的、持续时间较长的项目,也适用于要求在短时间内完成且费用压力大、经济性要求高的项目。

项目型组织结构的劣势主要表现在:第一,组织效率低下、成本高,不仅项目过程是不均匀的,而且各项目又自成系统,这样可能使企业有限的资源得不到充分的利用,造成资源的重复配置和浪费;第二,项目的任务是波动和不均衡的,这会给项目带来资源计划和供应的困难,特别是在项目开始时要从原职能部门调出人员,项目结束后又将这些人员推向原职能部门,这些人事上的波动不仅影响原部门的工作,而且影响人员自身专业技术和个人发展;第三,由于每一个项目都建立一个独立的组织,在该项目组建和结束时,都会对原企业组织产生冲击,因而项目组织可变性和适应性不强。

3. 矩阵型组织结构

矩阵型组织结构,又称规划目标结构。它是在20世纪50年代开始出现的一种组织结构形式,其实质是把按职能划分的部门和按项目(产品、服务等)划分的部门结合起来组成一个矩阵,使同一个员工既同原职能部门保持组织与业务的联系,又参加产品或项目小组的工作。为了保证完成一定的管理目标,每个项目小组都设负责人,在组织的最高主管直接领导下工作。这种矩阵型组织结构如图3-4所示。

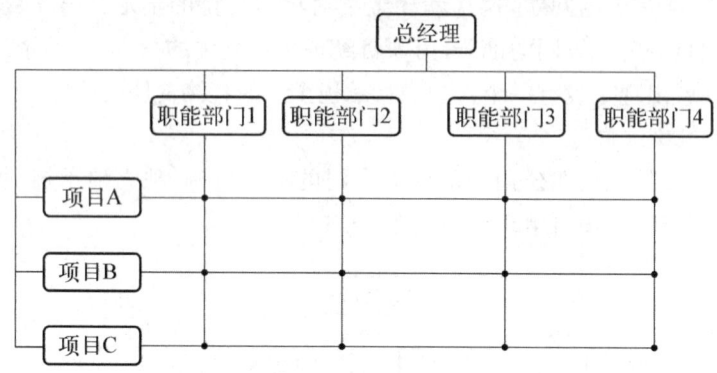

图3-4 房地产企业矩阵型组织结构

矩阵型组织结构的优势主要表现在:第一,在组织上打破了传统的以权力为中心的思想,树立了以任务为中心的思想,这种组织的领导不是集权的,而是分权的、民主的及合作的,在进行项目管理时,能以项目任务为中心,集中全部资源为项目服务,保证项目目标的实现,也能迅速反映和满足顾客要求,对环境变化有比较好的适应能力;第二,能充分有效利用有限的项目资源,矩阵型组织能对各种资源进行统一管理,达到最有效、均衡和灵活的运用,尤其是能最有效地利用企业的职能部门人员,能使企业统一指挥,保证项目和部门工作的稳定性和效率;第三,适用现代项目的范围较广,它可适用于同时承担多项目管理的企业,适用于大型、复杂的项目,其中,大型、复杂的项目可分解为许多自成体系的、独立实施的子项目;第四,既发挥职能部门的纵向优势,又发挥项目组织的横向优势,项目经理的工作有多个职能部门支持,项目经理没有人员包袱;第五,矩阵型组织结构富有弹性,有自我调节的功能,能更好地进行动态管理和组织优化,能适合于时间和费用压力较大的大型项目、多项目的管理;第六,这种组织的结构、职责与职权关系是比较灵活的,能保证项目经理对项目进行最有力的控制,充分发挥各专业职能部门的作用,项目实施层之间的距离小,沟通速度快。此外,这种组织结构层次少,具有大跨度组织的优点,可以促进人们相互学习,促进知识和信息交流,促进人员相互沟通。

矩阵型组织结构的劣势主要表现在:第一,在组织上存在双重领导、双重职能和双重汇报,在工作上存在着双重的信息流和指令界面,使信息处理量大,会议多、报告多,使项目管理组织程序复杂化;第二,必须具有足够数量的管理人员,项目领导者和管理者必须是一支训练有素的管理队伍;第三,当一个职能部门同时承担几个优先次序不易确定的项目工作时,项目资源如何分配成了关键问题,这可能会导致项目之间竞争同一职能部门的资源,为项目之间的协调工作带来困难;第四,这种组织会对已建立的企业组织规则产生冲击,如职权和责任模式、生产过程的调整、后勤系统、资源的分配模式、管理工作持续、人员的评价等;第五,需要很强的计划性与控制系统,由于项目本身与环境的多变性,使项目对资源数量与质量的要求是在高度频繁地变化,使资源的使用数量与质量难以准确估计。

4. 混合型组织结构

混合型组织结构的实质是将职能型和项目型组织结构相互结合而形成的一种企业组织形式。其主要特点是项目型组织结构人员在自己的职责范围内有决定权,对其下属的工作进行指挥和命令,并负全部责任,职能部门和人员仅是项目主管的参谋,只能对下级机构提供建议和业务指导,没有指挥和命令的权力。这种混合型组织结构如图 3-5 所示。

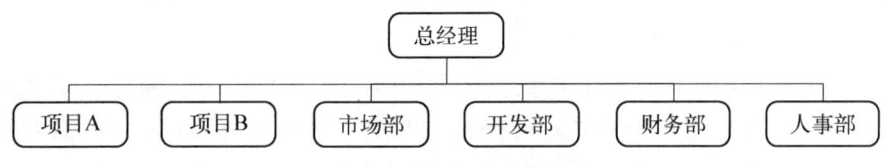

图 3-5 房地产企业混合型组织结构

这种组织结构形式对中、小组织比较适用,但对规模较大、决策时需要考虑较多因素的组织不太适合。其优势是综合了项目型与职能型组织形式的优点,实行的是职能的高度集中、职责清楚、秩序井然、工作效率较高,整个组织有较高的稳定性。劣势是下级部门的主动性和积极性的发挥受到限制;部门间互通情报少,不能集思广益地作出决策,当职能参谋部门和项目之间目标不一致时,容易产生矛盾,致使上层主管的协调工作量加大;难以从组织内部培养熟悉全面情况的管理人才;整个组织系统的适应性较差,缺乏弹性,对新情况不能及时作出反应。

第三节 房地产企业经营与管理

一、房地产企业经营目标

房地产企业经营目标是房地产企业一切计划与管理的基础,若目标选择不当或不可行,就势必导致房地产企业决策的失误,进而蒙受较大的风险损失,因此,房地产企业决策者应该遵循一定的目标制定原则,通过对历史、现状及未来的分析、判断和预测,选择可行的目标,明确企业经营目标的内容,并根据房地产企业内外环境变化适时进行目标调整,以达到动态平衡。

(一)房地产企业经营目标制定的原则

房地产企业经营目标制定的原则是目标选择是否可行的重要保障,一般而言,房地产企业经营目标的制定应遵循如下四个原则。

1. 可行性原则

可行性原则是指企业制定的目标能够在未来基本实现,任何企业经营目标的制定必须具有可行性,否则,企业必将蒙受巨大的经济损失,同时也限制了企业员工的积极性和创造性。房地产企业决策者在制定经营目标过程中,应该根据企业自身能力和企业经营环境,制定切实可以实施的目标。

2. 可量化性原则

可量化性原则是指企业制定的目标在实施过程中能够量化、控制和考核。这就要求房地产企业在制定目标的过程中,使可行目标具体化、数字化,以便于目标控制和对目标完成程度进行考核。

3. 一致性原则

一致性原则是指在企业目标体系中,各个目标层级应协调一致,保持平衡,共同构成了目标系统。这就要求房地产企业各个部门及员工密切配合,协调一致,以提高工作效率。

4. 弹性原则

由于房地产企业经营的外部环境与内部环境是不断变化的,因而房地产企业的经营目标应具有一定的弹性,以适应不断变化的内外环境。

(二)房地产企业经营目标的内容

房地产企业经营目标是指企业在经营中所要达到的预期效果。按其重要程度而言,可分为经营的战略目标和战术目标。

房地产企业经营的战略目标是指企业长远发展方向、规划的总目标或基本目标,由成长性目标、盈利性目标和竞争性目标构成。

1. 成长性目标

成长性目标代表房地产企业经营发展水平和未来发展潜力,其内容由四个方面构成:营业总收入及其增长率;资产总额及其增长率;开发规模及其开发范围;土地储备面积。其中前三项反映了房地产企业经营发展水平,土地储备面积反映了企业的发展潜力。

2. 盈利性目标

盈利性目标代表房地产企业经营的盈利能力和偿债能力,其内容由五个方面构成:利润总额及其增长率;净利润;净利润率;净资产回报率;资产负债率。其中前四项反映了房地产企业的盈利能力,资产负债率反映了企业的偿债能力。

3. 竞争性目标

竞争性目标代表房地产企业经营的竞争能力和企业形象,其内容由三个方面构成:市场占有率;行业影响率;品牌价值。其中市场占有率反映了企业的竞争能力,行业影响率和品牌价值反映企业形象。

房地产企业经营的战术目标是战略目标的具体化,也是实现战略目标的必然途径,其内容由五个方面构成:市场定位;产品结构;价格策略;广告策略;营销策略。

战略目标和战术目标共同构成房地产企业经营目标体系(见图3-6)。

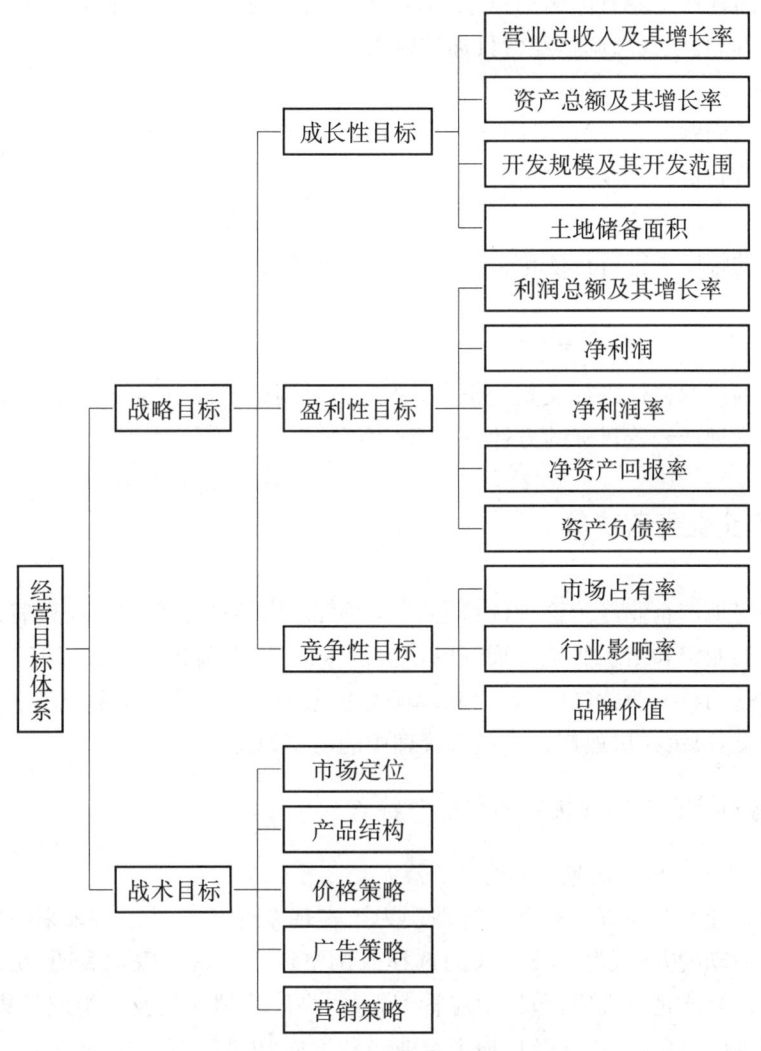

图3-6 房地产企业经营目标体系

(三)房地产企业经营目标的调整

在房地产企业经营过程中,出现下列情况时,就有必要对房地产企业经营目标适时进行调整。一是前期制定的目标在实施过程中发现偏差或错误,如发现目标在现有条件下无法实现或前期制定目标的决策者失误等;二是房地产企业外部环境发生变化并对目标实现产生足够影响,如国家出台相关政策,对前期目标产生足够影响;三是房地产企业内部条件发生变化并对目标实现产生足够影响,如企业的发展战略发生改变,则经营目标也要随之变化;最后就是同时发生上述两种情况。

在调整房地产企业经营目标时,需要对影响房地产企业的因素进行分析和论证,在分析和论证的基础上,调整房地产企业的经营目标。一般而言,调整的步骤如下。

1. 收集信息

收集对房地产企业有影响的信息,如房地产企业前阶段经营业绩情况、国家出台的相关政策等,以利于找出调整经营目标的因素。

2. 分析

找出相关问题之后,就要对因素进行分析,对前期制定的目标有多大程度的影响,以利于调整经营目标的幅度。

3. 论证

对调整的幅度进行可行性论证,通过论证,确保调整后经营目标的可靠性和实施的可行性。

4. 决策

对调整的经营目标进行反复论证后,就需要对调整的经营目标作出决策,同时制定出要调整的房地产经营目标的方针。

二、房地产企业经营决策

决策是房地产企业经营管理的核心,一般而言,房地产企业整个经营管理过程都是围绕着决策的制定和组织实施而展开的。美国卡内基-梅隆大学教授、1978年诺贝尔经济学奖得主赫伯特·西蒙(Herbert Simon)认为,管理就是决策,决策充满了整个管理过程。由此可见,决策在房地产企业经营管理中的重要地位。

(一)房地产企业经营决策的概念与特点

1. 房地产企业经营决策的概念

房地产企业经营决策是指企业管理层为了实现企业经营目标对未来一定时期内有关企业经营活动的方向、内容及方式的选择或调整过程。这个概念表明,房地产企业经营决策的主体只能是管理层,包括中层管理人员、高层管理人员及其组成的集体;决策需要选择或调整的对象,可以涉及房地产企业经营方向、内容或方式,具体包括选择房地产企业经营范围、对原有业务的调整、项目方案调整及多方案的优选等。

房地产企业经营决策对于企业适应激烈的市场竞争、提高企业经济效益等方面有着重要的地位和作用。随着房地产企业经营环境的变化,包括国家有关房地产政策的变化、竞争企业数量的增加、房地产企业融资渠道的变化、消费者需求的个性化与多元化等方面,单靠以往经验的判断已经很难作出准确的决策,为了适应激烈的市场竞争,需要选择合理的决策方法,提高房地产企业经营决策的准确性。

2. 房地产企业经营决策的特点

选择或调整房地产企业在未来一定时期内经营活动方向、内容或方式的决策具有下述特点。

(1)目标性。任何企业决策都必须首先确定企业的经营活动目标,房地产企业也不例外。目标是企业在未来特定时期内完成任务程度的重要标志,没有目标,企业人员就难以拟订未来的活动方案,评价和比较方案就没有依据和标准,这样就有可能导致企业人员工作积极性降低、企业效率低下。

(2)灵活性。由于房地产企业所处的环境变化快,市场竞争激烈,这就决定了企业决策需要适应外部环境变化的要求,如开发企业在规划阶段设计户型时,需要考虑不同层次、不同偏好的客户需求,户型的设计要有一定的灵活性等。

(3)选择性。决策的本质就是选择,没有选择就没有决策。有时候为了实现相同的目标,企业提供了可以相互替代的多种方案,这就要求依靠一定的原则和方法优选最佳方案。如开发商在可行性研究阶段,在项目的物业开发、时间上有几种方案,通常的做法是分别测算每种方案的财务指标,综合评估社会效益和风险程度。

(4)可行性。由于房地产项目本身的复杂性,对于开发方案的决策拟定和选择,需要考虑项目在财务、技术等方面的实施可行性。没有可行性的方案决不可取。

(二)房地产企业经营决策的影响因素

一般而言,影响房地产企业经营决策的因素主要有如下四种。

1. 环境

环境因素包括宏观环境、中观环境和微观环境。宏观环境主要是指国家经济发展形势以及相关政策的变化等,如个人可支配收入的提高、银行信贷利率的变化、国家对于土地使用权出让制度的变化、是否开征物业税等;中观环境主要是指房地产企业所在城市建设与规划、房地产供给与需求及区域文化等情况;微观环境主要是指房地产项目附近区域竞争楼盘情况及消费者需求等情况。这些环境因素的变化对于企业经营决策的影响是不言而喻的。

2. 决策者对风险的态度

由于决策者对未来的认识能力有限,当前预测的未来活动与未来实际发生的情况不可能完全相符,因而决策者的素质就决定了其对风险的态度。这就要求房地产企业决策者需要不断提高专业水平和心理等素质。

3. 思维定式

由于过去的决策影响着现在的决策,决策者也很难脱离以前的决策经验思维,因而对目前的决策有重大的影响。但是,房地产企业伴随着内部状况的改变以及外部环境的影响,决策者应尽可能不要受到过去决策的影响,即脱离思维定式的影响,选择更加民主、科学的决策方法。

4. 时间

在房地产企业开发项目的过程中,有时候在项目现场出现一些突发事件,如发生工程事故等,这种时间压力可能限制决策者对事件的评价,从而诱使决策者偏重消极因素,忽视积极因素,仓促决策。

三、房地产企业经营计划

计划过程是决策的组织落实过程,它为决策所选择的目标活动的实施提供了组织保证。一般而言,房地产企业经营计划是以决策为前提,将企业一定时期内的活动任务分配给各个部门和个人,从而为部门及个人的阶段工作提供了具体的依据,进一步地提高了部门及个人的工作效率。

(一)房地产企业经营计划的概念与特点

1. 房地产企业经营计划的概念

房地产企业经营计划是以提高企业经济效益为中心,以企业的经营活动为对象的计划安排,它是以市场为导向,由实现企业经营目标的多种计划组成的综合计划体系,是企业在计划阶段内进行生产经营活动的奋斗目标及行动纲领。这个概念表明,房地产企业经营计划编制的主要依据是市场需求,计划编制要求充分利用企业资源,以实现最大的经济效益,它以企业经营活动为对象,包括房地产开发与房地产经营。

企业经营计划对于统一企业部门及个人行为、适应激烈的市场竞争以及作为企业经营决策逻辑延续等方面有着重要的作用,主要表现在以下四个方面。

(1) 为房地产企业活动的分工提供依据。房地产企业本身不直接参与生产活动,更多的是充当组织协调的角色,这就使得房地产企业的部门及业务活动繁多,为了实现企业决策选择的目标,需要为企业不同部门及个人提供活动安排,以及对他们从事的业务活动进行协调,因此必须进行科学的分工。计划的编制使得企业的目标活动在空间及时间上进行详细的分解,从而为科学分工提供了依据。

(2) 分析和预测未来环境变化。房地产企业所处的外部环境是经常变化的,如市场环境、政策环境等,单靠企业自身的力量无法改变外部环境的状态。因此,如果企业不能适应未来激烈的市场竞争,则企业将很难生存与发展,企业要生存、要发展,必须对未来外部环境的变化作出科学的预测和准确的判断,并采取措施,作出相应的对策。这就需要企业制定出统一的计划并加以系统化。因而,房地产企业经营计划的一个重要作用就是分析和预测未来环境的变化,并在此基础上,制定出科学的对策,使得企业能够适应未来环境的变化。

(3) 为企业活动的资源筹集提供依据。企业目标活动的进行需要一定的投入,为了使企业目标活动以尽可能低的成本顺利进行,需要对不同部门及人员的资源进行合理配置。计划的编制将企业活动在时间和空间上进行分解,对不同部门及人员的资源配置进行统筹安排,从而为企业资源筹集和供应提供依据。

(4) 提高部门及人员工作效率。企业经营计划对不同部门及人员的业务进行统一协调，其业务活动必须服务于企业未来的发展目标，以使企业在激烈的市场竞争中发挥优势。计划的编制确定不同部门及人员的行动纲领，明确其业务活动的目标并统一不同部门及人员的行为，避免人浮于事或企业资源内耗现象，从而提高部门及人员的工作效率，进一步地提高企业的经济效益。

2. 房地产企业经营计划的特点

房地产企业经营计划是由多种计划组成的计划体系，其主要有如下四个特点。

(1) 综合性。企业经营计划是一个体系，它是企业全部计划活动、计划结果及相关工作的总称。房地产企业经营计划是以企业生产经营活动为对象，其体系构成主要包括三大部分：一是关于房地产开发业务的计划，包括房地产项目立项计划、前期准备计划、项目建设计划及营销计划等；二是关于房地产经营业务的计划，包括房屋经营计划、城市土地经营计划及房地产经营计划等；三类是关于企业财务、人事及企业长远发展计划，这类计划本身不是房地产企业经营计划的对象，但是它们为企业的生产经营活动提供了资金、人力资源及长远发展的保障，因而也包含在企业经营计划体系之中。

(2) 战略性。企业的生存与发展，关键不在于计划的长短，而在于计划体系是否健全、是否从战略角度详尽考虑计划内容。房地产企业受外部环境因素影响巨大，企业的长远发展取决于市场中稍纵即逝的机制，有作为的房地产企业必须为企业寻找新的可能开发和经营领域。总之，计划必须抓住重点，从战略角度出发，在战略层次上展开，将经营者的经营方针、经营理念和经营策略贯穿于计划之中。

(3) 灵活性。一般而言，企业经营计划一旦制定，在短时间内不会发生改变。但是，随着房地产企业外部环境的变化，特别是市场的变化，这就需要对计划进行调整，以适应外部环境的变化。因而，计划的编制需要一定的灵活性或弹性，强调人的主观能动性，这样企业就可能抓住机遇或躲避风险。

(4) 权威性。企业经营计划是企业发展的行动纲领，一旦制定就具有权威性。这个权威性主要体现在两个方面：一是企业经营计划必须严格执行，包括制定经营计划管理者本身；二是经营计划一旦制定，不能随意否定，否则就是对经营管理者的否定。当然，计划的权威性与灵活性并不矛盾，相反灵活性是计划权威性的一个补充，因为调整后的计划本身更具权威性。

(二) 房地产企业经营计划的内容

从时间上来看，计划可以分为长期计划和短期计划。长期计划与战略决策对应，因此也称为战略计划，它描述了企业在较长时期（一般为五年以上）的发展方向和方针，规定了企业各个部门及人员在较长时间内从事某种活动应该达到的目的和要求，确定了企业发展远景目标。短期计划是指企业各个部门及人员在短时期内（一般为年度）应该从事何种活动及应该达到的要求，也为企业各个部门及人员的行动提供了依据。因此，房地产企业经营计划的内容就分为两大部分：一是房地产企业长期经营计划内容；二是房地产企业短期经营计划内容。

由于目前我国房地产企业在规模、成长性、盈利性及人员素质等方面差异巨大,各个企业的经营目标、经营方针及经营战略也有所不同,因此各个企业计划编制的内容也各具特色,不尽相同。所以,这里仅介绍房地产企业经营计划的一些基本问题,即仅介绍房地产企业经营计划的一些基本内容。

1. 房地产企业长期经营计划的基本内容

房地产企业长期经营计划是在依据国家社会经济发展规划、方针政策、行业发展规划、市场信息、技术发展趋势及企业自身素质的基础上编制而成,一般而言,其基本内容包含以下四个方面。

(1) 企业生产发展规划。包括企业未来主要经营业务,开发各类物业类型的比例,各类物业类型在市场中的占有率,企业的产值、净产值、利润和纯收入水平,以及其他的技术经济指标。

(2) 企业发展规模规划。在企业生产发展规划的基础上制定出企业发展规模规划,包括企业固定资产总值、企业在行业中的影响力、企业人员数量和素质以及技术革新等方面。

(3) 企业人员培训规划。包括企业人员技术水平、文化素质在规划期内要达到的程度,培养各类人才的比例,以及要采取的措施和需要的条件等。

(4) 企业某些重要或专门性问题的规划。例如成立新型建筑材料应用技术研究中心,以确保企业在技术方面的领先地位,为客户提供差异化产品;再如万科集团的"万客会"规划,这个"万客会"为万科集团的发展培育了巨大的消费市场。

2. 房地产企业短期经营计划的基本内容

短期经营计划是在企业长期计划要求及各项技术经济指标的基础上,依据近期市场研究资料、相关部门政策以及上年度经营计划的有关资料编制而成。其基本内容主要包含以下两大部分。

(1) 生产经营综合计划。这个计划是长期经营计划的年度具体化和数量化,并不是执行计划,它主要确定了房地产企业在该年度应该实现的各项技术经济指标,如商品房销售收入、商品房销售面积、竣工及交付使用面积、营业外收入、实现利润、上缴税金、利润额及销售利润率等。

(2) 专业计划。专业计划依据生产经营综合计划编制,它是将年度计划转化为生产计划的执行性计划,包括材料供应计划、财务计划、成本计划及技术组织措施计划等。

(三) 房地产企业经营计划的执行与调整

1. 房地产企业经营计划的执行

房地产企业经营计划执行的基本要求就是:企业各个部门及人员按主要指标及非指标性目标按时完成经营计划,建立正常的企业活动秩序,保证企业稳步、健康发展。因而,经营计划的执行取决于企业各个部门及人员的积极性和创造性。

但是,如何将企业各个部门及人员积极性和创造性与企业的目标系统结合起来,这里介绍一种目标管理的方法。目标管理(MBO)是由美国企业管理专家德鲁克(P.

Drucker)于1954年提出的,德鲁克认为,为了充分发挥企业不同部门及人员在计划中的作用,必须把企业任务转化为总目标,并根据目标活动及企业组织结构的特点分解为各个部门及人员的分目标,企业的各级管理人员根据分目标的要求对下层的工作进行指导和控制。

一般而言,实行目标管理开展工作可以分为以下四个步骤。

(1) 制定目标。上级要向下级提出自己的原则和目标,下级应该根据上级的目标制定自己的目标方案,并在此基础上与上级进行协商,以确定作业计划。目标可有若干个,不宜过高或过低,实现目标的期限也不宜过长。房地产企业可以通过商品房销售额或土地开发规模商定工作目标。

(2) 执行目标。上级根据商定的目标、计划和方法,授予下级行使任务相应的权力;下级凭借这些权力,实现自己工作的目标,并对实现目标负责。

(3) 评价成果和实行奖惩。当目标完成后,上级对完成目标的情况进行考核、评估,并以此来决定奖惩和职务的升降。公平、合理的奖惩制度是维持和调动企业部门及人员工作热情和积极性的重要保证。

(4) 判定新的目标,开始新的目标管理循环。

2. 房地产企业经营计划的调整

计划在执行的过程中,当出现以下四种情况时需要进行调整:一是由于计划设计本身的缺陷,在贯彻执行过程中出现偏差时需要调整;二是当企业计划活动所处的外部环境发生了较大变化时需要调整;三是当制订计划的人员对外部环境的主观认识发生了较大变化时也需要调整,以使企业经营活动更加符合环境变化的要求;四是由于在上述两种以上的情况共同作用下,必须对企业经营计划进行适时调整。

一般而言,企业对经营计划的调整有两种方法:一是滚动计划法;二是启用备用计划法。两种方法都有自身的优势和各自的适用范围,因而不能互相替代。下面分别介绍这两种计划调整方法。

(1) 滚动计划法。滚动计划法的基本做法是根据企业一定时期的计划执行情况,考虑企业内外环境条件出现的变化和因素,修改原定计划,并相应地再将计划期顺延一个时期和确定顺延时期的计划内容,使计划期不断延伸,滚动向前。

滚动计划法主要应用于长期计划的制订和调整,由于长期计划存在的不确定性因素较多,采用滚动计划可以适时根据环境变化来调整原定计划,这个时候对于长期计划顺延期一般是以年度滚动。当然,滚动计划法也可应用于短期计划,采用季度滚动。

滚动计划法的主要特点是将计划分为若干执行期,在评估各个执行期后进行修改或调整下一个执行期的计划内容,它是一个动态的过程,避免了计划的僵化,提高了计划的适应性。

(2) 启用备用计划法。启用备用计划法是指在编制计划时就考虑各种可能的变化,制定了各种方案作为备用。当环境变化对原定计划造成巨大冲击,或是企业生产综合计划发生变动,则就应当启用备用计划。采用这种方法的关键是确定停止原计划、启用新计划。如房地产企业以往完全是开发住宅项目,由于政策变动或住宅项目利润偏低等,企业决定转向开发商业地产项目等。

备用计划是企业管理储备的方案,这种储备的方案往往来自在决策过程中先前没有采用的其他计划方案,由于这些方案的制定也是依据企业的自身条件,只是有些指标暂时无法达到要求,当环境变化使这些指标可能实现时,就应该及时予以采用。

本章小结

本章涉及房地产企业的组织、经营与管理,在提出房地产企业概念的基础上,分析了房地产企业的性质及其在国民经济中的重要作用,重点介绍了房地产企业的分类、设立以及我国房地产企业发展的现状;然后以房地产企业组织为中心,在提出房地产企业人员构成和房地产企业组织概念的基础上,重点介绍了房地产企业组织设计需要注意的问题以及常用的几种组织结构形式;最后从企业管理职能角度,提出了我国房地产企业经营的目标体系和经营决策的影响因素,重点介绍了房地产企业长期经营计划和短期经营计划基本内容以及计划执行步骤和计划调整方法。

关键词

房地产企业　组织结构　经营目标　经营决策　经营计划

复习思考题

1. 名词解释

(1) 房地产企业。

(2) 房地产企业组织。

(3) 房地产企业经营决策。

2. 选择题(以下选项中至少有一个是正确的)

(1) 与房地产生产环节相关的企业形式主要有(　　)。

(A) 房地产开发公司　　　　　　　(B) 地产开发公司

(C) 住宅建设公司　　　　　　　　(D) 房屋拆迁公司

(2) 建立房地产开发经营企业,需要具备哪些条件?(　　)。

(A) 有符合公司法人登记的名称和组织机构

(B) 有适应房地产开发经营需要的固定办公场所

(C) 有符合规定额度的注册资本和流动资金

(D) 有一定人数的持有专业证书的房地产专业、建筑工程专业的专职技术人员和专

职财会人员以及法律法规规定的其他条件

(3) 我国房地产开发主管机构对房地产开发企业实行资质管理制度。目前我国房地产开发企业资质等级可划分为几个级别？（　　）。

(A) 三个级别　　　　　　　　　　(B) 四个级别

(C) 五个级别　　　　　　　　　　(D) 六个级别

(4) 房地产企业有哪些组织结构形式？（　　）。

(A) 职能型组织结构　　　　　　　(B) 项目型组织结构

(C) 矩阵型组织结构　　　　　　　(D) 混合型组织结构

(5) 下面哪些构成了房地产企业经营的成长性目标内容？（　　）。

(A) 营业总收入及其增长率　　　　(B) 资产总额及其增长率

(C) 开发规模及其开发范围　　　　(D) 土地储备面积

3. 简答题

(1) 试简述我国房地产企业在国民经济中的作用。

(2) 我国房地产企业建立需要具备哪些条件？对不同资质房地产开发企业如何审批？

(3) 房地产开发企业人员构成有哪些？

(4) 试简述房地产企业经营目标的内容。

(5) 试简述房地产企业经营决策的影响因素。

4. 论述题

(1) 试论述我国房地产企业发展现状。

(2) 试结合现实论述我国房地产企业经营目标调整的外部影响因素。

第四章　房地产开发与经营环境分析

学 习 目 标

学习本章后,你应该能够:

1. 了解房地产开发与经营环境分析的含义及特点;
2. 重点掌握房地产开发与经营环境分析的内容;
3. 运用适当的环境分析方法对一定的房地产项目进行环境分析;
4. 熟悉房地产开发与经营机会选择的内容,并结合环境分析的结果对一定的房地产项目进行机会选择;
5. 了解房地产开发与经营风险分析的内容。

第一节　房地产开发与经营环境概述

房地产开发与经营的外部环境是相当复杂的。从社会、政治、经济、文化至自然地理因素,从房地产开发项目所在区域到全国,从各个层次、各个方面都对房地产开发与经营所要达成的目标起着积极或消极的作用。这些影响因素的构成是复杂的,它们对目标产生的作用是复杂的,也是房地产开发决策者无法左右、难以控制的。但是,如果在项目启动之初,对外部环境因素进行调查、分析,充分了解这些因素的构成与影响程度,把握有利因素、规避风险因素,就能最有效地在无法改变的外部环境之中争取最大的主动权,取得项目的成功。

一、房地产开发与经营环境的含义

环境总是相对于某一中心系统而言的,总是作为某一中心系统的对立面而存在的,它因中心系统的不同而不同,随着中心系统的变化而变化。与某一中心系统有关的周围事物,包括所有的影响因素,就构成了这个中心系统的环境。世界上任何一个系统都不是孤立的、封闭的,而是与外界密切联系的开放系统,它总是在与环境不断地进行物质、能量、信息的交换中运转和发展的。

对房地产开发与经营活动而言,环境就是指以房地产开发经营行为为中心,并作用于该行为的所有外界事物,是开发与经营活动赖以生存和发展的各种因素的总和。

房地产开发与经营环境,就是影响开发与经营活动整个过程的外部因素和条件的总和。最初对开发环境的调研与分析,主要是围绕开发城市区域内的自然地理环境、基础设施条件等进行。但随着社会发展和人们观念的更新,开发环境的内涵也相应地拓展到了社会、政治、经济、文化、习俗、劳动力素质等一切领域,尤其是社会购买能力、房地产市场态势以及政府关于房地产开发与经营活动的各项政策这些因素,在环境分析中显得尤为重要。

随着经济与社会的发展,房地产企业的竞争越来越激烈,越来越多的外国房地产投资开发经营项目涌入国内市场。同时,与房地产开发经营项目相关的各种环境因素大大增多,多因素同时影响开发经营行为的情况随处可见,每种因素变化也明显加快。因此,房地产开发经营的决策者更需要对其面对的外部环境进行透彻分析,及时发现房地产开发经营的机会并预测其可能的风险,以明确今后的发展方向以及资金、人力等资源的投资方向。

二、房地产开发与经营环境的构成

房地产开发与经营环境的构成以国家、城市、区域为背景,是人类有计划、有目的地利用和改造自然环境而创造出来的高度人工化的生存环境,它是一个典型的受自然、经济和社会因素共同作用的地域综合体。

根据分析角度的不同,可将房地产开发与经营环境分为宏观环境、中观环境与微观环境,具体见图4-1。

宏观环境是指从宏观的角度对房地产开发与经营活动产生影响的基本因素,即间接影响与制约房地产开发与经营活动的社会力量、国家总的开发环境。它包括国家政局的稳定程度、国家法律的完善程度、国家宏观政策、国民经济增长速度与质量、市场进入与退出条件、劳动力水平、金融秩序、社会文化观念等。

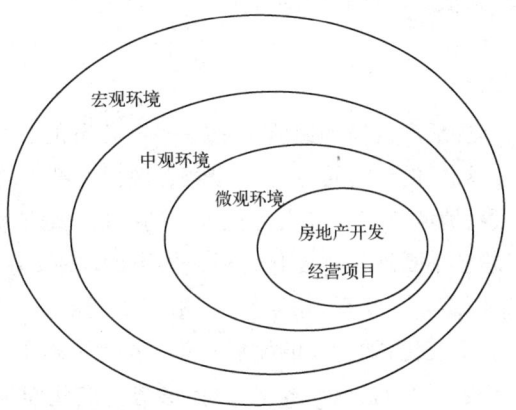

图4-1 房地产开发经营环境的构成

中观环境是指从房地产行业的角度出发,对所有房地产开发与经营活动产生影响的因素的总和。行业开发环境,它是房地产行业总体发展态势的反映,也是房地产开发的外部条件,它具体包括行业法规的完善程度、行业发展趋势与规模、行业竞争态势、行业准入条件与限制、行业发展所需科技、设备、资源状况等。

微观环境是以房地产开发与经营项目所在城市及区域为背景,从自然、经济、社会状况与基础设施条件等方面直接对具体项目目标产生影响的因素的总和。如城市国民经济增长速度与质量,城市居民购买力,水、电、煤气、供热、通讯等配套能力,建筑业的发展状况,材料供应市场状况,项目周边机关、事业、企业、学校分布状况,劳动力状况,居民主体构成情况等。

三、房地产开发与经营环境的特点

从总体上讲,房地产开发经营环境的基本特征表现在四个方面:关联性、可变性、相对性、层次性。

(一)关联性

房地产开发与经营环境是由许多因素共同构成的系统,这个系统构成因素众多,各种因素不是孤立存在的,而是相互联系和相互影响的。政治因素与经济因素是对立统一的,经济因素不能脱离政治因素单独存在,政治因素也要通过经济因素来体现。自然条件是影响经济环境的一个重要因素,而经济的发展、生产力水平的提高,会使自然因素发生变化。良好的经济环境、完善的政治制度,都要受到社会文化背景的影响,而社会文化的发展,反过来又受经济、政治、法律等因素的制约。可以说环境中每一个因素对房地产开发经营项目的运行都有一定的影响,只是影响程度、影响范围不同,环境对项目的影响就是各个不同因素综合影响的结果。因此,决策者在分析房地产开发与经营环境时,不能简单、孤立地看问题,而应从各种环境因素的内在联系上把握它们可能产生的交叉效应,并依此制定相应的策略。

(二)可变性

房地产开发与经营环境是一个动态的、可变的开放系统,它总是处于不停的运动之中。环境的这种可变性一方面表现为外部环境中某些因素本身的可变性,如政府的宏观政策、地域自然环境人工化进程的推进、城市基础设施的建设等,这些因素随着时间的推移总会不断地发生变化以适应人类的需求;另一方面表现为环境中各个因素并不是孤立的,而是相互联系、相互作用、相互协调的,而这种相互作用的结果使得其中的某些因素会发生变化,如行业的发展态势、居民的购买力等,这些因素不是一成不变的,它们会随着科学技术的进步,经济、政治形势的变化而发生变化。

环境的变化对项目的影响是深远的,在这样一个不断变化的外部环境中,决策者在决策之初就应具有前瞻性,将未来可能的变化考虑进去,同时也应本着动态规划的原则,不断地了解多变的环境,调整计划以适应变化。

(三)相对性

房地产开发与经营环境的好与不好、成熟与不成熟、机制健全与不健全、法律体系的完善与不完善都是相对一个国家、一个地区或一个城市而言的,是通过比较得到的结果。环境的相对性要求我们在进行环境分析的过程中不仅要对影响因素进行定性的描述,还应与其他区域的相关指标进行横向比较,这样才能得到相对客观的结论。

（四）层次性

房地产开发与经营环境是一个综合体,从分析的角度可将之分解为宏观、中观、微观环境三个层次,其下再根据其呈现出的以不同活动为中心的物质环境,可将之划分出与一定活动相联系的子环境,如居住环境、工业环境和商业环境等,或根据内容将之分为经济环境、政治环境、自然环境、人口环境等,充分体现出房地产开发与经营环境的层次性。房地产开发与经营子环境之间存在着复杂的有机联系,共同构成外部环境的整体。

第二节 房地产开发与经营环境分析的原则、内容

一、房地产开发与经营环境分析的原则

我国房地产业正在迅猛发展,呈现出良好的投资氛围。但是,市场上却暴露出诸多问题,如投资总量偏大、结构失衡、空置率过高等,引起这些问题的原因固然是多方面的,但环境分析研究的不深入是重要因素之一。环境分析不深入,机会选择的失误,不仅使投资者遭受巨大损失,也在相当程度上阻碍了房地产业发展的进程。

房地产开发与经营环境分析,就是指对影响房地产开发与经营的外部因素与条件进行分析,找出关键、重点影响因素,整理出有利与不利条件,发现规律,为下一步决策提供依据的过程。对房地产开发与经营产生影响的关键因素是非常多的,获得的信息量也是相当大的,对外部环境关键因素的描述,多数由大量的数据所组成,如何对信息进行整理、归纳、总结,并从这些枯燥的数据中发现规律、找出表现出来的因素特征,是一个优秀的决策者所必须具备的能力。环境分析必须遵循以下四个基本原则。

（一）客观性原则

客观性是信息整理与数据分析的基本属性,它要求分析人员的分析依据必须是真实的,是经过调查得到的客观存在。因此,分析人员要善于利用自己的经验和各界的统计资料。客观资料有时不一致,甚至是相互矛盾的,它们构成了分析的不确定性。即使如此,仍然要求分析是客观的。客观性原则是保证分析结果正确的基础。

（二）全面性原则

全面性是指分析人员要对房地产开发与经营环境的方方面面作出分析,从政策层面、行业层面到微观环境层面,各个层次、众多因素都需要分析人员根据项目需求进行分

析。为此,分析人员一般要求包括估价师、规划师、工程师等专业人员在内。

房地产开发与经营活动具有高收益与高风险并存的特性,一方面为投资者提供了获取高额收益的机会;另一方面也给投资者带来了十分巨大的风险。投资者为达到获取高额利润的目的,谋求投资的成功,必须具有经济头脑和战略眼光,熟知市场状况,具备相关操作经验和技巧。进行环境分析,就是要求投资者运用自己及集体的知识与能力,全面地调查影响房地产开发与经营行为的外部关键因素,从而保证项目的顺利实施以及投资的较高收益水平。

(三) 比较性原则

房地产开发与经营环境是地域相对性较强的因素总和,体现着强烈的地域特点,其优劣程度往往要通过不同地域之间的相互比较才能体现出来。总体说来,比较范围越大,比较对象越多,比较程度越细,对房地产开发环境的分析就会越客观、越准确、越具体。

(四) 预测性原则

房地产产品的形成需要一定的时间,在这段时间内原有的外部环境因素已经发生了变化,可能对房地产开发与经营的目标产生极大的影响。另外,环境分析毕竟不同于市场调查,很少对当地经济情况进行细致而完整的分析,而往往借鉴规划部门或其他政府部门的研究结果,如当前的就业情况、经济水平、人口估计和预期等信息,这些数据反映了当地经济、人口和就业的变化情况,是研究当地住宅、商用物业、写字楼空间需求所需要的基本信息。但是在分析过程中,使用这些估计和预测的同时,一是应注意信息的更新;二是应注意可能情况的变化已经超出公布预测时所考虑的范围,因此在利用以上数据与结果时,应对其进行相应的调整,或在需要的情况下进行独立的预测。

当然,没有一种预测方法是完美的,有的甚至误差很大,这种情况就要求决策者投入大量的精力和时间去了解各种公布的预测数据,在综合分析的基础上形成自己的预测。通过准确、及时的预测,决策者才能辨认自己面临的机会和威胁,建立项目的竞争优势。

二、房地产开发与经营环境分析的基本内容

对房地产开发与经营环境进行分析,首先要确定影响房地产开发与经营项目的外部环境因素主要包括哪些,这些因素中哪些是重点,哪些是非重点;哪些因素对项目开发与经营目标的影响程度大,哪些因素对项目开发与经营目标的影响程度小;哪些因素未来变化的可能性大,哪些因素未来变化的可能性小。关键因素对项目的目标影响程度大,其未来的变动很可能使得房地产开发经营项目的目标发生极大的偏差。因此,在进行环境分析的过程中,从众多的环境因素中确定关键因素,就是要突出重点,以求最小投入获得最大效能。

(一) 宏观环境

宏观环境因素以国家为背景,对房地产开发与经营活动的影响是间接的,但也是不

容忽视的,有时候其中的因素甚至可能是房地产开发经营决策的决定性因素。从宏观角度来看,外部环境所包含的内容很多,其中的关键因素主要包括在政策环境、法律环境、人口环境、自然环境、社会文化环境和技术环境等几个层次之中。

1. 政策环境

政策环境是指房地产开发与经营所面临的政策和制度环境,其中对房地产开发与经营活动影响较大的关键因素主要有以下五个方面。

(1) 财政政策。财政政策包括财政收入政策和财政支出政策。财政收入政策是通过税率的调整来调节国家、企业和个人收入的分配关系。在财政收入政策方面,政府作为房地产市场的监督者,通过税率的调节,影响市场参与者的总量和结构,进而调节房地产市场的结构和供求状况;在财政支出政策方面,政府作为房地产市场的参与者,以自身的支出总量和结构影响房地产市场的总量和结构。

(2) 货币政策。货币政策是指中央银行通过调整贴现率、调整法定准备金和公开市场业务等手段,来调节货币供给。中央银行对房地产市场的调节主要是通过利率工具,以控制商业银行对房地产业的信贷投向和信贷规模指标。利率对房地产市场的直接影响分为供应和需求两个方面。供应方面是影响开发商的财务费用,财务杠杆作用使得利率对开发成本的影响作用巨大;需求方面主要是影响按揭利率和按揭比例。

房地产业最显著的特点之一是产业链的关联度极高,与房地产业相关的行业很多,例如钢铁业、建材业、制造业、金融业、市场中介、服务业、商业零售业、贸易等,其中金融业对房地产所起的作用尤为明显。这是因为,房地产投资需要的资金量非常巨大,少则几百万,多则几十亿。正是由于这个原因,世界各国无不将金融手段作为对房地产市场进行干预的有力工具。我国也不例外,新一轮的房地产调控正是始于金融工具。例如,央行决定从2011年7月6日起上调金融机构存贷款基准利率,住房公积金存贷款利率也同步上调,对房地产业产生了一定的影响,对控制房价上涨过快起到了一定的作用。

(3) 产业政策。国家的产业政策对房地产开发与经营活动有着直接性的影响。一般来说,政府以制定计划和产业投资指引目录及其他行政干预手段来影响房地产业的发展。在房地产业发展初期,产业政策对市场的波动具有至关重要的影响,从房地产投资、房地产价格到房地产产品的定位,都受到国家宏观调控的影响。

例如,为了解决近几年城市房价过高与居民购买力较低之间的矛盾,国家相继出台一系列的宏观调控措施,包括提高商品房预售门槛、商品房网上销售登记、提高商品房销售和转让环节的税费,最后采取行政手段控制房价过快上涨。2013年3月1日,国务院发布了《关于继续做好房地产市场调控工作的通知》(以下简称《通知》),针对房价上涨过快的现象明确提出:坚持执行以限购、限贷为核心的调控政策,坚决打击投资投机性购房,继2011年之后再次提出要求各地公布年度房价控制目标。虽然会议并没有出台细则,但已经引起轩然大波。

(4) 土地政策。我国土地实行国家所有和集体所有,房地产开发商和个人只能取得有限的土地使用权,土地政策对房地产开发与经营的影响主要表现在出让土地的方式上。获得土地的方式有协议、招标和公开拍卖这三种方式,不同的方式给土地投资者带来的成本不同。目前各地要求所有土地交易必须进入土地交易市场,以招标、拍卖或者挂牌的方式公开出让。对于公开拍卖的方式来说,它充分引进了竞争机制,排除了许多主观因素,是比较合理的一种土地出让方式,但是公开拍卖由于价高者得,所以从一定程度上使得城市地价有不断增高的趋势。

(5) 住房政策。住房政策主要是指国家和政府在住房方面的投资政策和住房分配政策,这些政策对房地产开发与经营有着很大的影响。例如,我国20世纪90年代的房地产热源自住房制度改革,单位不再进行福利房分配,许多持币观望的居民其住房需求无法由原来的单位分配得以满足,不得不从市场上寻求合适的住房,这就使得商品房市场出现供不应求的现象,许多楼盘一经推出,短期内即已售罄。

2. 经济环境

(1) 宏观经济条件。影响房地产开发与经营的宏观经济条件主要包括国民经济发展速度、相关金融条件和通货膨胀等。

房地产业是国民经济的重要组成部分,国民经济的发展速度与房地产业的发展速度息息相关。国民经济高速增长的时期也是房地产需求最旺盛的时期,同时,高速发展的经济也为房地产业的发展创造了条件;相反,在国民经济发展的低谷时期,房地产业普遍不景气。

金融业与房地产业有着极为密切的联系。房地产业产业链长、资金投入量大、运行过程复杂、周转时间长、风险高、增值能力强,正是基于房地产业自身的这些特点,现代房地产业通常以土地房屋抵押贷款的方式扩大投资开发规模,占用了大量资金,从而使房地产金融在整个金融体系中占有重要位置。房地产业与金融业这种非常紧密的关系,对房地产业起到了非常大的推动作用。金融业不仅为房地产开发投资提供了信贷支持,扩大了房地产业的供给能力,同时也为房地产业的消费使用提供了按揭支持,提高了房地产业的有效需求水平,因而全面渗透到房地产业的运行过程当中。但金融业在发挥对房地产业的促进和推动作用的同时,也使得房地产市场的兴衰极大地影响着金融体系本身的稳定性。如果房地产信贷规模超出了经济发展水平和金融系统的承受能力,金融系统融资过度向房地产业倾斜,一旦房地产业不景气,就会严重破坏整个金融体系的稳定性。

通货膨胀对房地产业及市场产生双面影响。一方面,通货膨胀会造成房地产市场供给的减少,因为通货膨胀会严重影响开发成本,增大投资风险;另一方面,通货膨胀会使市场需求扩大,因为房地产产品具有保值效益,在通货膨胀率较高时会刺激以保值为目的的投资的增加,从而会增加房地产市场的需求。

(2) 居民经济收入和购买力。居民经济收入与购买力是经济因素在房地产市场上的具体体现。房地产市场需求需要具备两个条件,即购买欲望和支付能力,经济收入决定消费者的购买力,而消费者购买力的大小又决定了房地产需求市场的容量。从宏观来讲,国民收入水平会直接影响到社会总体购买力,从而影响到房地产市场的总体水平;从具体角度来讲,消费者个人收入与消费结构直接制约着房地产市场的发展水平。

3. 人口环境

市场是由具有购买欲望与购买能力的人所构成。房地产开发经营活动的最终对象是消费者。影响房地产开发经营的人口环境是由多方面因素构成的,主要包括以下四个方面。

(1) 人口总量。人口总量的多少是影响基本生活资料需求、基础教育需求的一个决定性因素。一般来说,人们的购买力首先需要满足基本消费,人口越多,这部分基本消费需求及派生出的对生产资料需求的绝对量就会越大,因而过多的人口必然对市场形成强大的压力。这种压力还进一步体现在:随着经济商品化程度的提高,人口规模对市场的影响也越来越大。我国是世界上人口最多的国家,居住问题仍然是我国面临的基本问题之一,从这个意义上说,我国房地产市场的发展潜力很大。

(2) 人口的年龄结构。人口的年龄结构对房地产需求有两个方面的影响。首先,地区人口结构的变化导致需求主体年龄结构的变化,如人口老龄化的现象在我国各大中城市越来越突出,这导致对"老年公寓"的巨大需求;其次,区分不同年龄结构的支付能力与人口比例,对房地产开发与经营的定位有明显的指导作用。

(3) 人口的地理分布。人口的地理分布状况对房地产市场营销有着直接性的影响。一方面,人口密度和人口流动量影响不同地区市场需求量的大小;另一方面,人们的消费需要、消费习惯、购买习惯和购买行为等在不同地区也会存在差异。

目前,我国人口地理分布出现了如下倾向:首先,人口迁移、人口流动呈现不断扩大的趋势,农村人口流向城市、内地人口流向沿海、不发达地区人口流向发达地区的现象日趋加剧,并有不断扩大的趋势;其次,城市人口增长速度明显加快;再次,由于乡镇企业的发展,农村居民中的职工人数迅速增加。上述这些变化,都对房地产开发与经营活动有着直接性的影响。

(4) 家庭结构。家庭结构及规模是影响和决定住宅规模和结构的直接因素。一般来说,在一个地区总人口不变的条件下,家庭人口越多,所需要的住宅单位越少,住宅面积越大。一个地区的家庭平均人口受社会风俗、文化传统、经济发展水平等诸多因素的影响,随着经济的发展和家庭观念的更新,我国家庭单位小型化的发展趋势越来越明显。

4. 自然环境

所谓自然环境是指一个地区的自然物质环境,主要包括各种自然地理的资源条件,如气候、地质地形等。自然环境对房地产企业有着重要的影响,优越的自然环境会促使房地产市场繁荣兴旺,房地产企业应该对所处地区的自然条件加以科学的分析,积极处理好自然环境与房地产业的相互制约关系,因势利导,扬长避短地科学利用。我国沿海城市借助于改革开放的东风,自然环境优越、交通便利;西部城市交通设施发展相对落后,但有国家政策的扶持,近几年也得到了飞速的发展,这就吸引了不少投资者选择这些城市从事房地产开发与经营活动。

5. 技术环境

科学技术是第一生产力。技术进步是经济增长的主要动力,技术进步通过提高劳动生产率和资源利用效率,从而引发产业结构的变化,影响经济周期的波动,也影响房地产市场的波动。互联网、小区智能系统、生态技术等改变了我们的生活,也推动着房地产产品的更新与进步,从而影响着房地产市场的变化。

(二) 中观环境

中观环境主要指的是房地产产业环境,即围绕房地产开发与经营行业相关的外部影响因素的总和,其中影响程度比较深的关键因素主要有以下三点。

1. 我国房地产市场的法制体系

房地产开发与经营是地域性很强的行为,过程中涉及的法律、法令、法规以及经济立法的规范化是维护房地产业正常秩序的关键。

我国房地产市场的法制体系主要由以下四个方面组成。

(1) 房地产法律——有关房地产的法律主要有三部,即《中华人民共和国土地管理法》《中华人民共和国城乡规划法》《中华人民共和国城市房地产管理法》。

(2) 国务院颁布的房地产条例——国务院颁布的房地产条例主要包括:《城镇国有土地使用权出让和转让暂行条例》《城市房屋拆迁管理条例》《外商投资开发经营成片土地暂行管理办法》等。

(3) 国务院相关部委颁布的行政规章——国务院相关部委颁布的行政规章主要有:《城市房地产中介服务管理规定》《城市房地产转让管理规定》《招标、拍卖、挂牌出让国有土地使用权规定》《城市房地产开发管理暂行办法》《城市房屋租赁管理办法》《商品房预售管理办法》《商品房销售管理办法》《城市房地产开发企业资质管理规定》《城市新建住宅小区管理办法》《城市房屋拆迁单位管理规定》《城市房屋修缮管理办法》《城市房屋产权产籍管理暂行办法》《城市公有房屋管理规定》《房地产买卖契约》《房地产租赁契约》《商品房买卖合同示范文本》等。

(4) 与房地产企业营销有关的其他法律——与房地产企业营销有关的其他法律主要有:《中华人民共和国合同法》《中华人民共和国公司法》《中华人民共和国商标法》《中华人民共和国广告法》《中华人民共和国大气污染防治法》《中华人民共和国反不正当竞争法》《中华人民共和国质量法》《中华人民共和国价格法》《中华人民共和国消费者权益保护法》等。

此外,还有一些地方政府颁布的法令、法规。

2. 房地产市场态势

(1) 房地产市场周期。不管是国外,还是国内的房地产界都承认房地产存在一定的周期循环。房地产市场周期可以分为四个不同的阶段:市场整理阶段、市场稳定阶段、项目开发阶段和过度建设阶段。根据这个定义,房地产市场周期重复循环,但是每次的幅度是不规则的,与整体经济景气相比具有不同的超前和滞后现象。

房地产市场的发展具有一定的周期性,根据其发展的态势,可以把握其中的规律,找到未来开发与经营投资的时间切入点。如果目前房地产市场正处于市场周期的上升阶段,由于行业的互动性,从中观的角度上来说时机上是有利的,可以考虑在近期内进行开发经营的投资。

(2)房地产市场特点。城市规模的大小决定了房地产市场的规模大小,城市经济的发展程度决定了房地产市场的发展空间,城市居民的购买力水平与消费习惯决定了房地产产品的价格水平与特点。沿海城市经济发达,居民人均收入较高,因此整体的房地产产品质量较高,高档楼盘林立;在那些经济欠发达的小城市,由于住宅购买力低,房地产开发与经营的内容也不得不以中低档楼盘为主,但同时决策者也必须看到,房地产市场发展较落后的城市,后发优势明显,潜力大,往往给房地产开发与经营行为带来较大的发展空间。

房地产市场可以细分为供给市场和需求市场,在环境分析过程中,要想对城市房地产市场特点进行准确把握,就必须分别对这两个市场进行分析。

房地产供给市场总体特征的把握需要大量的市场信息与数据,包括房地产市场的投资量、开工量、竣工量、销售量、销售额、二手房活跃程度、房地产产品价格、档次、质量、特点等。

对房地产供给市场特征的把握,其实就是对行业竞争态势的把握,这是影响房地产开发与经营决策的重要因素。因为作为决策者而言,项目的成败取决于机会的选择,而机会往往存在于市场的空白处。站在行业的角度,纵览整个行业的竞争态势,回避竞争激烈、已经饱和的产品市场,争取空白或供应不足的产品市场,就能获得预期的利润空间。

房地产产品的需求结构、需求层次、购房群体特征、消费的主要影响因素、贷款消费观念等这些因素的总和,就构成了房地产需求市场的基本内容。房地产开发与经营的内容,其实就是面对消费者的产品形成与销售的过程,而只有了解消费者的需求,才能进行正确的产品定位,生产出真正受欢迎、有市场的产品,从而保证房地产开发与经营行为目标的实现。

3. 房地产行业规范

中国房地产行业从起步至今前后不过十几年时间,并且期间还经历了国家两次大的宏观调控。从取消福利分房到个人按揭置业,从炒楼炒地到项目开发,从土地、资金、政策资源垄断到全方位市场竞争,从毛坯房到精装修,从住宅开发到商业物业,从简单的拿地盖楼到专业分工、产业链协同,从概念、产品、服务、营销的策略对决到企业品牌发展的战略竞争,房地产行业的主体——开发商群体也从最早的国有城建公司、施工企业、包工头走向专业化品牌企业。在中国持续30年经济增长及城市化迅猛发展的背景下,在不确定的市场及政策环境里,在自发与被动的调控中,房地产行业得到了快速的发展。

行业规范能促进企业创新和互相之间的交流与合作,维护企业的合法权益,规范企业行为,促进行业自律与行业管理,对发展房地产市场、实现房地产行业的共同繁荣有着积极的意义。当然,一个行业的发展需要一定的时间,而房地产行业的发展时间尚短,行业内部的约束力还没有完全体现出来。但是,随着越来越多的以地区为主体的房地产行业协会的出现,行业规范对房地产开发经营的影响已经越来越明显。

(三)微观环境

微观环境是以房地产开发经营活动所在的特定区域为背景,直接影响项目目标的因素的总和。要想获得项目的成功,就必须对区域环境中的关键因素进行详细认真的研究分析。

1. 区域地理位置特点

在房地产开发经营活动中,区域地理位置特点往往是决定项目地段选择的关键因素,应予以高度重视。这里的地理位置特点包括区域的自然环境特点、经济地位、社会地位、交通便捷程度等。

(1) 区域的自然环境特点。与宏观环境中的自然环境特点描述不同的是,微观环境中的自然环境限定的范围更具体。区域自然环境是房地产开发与经营环境的基础,开发与经营行为的实施在许多方面都必然受到自然环境的影响和作用。区域自然环境中各组成部分如地质、地貌、气候、水文等决定了区域用地状态、区域用地布局、区域建筑结构、区域基础设施配置和工程造价等各个方面,这些方面往往决定着房地产开发与经营的决策,项目的成败与这些方面是息息相关的。同时,房地产开发与经营项目的建立也改变着外部自然环境的性质和状况,而且这种变化是不可逆的,可以说,房地产开发与经营行为与区域自然环境之间是相互作用的两个共生体。例如,城市郊区虽然交通不发达、生活不方便、人流量小,但是自然环境优美、空气清新、噪声污染小,高山或湖泊都增加了长期生活在钢筋混凝土建筑之中的城市居民对郊区的向往,人类对于自然的依赖性与共生性使得郊区房地产业在近几年来发展得非常快,不少房地产开发商都投资于郊区兴建高档住宅区;随着郊区楼盘的建设,道路设施、生活配套设施的完善又改变了郊区的自然环境。房地产开发与经营行为与自然环境的互动性推动着城市外沿的扩张。

(2) 区域的经济地位。区域的经济地位往往是由区域经济发展现状决定的,可以从政府、企业、家庭三个层次来进行分析,包括经济增长率、产业结构、居民消费水平、购买力水平、当地经济中不同行政区域之间存在的经济联系等,区域的经济增长在一定程度上决定了当地对房地产开发与经营产品的需求。

(3) 区域的社会地位。区域的社会地位表现的是区域占用社会资源的能力,包括行政地位、历史地位、社会影响力、人才优势等,一般来说,一个城市中不同的行政区域所担负的社会作用会有所不同,在发展的过程中也有不同的侧重点。

(4) 区域的交通便捷程度。交通便捷程度是指不同土地使用者之间在空间上的联系以及为维持空间联系所必须发生的空间移动的成本大小。家庭作为居住用地的使用者,与工业用地或商业用地的使用者之间保持着某种空间联系或依赖性,居民必须往返于居住地和工作地点之间,购物者必须前往商店都能保证购买行为的实现。交通便捷度高的区域,必定是居住者工作、学习、购物都十分迅速方便,发生成本较小的区域,这样的区域,也往往是房地产开发与经营活动非常活跃的区域。

一旦房地产开发与经营的宏观环境已经确定,就必须对微观环境中的关键因素予以把握,机会的选择亦是由大到小、由粗入细的。一个城市往往可以分为多个区域,各个区域之间的地理位置特点各不相同。环境分析是在市场调查与营销策划之前的较粗略的分析,在充分了解城市,充分了解各个区域的地理位置特点之后,方能进行正确的项目选址。

2. 区域经济发展战略与发展规划

区域的发展总是与城市发展息息相关的,城市在发展的过程中,对其中的每一个区域都会有一个发展的定位,同时也由规划部门制定出该区域的发展规划,把握这些信息对房地产开发与经营活动的顺利实施有着至关重要的作用。

(1) 区域经济发展战略。区域经济发展战略是指区域经济总体发展的设想、思路和谋划。它根据不同区域生产要素条件的分布情况和该地区在国家经济体系中的地位和作用,对区域未来发展的目标、方向和总体思路进行谋划,以达到指导区域经济发展的作用。

任何一个地区,由于其自然环境、资源、社会发展状况和文化、生活习惯等方面的差别,往往发展的重点、方向有很大的差异,因此不可能用国家的发展战略去套地区的发展战略,用国家发展的重点产业,去硬性规定地区的重点产业,而是要依据地域合理分工的原则,发挥区域优势,制定符合区域实际情况的总体发展战略和产业发展战略。

例如,一个城市中,经济发达、交通便利的区域的经济发展目标往往是发展对外贸易,利用其经济优势发展高新技术产业,实现产业结构的高级化;对于交通不太方便、资源较丰富的区域则一般都强调开发优势资源,加强与其他区域的联系,发展交通运输,增强自我发展的能力。

(2) 区域规划。区域规划是区域经济发展战略指导下的区域和产业发展的详细安排,它包括区域发展、产业发展、土地利用、城镇体系等多方面的内容。区域规划一般包括以下内容。

城市发展规划——指一个或几个中心城市及其周围小城镇和郊县组成的地区规划。规划的核心内容是确定城市的性质、规模、用地结构和空间布局,重点解决区内各城市之间的分工协作、工业布局、老区改造和新区建设、人口分布与大城市市区规模控制、中小城镇建设及环境保护等。

工业区域规划——指工业聚集形成的各类专业化的工业区,规划工业发展方向和布局,工业建设与农业相协调,对外交通布局和居民区布局等。

工业区的规划中需要解决工业枢纽、工业点的配置、社会经济的发展、交通系统、城镇和人口分布、卫生保健等一系列问题。工业区废弃物多,对大气、土壤、水源往往产生污染,对生活环境造成危害,如何减少工业对周围环境的影响,保护自然资源,改善生活环境也就成为需要重点研究的内容。

资源开发区区域规划——资源开发区应包括水、土、森林、矿产等多种资源的开发区域,如以某一河流为主体的开发规划,以某一类资源为中心的地区开发规划,以某一个或几个矿山城镇组成的区域开发规划等。这种性质的开发区域,一般由一种资源的开发作为动力,启动区域的开发。比较典型的有:煤炭开发综合体、水电开发综合体、有色金属开发综合体等。

风景旅游区区域规划——指旅游资源丰富且分布比较集中地区的发展规划。这类地区规划的重点内容是风景旅游资源的开发、利用与保护,旅游产业建设及对外交通联系,解决工农业发展与自然景观保护之间的矛盾。随着经济发展水平的提高,旅游业成为许多地区的支柱产业,如中国的云南、西藏和西北地区等,旅游区发展规划的市场越来越大。

农业区开发规划——指以农产品生产与加工为主的地区开发规划。在一个区域内,农业区是区域经济的基础。提高农业区的经济发展水平、提高主要农产品的产量、解决农民的生活问题以及扶贫等问题,都应当在这类规划当中进行解决。

土地利用规划是农业区开发规划的中心内容之一。土地利用早已不仅仅限于农业土地利用的范畴,而是包括区域全部土地的利用问题。合理分配土地资源,满足各行业对土地需求,并保证农业的基本用地不减少,是土地利用规划的主要任务。

综合性区域规划——是与区域经济发展战略直接配套的规划,是详细的区域经济发展战略方案。综合性的区域规划一般是以行政区为单位的区域规划,其目的在于规划区域内的资源开发、城镇的发展、工农林牧渔矿等业的发展、交通运输等基础设施和商业、金融、医疗、文化等服务设施的建设。综合性的区域规划实际包括了上述各种类型的规划,但由于各地的环境、经济发展水平与管理体制不同,规划要求不一,因此在综合性区域规划的范围与研究的深度上,各地有很大的差别。

3. 区域房地产市场发展特点

房地产市场是房地产以及与房地产流通紧密相关的资金、技术、服务等进行交换的场所和交换关系的总和。房地产市场是一个复杂的系统,既与一般商品市场有共性,又有自己的特殊性,区域房地产市场与中观环境的房地产市场态势不同,应以房地产开发经营活动的具体区域为背景,集中在以下四个方面。

(1) 区域居民及分布特点。受自然地理位置与交通等因素影响,区域居民分布特点相对突出,一般来说有沿交通干道的带状分布以及以商业中心、学校等生活配套设施为中心的团状分布。

(2) 区域居民收入与购买力。区域居民的职业分布、收入水平与购买力是直接相关的三个因素,如大型国有企业员工,家庭收入较低,购买力有限;企事业单位人员、教师家庭收入略高,购买力略强;高新科技集团、外企、私企的从业人员收入水平与购买力相对来说较高。要掌握区域居民的购买力水平,就必须对区域内居民的职业分布、各职业收入水平进行调查了解,分析确定购买力分布是呈现集中分布还是连续分布,若为集中分布,集中在哪个区段,若为连续分布,又在哪些区间内连续变化。

(3) 区域居民的消费特点与习惯。以临近高校的区域为例,由于学生数量较大,消费需求旺盛,购买力较强,但是群体消费所具有的周期性特点,会对区域相关行业发展产生一定的不利影响。另外,家庭结构的不同,居民文化层次的高低,都会对区域内居民的消费特点与习惯产生深远的影响。

以上三项共同构成区域房地产需求市场环境因素。

(4) 区域竞争项目分布及相关影响因素。区域内新建项目在地域上的分布、自然地理位置特点、形成的社会因素、区域房地产市场发展空间、目标顾客群体的分布、住房抵押贷款、竞争物业的共性与个性——这些定性的因素再结合区域房地产开发项目完成投资额、不同物业类型的竣工面积、不同物业类型的施工面积、不同物业类型的销售面积、不同物业类型的销售价格等定量因素,就构成了区域房地产供给市场环境因素。

第三节　房地产开发与经营环境分析方法

一、多因素加权分析法

多因素加权分析法是美国一家商业风险服务公司编制经营环境风险指数所采用的一种方法。它包括15个方面的经营环境因素,而且依据它们所具有的重要性,确定了具体的权数(表4-1),最高权数是3,表示最为重要。每一项最高分值是4,如果得分为4,则表明该项条件被认为最佳。各项的总权数是25,最高值则为100。数值越高则表示环境条件越好。

表4-1　经营环境和权数

因　　素	权　　数
1. 政治的连续性	3.0
2. 对外国投资者和盈利的态度	1.5
3. 国有化	1.5
4. 通货膨胀	1.5
5. 国际收支	1.5
6. 官僚拖延	1.0
7. 经济增长	2.5
8. 货币的兑换性	2.5
9. 合同的履行	1.5
10. 劳动力成本性产率	2.0
11. 专门服务和承包商	0.5
12. 通讯和交通	1.0
13. 当地的管理和合伙人	1.0
14. 短期信贷	2.0
15. 长期信贷和风险资本	2.0

该指数所表示的风险水平标准如下。

(1) 70—100分——投资环境稳定,以发达的工业化国家为典型,外国投资中可能出现的问题可以由该国在有效性、市场机会、金融机制和设施等方面的优势抵消。

(2) 55—69分——有少量的投资风险,在日常的经营活动中可能有一些复杂的情况,但在一般情况下政治结构的稳定完全可以使企业进行连续的经营,不会使经营遭到严重的破坏。

（3）40—54 分——外资企业的经营面临高风险，除非有特殊的原因才能考虑进行投资，如为了取得稀有原料或是高利润等。

（4）40—39 分——不能为外国投资者接受的经营环境。

与上述例子中的企业投资经营环境分析相比，房地产开发经营环境更复杂。一般来说，此类方法可运用于进行项目选址：决策者将房地产开发经营环境中关键因素按宏观、中观、微观三个层次整理排序并加权、评分，根据评分结果来选择是否对该国、该城市、该区域进行投资经营活动。

二、道氏评估法

道氏评估法是美国道氏化学公司根据自己在海外投资的经历提出的。该方法把海外投资风险分为两类：一是竞争风险，例如，自己的竞争对手可能生产出一种更好的产品，或者竞争对手的生产技术更先进、生产成本更低、产品价格也就越低廉等，任何企业都存在这一类风险；二是环境风险，即某些可以使企业环境本身发生变化的经济、政治和社会事件。因此，道氏评估法把影响投资环境的因素按其形成的原因和作用范围分为两部分：一是企业从事生产经营的业务条件；二是有可能引起这些条件变化的主要压力。

道氏评估法分四个步骤。

第一步，评估影响企业业务条件的各个因素。

第二步，评估引起变化的各个主要压力因素。

第三步，在前述两步的基础上，进行有利因素和假设条件的汇总，从中指出 8—10 个能获得成功的关键因素。

第四步就是在确定各关键因素及其假设条件后，提出四套项目预测方案。第一套是根据未来 7 年各关键因素"最可能"的变化而提出的预测方案；第二套是假设各关键因素的变化比预期的好而提出的"乐观"预测方案；第三套是假设各关键因素的变化比预期的差而提出的"悲观"预测方案；第四套是各关键因素变化最坏、可能导致公司"遭难"的预测方案。在各预测方案提出之后，请专家对各方案可能出现的概率进行预测，从而作为决策的参考。

三、SWOT 分析法

SWOT 分析法又称十字图表型分析法，是西方企业界广为应用的一种战略选择方法。S 和 W 分别代表企业内部环境的优势和劣势（strengths and weaknesses），O 和 T 分别代表企业外部环境的机会和威胁（opportunities and threats）。成功的开发经营战略能够及时地抓住时机、避开威胁，充分发挥房地产企业自身的优势，有效地克服企业自身的劣势，因此 SWOT 分析法成为房地产开发与经营环境分析的基础方法之一。

目前，SWOT 分析法在环境分析过程中的运用大都采用定性的非系统分析方法，通过列举 S,W,O,T 的各种表现形成一个模糊的开发经营战略方向的轮廓,据此作出判断。虽说缺乏定量的分析,带有一定的主观性与盲目性,但是作为战略性的决策来说,具有较强的实用性。SWOT 分析法的思路如图 4-2 所示。

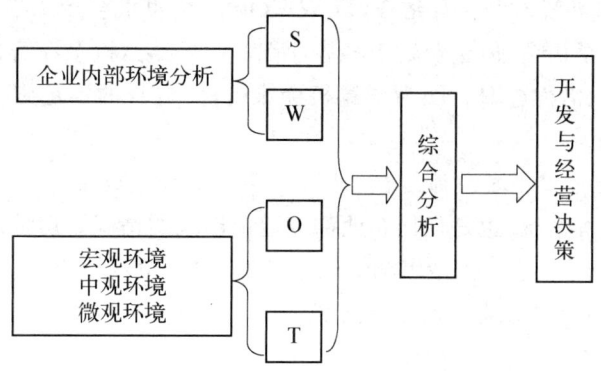

图 4-2　SWOT 分析法思路

在房地产开发经营环境分析中,企业内部环境的分析主要集中在以下五点。

(1) 管理状况——房地产开发经营企业的管理水平,是否有较系统的企业标准、规章制度是否科学规范、组织机构是否完善、决策者的管理能力、企业的组织文化等;

(2) 经营状况——企业的营运能力、过去的投资与经营业绩、企业的偿债能力、盈利能力、利润水平等;

(3) 人员状况——企业的工作人员总数、整体素质、专业结构、年龄分布等;

(4) 资金状况——自有资金数额、资金筹措能力、信贷信誉等;

(5) 具体项目状况——如果项目的地块位置已经固定,则内部环境集中在项目地块特点上,其中尤以项目所在地段的地理历史文脉分析为重点。

每一个房地产开发与经营项目,都要深深挖掘反映该地块所在地段的地理、历史、文化及文脉,这样才能揭示其文化特征,反映在项目定位与产品形象之中,才能有深层的文化底蕴和现代的特有表现,才能形成项目的特色点,并以这些特色点来实现与同类产品的差异化和特色卖点。同时,它也是项目文化定位的根基点,也是寻求与发现项目目标顾客群的真正依据。

通过对这五点的分析,可总结出房地产企业的优势与劣势。同时,全面地对外部环境关键因素相关信息与数据整理分析,归纳总结出外部环境的机会和威胁,两者相结合,为房地产开发经营的决策提供科学的依据。

1. 企业优势与环境有利条件结合,即 S+O=机会点

机会的实质,是可进取的市场空间,包括市场空白、市场供给不足、市场供给缺陷以及凭实力竞争入市。在这样的情况下,关键是抓住机会、及早出击。环境分析具有前瞻性,房地产开发又具有生产周期长的特点,而同时机会的清晰程度与时间的远近正相关,时间越近,机会点越清晰,看到的人越多,竞争也就越激烈。机会在手,却又犹豫不决,恐怕只有事后望洋兴叹。

2. 企业优势与环境不利条件结合,即 S+T＝可规避风险点

外部环境不利,产生风险,但企业处于有利状态,风险尚可规避。此时的决策思路应是以企业优势点为基础,进行经营方向改革。

3. 企业劣势与环境有利条件结合,即 W+O＝可借力机会点

外部环境产生了机会,但企业处于劣势,所谓有心无力,机会在身边却无法掌握。此中关键是抓住机会、借力进取。因为毕竟机会难得,而自身的不足则可通过与他人合作或其他方式来弥补。

4. 企业劣势与环境不利条件结合,即 W+T＝风险点(威胁点)

这是最差的一种情况,也是任何企业都该避免出现的情况。房地产界不是没有这样的例子:自身资金不足,还要去做市场上已饱和的项目,市场风险大,自身回避风险的能力差,决策失误可能引致房地产企业的破产。

第四节 房地产开发经营机会选择与风险分析

一、房地产开发经营机会选择

环境分析的目的,是在房地产开发经营外部环境关键因素分析的基础上,对投资机会的选择。机会的存在是客观的,房地产开发经营机会,是指有利于实现开发经营目标,获得较好经济效益的良好条件或客观可能性。根据内容的不同,房地产投资机会选择可以细分为时机、区位地段、投资类型、产品质量的选择。

(一) 时机的选择

对于决策者而言,时机的选择对房地产开发经营目标的实现十分重要。兵法讲究"天时、地利、人和"三者的统一,天时占据第一位,"顺应而生"讲的就是时机的选择正确,外部环境因素有利,就是房地产开发经营的机会。

时机选择需要的信息包括全国的房地产周期、区域房地产市场与综合经济周期、国家或地区的宏观调控政策等,详细认真地进行环境分析,对相关信息进行整理分析之后,可以对入市时间进行选择与把握。

1. 房地产周期不同阶段的时机选择

房地产周期随房地产类型的不同会有所不同,当处于上升期阶段时,房地产市场供给数量小于需求数量,需求量呈现不断增长的趋势,而供给量不断增长以满足需求。在该阶段初期,需求量较大,物业的空置率较低,随后,供给虽增加,但新的需求又不断产生,使空置率下降,在该阶段后期,空置率达到 5%—6% 的正常水平。在供不应求的房地产市场之中,抓住机会、生产出顺应市场需求的产品,获利空间极大。

需要注意的是,在房地产周期处于高峰期开始阶段时,一般都会出现房地产热,房地

产价格相对较高,市场呈现出供需两旺的势头,不少房地产投资商趋之若鹜,认为此时入市,时机有利。事实上,决策者应遵循动态性原则对环境进行认真的分析,决策宜相对保守,特别是对开发周期较长的项目,应预测周期高峰延续的时间再行决策。若是房地产开发经营的内容为出租或出售,显然房地产周期的高峰期为最佳时机;若为购买或开发房地产,应选择房地产周期低谷期的后期阶段,因为此时建筑及销售费用都较低,在将要到来的上升期可以以满意的价格较快地出手,从而加快资金的周转,同时也降低了利息的支付。

当然,要想精确地绘出未来房地产的走势图是非常困难的,甚至是不可能的,在进行环境分析的过程中,可以对相关数据进行分析,运用各种技术或经验判断来确定目前处于房地产周期的哪一个阶段,为时机选择提供可靠的科学依据。

2. 政策研究与时机选择

中国的房地产市场是受政策(特别是中央政策)影响非常大的市场,市场机制的主导作用还没有完全发挥出来。所以,政策研究对时机选择十分关键。

例如,1998年国家将住宅业作为新的经济增长点和消费热点,政策上予以重点扶持,相关政策如下。

(1) 住宅市场化、私有化政策:到2000年,停止福利分房、公积金、停止集资建房政策基本到位,住房补贴政策出台。这就意味着,所有城市居民都只能到住宅市场上解决自己的住房问题,长时期的有效购买力的积累在2000—2001年集中于市场释放。

(2) 住房按揭政策:住房总价过高,限制了许多购买力较低的顾客,但是有了按揭这一购房形式之后,许多存款较少的年轻人也就有了购房的能力。这一政策为住宅业的发展提供了强有力的支持,也使开发商有了稳定的融资渠道。

这样的时机,是住宅开发建设的有利机会。正是因为这一系列政策的颁布实施,使得各个城市的住宅开发建设形成了一个热潮,商品房价格上扬,供需两旺。抓住这个机会入市,显然为开发商带来的不仅仅是经济效益。不少开发商正是由住宅开发起步,逐步建立了自己的品牌效应,进而涉足其他形式的物业类型,成为房地产界的传奇。

(二) 区位地段的选择

从投资角度来看,投资选择地主要考虑当地的投资环境、市场空间、劳动力资源、生产要素成本、交通运输条件等。在进行区位地段选择之时,应从国家、城市、区域三个层次由粗到细地来进行选择。

1. 国家的选择

一般来说,外国投资者在进行投资选择的时候首先要考虑的就是一个国家的宏观政策及经济环境的优越性,如果一个国家的房地产投资环境优越、政策环境宽松、资源丰富、人均收入较高,整体环境对房地产开发经营活动有利,则会吸引大量的外国房地产投资商到该国从事房地产开发与经营活动。

2. 城市的选择

我国幅员辽阔,由于地域特点及历史原因,不同城市的发展也不均衡。以西部城市为例,某些西部地区人口稀少,缺乏经济主体,投资环境和市场均不成熟,有些地方甚至缺乏基本的生存条件,显然在这些地区是不适合投资者去投资的;但同时受地域分工和国家建设的影响,西部的不少中心城市经济水平较高,基础设施良好、市场空间较大、人口素质较高,甚至有相当雄厚的技术储备,尤其是西部的一些经济中心城市或交通干线周围地区,经济水平与东部地区已无明显差距,这些西部经济发达地区也一直是经济的热点地区。西部地区的直辖市和各省会城市如重庆、成都、贵阳、南宁、昆明、西安、兰州、西宁等城市都成为房地产开发投资比较理想的地点。在这些地方进行房地产开发与经营活动,可供选择的余地比较大,外部环境较为有利。

3. 区域的选择

城市在发展的过程中,不同区域的自然地理位置、环境、资源等条件的差异,影响各个区域的劳动分工、性质、定位与发展变化,进而也影响着不同区域房地产市场的发展。在选择城市之后的区域选择,是最终项目选址的基础与前提条件。

以中部城市武汉为例,历史与地域原因基本形成了商业中心——汉口、文教中心——武昌、工业中心——汉阳三个区域,比较汉口与武昌,汉口商业发达、交通便利、人流量大、居民购买力较强,但同时也存在着空气质量差、噪声污染严重、交通拥挤等缺点;武昌人文气息较浓、大学林立、近年来商业发展较快,但与汉口相比仍有一定的差距。正是由于这些外部环境的影响,使得不同区域的房地产发展格局呈现出不同的特点。根据各个区域的外部环境特点,选择最适合的区域,是房地产投资机会选择的重点之一。

(三)投资类型的选择

没有十全十美的物业类型,也没有十全十美的经营形式,环境分析就是要通过外部环境关键因素的分析,找出房地产市场上的空白点、不足点,这就是投资类型的机会点。目前我国房地产开发经营的投资类型主要有以下四种。

1. 土地投资

土地投资是以土地为载体,或以土地为投资对象,通过对土地进行开发,促进土地增值,从而获得投资收益,另外由于交通设施的建设或周边环境的改变也会带来土地价值的增长。土地投资的收益一般都比较高,这是由城市的发展、人口的增多和土地资源的稀缺性之间的矛盾所决定的。进行土地投资具有位置固定、投资额较大、资金占用时间长、增值明显等特性。不过,土地投资由于数额巨大,风险性比一般的房地产投资要大很多,而且对决策者的信息掌握与判断能力、预测能力也提出了较高的要求。

2. 住宅投资

住宅投资的安全性较高,可以获得稳定的收益,尤其对于城市普通住宅的投资。随着城市人口的增加,城市居民流动性增强,而土地由于城市的发展越来越难获得,这种居民对住宅的需求与土地供应之间的矛盾的突出促使住宅价格必然上涨。由于住宅的建设与居民的生活息息相关,因此普通住宅市场广阔,资金回笼快,投资此类物业,可获得较稳定的收入。值得注意的是,高档住宅由于价格高,收益相对也大,但面临的风险更大,一是市场狭窄,顾客群体有限;二是国家的宏观政策环境对高档住宅的投资并非有利,因此投资时应对市场环境认真分析之后谨慎行事。

3. 商业设施

商业设施投资包括商场、铺面、超市、娱乐场所等，其价值是由其地理位置特点、区域商业发达程度、居民的购买能力、流动人口的数量大小、服务质量以及商业信誉来决定的。它的主要特点有：升值潜力大，但变现能力差；投资风险极次于土地投资，一旦区域经济市场不景气，人流量小，投资商业物业可能要承受较大的损失。投资商业设施是一项全面系统的投入，必须对风险有充分的估计。

4. 写字楼

写字楼一般位于城市的中心区域，而城市的主中心区土地的稀缺性强，增值的空间大，特别是主中心区范围有限，区位资源优势得天独厚，人流、物流、信息流、资金流汇聚，因此投资写字楼增值空间较大。但是，在环境分析的过程中，不仅要从其地理位置特点来分析，还应从物业质量的高低、配套设施的完善程度来全面衡量，方能降低投资风险，获取理想的经济效益。

（四）质量的选择

房地产开发与经营内容的确定，房地产产品质量的选择，是由房地产供给市场与需求市场共同决定的。在完成了投资类型的选择之后，不同的投资类型质量又有高低之分，例如住宅，有经济适用房、低档住宅、普通住宅、高档住宅、别墅等几个不同的质量等级，不同质量等级的产品投资效益、投资风险不同，一般来说质量等级越高，经济效益越高，投资风险越大。不同的质量等级的产品适合的时机、地段随着外部环境的不同会发生极大的变化。如别墅的兴建在20世纪90年代由于市场供应量严重不足而给开发商带来了极大的利润空间，但到了现在，一是供不应求的现象已经不存在，需求量相对不足；二是国家出台了一系列政策对高档住宅进行控制，如果在这个时机投资别墅，风险极大。房地产供需市场上的空白、不足的产品类型，就是房地产开发经营机会选择中质量选择的重点。

产品的各个质量等级再往下细分，又有不同的产品类型。如普通住宅中按住宅面积的大小，可分为小户型、标准户型、大户型等。如果环境分析深度足够，决策者可根据外部环境的分析结果，将决策细化到产品类型这一层次。以现在房地产市场的"小户型"热为例，从房地产需求市场层面进行分析可知：随着独生子女的成年化，城市人口迁移量的增加，大都市的家庭结构偏小，家庭购买力有限，再加上进入高薪阶层的年轻人人数的增加，不少单身贵族的购房意识相当强烈，房地产需求市场对"小户型"的需求日益明显；从房地产供给市场层面进行分析：福利分房时代的结束，大量的大家庭涌入了商品房市场，为了顺应这一部分家庭的需求，房地产供给市场上的住宅产品主要集中在面积较大、功能齐全的大户型上，从而造成"小户型"住宅供应不足。外部环境分析结果，不难找到房地产产品的空白与不足点，也即是房地产产品质量选择的机会点。

从以上分析可以看出，机会选择的基础是信息。信息的收集量越多、涉及面越广，环境分析得越详细，机会点越清晰；反之，没有信息或信息错误，往往错过机会或机会选择错误，而机会选择的成败关键是决策者的信息敏感力，即对信息价值判断的能力。

二、房地产开发与经营风险分析

对房地产项目开发与经营行为来说,机会产生于环境之中,机会与风险同生。风险一般指自然界或社会所发生的灾害或意外事故,其显著的特点是不确定性。房地产开发与经营风险是指房地产企业在开发与经营过程中所发生的对未来结果的不确定性。外部环境的复杂多变性与房地产企业自身的特点决定了在房地产开发与经营的过程中存在着潜在的风险,只有充分了解和识别风险,并对之进行管理,才能在最小风险下获得最大收益,或是在一定收益下使风险最小甚至回避风险,从而在竞争中得以生存与发展。

(一)政治风险

1. 政治风险的含义

房地产开发与经营的政治风险,是指由于未能预期政治事件的发生或政策发生变化,导致国家投资环境的变动,进而给房地产开发经营活动带来损失的可能性。

房地产投资回收期长,在安定的政治环境中,投资收益才可能有保障;如果政局不稳,人们无法安居乐业,就会造成房价的下降,进而影响房地产开发与经营的效益。从历史上看,政局动荡之时,房地产随之衰落。我国改革开放之后房地产开发与经营活动的迅速发展很大程度上得益于政局的稳定。

按政治风险影响的程度来划分,可分为政府干预、政府制裁和财富剥夺三种风险。政府干预是指政府为了达到预定的经济增长目标,常采取各种干预政策控制本国企业或外商投资的企业的发展,致使企业有蒙受损失的可能。例如,面对房地产市场上涨过快的房价,2013年3月1日,国务院发布了《关于继续做好房地产市场调控工作的通知》,继2011年之后再次提出要求各地公布年度房价控制目标。政府制裁是指政府对房地产企业施加一定的压力,致使这些企业有减少盈利甚至破产的可能。制裁的动机有多种可能,如政府对某房地产企业实行罚款以制裁其偷税漏税;两国发生政治冲突,一国向另一国在其国境内的企业征收特别税或使用费等,或冻结外资企业的资金等。所谓的财富的剥夺是指所在国官方剥夺本国或外资企业财产的行为,这种行为必然给企业带来风险损失。

2. 政治风险的应对措施

(1)投资前的管理。房地产开发公司尤其是涉外房地产开发公司,可以通过购买投资保险将政治风险加以转移。世界上许多国家都开办了政治风险保险,我国也有针对政治风险的保险,自1980年以来,先后与许多国家签订了保险协议。另外,通过环境分析对政策环境中的关键因素进行分析,对该国、该城市、该区域可能的政治风险进行预测,如果不利,则应撤回投资,转向更为安全的地方。

(2)投资后的管理。尽管投资前的计划可能会在一定程度上避免政治风险的影响,但某些政治风险仍然难以预料,投资以后还应采取一系列防范措施。比如,在当地寻找原材料,以满足当地的经济发展目标,从而降低政治干预的风险;我国为了引进外资,给予外资企业许多优惠政策,所以中国国内的房地产企业可以争取与外商合作,获得政策上的优惠。

(3) 风险发生后的补救措施。风险发生以后,企业已受损失,但可以通过一定的措施,如合理谈判等来弥补损失。涉外房地产企业还可通过国际投资争端仲裁中心来获得风险损失的补偿。

(二) 经济风险

1. 经济风险的含义

房地产开发与经营的经济风险指在房地产开发与经营过程中,由于各种无法预料的经济形势变动或市场需求波动的影响,使房地产企业的实际收益与预测收益发生背离,有蒙受经济损失的可能。经济形势包括总体的经济循环,也包括经济政策的影响。经济形势的波动及各种经济政策的实施,都会给房地产开发经营带来不同程度的影响。当国家的总体经济进入衰退时,各部门经济萎缩,房地产市场的需求也相应减少。人们常常修改经济繁荣时的消费计划,推迟或取消耐用消费品的购买,房地产往往首当其冲蒙受损失。当国家经济繁荣、人民生活水平稳步提高时,社会对各类建筑物的需求随之增加,这时的房地产投资风险最小。

房地产的经济风险部分来源于房地产业生产周期长的特点。当房地产价格因供给短缺而上升时,房地产企业纷纷兴建楼宇,但由于建设需要一定的时间,少则几个月,多则几年,可能等到兴建的楼宇相继建成时,楼价随供应的增加而下降。这样一来,房地产市场情况更难把握,风险更大。

2. 经济风险的应对措施

(1) 投资前的管理。通过环境分析,首先对经济风险进行预测和分析,然后购买房地产保险,如果投资后发生风险损失,则由保险公司提供补偿。也可通过合同的形式,与其他企业或政府部门联合,一旦发生风险,由合同双方承担。还可在投资前与租户或客户签订预租或预售合同。

(2) 投资过程中的管理。在房地产开发过程中,如果开发期过长,则会增加费用,也使未来的政治、经济形势难以预测,工程完工时,可能会因经济形势的变化而遭受损失,所以要尽量缩短开发期。同时,还应开发多种经营渠道,开发与房地产相关的其他行业,如装修业、家具业、宾馆和餐饮业等。房地产企业在搞好房地产开发与经营的同时,还可以通过自营、内联、外联等形式兴办相关行业企业,这样可以互相补充,一旦发生风险,不至于损失惨重。

(3) 风险发生后的补救措施。如果经济风险已经发生,房地产企业应采取各种促销促租手段吸引顾客。促销促租手段包括广告、优惠、增加服务等,比如免费装修、增加房屋设备、降价处理等。通过一系列的手段,吸引顾客群体,加快资金回笼,降低风险损失。

(三) 金融风险

1. 金融风险的含义

房地产开发与经营的金融风险是指由于金融业各种经济杠杆发生变动给房地产企

业带来损失的可能,主要包括利率风险和外汇风险。

房地产开发与经营的利率风险,是指由于银行利率变动给房地产开发与经营带来损失的可能性。由于房地产具有耐久性和固定性,房地产投资者可把房地产作为抵押品向银行申请抵押贷款,抵押人一般可获得相当于被抵押房地产市场价格80%—90%的抵押贷款。抵押贷款虽有房地产作抵押保证,但也存在风险,这个风险主要来自利率的变动。如果贷款利率调低,则投资者的付息成本减少,收益相对增大;如果贷款利率上升,房地产投资者所需负担的贷款利息也上升。另外,利率的变动会影响社会购买力,影响社会总资金的供给,从而对房地产市场价格也产生间接的影响,从而给房地产开发与经营企业带来风险。

房地产开发与经营的外汇风险,是指由于汇率变动而使与外币发生联系的房地产企业蒙受损失的可能性。外汇风险有两种类型,即交易风险和折算风险。交易风险是指汇率变动对房地产企业债务价值变动产生不利影响的可能性;折算风险是指汇率变动对企业合并财务报表上项目价值变动产生影响的可能性。

2. 金融风险的应对措施

(1)利率风险的应对措施。预测未来利率的变动趋势十分关键,如果预测利率将上升,就应争取固定利率去筹措资金,如果不能,则可与银行签订未来利率合约,把未来利率固定下来。

(2)外汇风险的应对措施。一般来说,决定汇率变动的重要因素是外汇市场的供求关系,所以应该对关键因素进行分析,预测汇率的变化趋势,最后采取相应的防范措施。

(四)来自自然界和冲突的意外风险

自然界的意外风险有水灾、地震、台风等,它们对房地产价值的破坏往往范围广、突如其来、难以预料。在2004年12月26日的大海啸中,印尼损失惨重,人员伤亡、房屋毁坏,国家经济、旅游业、国家和个人的房地产业都受到了极大的破坏。这样的意外风险,发生概率较小,表现为完全的不确定性,但一旦发生,损失巨大。房地产企业应对这类风险的主要方法是购买保险,只要按期交纳一定的保险费,当风险损失发生时,可以获得保险公司的补偿,从而将风险损失转移给保险公司。另外,房地产企业还应增加防火、防水、防雷、报警等安全设备的建设,以防意外事故的发生。

(五)个别风险

房地产开发经营的个别风险来自企业内部环境,而非外部环境,是指由于某房地产企业的经营、财务和人事等方面的原因而给该房地产企业带来损失的可能性。其中,经营风险是指由于房地产企业经营条件恶化、管理不善而影响房地产企业盈利的可能性,因为管理不善、效率低下,就可能延长开发建设期,从而增加开发成本,减少利润;财务风险是指由于房地产企业收支状况发生意外变动,给企业财务造成极大困难的可能性,如由于银行的原因致使贷款无法到位,房地产开发项目无法及时进行,以致造成损失;人事风险是指由于企业的重要人员发生意外事故或变动,或企业管理人员素质低下,给企业造成不利影响的可能性。个别风险可以通过企业管理人员和决策者自身素质的提高、增强管理技能、吸收先进经验、引进优秀人才、加强财务管理、减少决策失误、调动员工积极性等措施来进行回避。

本章小结

　　房地产开发与经营的外部环境非常复杂,涉及的因素众多,对目标实现的影响十分重要。只有通过环境分析,才能把握先机、准确定位,为决策提供科学的依据。

　　房地产开发经营环境,就是指以房地产开发经营行为为中心,并作用于该行为的所有外界事物,是开发经营活动赖以生存和发展的各种因素的总和,即影响开发经营活动全过程的外部状况和条件的总和。房地产开发经营环境包括宏观、中观、微观三个层次。

　　房地产开发经营环境具有关联性、可变性、相对性、层次性四个特性,因此在进行环境分析的过程中应遵循客观性、全面性、比较性、预测性四个基本原则。环境分析的基本方法有很多,本章重点介绍了多因素加权分析法、道氏评估法和SWOT分析法三种方法,其中SWOT分析是我国房地产开发经营环境分析中比较常用的方法,需对其进行熟练的掌握。

　　环境分析的目的,是对房地产开发经营决策的机会进行选择、对可能产生的风险进行分析。机会的选择重点集中在时机、区位地段、投资类型和产品质量四个方面,要求掌握四类机会选择的含义,并能结合房地产开发经营实例,熟练运用其方法。风险分析则根据其包括的内容不同,细分为政治风险、经济风险、金融风险、意外风险和个别风险五个方面,要求了解这五类风险的概念、内容及应对措施。

关键词

　　外部环境　　宏观环境　　中观环境　　微观环境　　环境分析　　机会选择　　时机选择　　区位地段选择　　质量选择　　政治风险　　经济风险　　金融风险　　意外风险　　个别风险　　风险回避

复习思考题

1. 名词解释

（1）房地产开发与经营环境。

（2）房地产开发与经营环境分析。

（3）房地产开发与经营风险。

2. 选择题(以下选项中至少有一个是正确的)

(1) 以下选项中,哪些是属于房地产开发与经营宏观环境的内容?(　　)。
(A) 房地产法律　　　　　　　　　　(B) 国家住房政策
(C) 区域自然环境　　　　　　　　　(D) 人口的地理分布

(2) 房地产项目周边区域的房地产市场态势属于以下哪一项?(　　)。
(A) 房地产开发与经营宏观环境　　　(B) 房地产开发与经营中观环境
(C) 房地产开发与经营微观环境　　　(D) 房地产行业规范

(3) 下列关于房地产开发与经营环境分析与机会选择关系的阐述,哪些是正确的?(　　)。
(A) 环境分析是机会选择的基础　　　(B) 机会选择是环境分析的目的
(C) 环境分析必须以机会选择为重点　(D) 两者相互独立

(4) 关于时机选择,下面哪些说法是正确的?(　　)。
(A) 房地产周期的上升阶段,是开发房地产的时机切入点
(B) 房地产周期的高峰阶段,是开发房地产的时机切入点
(C) 房地产周期的低谷阶段,是开发房地产的时机切入点
(D) 房地产周期的高峰阶段,是房地产销售的时机切入点

(5) 关于投资类型的选择,下列哪些说法是正确的?(　　)。
(A) 土地投资的风险最大
(B) 住宅投资的风险最小
(C) 商业设施投资的风险主要来自区域的商业发达程度
(D) 商业设施与写字楼的投资对区位地段的要求非常高

3. 简答题

(1) 简述 SWOT 分析法的分析思路。
(2) 与房地产开发经营外部环境相关的风险有哪些?

4. 论述题

结合实例,论述宏观政策对房地产开发经营时机选择的影响。

第五章 房地产开发用地的获取

学习目标

学习本章后,你应该能够:

1. 了解土地使用权出让、转让和划拨,以及土地征用和房屋拆迁的有关概念;
2. 理解土地使用权划拨的含义及方式,掌握招标、拍卖和挂牌三种出让方式的基本程序;
3. 掌握土地使用权包含的内容、土地征用的安置补偿、房屋拆迁的安置补偿及地价测算方法等有关内容。

第一节 土地使用权的获取

完成项目的投资机会选择和可行性研究之后,房地产开发就进入了实施阶段,而实施阶段最重要的一环就是获取土地使用权。

目前,我国土地使用权制度从无偿、无期限阶段过渡到有偿、有期限阶段,城市土地存在着土地配置的双轨制,即市场机制与政府行政划拨并存。根据房地产开发项目的特点,房地产开发用地的获取主要依靠市场机制取得,通过政府行政划拨的开发用地主要是用于城市经济适用房项目的建设,以解决中低收入家庭的住房问题。其中,通过市场机制获取土地使用权又有两种方式:一种是在一级市场上通过招标、拍卖或挂牌的形式获取土地使用权,即国家作为城市土地的所有者出让土地使用权;另外一种方式是在二级市场上通过土地使用权的转让获取土地使用权。

下面将分别介绍房地产开发企业获取土地使用权的几种途径,具体包括土地使用权的出让、转让和行政划拨。

一、土地使用权出让

(一) 土地使用权出让的特征

土地使用权出让是指国家以土地所有者身份将土地使用权在一定年限内出让给土

地使用者,并由土地使用者向国家支付土地出让金的行为。土地使用权出让必须符合土地利用总体规划、城市规划和年度建设用地计划。在出让土地使用权时,由市、县人民政府土地管理部门与土地使用者签订合同。通过出让方式取得土地使用权主要具有以下四个特征。

1. 土地所有权与使用权分离

房地产开发用地仅指一定年限内的土地使用权,而不是开发用地的所有权,因而土地所有权与使用权的分离是土地使用权出让的基础。土地使用者在土地出让合同约定的条件下使用土地,其权益是受到法律保护的。

2. 受让主体的多样性

受让主体的多样性是指除有关法律另行规定外,中华人民共和国境内外的所有公司、企业、其他组织和个人都可以成为土地使用权出让行为的受让主体。

3. 有偿、有期限性

相对于土地使用权行政划拨而言,土地使用权出让具有有偿、有期限性。当土地使用者获取土地使用权后就需要支付一定的土地出让金,这与划拨用地有显著不同。此外,依据《中华人民共和国城市房地产管理法》第十三条规定,土地使用权出让有最高限期,如住宅用地为70年,商业、旅游、娱乐用地为40年等。

4. 计划性

《中华人民共和国城市房地产管理法》第九条规定,"土地使用权出让,必须符合土地利用总体规划、城市规划和年度建设用地规划";第十条规定,"县级以上地方人民政府出让土地使用权用于房地产开发的,须根据省级以上人民政府下达的控制性指标拟定年度出让土地使用权总面积方案,按照国务院规定,报国务院或省级人民政府审批"。这些表明,土地使用权出让具有很强的计划性。此外,当前政府为抑制房地产投资过热和房价上涨过快,土地管理部门经常下达一些计划性指令,以控制土地供应的源头。

(二)土地使用权出让的基本原则

1. 国家主权神圣不可侵犯

国家出让土地使用权后,土地仍然是国家所有,仍然是国家的领土,因此土地使用者不得拒绝或阻拦国家主权的行使。任何单位或个人,未经国家合法授权,均不得行使出让土地使用权的权力,否则将追究单位或个人的法律责任。

2. 平等、自愿、有偿

平等是指土地使用权出让双方法律地位的平等,不因受让方的国籍、地位、声誉、财富不同而有所差异,不允许任何一方将自己的意志强加于另一方;自愿是指土地使用权出让合同的内容必须是双方当事人的真实意愿,任何一方不得采取欺骗、蒙蔽的手段损害对方当事人利益;有偿是指受让方必须按照土地使用权出让合同的约定,在一定期限内向国家支付土地使用权出让金。

3. 所有权与使用权分离

使用权是所有权的四项权能之一,两者的分离是土地使用权出让的基础,土地所有者对土地使用权的转移,必须要在经济上得以实现。因而,土地使用者必须支付一定的土地出让金。

4. 合理利用土地

土地使用权出让制度是我国土地制度改革的重要组成部分,其目的是实现土地资源的有效配置和提高土地利用效率。因此,国家出让土地使用权当中及之后,都要严格管制土地用途,防止对土地资源的滥用,对滥用土地资源的行为应坚决予以查处。如当前国家严格查处房地产开发企业闲置开发用地,对闲置开发用地的企业征收闲置费,情节严重的,将依法收回土地使用权。

(三) 土地使用权出让年限、方式

1. 土地使用权出让年限

根据《中华人民共和国城市房地产管理法》第十三条规定,"土地使用权出让最高年限由国务院规定"。同时,依据国务院《城镇国有土地使用权出让和转让暂行条例》第十二条规定,"国有土地使用权出让最高年限按下列用途确定：居住用地 70 年;工业用地 50 年;教育、科技、文化、卫生、体育用地 50 年;商业、旅游、娱乐用地 40 年;综合或其他用地 50 年"。

出让土地使用权的最高年限应当执行上述规定,但最高年限并不是唯一年限,具体出让项目的实际年限是由国家根据产业特点和用地项目情况确定或与土地使用者协商确定。土地使用权出让的实际年限不得突破规定的最高年限。出让年限届满后,如果土地使用者申请续期,应当最晚不迟于届满前一年申请续期,政府除根据社会公共利益需要收回该宗土地以外,对申请续期的应当予以批准,经批准予以续期的,应当重新签订土地使用权出让合同,按规定支付土地使用权出让金。如果使用者未提出申请或申请未获批准,则政府无偿收回土地使用权。

2. 土地使用权出让的方式

根据《中华人民共和国城市房地产管理法》和《城镇国有土地使用权出让和转让暂行条例》的规定,土地使用权出让可以采取三种方式,即协议、招标、拍卖。同时,根据国土资源部第 11 号部令(2002 年 7 月 1 日起执行)的规定,商业、旅游、娱乐和商品住宅等各类住宅经营性用地,必须以招标、拍卖或挂牌的方式出让;随后,国土资源部第 71 号部令("831 大限")规定,在 2004 年 8 月 31 日后,土地使用权出让一级市场不再实行协议出让,全部采用招标、拍卖或挂牌的方式。由此可见,现阶段对于房地产开发企业而言,获取房地产开发建设用地只有招标、拍卖和挂牌三种方式。

(1) 招标出让。土地使用权招标出让是由市、县土地管理部门向符合规定条件的单位发出招标邀请书或者向社会公布招标条件,通过合法招标,向经择优确定的中标者出让土地使用权。这种情况往往是政府对某地块形成明确的开发意图和规划条件后,在市场中寻求一个有利于实现政府开发计划的开发者而采取的一种方式。这种方式要求在规定的期限内,符合规定的单位和个人按照出让方规定的条件或要求,以书面投标形式提出开发意愿,竞投该地块土地使用权,并由政府组织评标委员会择优确定投标者。

这种方式的优点是引进了市场竞争机制，选择余地较大，一般适用于大型或关键性的发展项目。其缺点在于需要出让和受让双方提前做好充分的准备工作，耗时较长，主观因素较多，并且可能存在由于没有符合要求的投标者而流标。

(2) 拍卖出让。土地使用权拍卖出让是由市、县土地管理部门或者所委托的合法拍卖机构，在指定的时间、地点，向符合规定条件的用地需求者公开叫价竞投，并以竞投的最高报价向该出价人出让土地使用权的活动。这种方式的优点在于引进了市场机制，排除了任何主观因素，也是最成熟的土地市场；其缺点在于竞投者可能由于决策时间仓促，使得竞争过于激烈，同时也可能由于叫价过高，无人出价而流拍。

(3) 挂牌出让。土地使用权挂牌出让是由市、县土地管理部门或委托机构发布挂牌公告，按公告规定的期限将拟出让宗地的交易条件在指定的土地交易场所挂牌公布，接受竞买人的报价申请并更新挂牌价格，根据挂牌期限截止时的出价结果确定土地使用者的行为。

国有土地使用权出让人挂牌出价，综合了招标和拍卖方式的优点，尤其适用于当前我国土地市场现状，具有招标、拍卖不具备的优势。一是挂牌时间长，且允许多次报价，有利于投资者理性决策和竞争；二是操作简便、便于开展；三是有利于土地有形市场的形成和运作。上述三种交易方式的比较见表5-1。

表5-1 招标、拍卖和挂牌交易比较

类 别	交 易 方 式		
	招 标	拍 卖	挂牌交易
底价是否公开	不公开	不公开	公开
底价由谁确定	招标委员会	拍卖委员会	委托人
是否设立独立于委托人的集体决策组织	设立招标委员会	设立拍卖委员会	不需要
报价方式	填写投标书	举牌	交易中心电脑报价
报价次数	一次报价机会	可多次报价	可多次报价
竞买(投)人数	≥3人	≥2人	≥1人
公告发布地点	在交易中心和互联网发布，报纸刊登	在交易中心和互联网发布，报纸刊登	一般在交易中心和互联网发布
公告期限	—	拍卖前不少于30日	不少于30日
公告发布方	委托机构	委托机构	委托机构

(四) 土地使用权出让程序

土地使用权出让程序大致分为拟定方案、正式报批、组织实施和登记发证四个步骤，由于土地使用权出让形式的不同，具体操作有一定的差异。

1. 招标出让土地使用权程序

(1) 发布招标公告或通知。招标人(市、县人民政府土地管理部门或土地储备交易中心)准备招标文件,如招标书、投标书、土地使用和规划条件及土地使用权出让合同(仅格式)等,发布招标公告或通知。招标分为公开招标和邀请招标,公开招标是一种在一定范围内无限制竞争性招标,邀请招标是一种有限竞争性招标。招标公告的内容要使有意投标人了解该幅土地的概况,以利于受让人初步作出决策,其内容主要包括出让土地的位置、面积、出让期限、用地性质、报名截止日期及投标截止日期等。

(2) 领取招标文件。有意参加的投标人经招标人资格审查后,在规定的时间内领取招标文件,了解招标人的出让意愿及相关要求等。

(3) 投标。投标人在规定的日期和时间内到指定地点将密封的投标书投入标箱,并按土地管理部门的规定交付投标保证金(一般不超过土地使用权成交价的20%),交付保证金的目的在于使投标人履行投标的诺言,未中标的,所交保证金予以退还,保证金不计利息。投标人投标后,由于特殊原因,可以在指定投标截止日期前报送补充文件,补充文件作为原标书的补充,与原标书具有同等法律效率。

(4) 开标、评标和定标。招标人会同有关部门并聘请专家组成评标委员会,按照招标文件规定的日期和地点,在公证员现场公证的情况下,当众开标、验标,宣布不符合投标规定的标书。然后由评标委员会主持评标和定标,对有效标书进行评审并确定中标者。评标委员会签发决标书后,招标人给中标人发出中标通知书。

(5) 签订合同。中标人在收到中标通知书后,在规定的日期内持中标通知书与招标人签订合同,并支付规定数额的土地出让金。若中标人在规定的日期内不与招标者签订出让合同,则招标人将取消其中标权,同时所交纳的保证金也不予退还。

(6) 登记领证。中标人按土地使用权出让合同的规定付清地价款后,持土地管理部门出具的付清地价款的凭证,办理土地使用权登记手续,领取市、县人民政府颁发的《国有土地使用权证》,取得土地使用权。

2. 拍卖出让土地使用权程序

(1) 发布拍卖公告。市、县土地管理部门或委托的合法拍卖机构,通过新闻媒介向社会公开发布拍卖信息,告知可以参加竞买的单位和个人,一般而言,拍卖公告需要载明的事项主要包括拍卖的时间、地点、拍卖标的的基本情况、拍卖地段的用地要求、拍卖地段的展示时间、地点及参加竞买应办理的手续和其他事项等。

(2) 领取拍卖文件。竞买者在拍卖前一定期限内,持有关证件到指定地点向拍卖方申报登记,领取拍卖土地使用权的文件、资料和竞买牌号。若委托他人办理,则被委托人应向拍卖出让方提交有委托人签名或盖章的授权委托书。同时,应按规定向拍卖方交纳竞买保证金,以确保竞买者履行竞买承诺。

(3) 举行拍卖活动。正式实施拍卖时,主持人按公告规定的时间、地点主持拍卖会,简介土地位置、面积、用途、使用年限、规划要求等内容并报出底价,竞买人报价竞买,最后由出价最高者购买。竞买人的最高应价以拍卖主持人落槌或其他方式确认后,拍卖成交,最高应价的竞买人成为土地使用权受让方,双方签署成交确认书。

(4) 签订合同。受让方与土地管理部门签订土地使用权出让合同,并按规定的时间交付土地使用权出让金。不能按规定时间交清土地使用权出让金的,土地管理部门有权解除合同,并对竞买保证金不予退还。

(5) 登记领证。受让人交付全部土地使用权出让金后,凭土地管理部门出具的付清地价款的凭证,办理土地使用权登记手续,领取《国有土地使用权证》,取得土地使用权。

3. 挂牌出让土地使用权程序

(1) 发布挂牌公告。由市、县土地管理部门或土地储备中心拟定挂牌出让工作方案,包括挂牌出让的工作计划、内容及时间安排,拟定挂牌文件,包括挂牌人、承办人、挂牌须知、挂牌申报价格样单、挂牌成交确认书、国有土地使用权出让合同样本、其他文件及附件等。

(2) 竞买人提出申请,提交有关文件。竞买人提交的文件包括竞买申请书、营业执照、法人代表证明书、法人代表身份证复印件及不低于公告数额的履约保证金。由土地储备中心对竞买申请的有效性进行审查,对符合条件的申请人发给标号的竞买标志牌。

(3) 竞买。在公告的挂牌起始之日将地块信息及竞买人的竞价在土地交易市场挂牌公示,在挂牌期限内竞买人可以调整竞价,竞价最高者为竞得人,并由土地整理中心与竞得人签订《挂牌成交确认书》。

(4) 文件移交。在挂牌人与竞得人签订《挂牌成交确认书》后5个工作日内,由土地整理中心将项目的全部文件整理后移交给土地利用中心。

(5) 签订合同。土地利用中心按照挂牌文件和挂牌成交价格拟订《国有土地使用权出让合同》后,由市、县土地管理部门与竞得人在规定期限内签订《国有土地使用权出让合同》,并由竞得人缴纳合同定金,领取国有土地使用权出让合同。

(6) 登记领证。受让人交付全部土地使用权出让金后,凭土地管理部门出具的付清地价款的凭证,办理土地使用权登记手续,领取《国有土地使用权证》,取得土地使用权。

(五) 土地使用权出让合同

1. 土地使用权出让合同的主要内容

一般而言,土地使用权出让合同分为宗地出让合同、成片开发土地出让合同及划拨土地使用权补办出让合同等几种。对开发企业而言,房地产开发用地的获取合同主要是宗地出让合同。其主要内容包括下列条款:出让方及受让人的姓名或者名称、地址;出让土地使用权的坐落位置、宗地号、面积、界址及用途;土地使用年限及起止时间,土地使用条件;交付土地出让金的数额、期限及付款方式;交付土地的时间,转让、出租和抵押土地使用权的条件,不可抗力对合同履行造成影响的处置方式;规划设计要点,项目建设进度及竣工时间;市政设施配套建设义务,使用相邻土地和道路的限制;违约责任,合同适用的法律及合同争议的解决方式等。宗地出让合同具体条款及样本见附录。

2. 土地使用权出让合同当事人的权利

土地使用权出让合同的当事人是出让方和受让方,出让方为市、县土地管理部门,受让方为土地使用者。由于土地使用权出让是国家在一定时间内将土地使用权让渡给土地使用者,而土地所有权仍归国家,因而土地使用权出让合同有别于一般商品合同的内涵。

一般而言,土地使用权出让方的权利主要有:要求受让方按合同规定按时缴纳出让价款,否则有权解除合同并请求违约赔偿;在合同履行过程中对受让方利用土地的情况行使监督和检查权;对受让方不按合同规定使用土地或者连续2年不投资建设的,行使警告、罚款直至无偿收回土地使用权的处罚权;合同规定的出让年限届满,无偿收回土地使用权,并同时取得其地上的一切不动产所有权;对合同的争议享有提请有关仲裁机构仲裁或向人民法院起诉的权利。土地使用权受让方的权利主要有:要求出让方按合同规定提供土地使用权,否则有权解除合同并请求违约赔偿;对合同的争议享有提请有关仲裁机构仲裁或者向人民法院起诉的权利;在不违反合同的情况下,享有独立行使土地使用权并排除不法干扰的权利;土地使用权出让年限届满,可以依法申请延期土地使用权。

3. 土地使用权出让合同当事人的义务

土地使用权出让方的义务主要有:按合同规定提供土地使用权;执行有关仲裁机构或人民法院对合同争议所作的仲裁决定或判决、裁定;遇到不可抗力造成合同不能履行或者不能全部履行以及需要延期履行的情况,应及时将理由及情况通报对方当事人;土地使用权出让年限届满,为符合规定或需要延期的土地使用者办理延期手续。土地使用权受让方的义务主要有,按合同规定缴纳出让价款,并办理土地登记手续;按合同规定对土地进行开发、利用、经营,如需改变合同规定的土地用途,须经出让方同意并经有关部门批准;必须达到合同规定的条件,方可转让、出租、抵押土地使用权;遇到不可抗力致使合同不能履行或者不能全部履行以及需要延期履行时,应采取必要的补救措施尽力减少损失,并及时将有关情况及其理由通报对方当事人;土地使用权出让合同届满,及时交还土地使用权和办理土地使用权注销手续,并无偿交付地上建筑物及其附着物;接受出让方对合同履行情况的监督和检查。

二、土地使用权转让

(一) 土地使用权转让的概念

土地使用权转让是指经出让方式获得土地使用权的土地使用者,通过出售、交换或赠与的方式将土地使用权转移给他人的行为。土地使用权的转让是在土地使用权出让的基础上,土地使用权在土地使用者之间的横向流动,对于开发企业而言,这种土地使用权间的横向流动就是土地交易的二级市场;对于未按土地使用权出让合同规定的期限和条件投资开发、利用土地的,土地使用权不能转让。在转让的同时,转让土地的地上建筑物及其附着物,并应当依照规定办理过户手续。

(二) 土地使用权转让的特征

1. 以土地使用权出让为基础

受让方在签订《国有土地使用权出让合同》后,就享有对该土地使用权的占有、收益和部分的处分权,可以依照合同规定,对土地使用权全部或部分进行合法转让。因此,土地使用权转让是以土地使用权出让为前提和基础,转让合同必须与出让合同确定的内容一致,不得擅自改变土地用途和土地使用条件等。当土地转让后,出让合同载明的权利和义务也随之转移,土地使用年限为出让合同规定的使用年限减去已经使用年限的剩余年限。

2. 需要具备一定的条件

为了防止"炒地"和"囤地"等非法行为,保障土地市场良好运转,世界各国都对土地转让进行了附加条件的限制,也是对土地市场进行调节和控制的基本方法。《中华人民共和国城市房地产管理法》第三十八条、《城镇国有土地使用权出让和转让暂行条例》第九条第二款对土地使用权转让条件作了如下规定:"土地使用权转让只能在原土地使用权出让合同规定的权利和义务范围内进行,权利人不得擅自改变土地用途和土地使用条件;按照出让合同的约定,受让方已经交付全部土地使用权出让金并取得土地使用权证书;按照出让合同约定对土地进行了投资开发,属于房屋建设工程的,要完成开发投资总额的25%以上;属于成片开发土地的,要形成工业用地或者其他建设用地条件;转让房地产时房屋已建成的,还应当持有房屋所有权证书。"

3. 是平等民事主体之间的一种民事法律行为

土地使用权转让是土地使用者之间的横向流动,是当事人之间进行的民事活动,遵循平等、自愿、诚实、信用及不损害社会公共利益等民事活动的基本原则。因此,它与行政行为有显著差别,转让的双方当事人都是民事主体,他们的法律地位完全是平等的,这样使得土地使用权转让的方式多种多样,可以是双方的行为,如土地使用权转让买卖行为,也可以是单方的行为,如赠与行为,这样使得土地使用权转让行为可以是有偿的,也可以是无偿的。

4. 土地使用权转让的同步性

所谓转让的同步性,是指土地使用权与其地上建筑物、附着物在转让时不可分离。若土地使用权发生转让,则其地上建筑物及附着物必须同时转让;若建筑物及附着物发生转让,则其土地使用权也必须同时转让,但地上建筑物和其他附着物作为动产转让时,其土地使用权无须同时转让,不过需要办理相关的过户手续。

(三) 土地使用权转让的条件

由于土地使用权转让是以土地使用权出让为基础,因而土地使用权的产权关系可能很复杂,这样土地使用权转让的限制性条件就会更加繁多,依据《中华人民共和国城市房地产管理法》和《城镇国有土地使用权出让和转让暂行条例》等有关法律、法规的规定,土地使用权转让的一般条件主要有以下四个方面。

(1) 土地使用权转让只能在原土地使用权出让合同规定的权利义务范围内进行,不得擅自改变土地用途和土地使用条件;转让土地使用权前,必须按照合同规定,交付全部土地使用权出让金并取得土地使用权证书,这样土地使用者就享有对该土地使用权的处分权,可以依法进行转让。

(2) 土地使用权转让必须办理产权过户手续以及土地使用权变更登记手续,这样将受到法律保护,土地使用权才能真正交付给受让人。

(3) 转让方应当依法缴纳土地使用权流转税收,如土地增值税、营业税、契税等。

(4) 转让的目的在于合理开发、利用、经营土地,提高土地利用效益,促进城市建设和经济发展,土地使用者不得非法转让土地,否则要承担相应法律责任。

(四) 土地使用权转让的内容

一般而言,国有土地使用权转让的内容主要包括以下三个方面。

(1) 土地使用权转让时,国有土地使用权出让合同和登记文件中所载明的权利、义务随之转移给新的受让人,即"认地不认人",要求新的土地使用权受让人使用土地必须按照国家与原受让人之间订立的土地使用权受让合同进行,不得随意改变。

(2) 转让国有土地使用权的使用年限为国有土地使用权出让合同规定的使用年限减去原土地使用者已经使用年限的剩余年限。

(3) 对于国有土地使用权转让价格,如果明显低于市场价格的,市、县人民政府有优先购买权;如果市场价格不合理上涨时,市、县人民政府可以采取措施来平稳价格;土地使用权与地上建筑物、其他附着物一同转让时,其价格应分别作出评估。

(五) 土地使用权转让的方式

依据《中华人民共和国城镇国有土地使用权出让和转让暂行条例》第三章第十九条规定,土地使用权转让是指土地使用者将土地使用权再转让的行为,包括出售、交换和赠与三种方式,未按土地使用权出让合同规定的期限和条件投资开发、利用土地的,土地使用权不得转让。由此可见,土地使用权转让的方式主要有三种,即出售、交换和赠与。但在实际的经济活动中,土地使用权转让还存在其他转让方式,如土地使用权作价入股,企业被收购、兼并或合并等经营性土地使用权转让方式,这些方式的实质都是土地使用权的有偿转移。这里主要介绍出售、交换和赠与三种转让方式。

1. 土地使用权出售

土地使用权出售是指现有土地使用者将其土地使用权依法转移给受让人,并由受让人向其支付地价款的行为。土地使用权出售是土地使用权转让最常见的形式,也是土地使用权转让的主要方式。土地使用权出售除具有土地使用权转让的一般法律特征以外,还具有自身的一些特殊法律特点,主要有以下三点。

(1) 土地使用权出售是买卖双方当事人等价有偿行为。这也是土地使用权出售与土地使用权转让其他方式的显著差别,买卖的双方遵循平等自愿、等价有偿和诚实信用的民事活动原则,买卖双方必须都是真实意愿的表达,卖方向买方转让土地使用权,买方向卖方支付地价款。

(2) 合同的标的是国有土地使用权。土地使用权是一种限制性的标的,与其他买卖的标的有显著的差别,城镇土地的所有权是国家所有。此外,转让合同的标的必须清楚、明确和具体,所涉及地块必须按出让合同的规定写明具体位置、面积、使用年限、规划用途等详细情况,另外附带转让的地上建筑物、附着物也是合同标的的组成部分。

(3) 土地使用权的转移以登记为要件。土地使用权买卖是诺成合同行为,这一点与一般买卖合同相同,所不同的是土地使用权买卖合同除经过双方当事人意愿真实表达以外,还需要经过土地使用权登记为要件,未经登记的土地使用权买卖不具有法律效力。

2. 土地使用权交换

土地使用权交换是指双方当事人约定相互转移土地使用权,其本质是一种权利交易。多数情况下,交换的双方都是为了更好地满足自己的经济需要。其特殊的法律特点主要表现为以下三点。

(1) 本质是权利交易。土地使用权交换其本质是以权利交换权利,这与出售显然不同,出售是以货币形式转让使用权,而交换是双方权利的交易,无须货币这个中介。

(2) 标的的双重性。土地使用权交换权利交易的本质,决定了合同标的的双重性,即双方交易的土地使用权,这与土地使用权出售也有所差别,出售合同的标的为原土地使用者的土地使用权,而交换的标的是双方的土地使用权。

(3) 双方的权利和义务具有相同性。交换并登记生效后,双方当事人都有交付土地使用权的义务,以及享有获得对方土地使用权的权利。因此,交换中当事人的权利和义务具有相同性。

3. 土地使用权赠与

土地使用权赠与是指土地使用权人自愿将土地使用权无偿转移给受赠人的行为。土地使用权赠与是土地使用权转让的方式之一,因而在赠与转移土地使用权的过程中,其地上建筑物和附着物必须同时赠与转移。赠与行为与出售和交换行为的显著差别在于,赠与是一种无偿、单方的行为,它不需要货币补偿或是权利补偿,它是赠与人无条件对受赠人的转移。当然赠与人可以对赠送的土地使用权设置附加条件,指明受赠人享有土地使用权的目的和范围等。

三、土地使用权行政划拨

(一) 土地使用权行政划拨的概念

土地使用权划拨是指经县级以上人民政府依法批准,在土地使用者缴纳补偿、安置等费用后,将该幅土地交付其使用,或者将土地使用权无偿交付给土地使用者使用的行为。在传统的计划经济体制下,土地资源的使用和分配,主要依赖于政府的无偿划拨。对于开发企业而言,也可以通过无偿划拨的形式取得开发用地,但主要是用于经济适用房建设。

(二) 土地使用权行政划拨的主要特征

1. 没有明确的使用年限

目前,我国对划拨土地使用权使用年限没有明确规定,《中华人民共和国土地使用权出让和转让暂行条例》第四十七条规定,对划拨土地使用权,市、县人民政府根据城市建设发展需要和城市规划的要求,可以无偿收回。由此可见,对划拨土地使用权使用年限没有具体规定。

2. 无须支付土地使用权出让金

无须支付土地使用权出让金是相对于土地使用权出让而言，土地使用权行政划拨，本身是政府的无偿行为，无须缴纳土地使用费用。土地使用权出让是实行土地批租制度，需要缴纳一定年限的租金。

3. 不能随意转让、出租和抵押

《中华人民共和国国有土地使用权出让和转让暂行条例》第四十四条规定，划拨土地使用权，除特殊情况外，不得转让、出租和抵押。如果要转让、出租和抵押，应向当地人民政府补交土地使用权出让金，然后签订土地使用权出让合同、领取国有土地使用权证书以及出具地上建筑物和附着物的合法产权证明，同时，经市、县人民政府土地管理部门和房产管理部门批准之后方可转让、出租和抵押。

(三) 土地使用权划拨的形式

土地使用权划拨主要有两种形式：第一种是经县级以上人民政府依法批准，在向土地使用者缴纳补偿、安置等费用后，将该幅土地支付其使用的形式；第二种是经县级以上人民政府依法批准，将国有土地使用权无偿划拨支付给土地使用者使用的形式。

根据《中华人民共和国土地管理法》和《中华人民共和国城市房地产管理法》的有关规定，以划拨方式获得土地使用权的用地类型包括：国家机关用地和军事用地，城市基础设施用地和公益事业用地，国家重点扶持的能源、交通、水利等项目用地，法律、行政法规规定的其他用地。符合规定的建设用地项目，由建设单位提出申请，经县级以上人民政府依法批准，方可以划拨方式提供土地使用权；以划拨方式取得的土地使用权，因企业改制、土地使用权转让或者改变土地用途的，应当实行土地使用权有偿使用。

值得注意的是，符合上述规定的建设项目用地可以申请划拨方式提供用地，但不能认为划拨方式是其唯一途径。事实上，现阶段在部分地区对于城市基础设施用地也在推行有偿使用制度，通过市场经济杠杆，促进集约利用土地，以提高土地的利用效率。

(四) 土地使用权划拨的审批权限

根据《中华人民共和国土地管理法》第四十五条规定，征用土地的审批权由各级人民政府掌握，具体规定为，基本农田、基本农田以外的耕地超过35公顷的、其他土地超过70公顷的由国务院批准；征用以上规定以外的土地，由省、自治区、直辖市人民政府批准，并报国务院备案。另根据《中华人民共和国土地管理法》第四十四条规定，省、自治区、直辖市人民政府批准的道路、管线工程和大型基础设施建设项目、国务院批准的建设项目占用土地，涉及农用地转为建设用地的，由国务院批准。

当前土地违法现象较为严重，有些地方政府通过修改土地利用总体规划，化整为零，把土地的审批权限下放到地市政府，出现低标准土地补偿、拖欠征地补偿费等侵犯农民利益的现象。对于这些现象的治理，一是应加大土地违反案件的查处力度；二是应进行土地产权制度改革，保护农村集体土地所有权，保障农民的合法权益。

第二节　房地产开发用地的征用拆迁

房地产开发用地的征用与拆迁属于房地产开发的前期准备工作,但涉及的土地权属不同。征地是指国家征用农村集体所有的土地,在改变土地集体所有为国家所有的基础上,再改变土地使用的方式;拆迁是指国家按照有关法定程序收回土地使用权或改变土地使用性质时,对城镇土地上的建筑物及附着物进行拆迁,其土地是由国家所有。由于征地与拆迁工作涉及经济发展和社会稳定,政策性也很强,为提高征地与拆迁的公开、公平及公正性,目前其工作一般由政府或委托机构(土地储备中心或国有土地公司)负责完成,不需要开发企业直接参与。

一、土地征用

随着城市化水平的不断提高,城市规模也在不断扩大,这样就需要在城市周围进行扩建,在扩建的过程中,往往就涉及对农村集体所有土地的征用,即政府首先通过征用,转变土地所有权属,然后政府才能出让或划拨给土地使用单位。

(一)土地征用的含义

土地征用是指国家为了公共利益的需要,按照法定程序和条件,将农村集体所有土地转变为国家所有的行为。土地征用的过程,就是将待征土地的集体所有权转变为国有土地所有权的过程,同时对原集体土地的集体和个人进行补偿及妥善安置。

(二)土地征用的特征

1. 土地征用具有强制性

强制性是指国家可以凭借政权对土地进行征用,任何单位和个人必须服从,不得蓄意阻挠。但是,国家政府也不能随意对农村集体土地进行征用,其必须符合一定的程序和法定条件,如公共利益需要。一旦政府确定对土地进行征用,被征用单位(集体和个人)必须服从,不得以其所有权进行对抗和阻挠。

2. 土地征用是一种政府行为

所谓政府行为是指对土地进行征用只能由政府行使征地权,其他任何组织或个人没有征地权。为了保护农村集体土地所有权的合法权益,政府不能滥用土地征用权,必须符合一定的程序和法定条件,征用过程必须公开、公平,以减少征地纠纷和征地过程中的腐败行为。

3. 土地征用具有补偿性

国家对集体土地进行征用后,必须对原集体组织和个人进行补偿和妥善安置。

(三)土地征用的程序

根据《中华人民共和国土地管理法》的有关规定,列入国家固定资产投资计划的或准许建设的国家建设项目,经过批准,建设单位方可申请用地,其程序一般分为以下六个步骤(见图 5-1)。

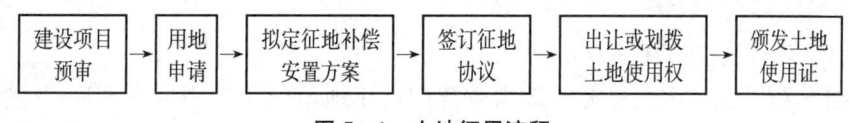

图 5-1 土地征用流程

1. 建设项目预审

建设项目预审是指建设项目可行性研究论证阶段或项目建议书编制阶段,土地管理部门对项目可行性研究报告或项目建议书中有关土地利用方面的内容进行审查,其工作程序在用地申请之前,也是建设项目用地申请的要件之一。

建设项目申请预审需要提交的材料包括建设项目可行性研究报告或项目建议书,建设用地所涉及地区的土地利用总体规划图、土地利用现状图、基本农田保护区图,涉及矿产资源开发的建设项目,还应提交矿产资源开发利用评价报告。其预审的内容包括:建设项目是否符合土地利用总体规划,建设项目用地规模是否合理;占用耕地的,补偿措施是否可行和合理;拟使用土地位于地质灾害易发区,是否附具地质灾害危险评估报告。

国土资源行政主管部门应当在受理之日起 30 日内完成预审工作,对符合条件的申请单位,应当出具建设项目预审报告,并将预审报告和有关资料抄送有权批准用地的人民政府国土资源行政主管部门。

2. 用地申请

取得建设项目预审报告后,用地单位就该进行建设项目设计,编制设计任务书,经批准后,向用地单位所在地的地、市、县国土资源行政部门提出用地申请。

用地单位在用地申请时需要提交的材料包括建设用地申请表、建设单位有关资质、项目可行性研究报告批复或其他有关批准文件、建设项目预审报告表、建设项目初步设计或其他批准文件、建设项目总平面布置图、占用耕地的必须提出耕地补充方案,建设项目位于地质灾害区的,必须提供地质危险性评估报告等。

受理用地申请的国土资源行政主管部门,对用地是否进行预审、用地位置是否符合土地利用总体规划、用地规模是否符合标准,占用耕地的,是否有补充耕地的措施,措施是否可行等进行审查。对符合条件的,应当受理,并在 30 日内拟订农用地转用方案、补充耕地方案、征地方案和供地方案,编制建设项目用地呈报说明书。

3. 拟定征地补偿安置方案

根据《中华人民共和国土地管理法》第四十七条规定,国家建设项目征用土地的,由用地单位支付土地补偿费和安置补助费,以及通过国土资源行政主管部门向税务或财政部门缴纳有关税费。禁止用地单位与被征地单位之间直接协商征地条件。

4. 签订征地协议

在用地申请和拟定征地安置方案工作完成后,由国土资源行政主管部门主持,用地单位和被征地单位依据批准的各项内容,正式签订征用土地协议,同时填写国家建设征用土地报批表,在市、县人民政府权限之内的,应将本报批表抄送省土地管理部门一份(不带附件)备案;应及时报省人民政府审批的,需报本表一式五份及附件一套,并同时报国务院备案。

5. 出让或划拨土地使用权

征地协议获批后,国土资源行政主管部门向用地单位核发用地许可证,作为办理征地拨款、施工报建手续和申报缴纳耕地占用税的凭证,国土资源行政主管部门根据建设进度计划一次或分期出让或划拨土地。

6. 颁发土地使用证

国土资源行政主管部门应监督用地单位和被征地单位严格履行征地协议。工程项目建成后,用地单位应向国土资源行政主管部门申报验证,同时经环境保护部门签署该建设项目符合国家环境保护有关规定意见后,由国土资源行政主管部门颁发正式土地使用权证书,作为用地的法律凭证。

以上征地程序主要适用于新区大面积建设用地,对于小型及民用建设项目,其程序可以简化处理。

(四)征地补偿与安置费用

1. 土地补偿费

根据《中华人民共和国土地管理法》规定,征用土地的,按照被征用土地的原用途给予补偿。征用耕地的土地补偿费,为该耕地被征用前3年平均年产值的6—10倍。年产值按被征用前3年的平均年产量和国家规定的价格平均计算。征用其他土地的补偿费用标准,由省、自治区、直辖市参照征用耕地的土地补偿费的标准规定。

2. 青苗补偿费

青苗补偿费是指国家征用土地时,农作物正处在生长阶段而未能收获,国家应给予土地承包者或土地使用者以经济补偿。一般视开始协商征地方案前地上青苗的具体情况确定,只补一季,无青苗者则无该项补偿。在农村实行承包责任制后,农民自行承包土地的青苗补偿费应支付给农民个人,属于集体种植的青苗补偿费可纳入当年集体收益。

已征用的土地上长有青苗的,在不影响工程正常进行的情况下,应等待农民收获,不得铲毁;不能收获的,应由用地单位按在田作物一季产量、产值计算,给予青苗补偿,具体补偿标准由各省、自治区、直辖市人民政府规定。尤其值得注意的是,在办理征用手续时,应明确移交土地的时间,使当地农村集体组织及早准备,以免造成过多的损失,凡在协商征地方案后抢种的农作物、树木等,一律不予补偿。

3. 地上附着物补偿费

地上附着物是指房屋、水井、桥梁、公路、水利设施等地面建筑物、构筑物及附着物。补偿金额视协商征地方案前地上附着物价值与折旧情况确定。应根据"拆什么,补什么;

拆多少,补多少,不低于原来水平"的原则确定。若附着物产权属于个人的,则该项补偿费应支付给农民个人。地上附着物补偿标准,由省、自治区、直辖市人民政府确定。对于在协商征地方案后抢修的地上附着物,一律不予补偿。

4. 安置补助费

安置补助费是指为了安置以土地为主要生产资料并取得生活来源的农业人口生活,国家所给予的生活补助。需要安置的人员由农村集体经济组织安置的,安置补助费支付给农村集体经济组织,由农村集体经济组织管理和使用;由其他单位安置的,安置补助费支付给单位;不需要统一安置的,安置补助费发放给安置人员个人或者征得被安置人员同意后用于支付被安置人员的保险费用。

根据《中华人民共和国土地管理法》第四十七条规定,征用耕地的安置补助费,按照需要安置的农业人口数计算。需要安置的农业人口数,按照被征用的耕地数量除以征地前被征用单位平均每人占有耕地数量计算。每一个农业人口的安置补助标准,为该耕地被征用前3年平均年产值的4—6倍,但每公顷被征用耕地的安置补助费,最高不得超过被征用前3年平均年产值的15倍。个别情况还可以适当增加,以能保证维持农民群众原有生产和生活水平为原则。根据规定,土地补偿费和安置补助费的总和,不得超过土地被征用前3年平均年产值的30倍。从补偿原则看,在原用途基础上按年产值倍数补偿,没有综合考虑土地年产值以外的其他因素,包括土地区位、供求关系以及土地对农民的就业和社会保障功能等;从补偿标准看,土地补偿费和安置补助费总和不超过年产值30倍的上限规定过死,不适应不断变化的经济社会发展情况和各地不同情况。2012年底国务院通过了《中华人民共和国土地管理法修正案(草案)》,该修正草案已将第四十七条修改为:征收农民集体所有的土地,应当依照合法、公正、公开的原则制定严格的程序,给予公平补偿,保证被征地农民原有生活有改善、长远生计有保障,维护被征地农民的合法权益。征地补偿包括土地补偿、被征地农民的安置补助与社会保障费用、农村村民住宅补偿,以及其他地上附着物补偿和青苗补偿。补偿资金不落实的,不得批准和实施征地等。国务院根据社会、经济发展水平,在特殊情况下,可以提高征用耕地的土地补偿费和安置补助费的标准。

5. 新菜地开发建设基金

新菜地开发建设基金是指征用城市郊区商品菜地时支付的费用。这项费用支付给地方财政,作为开发建设新菜地的投资。

这里所说的菜地是指城市郊区为供应城市居民蔬菜,连续3年以上常年种菜或者养殖的商品菜地和精养鱼塘。1年只种一茬或因调整茬口安排种植蔬菜的,均不作为需要收取开发建设基金的菜地。征用尚未开发的规划菜地,不支付新菜地开发建设基金。在蔬菜产销放开后,能够满足供应,不再需要开发新菜地的城市,不收取新菜地开发建设基金。

二、城市房屋拆迁

旧城改造也是房地产开发的主要任务之一。随着社会经济的发展,旧城改造任务愈显迫切,在旧城改造的过程中,涉及房屋拆迁的问题也愈来愈多,有的甚至发生了冲突。如何做好拆迁与安置工作,是城市房地产开发前期准备工作的重要环节。

一般而言,拆迁是指国家按有关法定程序收回土地使用权或改变土地使用性质时,按照有关法律、法规和规章的规定转移他人所有的房地产权益的行为过程。城市房屋拆迁程序主要如下。

（一）房屋拆迁申请

无论单位还是个人,因从事建设项目需要进行房屋拆迁的,均需要向被拆除房屋所在地的市、县人民政府房屋拆迁管理部门提出拆迁申请,并同时提交下列材料,具体包括建设项目批准文件、建设用地规划许可证、国有土地使用权批准文件、拆迁计划或拆迁方案、办理存款业务的金融机构出具的拆迁补偿安置资金证明。

拆迁计划和拆迁方案是拆迁申请的组成部分,其内容必须确切地说明拆迁的范围,拆迁的对象,拆迁的实施步骤,对拆迁范围内的被拆迁居民、机关、团体、企事业单位的补偿安置方案,安置房和临时安置周转房的房源情况,涉及拆迁的各项补偿费、安置费的预算情况,以及拆迁期限、具体时间安排等。

（二）房屋拆迁审批

市、县人民政府房屋拆迁管理部门应当自收到拆迁申请之日起30日内,对申请事项进行审查。经审查符合条件的,房屋拆迁主管部门发给拆迁申请人房屋拆迁许可证。

房屋拆迁管理部门在发放房屋拆迁许可证的同时,应当将房屋拆迁许可证中载明的拆迁人、拆迁范围、拆迁期限等事项,以房屋拆迁公告的形式予以公布。房屋拆迁管理部门和拆迁人应当及时向被拆迁人做好宣传和解释工作。

（三）签订拆迁补偿和安置协议

在房地产主管部门审查、审批拆迁并发放房屋拆迁许可证后,房屋拆迁人应与被拆迁人按照规定就补偿、安置等问题签订书面协议。拆迁租赁房屋的,拆迁人应当与被拆迁人、房屋承租人订立拆迁补偿安置协议。补偿安置协议应当规定补偿方式和补偿金额、安置用房面积和安置地点、搬迁期限、搬迁过渡方式和过渡期限以及违约责任等事项。

拆迁补偿安置协议的主要内容包括：被拆除房屋的坐落地点、面积和用途,补偿方式,补偿金额,安置用房面积和安置地点,搬迁过渡方式及期限,违约责任,解决争议的方式。

房屋拆迁补偿安置协议的主要特征包括：协议当事人是特定主体,即拆迁人必须是经过有关部门批准的单位和个人,被拆迁人必须是列入拆迁范围的房屋所有人或使用人;协议签订有严格的时间限制;协议签订有相对的强制性。

补偿、安置协议订立后,可以向公证机关办理公证,并送房屋拆迁主管部门备案。拆迁依法代管的房屋,代管人是房屋拆迁主管部门的,补偿、安置协议必须经公证机关公证,并办理证据保全。

(四) 实施拆迁

拆迁人必须在拆迁许可证规定的拆迁范围和拆迁期限内进行拆迁,不得超越拆迁范围和拆迁期限。拆迁人可以自行拆迁,也可以委托具有拆迁资格的单位实施拆迁。房屋拆迁管理部门不得作为拆迁人,不得接受拆迁委托。

拆迁人委托拆迁的,应当向被委托的拆迁单位出具委托书,并订立拆迁委托合同。拆迁人应当自拆迁委托合同订立之日起 15 日内,将拆迁委托合同报房屋拆迁管理部门备案。被委托的拆迁单位不得转让拆迁业务。

(五) 监督检查

《城市房屋拆迁管理条例》第十七条规定:"房屋拆迁主管部门应对房屋拆迁活动进行检查。被检查者应如实提供情况和资料,检查者有责任为被检查者保守技术和业务秘密。"因此,在房屋拆迁具体实施过程中,行政主管部门应对拆迁人的实施情况进行监督和检查。此外,房屋拆迁行政主管部门应对批准的拆迁项目有关资料,按要求进行归档保存。

三、城市房屋拆迁补偿与安置

(一) 城市房屋拆迁补偿

1. 城市房屋拆迁补偿对象

房屋拆迁补偿关系到拆迁当事人的经济利益,根据我国《宪法》规定,国家、全民、集体所有的财产受法律保护,国家保护公民的合法收入、储蓄、房屋等合法财产的所有权。房屋被拆除,给被拆迁房屋的所有人造成了一定的财产损失。为保护被拆除房屋所有人的合法权益,拆迁人应当对被拆除房屋及其附属物的所有人(包括代管人、国家授权的国有房屋及其附属物的管理人)给予补偿。应当明确的是,补偿的对象是被拆迁房屋及其附属物的所有人,而不是使用权人。所有人既包括公民,也包括法人。

2. 城市房屋拆迁补偿形式

房屋拆迁补偿有两种方式,即货币补偿和房屋产权调换。货币补偿是指拆迁人将被拆迁房屋按照房地产市场评估价格,以货币结算方式补偿给被拆除房屋的所有人。货币补偿的金额,根据被拆迁房屋的区位、用途、建筑面积等因素,以房地产市场评估价格确定。房屋产权调换是指拆迁人用自己建造或购买的产权房屋与被拆迁房屋进行调换产权,并按拆迁房屋的评估价和调换房屋的市场价进行结算调换差价的行为。

《城市房屋拆迁管理条例》规定,拆除非公益事业房屋的附属物,不作产权调换,由拆迁人给予货币补偿。拆迁租赁用房时被拆迁人与房屋承租人对解除租赁关系达不成协议时,拆迁人应当对被拆迁人实行房屋产权调换。除上述两种情况外,被拆迁人可以选择拆迁补偿方式。

3. 特殊情况的房屋拆迁补偿

(1) 出租房屋的拆迁补偿。拆迁租赁房屋,被拆迁人与房屋承租人解除租赁关系的,或者被拆迁人对房屋承租人进行安置的,拆迁人对被拆迁人给予补偿。被拆迁人与房屋承租人对解除租赁关系达不成协议的,拆迁人应当对被拆迁人实行房屋产权调换。产权调换的房屋由原房屋承租人承租,被拆迁人应当与原房屋承租人重新订立房屋租赁合同。

(2) 产权不明确房屋的拆迁补偿。拆迁产权不明确的房屋,拆迁人应当提出补偿安置方案,报房屋拆迁管理部门审核同意后实施拆迁,拆迁前拆迁人应当就被拆迁房屋的有关事项向公证机关办理证据保全。

(3) 设有抵押权房屋的拆迁补偿。《城市房屋拆迁管理条例》规定,拆迁设有抵押权的房屋,依照国家有关担保的法律执行。抵押当事人就解除抵押关系或重新设定抵押物达成协议的,拆迁补偿按正常情况进行;抵押当事人无法达成协议的,按照法律规定的清偿顺序进行清偿,不足清偿抵押权人的,抵押权人按照有关担保的法律规定,可向抵押人进行追偿;抵押权因房屋灭失而消失。

(4) 拆迁公益事业房屋及其附属物的补偿。公益事业一般指文教、卫生及社会公共福利方面的非生产性事业,拆迁公益事业用房的,拆迁人应当依照有关法律、法规的规定和城市规划的要求予以重建,或者给予货币补偿。

(5) 临时建筑、违章建筑的拆迁补偿。临时建筑必须在批准的使用期限内拆除,因此拆除已超过批准使用期限的临时建筑,不给予补偿;对于尚没有超过批准使用年限的临时建筑,可考虑临时建筑在使用期内的残值和剩余合法使用期的长短,给予适当补偿;违章建筑的存在是不合法的,拆除违章建筑坚决不予补偿。

(二) 城市房屋拆迁安置

1. 城市房屋拆迁安置对象

拆迁人在拆迁活动中除对被拆迁房屋的所有人给予补偿外,还应对被拆除房屋的使用人给予安置,以切实保障被拆除房屋使用人的使用权。因此,安置的对象是被拆除房屋的使用人,而不是所有人。

2. 城市房屋拆迁安置的相关规定

根据《城市房屋拆迁管理条例》规定,拆迁人应当提供符合国家质量安全标准的房屋,用于拆迁安置,其主要规定如下:拆迁人应当对被拆迁人或者房屋承租人支付搬迁补助费;在过渡期限内,被拆迁人或者房屋承租人自行安排住处的,拆迁人应当支付临时安置补助费;被拆迁人或者房屋承租人使用拆迁人提供的周转房的,拆迁人不支付临时安置补助费;搬迁补助费和临时安置补助费的标准,由省、自治区、直辖市人民政府规定;拆迁人不得擅自延长过渡期限,周转房的使用人应当按时腾退周转房;因拆迁人的责任延长过渡期限的,对自行安排住处的被拆迁人或者房屋承租人,应当自逾期之月起增加临时安置补助费;对周转房的使用人,应当自逾期之月起付给临时安置补助费;因拆迁非住宅房屋造成停产、停业的,拆迁人应当给予适当补偿。

3. 城市房屋拆迁纠纷的处理

拆迁人与被拆迁人对拆迁补偿形式和补偿金额、安置用房面积租安置地点、搬迁过渡方式和过渡期限,经协商达不成协议的,经拆迁当事人提出申请,由批准拆迁的房屋主管部门裁决。被拆迁人是批准的房屋拆迁主管部门的,由同级人民政府裁决。《城市房屋拆迁行政裁决工作规程》对行政裁决的程序和要求作出了明确规定,行政裁决应当以事实为依据、以法律为准绳,坚持公平、公正、及时的原则。

当事人对行政裁决不服的,可以依法申请行政复议或者向人民法院起诉。为了不影响拆迁工作的顺利进行,当拆迁人已根据规定对被拆迁人给予货币补偿或者提供拆迁安置用房、周转用房的,诉讼期间不停止拆迁的执行。

被拆迁人或者房屋承租人在裁决规定的搬迁期限内未搬迁的,由市、县人民政府责成有关部门行政强制拆迁,或者由房屋拆迁管理部门依法申请人民法院强制拆迁。根据《城市房屋拆迁行政裁决工作规程》规定,房屋拆迁管理部门申请行政强制拆迁前,应当邀请有关管理部门、拆迁当事人代表以及具有社会公信力的代表等,对行政强制拆迁的依据、程序、补偿安置标准的测算依据等内容进行听证。

房屋拆迁管理部门申请行政强制拆迁,必须经领导班子集体讨论决定后,方可向政府提出行政强制拆迁申请。未经行政裁决,不得实施行政强制拆迁。

拆迁人未按裁决意见向被拆迁人提供拆迁补偿资金或者符合国家质量安全标准的安置用房、周转用房的,不得实施强制拆迁。

第三节　房地产企业参与土地竞标

房地产开发企业不论通过何种方式获取土地使用权,其前面的一项重要工作就是组织竞标团队,以测算地价水平,并最终参与土地使用权的竞标活动,做到稳操胜券,避免仓促拿地的巨大风险。这里的土地使用权竞标活动比较宽泛,包括书面形式的投标活动、公开的叫价竞拍活动以及公开的挂牌活动等。

一、组织竞标团队

土地使用权在招标、拍卖或挂牌出让前会公开发布公告,时间一般不少于30个工作日,房地产开发企业在获取公告信息以及相关文件后就应该迅速组织竞标团队,高效有力的竞标团队是成功竞标的重要保证。

由于土地使用权竞标活动涉及面广,需要具备法律、技术、市场、财务、经营管理等方面的知识,因此,竞标团队的成员要求知识丰富,分析判断能力也要强。基于此,竞标团队的成员一般由法律顾问、规划设计人员、土地拓展人员、市场分析人员、财务顾问、经营管理人员等组成。

其工作主要包括：认真研究公告信息和相关文件，讨论本开发企业是否符合相关条件以及是否具有开发能力；进行现场勘察，了解地块具体位置、地块开发程度、地块周边情况、地块片区市场情况等内容；研讨地块拟开发的物业形态、政策和工程技术的可行性，预测楼盘的销售或经营情况，以对地块价格进行准确测算；测算地块价格，便于编制标书或参加拍卖叫价；预测竞标风险，主要包括保证金风险、攀比风险、寻租损失风险等，并提出可行的措施方案。

二、地价测算

竞标团队的一项工作就是尽可能准确地测算目标地块价格，可以说竞标团队的其他工作几乎是围绕地价测算而展开的，由此可见地价测算是竞标团队的核心工作。

1. 地价测算的常用方法——假设开发法

测算地块价格的常用方法为假设开发法，此法又称剩余法，英文名称有 hypothetical development method 或 residual method。假设开发法是指求取评估地块未来开发完成后的价格，减去未来的正常开发成本、税费和利润后，所得剩余为评估地块价格的方法。

假设开发法是一种科学实用的测算方法，其基本理论依据是预期原理，其可靠性程度的高低主要取决于两个预测：第一，是否根据土地最佳利用方式开发，包括地块的用途、建筑规模、容积率、建筑设计等；第二，是否根据当地房地产市场行情或供求状况，正确地预测了未来开发完成后的房地产价格。由于以上两个预测包含着大量不可预见的因素，假设开发法有时备受责难，这一点可以从不同企业参加同一土地使用权招标、拍卖或挂牌出让中得到证明，均是采用假设开发法测算价格，但不同竞标者所出的价格可能相差悬殊。

此外，运用假设开发法测算的效果如何，除了对假设开发法本身掌握运用程度以外，还有下列几个要求：第一，稳定的房地产政策环境和健全的房地产法律、法规；第二，全面合理的房地产投资开发和交易税费项目；第三，长远、稳定的土地供给计划；第四，完整、公开及透明度高的房地产资料数据库。如果这些要求不具备，在运用假设开发法时就会掺入大量的人为主观因素，使得预测更加困难。

2. 假设开发法测算地价的步骤

运用假设开发法测算地价的步骤如下。

(1) 调查待开发房地产的基本情况，包括待开发房地产所属地区的市场情况、畅销物业形态、地块周边情况、地块基础设施通达程度等。

(2) 选择最佳的开发利用方式，确定政府的规划限制，弄清规定的用途、建筑密度、容积率等。

(3) 估计开发经营期，弄清待开发房地产的开发期限和经营期限，以利于房地产价格和其他费用的测算。

(4) 预测开发完成后的房地产价格，同时估算开发成本、管理成本、投资利息、销售费用、销售税费及开发利润。

(5) 测算地价。可用公式表示为：地价 = 开发完成后的房地产价格 − 房屋开发成本－管理费用－投资利息－销售费用－销售税费－开发利润。

[例5-1] 某地块分析

一、地块基本信息

地块的基本信息见表5-2。

表5-2 某地块的基本信息

信息获取时间	2004年5月10日	信息获取渠道	开发区土地办公室
土地上市时间	2005年6—7月	上市方式	挂牌
土地所属区域	开发区	土地面积	400亩
规划可用地面积	待定	规划用地性质	居住
地上物现状	水塘、电线杆、部分未拆迁房屋		
周边环境	东	某理工大学华夏学院	
	南	集贸市场、水产良种试验站	
	西	世纪名门、帝景花园	
	北	农业科学研究院	
市政配套	区域内的道路体系、市政配套等相继投入建设,在逐步完善过程中		
服务配套	地块周边2千米范围内服务配套尚不完善,但距地块2千米外即为区域中心,区政府、医院、大型超市、商场、银行、重点中小学近在咫尺		

二、规划要求

地块的规划要求见表5-3。

表5-3 某地块的规划要求

容积率	1.5	建筑密度	25%
绿地率	38%	限高	不详
建筑及道路退线要求	不详	地块内特殊要求	不详

三、市场调研

(一)区域概述

地块所在区域属于该市规划建设南湖居住新城的东南端。东起南湖,南至二环线,西抵巡司河,北靠雄楚大道,总面积1310公顷。南湖居住新城是原南湖花园城的延展。

南湖花园城从1992年宝安集团进入开始房地产开发,12年来,已完成二十多个住宅项目100余万平方米的开发量,入住人口已超过3万。南湖居住新城规划至2020年,容纳居民25万—31万人。人均建筑面积由目前的22.2平方米,增至30平方米。随着南湖居住新城的建成,教育服务设施也将得到改善,新城内将新增12所幼儿园、17所小学和7所中学。

（二）区域房地产供需状况

南湖花园从早期的别墅、多层到现在的小高层、高层，产品形态应有尽有，价格区间差距达1 000元/平方米，且多层住宅一直占主导。珞狮路片虽不及南湖片开发的历史悠久，但发展较快，从雄楚大道往南，南湖以北区域，基本以小高层为主。

2004年是南湖花园房地产供应放量的一年，春天故事、风华天城、虹顶家园二期、宝安·江南村、成功花园二期纷纷面市，且销售情况良好。

珞狮路片项目数量不多，但规模较大，20万平方米以上规模型项目有南湖山庄、新开的金地·格林小城和即将开盘的大华·公园世家。

前期已开发的项目丽岛紫园、狮城名居、南湖雅园、明泽半岛现均为尾盘。南湖山庄三期从2005年4月开盘后也基本清盘。格林小城于2004年11月及2005年4月先后共推出600余套房均是开盘即清盘，且二期房价较一期有约6%的涨幅。未来一两年该片区住宅放量主要集中在金地·格林小镇和大华·南湖公园世家两个项目。

（三）区域内土地出让情况

2003年以前，该区域土地获取价格较便宜，均不超过50万元/亩。2003年8月22日，深圳金地和上海大华共同以招标形式拿下了位于南湖的1 500多亩地的开发权，创下了市交易中心单宗土地面积成交之最。金地的土地价格是72万元/亩，大华项目的土地价格是68万元/亩。

目前区域内除金地与大华后续的开发用地外，基本已无可开发净地。区域内虽然有大量的农业及科研用地，但是由于国家现阶段实行严格的土地政策，农用地审批难度很大，预计近2年放量不大。因此，目前该区域的可开发用地主要是城中村改造项目。

四、地块SWOT分析

对地块的SWOT分析见表5-4。

表5-4 对地块的SWOT分析

优势S：	劣势W：
(1) 地块面积400余亩，规模较大；且形状较为规则，有利于项目的规划设计工作。 (2) 地块东北面临风景旖旎的南湖，自然环境比较优越。 (3) 该地块紧临已建成的城市主干道珞狮南路和南湖南路，交通便利。 (4) 地块周边教育、医疗等配套设施相对比较完善	(1) 地块地质为软基，将会增加后期场地平整成本和时间。 (2) 地块上尚有部分房屋正在使用，拆迁时间未确定，可能影响未来的土地交地时间
机会O：	威胁T：
(1) 该地块周边金地·格林小城、南湖·公园世家、丽岛紫园等项目汇集，住宅板块的规模效应大大提升了区域价值。 (2) 该地块区域房地产发展迅速，房价上升空间极大，也是投资的热点区域之一。且周边高校及科研单位众多，购买力强，市场需求旺盛。 (3) 地块位于该市规划的四大居住新城之一南湖新城，南湖新城具有得天独厚的地理优势，未来的发展前景广阔。 (4) 该地块有约200多亩是净地，可快速投入开发，缩短项目开发节奏	该区域聚集金地、大华、宝安等众多有实力的开发商，竞争将日趋于激烈

五、预计开发节奏

(1) 2005 年 7 月前初获取土地使用权。

(2) 2005 年 9 月 15 日前办理完前期手续,进场施工。

(3) 2005 年 11 月 25 日实现开盘销售。项目一期于 2005 年 11 月底开盘,预计年底可实现销售回款 0.5 亿元。

六、测算结论

对地块的测算结论见表 5-5。

表 5-5 对地块的测算结论

主要建筑形式	洋房、小高层	建筑面积	40 万平方米
预估售价	均价 4 000 元/平方米	预估地价	120 万元/亩(上限 150 万元/亩)
预估成本	3 100 元/平方米	预估利润率	22%

本章小结

本章涉及土地使用权的获取、开发用地的征地拆迁和企业参与土地使用权竞标,在提出土地使用权获取的三种方式后,首先重点介绍了招标、拍卖、挂牌三种出让方式的程序和土地使用权出让合同包含的内容,以及土地使用权转让的主要方式、土地使用权划拨的形式等内容;然后在介绍我国征地与拆迁涉及不同土地权属的基础上,重点讲述了土地征用的基本程序、土地征用的安置补偿、城市房屋拆迁的基本程序以及房屋拆迁的安置补偿等内容;最后介绍了房地产开发企业竞标团队的成员构成以及工作内容,重点论述了地价测算的方法。

关键词

土地使用权出让　土地使用权转让　土地使用权行政划拨　土地征地　房屋拆迁　土地竞标　假设开发法

复习思考题

1. 名词解释

(1) 土地使用权出让。

(2) 土地使用权转让。

(3) 土地使用权行政划拨。
　　(4) 土地征用。
　　(5) 假设开发法。

2. 选择题（以下选项中至少有一个是正确的）
　　(1) 2004年8月31日后，房地产开发企业获取经营性土地使用权有哪几种形式？（　　）。
　　(A) 协议　　　　(B) 招标　　　　(C) 挂牌　　　　(D) 拍卖
　　(2) 土地使用权转让的方式有哪些？（　　）。
　　(A) 出售　　　　(B) 交换　　　　(C) 赠与　　　　(D) 租赁
　　(3) 可以申请以划拨方式提供土地使用权的用地类型有哪些？（　　）。
　　(A) 国家机关用地和军事用地
　　(B) 城市基础设施用地和公益事业用地
　　(C) 国家重点扶持的能源、交通、水利等项目用地
　　(D) 法律、行政法规规定的其他用地
　　(4) 根据《中华人民共和国土地管理法》规定，征地补偿及安置费用包括哪些？（　　）。
　　(A) 土地补偿费　　　　　　　　(B) 青苗补偿费
　　(C) 地上附着物补偿费　　　　　(D) 安置补助费
　　(E) 新菜地开发建设基金
　　(5) 一般而言，测算地块价格的方法是（　　）。
　　(A) 假设开发法　　　　　　　　(B) 市场比较法
　　(C) 成本法　　　　　　　　　　(D) 收益还原法

3. 简答题
　　(1) 简述土地使用权出让年限的规定。
　　(2) 国有土地使用权出让合同包含的主要内容以及双方当事人的权利和义务有哪些？
　　(3) 国有土地使用权转让需要具备哪些条件？转让的主要内容有哪些？
　　(4) 土地征用的基本程序是什么？
　　(5) 土地竞标团队的主要工作有哪些？

4. 论述题
　　(1) 试论述我国当前土地征用存在的问题及对策。
　　(2) 试论述运用假设开发法测算地价的前提条件以及测算的步骤。

第六章 房地产开发项目可行性研究

学习目标

学习本章后,你应该能够:
1. 了解可行性研究的含义,熟悉房地产开发项目可行性研究的内容;
2. 熟悉房地产市场调研的内容及方法;
3. 掌握财务评价主要经济指标的计算方法及财务评价基本报表的编制;
4. 熟悉房地产开发项目不确定性分析。

第一节 可行性研究概述

一、可行性研究的含义和目的

可行性研究是指在投资决策前,对建设项目进行全面的技术经济分析、论证的科学方法。具体地讲,就是在工程项目投资决策前,对与项目有关的自然、社会、经济和技术等方面情况进行深入细致的研究;对拟定的各种可能建设方案或技术方案进行认真的技术经济分析、比较和论证;对项目的经济、社会、环境效益进行科学的预测和评价,在此基础上,综合研究建设项目的技术先进性和适用性、经济合理性以及建设的可能性和可行性,由此确定该项目是否应该投资和如何投资等结论性意见,为决策部门最终决策提供可靠的、科学的依据,并作为开展下一步工作的基础。

可行性研究的根本目的是实现项目决策的科学化、民主化,减少或避免投资决策的失误,提高项目开发建设的经济、社会和环境效益。

房地产开发是一项综合性经济活动,投资额大、建设周期长、涉及面广。要想使开发项目达到预期的经济效果,首先必须做好可行性研究工作,才能使房地产开发项目的许多重大经济技术原则和基础资料得到切实的贯彻和落实;最后提出结论,使开发商决策建立在科学的而不是经验或感觉的基础上。

二、可行性研究的作用和编制依据

（一）可行性研究的作用

1. 可行性研究是项目投资决策的基本依据

一个开发建设项目，特别是大中型项目，花费的人力、物力、财力很多，项目投资能否成功、效益如何，受到社会多方面因素的影响，包括经济的、技术的、政治的、法律的以及自然的因素。这些影响因素不是只凭经验或感觉就能确定的，而是要通过投资决策前的可行性研究，明确该项目的建设地址、规模、建设周期、建设内容与方案等是否可行，房地产开发项目的产品有无市场、有无竞争能力、投资效果如何等，从而得出这项工程应不应该建或建设时应按哪种方案才能取得最佳的效果，以此作为开发建设项目投资决策的基本依据。

2. 可行性研究是筹集建设资金的依据

银行等金融机构都把可行性研究报告作为建设项目申请贷款的先决条件，它们对可行性研究报告进行全面、细致的分析评估，在评价其真实性、可靠性和精确性之后，才能确定是否给予贷款。

3. 可行性研究是项目立项、用地审批的条件

房地产开发投资是一项重要的固定资产投资活动，在国民经济中具有重要的地位。项目开发者在向计划部门申请立项时，计划部门要根据所提交的可行性研究内容来判断项目是否符合国家房地产产业政策、固定资产投资计划特别是房地产年度投资计划的要求，从而决定项目是否同意立项。同时，开发商在申请取得开发用地时，也要向土地、规划等行政主管部门提交可行性研究报告（或项目建议书），行政主管部门据此审查项目的位置、用途、初步规划设计方案是否符合土地利用总体规划、城市规划、年度用地计划，再决定是否批准开发商的用地申请，并安排用地。

4. 可行性研究是开发商与有关各部门签订协议、合同的依据

项目所需的建筑材料、协作条件以及供电、供水、供热、通讯、交通等很多方面，都需要与其他企业及有关部门协作。这些供应的协议、合同都需根据可行性研究报告进行商谈。有关技术引进和设备进口还必须在可行性研究报告审查批准后，才能据以同国外厂商正式签约。

5. 可行性研究是编制下一阶段规划设计方案的依据

在可行性研究报告中，对项目的位置、规模、建筑设计方案构想、主要设备选型、单项工程结构形式、配套基础设施和公用设施的种类、建设速度等都进行了分析和论证，并确定了规划设计原则，推荐了建设方案。可行性研究报告批准后，详细规划设计工作就可据此进行。

（二）可行性研究的编制依据

可行性研究的编制依据包括国家和地方的经济和社会发展规划、行业部门发展规

划、批准的项目建议书或同等效力的文件，国家批准的城市总体规划、详细规划、交通等市政基础设施规划等，自然、地理、气象、水文地质、经济、社会等基础资料，有关建设方面的标准、规范、定额、指标、要求等资料，国家所规定的经济参数和指标，开发项目备选方案的土地利用条件、规划设计条件以及备选规划设计方案等，其他有关依据资料。

（三）可行性研究的阶段划分

可行性研究是一项综合性工作，需要投入一定的时间和费用。根据不同需要，可以一次性完成，也可以分阶段进行。可行性研究是在投资前期所做的工作，可分为以下四个工作阶段，每阶段的内容逐步由浅到深。

1. 投资机会研究阶段

该阶段的主要任务是对投资项目或投资方向提出建议，即在一定的地区和部门内，根据自然资源、市场需求、国家产业政策，通过调查，经过预测和分析研究，选择房地产开发项目，寻找最有利的投资机会。

投资机会研究的主要内容有：地区情况、经济政策、资源条件、劳动力状况、社会条件、地理环境、国内外市场情况、工程项目建成后对社会的影响等。

投资机会研究相当粗略，主要依靠粗略的估计而不是依靠详细的分析。该阶段投资估算的精确程度大约控制在±30%，研究费用一般占投资总额的0.2%—1%。如果机会研究认为是可行的，就可以进行下一阶段的工作。

2. 初步可行性研究阶段

初步可行性研究也称预可行性研究，是在机会研究的基础上，进一步对项目建设的可能性与潜在效益进行论证分析。主要解决的问题包括：分析机会研究的结论，在详细资料的基础上作出是否投资的决定；是否有进行详细可行性研究的必要；有哪些关键问题需要进行辅助研究。

在初步可行性研究阶段需对以下内容进行粗略的审查：市场需求与供应、建筑材料供应状况、项目所在地区的社会经济情况、项目地址及其周围环境、项目规划设计方案、项目进度、项目销售收入与投资估算、项目财务分析等。

初步可行性研究阶段投资估算的精度可达±20%，所需费用占总投资的0.25%—1.25%。所谓辅助研究，是对投资项目的一个或几个重要方面进行单独研究，用作初步可行性研究和详细可行性研究的先决条件，或用以支持这两项研究。

3. 详细可行性研究阶段

详细可行性研究是开发建设项目投资决策的基础，是在分析项目技术、经济可行性后作出投资与否决策的关键步骤。

这一阶段对建设投资估算的精度在±10%，所需费用根据项目的大小不同而有所不同，小型项目占投资的1%—3%，大型复杂的工程占0.2%—1%。

4. 项目的评价和决策阶段

按照国家有关规定，对于大中型和限额以上的项目及重要的小型项目，必须经有权审批单位委托有资格的咨询评估单位就项目可行性研究报告进行评价、论证。未经评价的建设项目,任何单位不准审批,更不准组织建设。

项目评价是由决策部门组织或授权建设银行、投资银行、咨询公司或有关专家,代表国家对上报的建设项目可行性研究报告进行全面审核和再评价。

项目的评价与决策是在可行性研究报告的基础上进行的,主要内容包括全面审核报告中反映的各项情况是否属实;各项指标计算、参数选择是否正确;从企业、国家和社会等方面综合分析和判断项目的经济效益和社会效益;判断项目可行性研究的可靠性、真实性和客观性,对项目作出最终的投资决策。

(四)可行性研究的内容

由于开发项目的性质、规模和复杂程度不同,其可行性研究的内容不尽相同,各有侧重。一般房地产开发项目可行性研究的内容主要包括以下十个方面。

1. 项目概况

具体包括项目名称、承办单位概况、项目的地理位置、项目所在地周围的环境状况、项目性质及特点、项目开发建设的社会经济意义、项目主要建设条件、可行性研究工作的目的依据和范围。

2. 开发项目用地的现状调查及动迁安置

具体包括土地调查(开发项目用地范围内的各类土地面积及使用单位等)、人口调查(开发项目用地范围内的总人口数、总户数,需动迁的人口数、户数等)、建筑物调查(开发项目用地范围内建筑物的种类,各种建筑物的数量及面积,需要拆迁的建筑物种类、数量和面积等)、生产、经营企业以及个体经营者调查(经营范围、占地面积、建筑面积、营业面积、职工人数、年营业额、年利润额等)、市政管线调查(上水管线、雨水管线、污水管线、热力管线、燃气管线、电力和电讯管线的现状及规则目标和其可能实现的时间)、地下地上物现状调查(包括水井、人防工程、菜窖、管线、树木、植物等)、动迁计划制定、安置方案确定。

3. 市场分析和建设规模的确定

具体包括市场供给现状分析及预测,市场需求现状分析及预测,市场交易的数量与价格,服务对象分析、制定租售计划,拟建项目建设规模的确定。

4. 规划设计方案选择

具体包括市政规划方案选择,项目构成及平面布置,建筑规划方案选择。

5. 资源供给

具体包括建筑材料的需要量、采购方式和供应计划,施工力量的组织计划,项目施工期间的动力、水等供应,项目建成投入生产或使用后水、电、热力、煤气、交通、通讯等供应条件。

6. 环境影响和环境保护

具体包括建设地区的环境现状,主要污染源和污染物,开发项目可能引起的周围生态变化,设计采用的环境保护标准,控制污染与生态变化的初步方案,环境保护投资估算,环境影响的评价结论和环境影响分析,存在问题及建议。

7. 项目开发组织机构和人力资源配置

具体包括开发项目的管理体制、机构设置,管理人员的配备方案,人员培训计划,年管理费用估算。

8. 项目实施进度

具体包括前期开发进度计划,工程建设进度计划。还包括各个单项工程的开工、竣工时间,进度安排,市政工程的配套建设进度计划等,建设场地的布置,施工队伍的选择。

9. 项目经济及社会效益分析

具体包括项目总投资估算,项目投资来源、筹措方式的确定,开发成本估算,销售成本、经营成本估算,销售收入、租金收入、经营收入和其他营业收入估算,财务评价,国民经济评价,风险分析,项目环境效益、社会效益及综合效益评价。

10. 结论及建议

运用各种数据从技术、经济、财务等方面论述开发项目的可行性,并推荐最佳方案,并对项目存在的问题提出相应的建议。

(五) 可行性研究的编制要求

由于房地产项目种类繁多,特点各异,因此不同房地产项目可行性研究的内容和侧重点也是千差万别,不能片面地追求形式上的统一,而损害其内容。但在一般情况下,可行性研究报告的格式和结构是相对一致的,可以相对规范化。可行性研究报告形式的相对规范化不但便于阅读、理解和研究,而且也有利于保证结构内容完整性。

一份好的房地产项目可行性研究报告应该做到:可行性研究报告编制依据可靠;结构内容完整;可行性研究报告表述形式尽可能数字化、图表化;可行性研究报告文本格式规范,附图、附表、附件齐全;可行性研究报告深度能满足投资决策和编制项目初步设计的需要。

(六) 可行性研究的步骤

可行性研究是房地产投资者进行项目决策的基本依据,因此要保证可行性研究报告的质量,确保可靠性、真实性和客观性。

1. 接受委托

在项目建议被批准之后,开发商即可委托咨询评估公司对拟开发项目进行可行性研究。双方签订合同协议,明确规定可行性研究的工作范围、目标意图、进度安排、费用支付办法、协作方式及质量要求等内容;承担单位接受委托时,应获得项目建议书和有关项目背景介绍资料,搞清楚委托者的目的和要求,明确研究内容,制定计划,并收集有关的基础资料、规范、标准等基本数据。

2. 市场和资源调查

市场调查应查明和预测市场的供给和需求量、价格、竞争能力等,以便确定项目的经济规模和项目构成。资源调查包括建设地点调查、开发项目用地现状、交通运输条件、外围基础设施、环境保护、水文地质、气象等方面的调查,为下一步规划方案设计、技术经济分析提供准确的资料。

3. 方案选择和优化

根据项目建议书的要求，结合市场和资源调查，在收集到的资料和数据的基础上，建立若干可供选择的开发方案，进行反复的方案论证和比较，会同委托部门明确方案选择的重大原则问题和优选标准，采用技术经济分析的方法，评选出合理的方案。研究论证项目在技术上的可行性，进一步确定项目规模、构成及开发进度。

4. 财务评价和国民经济评价

对经上述分析后所确定的最佳方案，在估算项目投资、成本、价格、收入等基础上，对方案进行详细财务评价和国民经济评价，研究论证项目在经济上的合理性和盈利能力，进一步提出资金筹措建议和项目实施总进度计划。

5. 编制可行性研究报告

经过上述分析与评价，即可编制详细的可行性研究报告，推荐一个以上的可行方案和实施计划，提出结论性意见、措施和建议，供决策者作为决策依据。

第二节 房地产市场的调查与研究

一、房地产市场调查的含义与作用

市场调查是房地产投资决策的前提与基础。重视房地产市场调查，不仅是房地产投资决策活动的需要，也是房地产项目管理现代化程度的重要标志之一。

（一）房地产市场调查的含义

市场调查也称为市场调研、营销调研，是现代市场营销理论的重要组成部分，是适应市场经济、市场营销发展需要的产物。

房地产市场调查，是指运用科学的方法，有目的、有计划、系统地判断、收集、记录、整理、分析、研究房地产市场过去及现在的各种基本状况及其影响因素，并得出结论的活动与过程，从而为房地产经营者预测其未来发展并制定正确的决策提供可靠依据。

房地产市场调查，有广义和狭义之分。狭义的市场调查，是把市场理解为房地产产品消费对象，针对消费者购买行为所做的调查，即对消费者及其行为的研究。广义的市场调查则把市场理解为商品交换关系的总和，即一个由各种市场要素构成的、有结构的体系，也就是市场调查不再只局限于消费者的购买行为，而是将其调查范围扩大到房地产营销的每一个阶段。只要是市场要素所涉及的内容，均可视为调查研究的对象。

理解房地产市场调查的含义，必须注意以下三点。

1. 市场调查的基础是收集资料

只有做到有目的、有步骤、系统地收集到真实的资料，并予以实事求是地分析研究，才能及时地为经营决策者提供客观而准确的情报,从而保证预测和决策的客观性和精确性。

2. 市场调查的内涵是广义的

市场调查不仅包括信息资料的收集,而且还包括信息资料的分析研究;不仅包括对消费者需求及竞争者情况的市场调查,还包括对市场营销活动四大环节,即产品、定价、分销及促销的调查,以取得完整的市场营销资料。

3. 市场调查的方法必须是科学的

经过精心选择的市场调查方法必须依据不同的市场客观情况,有计划、有目的、系统地实施,以做到有效率和能够解决实际问题。

(二)房地产市场调查的作用

市场调查既是房地产企业整体活动的起点,又贯穿于企业整体营销活动的全过程。市场调查的重要作用,具体表现有如下五点。

1. 有助于房地产企业确定正确的投资方向

市场调查可以了解房地产市场的现状及其未来变动趋势;了解市场的需求,资源供求情况,竞争对手活动状况,从而确定企业今后的经营方向,于错综复杂的房地产市场状况中寻找企业生存和发展的立足点。

2. 有助于房地产企业适时进行产品更新换代

房地产产品如同其他各类产品一样,也有着特定的市场生命周期。市场调查可以帮助经营者随时掌握本企业产品所处市场生命周期的阶段,从而作出正确的产品策略,即淘汰哪些老产品,继续经营哪些老产品,开发哪些新产品。

3. 有助于项目投资者制定科学的营销和开发计划

市场调查,可以使项目投资者准确把握市场供求状况,据此制定出产品营销计划。然后根据销售计划,确定出年度、季度,甚至月度开发计划。在此基础上,又可制定出科学的资金、资源计划,提高房地产开发活动的效率。

4. 有助于项目投资者实施正确的价格策略

房地产产品价格取决于市场需求状况,同时土地价格、建筑成本以及竞争状况等多种因素也对房地产价格产生重大的影响。市场调查可以帮助项目投资者依据消费需求及承受能力,考虑成本及竞争情况,制定合理、可行的市场价格,从而确保销售成功。

5. 有助于房地产企业改善经营管理、提高经济效益

不少房地产企业经营不善的症结就在于对市场的背离与隔膜,以至于在瞬息万变的市场竞争条件下或束手无策或盲目经营。重视市场调查,才能按市场需求,改善企业经营管理水平,促进经营效益的提高。

二、房地产市场调查的原则

市场调查是一项复杂而细致的工作过程,在市场调研过程中建立一套系统、科学的

程序,是市场调查研究工作顺利进行、提高工作效率和品质的重要保证。市场调查的步骤应按照调查内容的繁简、精确程度,调查的时间、地点、预算手段以及调查人员的学识经验等条件具体确定。但不论市场调查的规模大与小、内容多与少,都应该遵循下面述及的基本原则,即调查资料的准确性和时效性,针对调查主题的全面性和经济性,以及调查的创造性。

(一) 准确性原则

调查资料必须真实地、准确地反映客观实际。科学的决策建立在准确预测的基础之上,而准确预测又应依据真实的市场调查资料。只有在准确的市场调研资料的基础上尊重客观事实,实事求是地进行分析,才能瞄准市场,把握市场,作出正确的决策。

调查资料的准确性取决于以下三个方面。

1. 市场调研人员的技术水平

调查人员的技术水平决定了他们在调查中技巧的使用水平,对问题的敏锐程度,对整体调查方案的理解程度,以及资料的筛选、整理、分析水平等。

2. 市场调研人员的敬业精神

市场调研在大多数情况下是一项很辛苦的工作,并不是简单地翻阅报纸、发发问卷收上来,或者随便找个人谈谈话那样轻松。大多数情况下,市场调研的需求都是在影响决策的诸多因素均不明朗的情形下产生的,因而市场调研人员必须具备一种科学的态度、敬业的精神才能做好。浅尝辄止的工作态度是做不好市场调研的。

3. 资料提供者是否持客观态度

被调查对象是否持客观态度,是否说出他们内心真实的想法,会直接影响到调研结果的准确性。

在现实生活中,人们有时会言行不一致,而市场调研人员往往并没有考虑到这一点。有时完全听取消费者的意见可能会有欺骗性,但又不能忽视消费者的意见,怎么办? 解决问题的关键是要很好地理解顾客,要清楚地判断他们所说的话是否是他们心里所想。这样做的方法就是最大限度地利用多种信息渠道,利用多方面的资料信息相互验证,并予以科学判断,以提高调查资料的真实性。

(二) 时效性原则

一份好的调查资料应该是最新的。因为只有最新的调查资料,才能反映市场的现实状况,并成为企业制订市场经营策略时的客观依据。在市场调研工作开始进行之后,要充分利用有限的时间,尽可能在较短的时间里搜集更多的所需资料和信息,避免调查工作的拖延。否则不但会增加费用支出,而且会使决策滞后,贻误时机。因此,市场调研应该顺应瞬息万变的市场形势,及时反馈信息,以满足各方面的需要。

(三) 全面性原则

这一原则是根据调查目的,全面、系统地收集有关市场经济信息资料。市场环境的影响因素很多,既有人为因素,也有经济因素、社会因素、政治因素等,甚至有时国际大气候对市场环境也有较大影响。由于各因素之间的变动是互为因果的,如果单纯就事论事地调查,而不考虑周围环境等因素的影响,就不能把握事物发生、发展甚至变化的本质,就难以抓住关键因素得出正确的结论。这一点,在房地产市场调研方面体现得尤为突出。房地产开发不可能离开一个城市的社会、经济发展状况,因此一个完整全面的市场调查应包括宏观的背景情况,如社会政治经济环境、自然环境、区域因素以及整个市场的物业开发量、吸纳量、需求量、总体价格水平、空置率等内容,还应包括对消费者的调查、对竞争对手与竞争楼盘的调查等内容。

(四)针对性原则

对于特定项目的市场调研,还应遵循"针对性"原则。比如在房地产市场调研中,不同物业的目标客户群体是不同的,不同客户群体对房屋的偏好各异,比如中等收入家庭购房时更关注价格,而高收入家庭购房时则会更注重环境与景观等。市场调查的目的,就是要准确把握住不同客户群体间方方面面显著或是细微的差别,最终抓住目标客户群。这也是物业销售成功的关键之一。

(五)创造性原则

市场调研是一个动态的过程,虽然有科学的、程序化的步骤,但任何环节都需要创意的帮助,市场调研的创造性思维应贯穿于整个调研设计和实施过程中。有创意的调研人员,总是能十分敏锐地捕捉那些有价值的信息,并深入地挖掘它们。创造性调研的特点之一,是根据调研中发现的有价值的信息,提出一个很有创意的假设,然后运用各种调研方法进一步去证明这种假设是否确实存在;创造性调研的特点之二,是抛开那些传统的、先入为主的思维方式,采用准确、直接的调研新手段、新方法。

调研的创造性实际上是市场调研最有价值的特性,是调研人员营销知识、调研技术、思维能力的综合体现,当然也是有效市场调研最有力的保障。有创意的调研总是来自调研人员对市场的把握、对营销的理解,以及对调研技法的精通。

三、房地产市场调查的类型

由于范围、功能等方面存在差异,房地产市场调查可以分为不同的类型,表现出不同的特征。

(一)按市场调查的范围分类

1. 专题性市场调查

专题性市场调查,简称专题调研,是指市场调研主体为解决某个具体问题而进行的对市场中的某个方面进行调研,如房地产价格调查、广告调查等。这种市场调研具有组织实施灵活方便,所需人力物力有限,对调研人员的要求相对较低的优点。但是,它也存在提供的信息具有某种局限性的不足,市场调研主体无法仅凭此对市场全面了解。在许多情况下,当企业或其他市场调研主体面临某些涉及面有限的具体问题需要作出决策时,只要所提供的信息能保证满足决策所需,专题调研就是合理的选择。事实上,大多数市场调研是专题调研。

2. 综合性市场调查

综合性市场调查,是指市场调研主体为全面了解市场的状况而对市场的各个方面进行的全面调研。相对于专题调研而言,综合调研涉及市场的各个方面,提供的信息能全面地反映市场的全貌,有助于市场调研主体正确了解和把握市场的基本状况。但是,由于这种市场调研涉及面广,组织实施比较困难,不但需要投入相当多的人力物力,费时费钱,而且对调研人员的要求也相对较高。一般而言,这种市场调研只有在必要时才组织实施,在实践中比较少见。

(二)按市场调查的功能分类

1. 探测性调查

探测性调查又称非正式调查。当企业对需要研究的问题和范围不明确,无法确定应该调查哪些内容时,可以采用探测性调查来找出症结所在,然后再做进一步研究,以明确调查对象,确定调查重点,选择调查方法,寻找调查时机。例如:某房地产公司近几个月来销售量下降,公司一时弄不清楚是什么原因,是宏观经济形势不好,是广告支出减少,是销售代理效率降低,是消费者偏好转移,是市场上有新的替代品出现,还有其他设计与质量上的缺陷等。在这种情况下,可以采用探测性调查,从中介公司、消费者那里收集资料,以便找出最有可能的原因。

由此可见,探测性调查只是收集一些有关资料,以确定问题所在,至于问题应该如何解决,则有待于进一步的调查研究。探测性调查回答的是"可以做什么",也即是"投石问路"。

探测性调查一般采用简便易行的调查方法,如第二手资料的搜集、小规模的试点调查、专家或相关人员的意见集合,或参照以往发生的类似实例来进行。

2. 描述性调查

所谓描述性调查,是指对确定调查的问题通过收集资料并经甄别、审核、记录、整理、汇总,做更深入、更全面的分析,确认问题真相,并对问题的性质、形式、存在、变化等具体情况作出现象性的描述,并不涉及事物的本质及影响事物发展变化的内在原因。例如:某房地产公司欲弄清购买本公司产品的是哪些消费者,他们的具体分布如何,什么时候进行购买,如何购买等,通过调查,把市场活动面貌如实地描述出来,不必作结论。描述性调查是一种最基本、最一般的市场调查。

描述性调查回答的是"是什么",一般可用于房地产市场占有率的调查、销售渠道的调查、消费者行为的调查和市场潜在需求量的调查等。

描述性调查常用的方法有二手资料分析、抽样调查、固定样本连续调查、观察法等。

3. 因果性调查

因果性调查是对导致研究对象存在或变化的内在原因和外部因素的相互联系和制约关系作出说明,并对诸因素之间因果关系、主从关系、自变量与因变量的关系进行定量与定性的分析,指出调查对象产生的原因及其形成的结果。例如:价格和销售之间的因果关系如何,降价是否可以使销售量增加,广告与销售之间的因果关系如何,现场广告是否可以促进购买冲动等。这些问题和假设可以通过正式的因果关系研究来检验其有效性。

由此可见,因果性调查就是在描述性调查的基础上,找出房地产市场上出现的各种现象、各种问题之间相互关系的原因和结果,它回答的是"为什么",常用方法有实验法。

四、房地产市场调查的步骤和方法

(一)房地产市场调查的步骤

房地产市场调查的程序是从调查准备到调查结束全过程工作的先后次序。在房地产市场调查中,建立一套系统的科学程序,有助于提高调查工作的效率核质量。

通常,房地产市场调查的全过程可以分为调查准备、调查实施和分析总结三个阶段。

1. 准备阶段

房地产市场调查准备阶段是调查工作的开端。准备是否充分,对于实际调查工作和调查的质量影响颇大。一个良好的开端,往往可收到事半功倍之效。调查准备阶段,重点是解决调查的目的、要求,调查的范围和规模,调查力量的组织等问题,在此基础上,制定出一个切实可行的调查方案和调查工作计划。这个阶段的具体工作步骤如下。

第一步,提出问题,明确目标。市场研究意义重大,其中一个重要的作用就是帮助人们确定需要解决的问题。只有当需要研究的问题被仔细、准确地定义以后,才能设计研究计划,获取切合实际的信息。在需要研究的问题进行定义的过程中,确定所要研究项目的目标也是一项重要的工作。每一项目应含有一个或多个目标。在这些目标未被明确建立之前,是无法进入下一步研究的。

房地产市场调研也不例外,市场调研的任务是为营销决策提供信息,帮助他们发现并解决营销问题,所以调研人员必须牢记调研是为营销服务的,其目的是发现问题并解决问题,任何偏离主题的调研都不能成为有效的调研。因此,在每次起草调研提案之前,调研人员首先要知道自己要做什么,要对调研目的与目标十分明确。

第二步,初步情况分析和非正式调查。调研人员对初步提出来需要调查的课题,要搜集有关资料做进一步分析研究,必要时还可以组织非正式的探测性调查,以判明问题的症结所在,弄清究竟应当调查什么。探测性研究资料的收集具有较大的灵活性,已出版的材料、个别访谈、反面佐证案例等,都是行之有效的资料来源。如果研究的问题能够准确、清晰地得到定义,就可以直接做描述性或因果关系研究。同时,要根据调查的目的,考虑调查的范围和规模多大才合适,调查的力量、时间和费用负担是否有保证。如果原来提出的课题涉及面太宽或者不切实际,调查的范围和规模过大、内容过多,无法在限定时间内完成,就应当实事求是地加以调整。

第三步,制定调查方案和工作计划,拟定调研计划书。对房地产市场调查课题经过上述分析研究之后,如果决定要进行正式调查,就应制定调查方案和工作计划,即拟定调研计划书。

房地产市场调查方案是对某项调查本身的设计,目的是为了调查有序、有目的地进行,它是指导调查实施的依据,对于大型的市场调查显得更为重要。调查方案设计的内容如下:为完成调查的课题需要收集哪些信息资料;如何运用数据分析问题;明确获得答案及证明答案的做法;信息资料从哪里取得,用什么方法取得;评价方案设计的可行性及调查费用的说明;方案进一步实施的准备工作等。

房地产市场调研工作计划是指在某项调查之前,对组织领导、人员配备、考核、工作进度、完成时间和费用预算等作出安排,使调查工作能够有计划、有秩序地进行,以保证调查方案的实现。

总之,市场调研计划书必须具有可操作性,对调查对象、调查范围、调查内容、调查方法、调研经费预算、调研日程安排等都应给出明确的界定。

2. 实施阶段

房地产市场调查方案和调研计划经论证确定后,就进入了调查实施阶段。这个阶段的主要任务,是组织调查人员深入实际,按照调查方案或调查提纲的要求,系统地收集各种资料和数据,听取被调查者的意见。这一阶段的具体步骤如下。

第一步,建立调查组织。房地产市场调查部门应当根据调查任务和调查规模的大小,配备好调查人员,建立房地产市场调查组织。调查人员确定后,需要集中进行学习,对于临时吸收的调查人员,更需要进行短期培训。学习和培训的内容主要包括:明确房地产市场调查方案,掌握房地产市场调查技术,了解与房地产有关的方针、政策、法令,学习必要的经济知识和业务技术知识等。

第二步,收集第二手资料。房地产市场调查所需的资料,可分为第一手资料和第二手资料两大类。第一手资料是指需要通过实地调查才能取得的资料,取得这部分资料所花的时间较长、费用较大。第二手资料是指企业内部记录或已出版的外部记录,取得这部分资料比较容易、花费较少。在实际调查中,应当根据调查方案提出的内容,尽可能组织调查人员收集第二手资料。收集第二手资料,必须保证资料的时效性、准确性和可靠性。对于统计资料,应该弄清指标的含义和计算的口径,必要时应调整计算口径,使之符合调查项目的要求。对于某些估计性的数据,要了解其估算方法和依据以及可靠程度。对于某些保密的资料,应当根据有关保密的规定,由专人负责收集、保管。

第三步,收集第一手资料。经常遇到的情况是,为解决问题所需的资料并不能完全地从内部记录或已出版的外部记录中获得,即不能完全地从第二手资料中获得,因此研究必须以第一手资料为基础。收集第一手资料常要回答下面几个问题:是通过观察实验还是询问来获得资料,问卷采取封闭式还是采取开放式结构,是将研究的目的直截了当地告诉被访者还是对他们隐瞒研究的目的。类似的问题还很多,上述几个问题是在研究过程中必须回答的基本问题。

在收集第一手资料的过程中,还必然伴随着对调查样本的设计和样本的采集。在房地产市场调查中,广泛采用的是抽样调查法。因此,研究人员在样本设计过程中必须考虑调研总体、样本单位、抽样设计、样本规模等因素。

3. 分析和总结阶段

房地产市场调查资料的分析和总结阶段,是得出调查结果的阶段。这一阶段的工作如果抓得不紧或者草率从事,会导致整个调查工作功亏一篑。它是调查全过程的最后一环,也是调查能否发挥作用的关键环节。这一阶段有以下具体步骤。

第一步,数据的分析与解释。数据分析包括对采用的抽样方法进行统计检验,以及对数据的编辑、编码和制表。编辑就是对问卷表进行纵览的过程,以保证问卷的完整、连续;编码就是对问题加以编号,使资料更好地发挥分析作用;制表就是根据某种指标对观察得到的数据进行分类和交叉分类。

在大多数研究中,都要涉及编码、编辑和制表程序。统计检验作为一种独特的抽样过程和数据搜集工具,往往应用于某些特殊的研究。在可能的情况下,统计检验一般都在数据搜集和分析之前就进行,以保证所得到的数据与意欲研究的问题密切相关。

第二步,编写调研报告。调查研究报告主要归纳研究结果并得到结论,提交给管理人员决策使用。很多主管人员都十分关心这一报告,并将它作为评价研究成果好坏的标准。因此,研究报告必须写得十分清楚、准确。无论你的研究做得多么深透、高明,如果没有一份好的研究报告,都将会前功尽弃。

调研报告的主要内容包括:调查目的、方法、步骤、时间等说明;调查对象的基本情况;所调查问题的实际材料与分析说明;对调查对象的基本认识,作出结论;提出建设性的意见和建议;统计资料、图表等必要附件。

房地产市场调查报告的结构多种多样,没有固定的格式,一般由导言、主体、建议与附件组成。导言部分介绍调查课题的基本状况,是对调查目的简单而基本的说明;主体部分应概述调查的目的,说明调查所运用的方法及其必要性,对调查结果进行分析并进行详细说明;附件部分是用来论证、说明主体部分有关情况的资料,如资料汇总统计表、原始资料来源等。

编写房地产市场调研报告,还应当注意:坚持实事求是原则,调研报告要如实反映市场情况和问题,对报告中引用的事例和数据资料,要反复核实,必须确凿、可靠;调研报告的内容必须紧扣调查主题,突出重点;结构要条理清楚,语言要准确精炼,务必把所说的问题写得清楚透彻;结论明确,调查结论切忌模棱两可、不着边际;要善于发现问题,敢于提出和建议,以供决策参考,结论和建议可归纳为要点,使之更为醒目;调研报告应完整、整齐装订,印刷清楚、精致美观。

第三步,总结反馈。房地产市场调查全过程结束后,要认真回顾和检查各个阶段的工作,做好总结和反馈,以便改进今后的调查工作。总结的内容主要有:调查方案的制定和调查表的设计是否切合实际;调查方式、方法和调查技术的实践结果,有哪些经验可以推广,有哪些教训应当吸取;实地调查中还有哪些问题没有真正搞清,需要继续组织追踪调查;对参加调查工作的人员作出绩效考核,以促进调查队伍的建设,提高调查水平和工作效率。

值得注意的是,在上述房地产市场调查的程序中,除了提出问题这一步骤之外,其他研究步骤并不能完全依照设想的程序进行,并且这些步骤也不是僵化不变的,实际运用时,可视调查内容、环境条件及要求的轻重缓急,灵活使用,有的程序可以省去、有的可以强化、有的可以重复。例如,在制订某项研究方案时,我们也许会发现要研究的问题并没有被很好地定义,这样,研究人员也许需要重新回到第一步,对需要研究的问题再做仔细的界定;再如,进入收集数据阶段时,可能会发现原计划的方法成本太高,这时为了保持预算平衡,就可能需要对原来的研究设计进行改变,减少资料规模,或以其他资料来代替(也许依靠第二手资料)。但当资料已经收集得差不多时,研究人员再要对研究方案做改动的话,所花的代价就非常大,这将影响研究的进行。正因如此,在进行资料收集之前,就应对研究设计十分认真地考虑,以免造成不必要的损失。

(二)房地产市场调查方法

1. 观察法

这种方法是指调查人员不与被调查者正面接触,而是在旁边观察。这样做可以使被调查者无压力,表现得自然,因此调查效果也较为理想。观察法有四种形式。

(1)直接观察法。直接观察法就是派调查人员去现场直接察看。例如,可派调查人员去房地产展销会或到各大楼盘的售楼部,观察顾客对哪些房地产产品最喜欢、对哪些房地产产品不感兴趣;又如,要了解一个楼盘的实际入住情况,在白天可观察该小区楼宇的空调安装数量,在晚上可观察该小区住户的亮灯数量,由此可得到较为准确的入住率;再如,要判断一个顾客的收入水平与购买能力,可从其前来看楼时采用的交通工具略知大概等。

(2)亲自经历法。亲自经历法就是调查人员亲自参与某项活动,来收集有关资料。如某一房地产商,要了解某代理商服务态度的好坏,服务水平的高低,就可以派人佯装顾客,到该代理商处去咨询、买楼等。通过亲身经历法收集的资料,一般来讲是非常真实的。

(3)痕迹观察法。这种方法不是直接观察被调查对象的行为,而是观察调查对象留下的实际痕迹。

(4)行为记录法。因为观察法不直接向调查者提出问题。所以有些观察工作就可以通过录音机、录像机、照相机及其他监听、监视设备来进行。

观察法的最大优点是它的直观性和可靠性,它可以比较客观地收集第一手资料,直接记录调查的事实和被调查者在现场的行为,调查结果更接近于实际;另外,观察法基本上是调查者的单方面活动,特别是非参与性观察,它一般不依赖语言交流,不与被调查者进行人际交往,因此它有利于对无法、无须或无意进行语言交流的市场现象进行调查,有利于排除语言交流或人际交往中可能发生的种种误会和干扰。观察法的缺点主要表现在观察不够具体、深入,只能说明事实的发生,而不能说明发生的原因和动机。

2. 实验法

实验法是将调查范围缩小到一个比较小的规模上,进行试验后得出一定结果,然后再推断出样本总体可能的结果。所有的实验包括三个基本部分:实验对象称为"实验体";实际上引入的变化称为"处理";"处理"发生在实验对象上的效果称为"结果"。例如,用实验法研究广告对销售的影响,可在其他因素不变的情况下研究广告投放量的变化所引起的销售量的变化,并将它与未投放广告的区域进行比较。当然,由于市场情况受多种因素的影响,在实验期间,消费者的偏好、竞争者的策略,都可能有所改变,从而影响实验的结果。虽然如此,实验法在研究因果关系时仍能提供询问法和观察法所无法得到的材料,因此具有独特的使用价值和应用范围。

3. 询问法

询问法是把调研人员事先拟定的调查项目或问题以某种方式向被调查对象提出,要求给予回答,由此获得信息资料。询问法包括以下六种形式。

(1) 小组座谈法。又称焦点访谈法,就是采用小型座谈会的形式,挑选一组具有代表性的消费者或客户,在一个装有单面镜或录音、录像设备的房间内,在主持人的组织下,就某个专题进行讨论,从而获得对有关问题的深入了解。

小组座谈法的特点在于,它所访问的不是一个一个的被调查者,而是同时访问若干个被调查者,即通过与若干个被调查者的集体座谈来了解市场信息。因此,小组座谈过程是主持人与多个被调查者相互影响、相互作用的过程,要想取得预期效果,不仅要求主持人要做好座谈会的各种准备工作,熟练掌握主持技巧,还要求有驾驭会议的能力。

(2) 深度访谈法。在市场调查中,常需要对某个专题进行全面深入的了解,同时希望通过访问、交谈发现一些重要情况,要达到此目的,仅靠表面观察和一般的访谈是不够的,这就需要采用深度访谈法。

深度访谈法是一种无结构的、直接的、一对一的访问,在访问过程中,由掌握高级访谈技巧的调查员对调查对象进行深入的访谈,用以揭示被访者对某一问题的潜在动机、态度和情感等。此方法最适用于探测性调查。

(3) 面谈调查法。面谈调查主要包括入户面访调查和街头/商城拦截式面访调查两大类。

入户面谈调查,是指调查人员按照抽样方案的要求,到抽中的家庭或单位中,按事先规定的方法选取适当的被访者,再依照事先拟定好的问卷或调查提纲上的顺序,对被调查者进行面对面的直接访问。

街道/商城拦截式面谈调查,是由经过培训的访问员在事先选定的若干个地点,如交通路口、户外广告牌前、商城或购物中心内(外)、展览会内(外)等,按照一定的程序和要求,选取访问对象,征得其同意后,在现场进行简短的面访调查。这种方式常用于需要快速完成的样本的探索研究,如消费者对某新推出楼盘的反映等。

(4)电话调查法。电话调查是由调查人员通过电话向被调查者询问、了解有关问题的一种调查方法。

电话调查的优点:取得市场信息资料的速度最快;节省调查时间和经费;覆盖面广,可以对任何有电话的地区、单位和个人进行调查;被调查者没有调查者在场的心理压力,因而能畅所欲言,回答率高;对于那些不易见到面的被调查者,采用此法有可能取得成功。

电话调查法的缺点:被调查者只限于有电话和能通电话者,在经济发达地区,这种方法可得到广泛应用。但在经济不发达、通讯条件比较落后的地区,在一定程度上影响调查的完整性;电话提问受到时间限制,询问时间不能过长,内容不能过于复杂,故只能简单回答,无法深入了解有些情况和问题;由于无法出示调查说明、照片、图表等背景资料,也没有过多时间逐一在电话中解释,因此被调查者可能因不了解调查的详尽、确切的意图而无法回答或无法正确回答;对于某些专业性较强的内容,如询问对方单位计算机的型号、使用年限等问题,而接电话者未必是这方面的专家时,就无法取得所需的调查资料;无法针对被调查者的性格特点控制其情绪,如对于挂断电话的拒答者,很难做进一步的规劝工作。

电话调查法适用于急需得到市场调研结果的场合,目前我国许多市场调研机构已开始采用这种方法。随着我国电讯事业的发展,电话调查作为一种快捷、有效的调查方法,将会愈加得到广泛地重视和运用。

(5)邮寄调查法。邮寄调查法是将问卷寄给被调查者,由被调查者根据调查问卷的填表要求填好后寄回的一种调查方法。

邮寄调查的优点:可以扩大调查区域,增加更多的调查样本数目,只要通邮的地方,都可以进行邮寄调查。此外,提问内容可增加,信息含量大;调查成本较低,只需花费少量邮资和印刷费用;被调查者有较充分的时间填写问卷,如果需要,还可以查阅有关资料,以便准确回答问题;可以避免被调查者受调查者的态度、形象、情绪等因素的影响;通过让被调查者匿名的方式,可对某些敏感或隐私情况进行调查;无需对调查人员进行专门的培训和管理。

邮寄调查法的缺点:征询问卷回收率一般偏低,许多被调查者对此不屑一顾;信息反馈时间长,影响资料的时效性;无法确定被调查者的性格特征,也无法评价其回答的可靠程度,如被调查者可能误解问题意思、填写问卷的可能不是被调查者本人等;要求被调查者要有一定的文字理解能力和表达能力,对文化程度较低者不适用。

(6)留置问卷法。留置调查是指调查者将调查表当面交给被调查者,说明调查意图和要求,由被调查者自行填写回答,再由调查者按约定的日期收回的一种调查方法。

留置调查是介于面谈和邮寄调查之间的一种方法,此法既可弥补当面提问时间仓促、被调查者考虑问题不成熟等缺点,又可克服邮寄调查回收率低的不足。缺点是调查地区、范围受一定限制,调查费用相对较高。

五、房地产市场调查研究的内容

房地产业是一个综合性非常强的行业,房地产市场调研也是一个综合分析的过程。一般说来,房地产市场调研的内容主要包括以下四个方面。

(一)房地产市场环境调研

1. 宏观环境调研

市场环境总是处在不断的变化之中,总是不断地产生新的机遇和危机,对市场敏感的企业家们往往能够从不同角度看待这些变化,将这些变化看成是企业发展的新机遇。房地产市场调研最重要的任务,就是要摸清企业当前所处的宏观环境,为科学决策提供宏观依据。房地产市场宏观环境主要包括以下三种。

(1)经济环境。主要包括国民经济发展状况、产业结构的变化、城市化的进程、经济体制、通货膨胀的状况、家庭收入和家庭支出的结构等。

(2)政策环境。主要包括与房地产市场有关的财政政策、货币政策、产业政策、土地政策、住房政策、户籍政策等。

(3)人口环境。主要包括人口的总量、年龄结构、家庭结构、知识结构以及人口的迁移特征等。

另外,宏观环境还包括文化环境、行业环境、技术环境以及对城市发展概况的描述等。

2. 区域环境调研

区域环境调研是指对项目所在区域的城市规划、景观、交通、人口构成、就业中心、商圈等区位条件进行分析,对项目地块所具有的区位价值进行判断。具体包括:结合项目所在城市的总体规划,分析项目的区域规划、功能定位、开发现状及未来定位;进行区域的交通条件研究;对影响区域发展的其他因素和条件进行研究,如历史因素、文化因素、发展水平等;对区域内楼盘的总体价格水平与供求关系进行分析。

3. 项目微观环境调研

项目的微观环境调研又称为项目开发条件分析。其目的是分析项目自身的开发条件及发展状况,对项目自身价值提升的可能性与途径进行分析,同时为以后的市场定位做准备。具体包括以下内容。

(1)对项目的用地现状及开发条件进行分析。

(2)对项目所在地的周边环境进行分析。主要指地块周围的物质和非物质的生活配套情况,包括:水、电、气等市政配套,公园、学校、医院、邮局、银行、超市、体育场馆、集贸市场等生活配套情况,以及空气、卫生、景观等生态环境,还包括由人口数量和素质所折射出来的人文环境等。

(3)对项目的对外联系程度、交通组织等进行分析。

(二) 房地产消费者调研

一般而言,我们研究买家时需要回答七个问题(6W+H):哪些人是买家(who),买家要买什么样的房(what),买家为什么要买这些房子(why),谁参与买家的购买行为(whom),买家什么时候买房(when),买家在哪里买房(where),买家以什么样的方式买房(how)。具体说来,我们对消费者的调查,则包括以下三个方面。

(1) 消费者的购买力水平。消费者的购买力水平是影响住房消费最重要的因素,它直接决定了消费者的购房承受能力。消费者购买力水平的主要衡量指标是家庭年收入。

(2) 消费者的购买倾向。消费者的购买倾向主要包括物业类别、品牌、户型、面积偏好、位置偏好、预期价格、物业管理、环境景观等。

(3) 消费者的共同特性。主要包括消费者的年龄、文化程度,家庭结构、职业、原居住地等。

一般说来,在未确定目标消费者之前,可通过二手资料的收集对房地产市场的消费者做一个普遍、粗略的了解;在确定了目标消费者之后,则主要是通过问卷调查的形式就想要了解的问题对目标调查对象进行访问。目标消费者的确定可参照同类物业的已成交客户进行划分。必要的时候,甚至还可针对核心购买者进行再一次调查,如此反复,直至得到较为准确可靠的结论。因此我们说,对消费者的调研可视为动态的全过程调研。

(三) 竞争楼盘调研

竞争性楼盘分为两种情形:一类是与所在项目处在同一区域的楼盘;另一类是不同区域但市场定位相似的楼盘。竞争楼盘调研包括对这些楼盘进行营销策略组合的调查与分析,包括产品、价格、广告、销售情况和物业管理等方面。

1. 产品

对产品的调查和分析又可细分为以下四种。

(1) 区位。区位调查主要包括地点位置、交通条件、区域特征、发展规划及周边环境等。

(2) 产品特征。主要包括建筑参数、面积户型、装修标准、配套设施、绿化率。

(3) 公司组成。一个楼盘主要的营运公司就是开发商、设计单位、承建商和物业管理公司这四家,它们分别负责项目的投资建设、建筑设计、工程建造和物业服务。四家公司的雄厚实力和有效联合是楼盘成功的保证,而其中开发商的实力是最为关键的。

(4) 交房时间。对期房楼盘而言,交房日期是影响购房人购买决策的重要因素。

2. 价格

价格是房地产营销中最基本、最便于调控的,在实际的调查中也是最难取得真实信息的。一般是从单价、总价和付款方式来描述一个楼盘的价格情况。

(1) 单价。它是楼盘各种因素的综合反映,是判断一个楼盘真正价值的指标,可以从以下几个价格来把握:起价——一个楼盘最差房屋的销售价格,为了促销,加入了人为的夸张,不足为凭;平均价——总销售金额除以总销售面积得出的单价;主力单价——占总销售面积比例最高的房屋的标定单价,这才是判断楼盘客户地位的主要依据。

(2) 总价。总价是销售价格和销售面积的乘积。虽然,单价反映的是楼盘品质的高低,但总价反映的是目标客户群的选择。通过对楼盘总价的调研,能够掌握产品的市场定位和目标市场。

(3) 付款方式。这是房屋总价在时间上的一种分配,实际上也是一种隐蔽的价格调整手段和促销工具,用以缓解购房人的付款压力、扩大目标客户群的范围、提高销售率。付款方式不外乎下面几种类型:一次性付款;按照工程进度付款的建筑期付款;按照约定时间付款;利用商业贷款或公积金贷款付款等。

3. 广告

广告是房地产促销的主要手段,对楼盘的广告分析是市场调研的重要组成部分。主要包括以下四点。

(1) 售楼部。这是指实际进行楼盘促销的主要场所,其地点选择、装修设计、形象展示是整个广告策略的体现。

(2) 广告媒体。这是指一个楼盘选择的主要报刊和户外媒体,是其楼盘信息的主要载体。在实际工作中,选择的媒体应与产品的特性相吻合。

(3) 广告投入强度。从报纸广告的刊登次数和篇幅,户外媒体的块数和大小,就可以判断出一个楼盘的广告强度,它体现了该楼盘所处的营销阶段。

(4) 诉求点。广告的诉求点,也就是物业的买点,它反映了开发商想向购房人传达的信息,是产品竞争优势的展示,也是目标客户群所关心的问题。

4. 销售情况

销售情况是判断一个楼盘最终的指标,但是它也是最难获得准确信息的,主要包括以下三点。

(1) 销售率。这是一个最基本的指标,它反映了一个楼盘被市场的接纳程度。

(2) 销售顺序。这是指不同房屋的成交先后顺序,可以按照总价的顺序,也可以按户型的顺序或是面积的顺序来排列。可从中分析出不同价位、不同面积、不同户型的房地产单元被市场接纳的原因,它反映了市场需求结构和细节。

(3) 客户群分析。通过对客户群职业、年龄、家庭结构、收入的统计,可以反映出购房人的信息,从中分析其购买动机,找出本楼盘影响客户购买行为的因素,以及各因素影响力的大小。

通过对单个楼盘的调研,可以分析竞争对手产品规划的特点、价格策略、广告策略和销售的组织、实施情况,以此为基础可制定出本公司项目的营销策略和相应的对策。

5. 物业管理

包括物业管理的内容、管理情况、管理费以及管理公司等。

竞争楼盘调查表详见表 6-1。

表 6-1 竞争楼盘调查表

物业名称				位置		临街状况		营销评价		
开发商						业绩		卖(优)点		缺陷点
规划建筑	规模指标	占地面积			总建筑面积		现期房			
		容积率			建筑密度		绿化率		户数	
	户型	种类与各类面积				户型比(主力户型)				
		客厅面积			形状		位置			
		阳台位置、形态、面积、特点								
		空调位				排烟道				
		窗				门				
	楼型	层数		结构		结构变化(错层/跃层/复式)				
		顶层				屋顶				
		外观(颜色、风格)				外墙				
		朝向				电梯(规格、每梯户数)				
	配套	供水				排水				
		供电				道路交通出口				
		教育				文化				
		休闲								
		供暖				供气				
		智能								
		车位								
	布局	中心休闲区、中心区								
		分区布局								
		总体风格								
周边环境	交通条件					污染				
	商业服务设施					治安				
	基础设施									
	公用设施(校、医、文、体、公园等)									
	自然环境(山、水、林、草)									
	周边单位、居民类别									
施工	单位					建设单位				
	质量					进度安排				

续　表

销售	价格	均价		起价		最高价		折扣	
		朝向调节		层位调节		价格策略			
	目标顾客群								
	销售进度								
	售楼部								
	售楼人员素质、着装								
	营销策略								
	营销成效及影响因素分析								

对竞争楼盘的调研，应特别注意保证楼盘基本数据的准确性。最后还应对竞争楼盘进行综合对比分析。

（四）竞争对手调研

有市场的地方，就存在着竞争，在房地产市场研究中，对竞争对手的调研主要包括以下十个方面。

（1）专业化程度。指竞争对手将其力量集中于某一产品、目标顾客群或所服务的区域的程度。

（2）品牌知名度。指竞争对手主要依靠品牌知名度，而不是价格或其他度量进行竞争的程度。目前，房地产企业已经越来越重视品牌知名度，不仅重视项目的品牌，更重视企业品牌。

（3）推动度或拉动度。指竞争对手在销售楼盘时，是寻求直接在最终用户中建立品牌知名度来拉动销售，还是支持分销渠道来推动销售的程度。

（4）开发经营方式。指竞争对手对所开发的楼盘是出售、出租还是自行经营，如果出售，是自己销售还是通过代理商销售等。

（5）楼盘质量。指竞争对手所开发楼盘的质量，包括设计、户型、材料、耐用性、安全性能等各项外在质量与内在质量标准。

（6）纵向整合度。指竞争对手采取向前（贴近消费者）或向后（贴近供应商）进行整合所能产生的增值效果的程度。包括企业是否控制了分销渠道，是否能对建筑承包商、材料供应商施加影响，是否有自己的物业管理部门等。

（7）成本状况。指竞争对手的成本结构是否合理，企业开发的楼盘是否具有成本优势等。

（8）价格策略。指竞争对手的商品房在市场中的相对价格状况。价格因数与其他变量关系密切，如财务、成本、质量、品牌等。它是一个必须认真对待的战略性变量。

（9）竞争对手历年来的项目开发情况。

（10）竞争对手的土地储备情况以及未来的开发方向及开发动态等。

第三节 房地产开发项目的投资估算与收入估算

一、房地产开发项目的投资估算

一个房地产开发项目从可行性研究到竣工投入使用，需要投入大量资金，在项目的前期阶段，为了对项目进行经济效益评价并作出投资决策，必须对项目投资进行准确的估算。投资估算的范围包括土地费用、前期工程费、房屋开发费、管理费、财务费、销售费用及有关税费等项目全部成本和费用投入。各项成本费用的构成复杂、变化因素多、不确定性大，尤其是由于不同建设项目类型的特点不同，其成本费用构成存在较大的差异。

（一）土地费用估算

土地费用是指为取得项目用地使用权而发生的费用。由于目前存在着有偿出让、转让和行政划拨三种获取土地使用权的方式，所以对土地费用的估算要就实际情况而定。

土地使用权出让金的估算一般可参照政府近期出让的类似地块的出让金数额，并进行时间、地段、用途、临街状况、建筑容积率、土地出让年限、周围环境状况及土地现状等因素的修正得到；也可以依据城市人民政府颁布的城市基准地价，根据项目用地所处的地段等级、用途、容积率、使用年限等各项因素修正得到。

（二）前期工程费估算

前期工程费主要包括开发项目的前期规划、设计、可行性研究、水文地质勘察以及"三通一平"等土地开发工程费支出。项目的规划、设计、可行性研究所需的费用支出一般可按项目总投资的一个百分比估算。"三通一平"等土地开发费用，主要包括地上原有建筑物拆除费用、场地平整费用和通水、通电、道路的费用。这些费用的估算可根据实际工作量，参照有关计费标准估算。

（三）房屋开发费估算

房屋开发费包括建安工程费、附属工程费和室外工程费。

1. 建安工程费

建安工程费是指直接用于工程建设的总成本费用，主要包括建筑工程费（结构、建筑、特殊装修工程费）、设备及安装工程费（给排水、电气照明及设备安装、空调通风、弱电设备及安装、电梯及其安装、其他设备及安装等）和室内装饰家具费等。

2. 公共配套设施建设费

公共配套设施建设费是指居住小区内为居民服务配套建设的各种非营利性的公共配套设施（或公建设施）的建设费用，主要包括居委会、派出所、托儿所、幼儿园、公共厕所、停车场等。一般按规划指标和实际工程量估算。

3. 基础设施建设费

基础设施建设费是指建筑物 2 米以外和项目红线范围内的各种管线、道路工程，其费用包括自来水、雨水、污水、煤气、热力、供电、电信、道路、绿化、环卫、室外照明等设施的建设费用，以及各项设施与市政设施干线、干管、干道等的接口费用。一般按实际工程量估算。

在可行性研究阶段，房屋开发费尤其是其中建筑安装工程费的估算，可以采用单元估算法、单位指标估算法、工程量近似匡算法、概算指标估算法等，也可根据类似工程经验估算。

单元估算法是指以基本建设单元的综合投资乘以单元数得到项目或单项工程总投资的估算方法。如以每间客房的综合投资乘以客房数估算一座酒店的总投资，以每张病床的综合投资乘以病床数估算一座医院的总投资等。

单位指标估算法是指以单位工程量投资乘以工程量得到单项工程投资的估算方法。一般来说，土建工程、给排水工程、照明工程可按建筑平方米造价计算，采暖工程按耗热量（千卡/小时）指标计算，变配电安装按设备容量（千伏安）指标计算，集中空调安装按冷负荷量（千卡/小时）指标计算，供热锅炉安装按每小时产生蒸汽量（立方米/小时）指标计算，各类围墙、室外管线工程按长度米指标计算，室外道路按道路面积平方米指标计算等。

工程量近似匡算法采用与工程概预算类似的方法，先近似匡算工程量，再配上相应的概预算定额单价和取费，近似计算项目投资。

概算指标估算法采用综合的单位建筑面积和建筑体积等建筑工程概算指标计算整个工程费用。常使用的估算公式是：直接费 = 每平方米造价指标 × 建筑面积，主要材料消耗量 = 每平方米材料消耗量指标 × 建筑面积。

（四）管理费用估算

管理费用是指企业行政管理部门为管理和组织经营活动而发生的各种费用，包括公司经费、工会经费、职工教育培训经费、劳动保险费、待业保险费、董事会费、咨询费、审计费、诉讼费、排污费、房产税、土地使用税、开办费摊销、业务招待费、坏账损失、报废损失及其他管理费用。管理费可按项目投资或前述四项直接费用的一定百分比计算。

（五）销售费用估算

销售费用是指开发建设项目在销售其产品过程中发生的各项费用，以及专设销售机构或委托销售代理的各项费用，包括销售人员工资、奖金、福利费、差旅费，销售机构的折旧费、修理费、物料消耗费、广告宣传费、代理费、销售服务费及销售许可证申领费等。

（六）财务费用估算

财务费用是指企业为筹集资金而发生的各项费用，主要为借款或债券的利息，还包括金融机构手续费、融资代理费、承诺费、外汇汇兑净损失以及企业筹资发生的其他财务费用。

（七）其他费用估算

其他费用主要包括临时用地费和临时建设费、施工图预算和标底编制费、工程合同预算或标底审查费、招标管理费、总承包管理费、合同公证费、施工执照费、工程质量监督费、工程监理费、竣工图编制费、保险费等杂项费用。这些费用一般按当地有关部门规定的费率估算。

（八）不可预见费估算

不可预见费根据项目的复杂程度和前述各项费用估算的准确程度，以上述各项费用总和的3%—7%估算。

（九）税费估算

对于房地产开发项目而言，房地产税费主要是在销售与交易阶段发生的税费。主要有"两税一费"（营业税、城市维护建设税、教育费附加）、土地增值税、企业所得税等。在一些大中型城市，这部分税费在开发建设项目投资中占有很大比重，各项税费应根据当地有关部门的具体规定计算。

二、房地产开发项目的收入估算

房地产开发项目的收入主要包括房地产产品的销售收入、租金收入、土地转让收入（以上统称为租售收入）、配套设施销售收入和自营收入等。

收入估算可以根据项目租售计划、经营计划制定的租售价格乘以可租售面积（或单元数）计算。

第四节 房地产开发项目的财务评价

一、房地产开发项目财务评价概述

（一）财务评价的概念

财务评价是指根据国家现行财税制度、价格体系和项目评价的有关规定，从项目财务的角度，分析、计算项目直接发生的财务效益和费用，编制财务报表，计算财务评价指标，考察项目的盈利能力、清偿能力以及外汇平衡等财务状况，据以判断项目的财务可行性。财务评价是房地产开发项目可行性研究的核心内容，无论对开发商还是对给房地产开发项目提供资金支持的金融机构都是十分重要的。

房地产开发项目的财务效益主要表现为生产经营过程中的经营收入,财务支出(费用)主要表现为开发建设项目总投资、经营成本和税金等各项支出,财务效益和费用的范围应遵循计算标准对应一致的原则。

(二)财务评价的一般步骤

财务评价在确定的项目建设方案、投资估算和融资方案的基础上进行,主要是利用有关基础数据,通过基本财务报表,计算财务评价指标和各项财务比率,进行财务分析,作出财务评价。财务评价大致可以分为以下四步。

1. 选取、计算财务评价基础数据

通过对投资项目所处的市场进行充分调研和投资方案分析,确定项目建设方案,拟定项目实施进度计划等,据此进行财务预测,选取适当的生产价格、费率、税率、利率、基准收益率、计算期等基础数据和参数,获取项目总投资、总成本费用、租售收入、税金、利润等一系列财务基础数据。在对这些财务数据进行分析、审查、鉴定和评估的基础上,完成财务评价辅助报表。

2. 编制和分析财务评价基本报表

将上述基础数据汇总,编制现金流量表、损益表、资金来源与运用表、资产负债表及外汇平衡表等财务评价基本报表,并对这些报表进行分析评价。在分析评价的过程中,不仅要审查基本报表的格式是否符合规范要求,还要审查所填列的数据是否准确并保持前后一致。然后利用各基本报表,直接计算出一系列财务评价的指标,包括反映项目的盈利能力、清偿能力和外汇平衡能力等静态和动态指标。

3. 进行不确定性分析

对于影响项目财务指标的主要因素还要进行不确定性分析,包括敏感性分析、盈亏平衡分析。

4. 提出财务评价结论

根据上述计算的财务评价静态和动态指标,以及不确定性分析的结果,将有关指标值与国家有关部门规定的基准值和目标值进行对比,得出项目在财务上是否可行的评价结论。

二、房地产开发项目财务评价基本报表

在财务评价前,必须进行财务预测。就是先要收集、估计和测算一系列财务数据,作为财务评价所需的基本数据。财务预测的结果主要汇集于辅助报表中。再根据辅助报表就可以编制财务评价的基本报表和计算一系列财务评价的指标。

房地产开发项目财务评价报表分为基本报表和辅助报表。基本报表包括现金流量表、损益表、资金来源与运用表、资产负债表及外汇平衡表等;辅助报表包括成本费用估算表、投资计划与资金筹措表、贷款还本付息表、租售收入估算表、折旧摊销表、营业成本

表等。

(一) 现金流量表

现金流量表反映项目计算期内各年的现金流入和现金流出,用以计算财务内部收益率、财务净现值及投资回收期等评价指标,分析项目财务盈利能力。现金流量表分为现金流量表(全部投资)、现金流量表(自有资金)。

1. 现金流量表(全部投资)

现金流量表(全部投资)是从项目本身角度出发,不分投资资金来源,以全部投资作为计算基础,用以计算全部投资财务内部收益率、财务净现值及投资回收期等评价指标,考察房地产项目全部投资的盈利能力,为各个投资方案(不论其资金来源及利息多少)进行比较建立共同的基础(表6-2)。

表6-2 现金流量表(全部投资) （单位:万元）

序号	项目	合计	建设期		经营期	
			第一年	…	第一年	…
1	现金流入(CI)					
1.1	经营收入					
1.2	回收固定资产余值					
1.3	回收流动资金					
2	现金流出(CO)					
2.1	建设投资					
2.2	流动资金					
2.3	经营成本					
2.4	经营税金及附加					
2.5	土地增值税					
2.6	所得税					
3	净现金流量(CI-CO)					
4	累计净现金流量					
5	折现净现金流量					
6	累计折现净现金流量					
	所得税前					
7	净现金流量					
8	累计净现金流量					
9	折现净现金流量					
10	累计折现净现金流量					

续 表

序号	项 目	合 计	建设期		经营期	
			第一年	…	第一年	…
	计算指标		所得税后		所得税前	
	财务净现值(FNPV)		万元		万元	
	静态投资回收期		年		年	
	动态投资回收期		年		年	
	财务内部收益率(FIRR)		%		%	

表6-2中的现金流入包括销售(经营)收入、回收固定资产余值、回收流动资金等,其中销售(经营)收入是指企业通过销售产品或提供劳务服务等取得的收入,如商品房销售收入、出租房租金收入、土地转让收入等,其数据来源于销售(经营)收入和销售税金及附加估算表;回收固定资产余值是指用于出租经营的房地产项目经过折旧后在计算期最后一年的固定资产残值;回收流动资金指在计算期最后一年回收的全部流动资金。现金流出包括固定资产投资(含投资方向调节税)、流动资金、经营成本、销售税金及附加、所得税等,其中固定资产投资和流动资金投资按投资计划和资金筹措表填列;经营成本根据总成本费用表填列,但不包括折旧、摊销费和借款利息。

2. 现金流量表(自有资金)

现金流量表(自有资金)从投资者的角度出发,以投资者的出资额作为计算基础,把借款本金偿还和利息支付作为现金流出,用以计算自有资金财务内部收益率、财务净现值等评价指标,考察项目自有资金盈利能力(表6-3)。

表6-3 现金流量表(自有资金) （单位:万元）

序号	项 目	合 计	建设期		经营期	
			第一年	…	第一年	…
1	现金流入(CI)					
1.1	经营收入					
1.2	回收固定资产余值					
1.3	回收流动资金					
2	现金流出(CO)					
2.1	资本金					
2.2	借款本金偿还					
2.3	借款利息支付					
2.4	经营成本					
2.5	经营税金及附加					

续表

序号	项目	合计	建设期		经营期	
			第一年	…	第一年	…
2.6	土地增值税					
2.7	所得税					
3	净现金流量(CI-CO)					
4	累计净现金流量					
5	折现净现金流量					
6	累计折现净现金流量					
	所得税前					
7	净现金流量					
8	累计净现金流量					
9	折现净现金流量					
10	累计折现净现金流量					
	计算指标	所得税后		所得税前		
	财务净现值(FNPV)	万元		万元		
	静态投资回收期	年		年		
	动态投资回收期	年		年		
	财务内部收益率(FIRR)	%		%		

与全部投资现金流量表相比,该表的不同点在于:将"现金流出"的固定资产投资和流动资金中的自有资金汇总列为"自有资金"栏目,其数据按投资计划与资金筹措表中的"自有资金"数据填列;在"现金流出"中增列"借款本金偿还"和"借款利息支付"栏目,逐年填列各种借款(长期借款、流动资金借款、其他短期借款)本金偿还之和及利息支付之和。

现金流量表(自有资金)主要考察自有资金的盈利能力和向外部借款对项目的有利程度。

在对拟建项目进行投资分析时,要分别对两种现金流量表进行审查和分析,并根据分析人员所估算的基础数据编制两种现金流量表,并计算相应的分析指标。

(二) 损益表

损益表反映项目计算期内各年利润总额、所得税及税后利润的分配情况,用以计算投资利润率指标。该表根据总成本费用估算表、销售(经营)收入和销售税金及附加估算表填写。用损益表可求得项目税前和税后的投资利润率(表6-4)。

表 6-4 损益表 (单位：万元)

序号	项　目	合　计	计　算　期			
			第一年	第二年	第三年	…
1	经营收入					
2	经营税金及附加					
3	增值税					
4	总成本费用					
5	利润总额(1—2—3—4)					
6	弥补以前年度亏损					
7	应纳税所得额(5—6)					
8	所得税					
9	税后利润(5—8)					
10	提取法定盈余公积金					
11	提取公益金					
12	提取任意盈余公积金					
13	可供分配利润(9—10—11—12)					
14	应付利润(股利分配)					
15	未分配利润(13—14)					
16	累计未分配利润					

(三) 资金来源与运用表

资金来源与运用表反映项目计算期内各年的资金盈余或短缺情况，用于选择资金筹措方案，判定适宜的借款及偿还计划，并为编制资产负债表提供依据，同时还可用以计算借款偿还期(表 6-5)。

表 6-5 资金来源与运用表 (单位：万元)

序号	项　目	合　计	计　算　期			
			第一年	第二年	第三年	…
1	资金来源					
1.1	经营收入					
1.2	长期借款					
1.3	短期借款					
1.4	发行债券					

续 表

序号	项 目	合 计	计 算 期			
			第一年	第二年	第三年	…
1.5	项目资本金					
1.6	其他					
2	资金运用					
2.1	建设投资(不含建设期利息)					
2.2	经营成本					
2.3	税金及附加					
2.4	增值税					
2.5	所得税					
2.6	流动资金					
2.7	各种利息支出					
2.8	偿还债务本金					
2.9	分配股利或利润					
2.10	其他					
3	盈余资金(1—2)					
4	累计盈余资金					

表6-5中的资金来源有：利润总额、折旧费、摊销费、长期借款、流动资金借款、其他短期借款、自有资金、其他资金来源、回收固定资产余值和流动资金等。资金运用包括：固定资产投资、建设期利息、流动资金、所得税、应付利润、长期借款和流动资金借款本金偿还，以及其他短期借款本金偿还等。

（四）资产负债表

资产负债表的主体结构包括三大部分：资产、负债和所有者权益，其平衡关系用会计等式表示为：资产 ＝ 负债＋所有者权益。

该表综合反映了项目计算期内各年末资产、负债和所有者权益的增减变化及对应关系，以考察项目资产、负债、所有者权益的结构是否合理，用以计算资产负债率、流动比率、速动比率等指标，进行清偿能力分析与资本结构分析。

（五）财务外汇平衡表

该表适用于有外汇收支的房地产开发项目，用以反映项目计算期内各年外汇余缺程度，进行外汇平衡分析。

三、房地产开发项目财务评价指标

(一) 房地产开发项目财务评价指标体系

一般而言,财务评价包括项目财务盈利能力分析和清偿能力分析,对于涉及外汇的项目有时还需要进行外汇平衡分析。这些财务评价的内容与指标如表 6-6 所示。

表 6-6 财务评价的内容与评价指标体系

评价内容	基本报表	评 价 指 标	
		静态指标	动态指标
盈利能力分析	现金流量表(全部投资)	静态投资回收期	财务内部收益率 财务净现值 财务净现值率 动态投资回收期
	现金流量表(自有资金)	静态投资回收期	财务内部收益率 财务净现值 动态投资回收期
	损益表	投资利润率 投资利税率 资本金利润率	
偿债能力分析	资金来源与运用表	借款偿还期	
	资产负债表	资产负债率 流动比率 速动比率	
外汇平衡分析	财务外汇平衡表		

(二) 房地产开发项目财务评价静态指标

所谓静态指标,就是在不考虑资金的时间价值的前提下,对开发项目或方案的经济效果进行的经济计算与度量。财务评价主要有以下八个静态指标。

1. 投资回收期

投资回收期指以项目的净收益来抵偿全部投资(包括固定资产投资和流动资金)所需的时间,是反映项目投资回收能力的重要指标。投资回收期自建设开始年算起,也可自建成后开始经营年算起。静态投资回收期的表达式为

$$\sum_{t=1}^{P_t}(CI-CO)_t = 0$$

式中:CI——现金流入量;
$\quad\quad CO$——现金流出量;

$(CI-CO)_t$——第 t 年的净现金流量;

P_t——静态投资回收期。

投资回收期也可以用财务现金流量表累计净现金流量计算求得。其公式为

$$\text{静态投资回收期} = \left[\begin{array}{l}\text{累计净现金流量}\\\text{出现正值的年数}\end{array}-1\right] + \left[\frac{\text{上年累计净现金流量绝对值}}{\text{当年净现金流量}}\right]$$

财务评价求出的投资回收期(P_t)与房地产行业的基准投资回收期(P_c)比较,当 $P_t \leqslant P_c$ 时,表明项目投资能在规定的时间内收回。

投资回收期作为静态指标,其主要优点是概念明确、计算简单。用它来判断项目或方案的标准是回收资金速度越快越好,因此在投资风险分析中有一定的作用,特别是在资金短缺、强调项目清偿能力的情况下,尤为重要。但该指标没有考虑项目回收资金以后的情况,不能评价项目计算期内的总收益和盈利能力,因此通常不能仅根据投资回收期的长短来判断项目的优劣,需要与其他指标结合使用。因此,投资回收期法是一种短期分析法,可作为评价房地产开发效益的辅助分析方法。

2. 投资利润率

投资利润率指项目达到设计生产或服务功能后的正常年份的年利润总额(或平均的利润总额)与项目总投资之比,亦即开发项目单位投资额所发生的盈利额,反映了开发资金在循环过程中增值的速度。其公式为

$$\text{投资利润率} = \frac{\text{年利润总额或年平均利润总额}}{\text{项目总投资}} \times 100\%$$

该方法适用于出租经营的房地产开发项目(如宾馆、商场、办公楼等)的投资分析。此时,年经营收入主要为租金收入;年总成本费用为出租物业在经营过程中按使用年限分期摊销和价值损耗,以及出租经营发生的管理费、维修费和其他相关费用。

投资利润率是描述投资项目获利的静态指标,适用于开发经营期短、规模不大的项目的经济评价,或作为项目评价的辅助分析指标。

3. 投资利税率

投资利税率是指房地产开发项目建设达到正常盈利年份时正常年度的年利税总额或投资计算期内的年平均利税与项目总投资的比率。计算公式为

$$\text{投资利税率} = \frac{\text{年利税总额或年平均利税总额}}{\text{项目总投资}} \times 100\%$$

投资利税率指标值越大,说明项目的获利能力越大。在财务评价中,将投资利税率与房地产行业投资利税率相比,可以判别单位投资对国家和社会的贡献水平是否达到房地产业的平均水平。

4. 资本金利润率

资本金利润率是指房地产开发项目建设达到正常盈利年份时正常年度的年利税总额或投资计算期内的年平均利税与项目资本金的比率。它反映投入项目的资本金的盈

利能力。计算公式为

$$\frac{资本金}{利润率} = \frac{年利税总额或年平均利税总额}{资本金} \times 100\%$$

5. 借款偿还期

借款偿还期是指以项目投产后可用于还款的资金,偿还固定资产投资国内借款本金和建设期利息所需的期限(不包括已用自有资金支付的建设期利息和生产经营期应付利息,生产经营期利息列于总成本费用的财务费用)。计算公式为

$$I_d = \sum_{t=1}^{P_d} R_t$$

式中：I_d——固定资产投资国内借款本金和建设期利息之和；

P_d——从借款开始年计算的固定资产投资国内借款偿还期；

R_t——第 t 年可用于还款的资金,包括可用于还款的利润、折旧、摊销及其他还款资金。

借款偿还期可以根据资金来源与运用表及国内借款还本付息计算表直接计算。其公式为

$$\frac{借款}{偿还期} = \frac{借款偿还后开始}{出现盈余年份数} - \frac{开始借}{款年份} + \frac{当年偿还借款本金额}{当年可用还款资金额}$$

涉及外资的项目,其国外借款部分还本付息,应按已经明确的或预计可能的贷款偿还条件计算。当借款偿还期达到贷款机构的要求期限时,即认为项目具有清偿能力。

6. 资产负债率

资产负债率是反映开发项目用债权人提供资金进行经营活动的能力,并反映债权人发放贷款的安全程度。此指标可以由资产负债表求得,计算公式为

$$\frac{资产}{负债率} = \frac{负债总额}{全部资产总额} \times 100\%$$

7. 流动比率

流动比率是反映流动资产在短期债务到期以前,可以变为现金用于偿还流动负债的能力。计算公式为

$$\frac{流动}{比率} = \frac{流动资产}{流动负债} \times 100\%$$

8. 速动比率

速动比率是反映项目流动资产中可以立即用于偿付流动负债的能力。计算公式为

$$\frac{速动}{比率} = \frac{速动资产}{流动负债} \times 100\%$$

$$速动资产 = 流动资产 - 存货$$

（三）房地产开发项目财务评价动态指标

1. 财务净现值

财务净现值（FNPV）也简称为净现值（NPV），是反映项目在计算期内获利能力的动态指标，是指按设定的贴现率，将各年的净现金流量折现到投资起点的现值代数和，以此反映项目在计算期内的获利能力。其计算公式为

$$FNPV = \sum_{t=1}^{n}(CI-CO)_t(1+i_c)^{-t}$$

式中：$FNPV$——净现值；

i_c——贴现率；

t——年限；

n——项目的计算期。

净现值可以通过现金流量表计算求得。当 $FNPV \geqslant 0$ 时，表明该项目获利能力达到或超过贴现率要求的投资收益水平，应认为该项目在经济上是可取的；反之则不可取。

运用净现值法评价项目投资效益的一个重要问题是选择合适的贴现率。这是因为贴现率的微小变化可以引起净现值的较大变动。未来现金流量的预测时间越长，贴现率变化影响就越大。投资者为了补偿各种风险和负担，将其不利的情况反映在贴现率上，即将各影响因素用一定的补偿率表示，其累加值为投资项目的贴现率。

2. 财务净现值率

财务净现值率（FNPVR）是项目财务净现值与全部投资现值的比率，即单位投资的净现值，是反映项目效果的相对指标。计算公式为

$$FNPVR = \frac{FNPV}{I_p}$$

式中：I_p——总投资（包括固定资产投资和流动资金）的现值。

当 $FNPVR \geqslant 0$ 时，项目可行；否则，项目不可行。

财务净现值率可作为净现值的补充指标，它反映了净现值与总投资现值的关系。

3. 财务内部收益率

财务内部收益率（FIRR）也称内部收益率（IRR），是指项目在整个计算期内，各年净现金流量现值累计等于零时的折现率。FIRR 是评估项目盈利性的基本指标。这里的计算期，对房地产开发项目而言是指从购买土地使用权开始到项目全部售出为止的时间。其计算公式为

$$\sum_{t=1}^{n}(CI-CO)_t(1+FIRR)^{-t} = 0$$

式中：$FIRR$——财务内部收益率。

财务内部收益率的经济含义是，项目在这样的折现率下，到项目寿命终了时，所有投资可以被完全收回。计算 FIRR 的方法主要有两种。

（1）插值法。即先按目标收益率或基准收益率求得项目的财务净现值，如为正，则采用更高的折现率使净现值为接近于零的正值和负值各一个，最后用内插公式求出，如图6-1所示。

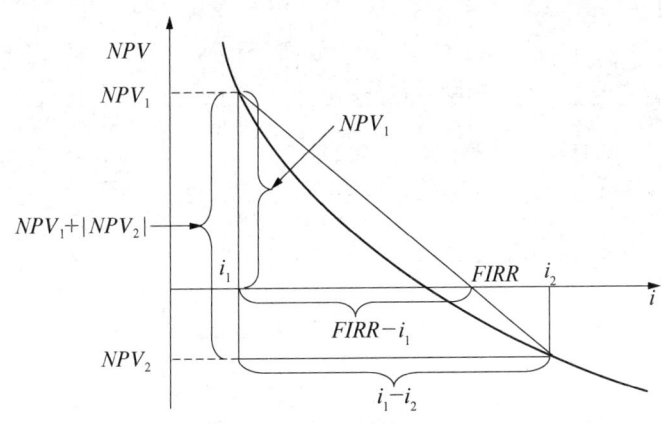

图6-1　插值法求FIRR

根据图6-1，可以建立如下方程

$$\frac{FIRR - i_1}{(i_2 - i_1)} = \frac{NPV_1}{NPV_1 + |NPV_2|}$$

可以得出

$$FIRR = i_1 + \frac{NPV_1}{NPV_1 + |NPV_2|}(i_2 - i_1)$$

式中：i_1——当净现值为接近于零的正值时的折现率；

i_2——当净现值为接近于零的负值时的折现率；

NPV_1——采用低折现率时净现值的正值；

NPV_2——采用高折现率时净现值的负值。

式中 i_1 与 i_2 之差不应超过 1%—2%，否则，折现率 i_1，i_2 和净现值之间不一定呈线性关系，从而使所求得的内部收益率失真。

（2）Excel函数法。运用Excel中计算内部收益率函数IRR(X：Y)计算FIRR。函数中X表示净现金流量的第一个数据的位置，Y为最后一个数据的位置。通过这种方法计算IRR非常简便、实用，计算结果精确度也高。计算示例如图6-2。

内部收益率表明项目投资所能支付的最高贷款利率。如果贷款利率高于内部收益率，项目投资就会面临亏损。因此，所求出的内部收益率是可以接受贷款的最高利率。将所求出的内部收益率与部门或行业的基准收益率或目标收益率 i_c 比较，当 $FIRR \geqslant i_c$ 时，则认为项目在财务上是可以接受的。

4.动态投资回收期

动态投资回收期的表达式为

图 6-2 Excel 函数法求 FIRR

$$\sum_{t=1}^{P_t}(CI-CO)_t(1+i_c)^{-t}=0$$

式中：i_c——贴现率；

P_t——动态投资回收期。

动态投资回收期也可以用财务现金流量表累计净现金流量计算求得，其公式为

$$\begin{matrix}\text{动态投资}\\\text{回收期}\end{matrix}=\left[\begin{matrix}\text{累计净现金流量现}\\\text{值出现正值的年数}\end{matrix}-1\right]+\left[\frac{\text{上年累计净现金流量现值绝对值}}{\text{当年净现金流量折现值}}\right]$$

计算出来的动态投资回收期同样要与基准动态投资回收期 P_c 相比较，判断开发项目的投资回收能力，如果小于或等于 P_c，则项目在财务是可以接受的。动态投资回收期指标一般用来评价开发完成后用于出租或经营的房地产开发项目。

与静态投资回收期相比，动态投资回收期的优点是考虑了现金收支的时间因素，能真正反映资金的回收时间。缺点是这一指标只强调投入资金的回收快慢，忽视了投入资本的盈利能力，没有考虑投资回收以后的收益情况，计算也比较麻烦。因此，也只能作为评价投资项目的辅助指标。

四、房地产开发项目的不确定性分析

房地产开发投资是一个动态过程，具有周期长、资金投入量大等特点，受到各种主客观因素的影响，很难在一开始就对整个开发过程中有关费用和建成后的收益情况作出精确的估计。即在计算中涉及的因素（如建造成本和售价、租金水平等）都是理想状态下的估计值,而实际上这些值的确定取决于许多变量。如在计算过程中涉及的变动因素有:土地价格、土地开发成本、容积率、可出售或出租的建筑面积占总建筑面积的比例(有效面积系数)、房屋开发费、专业人员费用、管理费用、财务费用、租售代理费、广告宣传费、租金或售价、开发期、建造期和租售期、贷款利率、空置率等。其中,土地成本(含地价和土地开发成本)、房屋开发费、租金或售价、开发期、贷款利率等是主要变动因素。这些不确定性因素对房地产开发项目财务评价的结果影响很大。因此,有必要就上述因素或参数的变化对评价结果产生的影响进行深入研究,以使开发项目财务评估的结果更加真实可靠,从而为房地产开发决策提供更科学的依据。

房地产开发项目的不确定性分析(风险分析)就是分析不确定性因素对项目可能造成的影响,进而分析可能出现的风险。不确定性分析是房地产项目财务评价的重要组成部分,对房地产开发项目决策的成败有着重要的影响。房地产开发项目不确定性分析可以帮助投资者根据房地产项目投资风险的大小和特点,确定合理的投资收益水平,提出控制风险的方案,有重点地加强对投资风险的防范和控制。

房地产开发项目的不确定性分析主要包括盈亏平衡分析、敏感性分析和概率分析。

(一)盈亏平衡分析

盈亏平衡分析,又称量本利分析、保本点分析、收支平衡分析,是研究房地产开发项目在一定时期内的销售收入、开发成本、税金、利润等因素之间的变化和平衡关系的一种分析方法。所谓盈亏平衡点(break even point,BEP)是项目盈利与亏损的临界点,在这一点上,项目收支持平,既不盈利又不亏损,净收益为零。盈亏平衡分析也就是分析利润为零时项目的成本、售价或销售率所处的状态。但有时盈亏平衡分析的方法也用来分析达到目标收益水平时项目的销售价格或租金、成本、销售率或出租率所处的状态。

(二)敏感性分析

敏感性分析是房地产开发项目不确定性分析中的一种主要方法。从以上分析可以看出,房地产开发项目评估所采用的基本数据与参数,大都是来自估算或预测,不可能完全准确,因而就使得开发商作出的决策具有潜在的误差和风险。开发商对于评估中数据估值的误差所引起的最终结果的变化是非常重视的,因此需要在项目财务评估的基础上进一步进行敏感性分析,以弄清这些不确定性因素对评估结果影响的大小,提高决策的准确性。

1. 敏感性分析的概念

房地产开发项目评估中的敏感性分析,是分析和预测反映项目投资效益的经济评价指标对主要变动因素变化的敏感程度。如果某变动因素变化幅度很小但对项目经济评价指标的影响极大,则认为项目对该变量的不确定性是很敏感的。敏感性分析的目的就是要在众多的不确定性因素中,找出对项目经济评价指标影响较大的因素,并判断其对开发项目投资效益影响的程度。

2. 敏感性分析的步骤

第一,找出那些最能反映项目投资效益的经济评价指标,如财务内部收益率、财务净现值、投资回收期、贷款偿还期和开发商利润等作为其分析的对象。

第二,从众多影响项目投资效益的不确定性因素中,选取对经济评价指标有重大影响,并在开发周期内有可能发生变动的因素作为敏感分析的不确定性因素。

第三,设定不确定性因素的变化范围。

第四,对项目经济评价指标进行分析计算,找出敏感性因素。

3. 单变量敏感性分析和多变量敏感性分析

单变量敏感性分析是敏感性分析的最基本方法。进行单变量敏感性分析时,首先假设备变量之间相互独立,然后每次只考察一项可变参数的变化而其他参数保持不变时,看项目评估结果的变化情况。多变量敏感性分析是分析两个或两个以上的变动因素同时发生变化时,对项目评价结果的影响。由于项目评价过程中的参数或变量同时发生变化的情况非常普遍,所以多变量敏感性分析也有很强的实用价值。

(三) 概率分析

敏感性分析可以掌握投资影响因素发生变化时,对投资效果的影响程度,但不能提供这种变化和影响的可能性大小。概率分析不同于敏感性分析,它可根据各种影响因素的概率分布,来分析开发项目在风险条件下获利的可能性大小。

概率分析主要有两种方法:解析法和模拟法。前者主要用于解决一些比较简单的风险决策问题,如用决策树法解决建厂决策问题,这类问题一般只有一个或极少几个随机变量。当有多个随机变量时,用解析法就十分困难,则需采用模拟法求解,常见的模拟法是蒙特卡洛方法。当房地产开发项目经济分析中涉及的变量较多时,比较适合于用蒙特洛卡洛方法进行风险分析。

第五节 房地产开发项目可行性研究报告的撰写

一、房地产开发项目可行性研究报告的基本构成

可行性研究报告是作为房地产投资项目可行性研究结果的体现。一般来说,一份正式的可行性研究报告应包括封面、摘要、目录、正文、附表、附图和附件七个部分。

(一) 封面

封面应反映项目名称、研究阶段、委托单位、编制单位以及可行性研究报告写作的时间,正式报告还要在封面附上编制单位资格证书编号、编制单位的项目负责人、技术负责人、法人代表以及编制人、校核人、审核人、审定人名单。

(二) 摘要

摘要用简洁的语言,介绍研究项目所处的区域的市场情况、项目本身的情况和特点、评价的结论,让读者能够很快地了解报告的大致内容。因为针对的读者是没有时间看详细报告但又对项目的决策起决定性作用的人,所以摘要的文字要字斟句酌,言必达意,绝对不能有冗词赘句,字数以不超过 1 000 字为宜。

(三) 目录

如果可行性研究报告较长,最好要有目录,以使读者能方便地了解可行性研究报告所包括的具体内容以及前后关系,使之能根据自己的兴趣快速地找到其所要阅读的部分。

(四) 正文

这是可行性研究报告的主体,一般要按照逻辑的顺序,从总体到细节循序进行。要注意的是,报告的正文也不要太繁琐。报告的厚度并非取得信誉的最好方法,重要的是尽可能简明地回答未来读者所关心的问题。对于一般的可行性研究报告,通常包括的具体内容有:项目总说明、项目概况、投资环境研究、市场研究、项目地理环境和附近地区竞争性发展项目、规划方案及建设条件、建设方式与进度安排、投资估算及资金筹措、项目评估基础数据的预测和选定、项目经济效益评价、风险分析和结论与建议等十二个方面。项目可行性研究报告如用于向国家计划管理部门办理立项报批手续,还应包括环境评价分析、能源消耗及节能措施、项目公司组织机构等方面的内容。因此,报告的正文中应包括什么内容,要视评估的目的和未来读者所关心的问题来具体确定,没有固定不变的模式。

(五) 附表

附表是对于正文中不便插入的较大型表格,为了使读者便于阅读,通常将其按顺序编号附于正文之后。附表按照在评估报告中的顺序,一般包括:项目工程进度计划表、项目投资估算表、投资计划和资金筹措表、项目销售计划表、项目销售收入测算表、营业成本预测表、营业利润测算表、财务现金流量表(全部投资)、财务现金流量表(自有资金)、资金来源与运用表、贷款还本付息估算表和敏感性分析表。当然,有时在投资环境分析、市场研究、投资估算等部分的表格也可以附表的形式出现在报告中。

(六) 附图

为了辅助文字说明,使读者很快建立起空间的概念,通常要有一些附图。这些附图一般包括:项目区位示意图、项目规划用地红线图、建筑设计方案平面图、项目所在城市总体规划示意图和与项目性质相关的土地利用规划示意图、项目用地附近的土地利用现状图和项目用地附近竞争性项目分布示意图等。有时附图中还会包括评估报告中的一些统计数据分析图,如直方图、饼图、曲线图等。

（七）附件

有时报告还应包括一些附件，如土地使用权证、建设用地规划许可证、施工许可证、销售许可证、规划设计方案审定通过书、建筑设计方案平面图、公司营业执照、经营许可证等。这些附件通常由开发商或委托评估方准备，与评估报告一同附在后面。

二、房地产开发项目可行性研究报告的撰写要领

按照前述报告正文中应包含的内容，现将写作要领介绍如下。

（一）项目总说明部分

在项目总说明中，应着重就项目背景、项目主办者或参与者、项目评估的目的、项目评估报告编制的依据及有关说明等向读者予以介绍。

（二）项目概况部分

在这一部分内容中，应重点介绍项目的合作方式和性质、项目所处的地址、项目拟建规模和标准、项目所需市政配套设施的情况及获得市政建设条件的可能性、项目建成后的服务对象。

（三）投资环境部分

这部分主要包括当地总体社会经济情况、城市基础设施状况、土地使用制度、当地政府的金融和税收等方面的政策、政府鼓励投资的领域等。

（四）市场部分

按照所评估项目的特点，分别就当地与所评估项目相关的土地市场、居住物业市场、写字楼物业市场、零售商业物业市场、酒店市场、工业物业市场等进行分析研究。市场研究的关键是占有大量的第一手市场信息资料，通过列举市场交易实例，令读者信服报告对市场价格、供求关系、发展趋势等方面的理解。

（五）项目地理环境和附近地区竞争性发展项目部分

这一部分主要应就项目所处的地理环境（邻里关系）、项目用地的现状（熟地还是生地、需要哪些前期土地开发工作）和项目附近地区近期开工建设或筹备过程中的竞争性发展项目展开研究。竞争性发展项目的介绍十分重要，它能帮助开发商做到知己知彼，正确地为自己所开发的项目进行市场定位。

（六）规划方案及建设条件部分

本部分主要介绍开发项目的规划建设方案和建设过程中市政建设条件（水、电、路

等)是否满足工程建设的需要。在介绍规划建设方案的过程中,可行性研究报告撰写者最好能根据所掌握的市场情况,就项目的规模、项目拟发展的档次、建筑物的装修标准和功能面积分配等提出建议。

(七)建设方式及进度安排部分

项目的建设方式是指建设工程的发包方式,发包方式的差异往往会带来工程质量、工期、成本等方面的差异,因此这里有必要就建设工程的承发包方式提出建议。这一部分中还应就建设进度安排、物料供应(主要建筑材料的需要量)作出估计或估算,以便为投资估算做好准备。

(八)投资估算及资金筹措部分

这一部分的主要任务是就项目的总投资进行估算,并按项目进度安排情况作出投资分年度使用计划和资金筹措计划。项目总投资的估算,应包括项目投资概况、估算依据、估算范围和估算结果,一般投资估算结果汇总中应包括土地费用、前期工程费用(含专业费用)、房屋开发费用、开发间接费、管理费、销售费用、财务费用和不可预见费。投资分年度使用计划实际是项目财务评估过程中有关现金流入的主要部分,应该分别就开发建设投资(又称固定资产投资)和建设投资利息分别列出。资金筹措计划主要是就项目投资的资金来源进行分析,包括自有资金(股本金)、贷款和预售收入三个部分。应该特别指出的是,当资金来源中包括预售收入时,还要和后面的销售收入计划配合考虑。

(九)项目评估基础数据预测和选定部分

这一部分通常包括销售收入测算成本、税金和利润分配三个部分。要测算销售收入,首先要根据项目设计情况确定按功能分类的可销售或出租面积的数量;再依据市场研究结果,确定项目各部分功能面积的租金或售价水平;然后根据工程建设进度安排和开发商的市场销售策略,确定项目分期或分年度的销售或出租面积及收款计划;最后汇总出分年度的销售收入。成本和税金部分,一是要对项目的开发建设成本、流动资金、销售费用和投入运营后的经营成本进行估算;二是对项目需要缴纳的税费种类及其征收方式和时间、税率等作出说明,以便为后面的现金流分析提供基础数据。利润分配主要反映项目的获利能力和可分配利润的数量,属于项目盈利性分析的一种。

(十)项目财务评价部分

这一部分是项目评估报告中最关键的部分,在这里,要充分利用前述各部分的分析研究结果,对项目的经济可行性进行定量分析。这部分的内容一般包括现金流量分析、资金来源与运用表(财务平衡表)、贷款偿还分析。现金流量分析,要从全投资和自有资金(股本金)两个方面对反映项目经济效益的财务内部收益率、财务净现值和投资回收期进行分析测算。资金来源与运用表集中体现了项目自身资金收支平衡的能力,是财务评价的重要依据。贷款偿还分析主要是就项目的贷款还本付息情况作出估算,用以反映项目在何时开始、从哪项收入中偿还贷款本息,以及所需的时间长度,以帮助开发商安排融资计划。

(十一)风险分析部分

风险分析(不确定性分析)一般包括盈亏平衡分析和敏感性分析,根据委托方的要求,有时还要进行概率分析。风险分析的目的,是就项目面临的主要风险因素,如建造成本、租售价格、开发周期、贷款利率、可建设建筑面积等因素的变化,对项目经济效果评价主要技术经济指标,如财务内部收益率、财务净现值和投资回收期等的影响程度进行定量研究;对当地政治、经济、社会条件可能变化的影响进行定性分析。

其中,盈亏平衡分析主要是求取项目的盈亏平衡点,以说明项目的安全程度;敏感性分析则要说明影响项目经济效益的主要风险因素,如总开发成本(建造成本)、售价、开发建设周期和贷款利率等在一定幅度内变化时,对全部投资和自有资金的经济评价指标的影响情况。敏感性分析一般分单因素敏感分析和多因素敏感分析(两种或两种以上因素同时变化)。敏感性分析的关键是找出对项目影响最大的敏感性因素和最可能、最乐观、最悲观的几种情况,以便操作人员在项目实施过程中及时采取对策并进行有效的控制。

概率分析目前在我国应用尚不十分普遍,因为概率分析所需要依据的大量市场基础数据目前还很难收集。但精确的概率分析在西方发达国家的应用日渐流行,因为概率分析能通过模拟市场可能发生的情况,就项目获利的数量及其概率分布、最可能获取的收益及其可能性大小给出定量的分析结果。

(十二)可行性研究的结论与建议部分

可行性研究的结论主要是说明项目的经济效益评价结果,是否表明项目具有较理想的财务内部收益率(是否达到了同类项目的社会平均收益率标准),是否有较强的贷款偿还和自身平衡能力、较强的抗风险能力,项目是否可行。报告还要对项目实施过程中可能遇到的问题提出一些建议,以利于项目的顺利实施。

本章小结

房地产开发项目的可行性研究是在开发项目投资决策前对拟建项目的社会、经济、技术等方面进行深入细致的调查研究,对可能采用的各种方案进行认真的技术经济分析和比较论证,对项目建成后的经济效果进行科学的预测和评价。在此基础上,对拟建项目的技术先进型和适用性、经济合理性和有效性,以及建设的必要性和可行性进行全面分析、系统论证、综合评价,由此得出该项目是否应该投资和如何投资等结论性意见,为项目投资决策提供可靠的科学依据。

可行性研究主要包括:机会研究阶段、初步可行性研究阶段、详细可行性研究阶段、评价和决策阶段。各阶段工作由浅到深、由简单到详细。

可行性研究是建立在科学、客观、充分的市场调研的基础之上。本章介绍了房地产市场调研的类型、步骤、方法和程序,以及房地产市场调研的内容。市场调研的成果可以直接用于可行性研究中开发经营环境的分析。

财务评价是可行性研究中重要的定量分析内容。通过分析房地产开发投资的全部构成,根据开发项目规划方案,选取适当的财务价格、利率、基准收益率等参数,对项目进行财务评价,计算投资回收期、财务净现值、财务内部收益率等财务指标,并进行必要的不确定性分析,包括盈亏平衡分析、敏感性分析、概率分析等,以考察项目财务上的可行性。

本章还介绍了房地产开发项目可行性研究报告的组成内容。一份正式的可行性研究报告应包括封面、摘要、目录、正文、附表、附图和附件七个部分。报告主要内容包括:项目总说明、项目概况、投资环境研究、市场研究、项目地理环境和附近地区竞争性发展项目、规划方案及建设条件、建设方式及进度安排、投资估算及资金筹措、项目评估基础数据的预测和选定、项目财务评价、风险分析(不确定性分析)、可行性研究的结论与建议等。

关键词

可行性研究　市场调研　财务评价　投资估算

复习思考题

1. 名词解释

 (1) 可行性研究。
 (2) 机会研究。
 (3) 房地产市场调查。
 (4) 财务评价。
 (5) 动态投资回收期。
 (6) 财务净现值。
 (7) 财务内部收益率。
 (8) 盈亏平衡分析。
 (9) 敏感性分析。

2. 选择题(以下选项中至少有一个是正确的)

 (1) 在初步可行性研究阶段,其投资估算的精度可以达到(　　)。
    (A) ±5%　　　(B) ±10%　　　(C) ±20%　　　(D) ±30%
 (2) 下列房地产市场调查的方法中,属于观察法的是(　　)。
    (A) 行为记录法　　　　　　　(B) 询问法
    (C) 面谈调查法　　　　　　　(D) 电话调查法
 (3) 房地产开发成本中,前期工程费包括(　　)。

(A) 征地费 (B) "三通一平"费
(C) 可行性研究费 (D) 基础设施建设费

(4) 下列计算房地产开发项目财务评价指标值的公式中，计算内部收益率的是（　　）。

(A) $\sum_{t=1}^{P_t}(CI-CO)_t = 0$ (B) $\sum_{t=1}^{P_t}(CI-CO)_t(1+i_c)^{-t} = 0$

(C) $\sum_{t=1}^{n}(CI-CO)_t(1+i_c)^{-t}$ (D) $\sum_{t=1}^{n}(CI-CO)_t(1+IRR)^{-t} = 0$

(5) 在开发项目财务评价中，动态投资回收期肯定大于（　　）。
(A) 基准回收期 (B) 静态投资回收期
(C) 项目开发期 (D) 项目销售期

(6) 房地产开发项目财务评价基本报表有（　　）。
(A) 现金流量表 (B) 投资计划与资金筹措表
(C) 营业成本表 (D) 资产负债表

3. 简答题

(1) 简述可行性研究的作用和编制依据。
(2) 试述房地产开发项目可行性研究的主要内容。
(3) 简述房地产市场调查的基本原则及类型。
(4) 简述房地产市场调查的步骤和方法。
(5) 简述房地产市场调研的内容。
(6) 房地产开发项目的投资构成有哪些？如何计算？
(7) 房地产开发项目财务评价的指标体系有哪些？怎样计算？
(8) 简述房地产开发项目不确定性分析的含义及其内容。

4. 计算题

某房地产开发项目的现金流出、现金流入见表6-7。

表6-7　某房地产开发项目现金流出、现金流入情况　　　（单位：万元）

序号	项目	第1年	第2年	第3年	第4年	第5年
1	现金流出	302.27	425.71	572.20		
2	现金流入			444.19	663.46	864.52
3	净现金流量					
4	累计现金流量					
5	折现净现金流量					
6	累计折现净现金流量					

(1) 若取折现率为8%，试完成上述表格。
(2) 分别计算项目的静态、动态投资回收期。
(3) 用本章介绍的两种方法分别计算项目FIRR，并比较计算结果。

第七章 房地产开发项目的准备

学 习 目 标

学习本章后,你应该能够:

1. 了解房地产开发项目资金的构成、特点、目的和筹资原则,掌握资金筹集方式、资金成本计算和财务杠杆原理;

2. 了解房地产开发项目规划设计方案评价的特点和评价指标体系,掌握常用评价方法;

3. 了解房地产开发项目报建的含义和建设工程规划许可证的作用,掌握开发项目报建的流程以及报建送审应提交的资料。

4. 了解房地产开发项目招投标概念与作用、活动原则和招标方式,掌握施工招投标中申请招标的条件、招投标的程序以及招标文件的主要内容等。

第一节 房地产开发资金筹措

一、房地产开发资金筹措的目的

(一)实现项目投资开发目标和企业发展目标

房地产开发企业投资开发新的项目,或者在项目开发的前、中期阶段,往往需要筹集大量资金,尤其是中长期资金,同时,项目投资者总是希望加快项目的投资开发速度和进程,这样必须突破现有的资本存量,需要新的资本增量。这种扩张性筹集资金使企业的资产规模有所扩大,使企业增加了市场竞争能力和收益能力,但由于负债规模有所增大,也就带来了更大的投资风险。

(二)偿还债务,改善盈利能力,调整资本结构

房地产开发企业的资本结构是一个动态指标,为了偿还某些债务而筹集资金(借新

债还旧债),一是尽管企业有能力支付到期旧债,但为了调整原有的资本结构,仍然举新债,从而使资本结构更加合理,充分发挥杠杆作用;二是房地产开发企业现有支付能力已不足以偿还到期旧债,被迫举借还债,这表明企业的财务状况已经恶化。因此,通过筹集资金,调整资本结构,能够使房地产开发企业的权益资本和债务资本保持适当的比例关系,从而改善和提高企业或项目的偿债能力和盈利能力。

二、房地产开发资金筹措的原则

房地产开发资金的有效筹集,应保证房地产开发资金投入与回收在时间上、数量上的协调平衡,从而保证资金循环运动和房地产开发项目建设的顺利进行。筹措的原则主要有以下四点。

(一)时机适当原则

房地产项目开发过程中,随着工程进度逐步投入资金,其资金占用呈现逐步增加的形态,所以,如果全部工程所需资金筹措一步到位,在相当长一个阶段内会出现资金过多;反之,如果资金筹措跟不上工程进度需要,甚至工程建到中途筹措不到资金,也会带来严重的后果。因此,在房地产开发筹集资金过程中,必须根据房地产项目的投资时间和投资需要(年度或分期),安排和确定适当、合理的筹集时机和规模,从而避免因取得资金过早而造成资金闲置,或因筹资时间滞后而影响房地产开发项目正常进行。

(二)安全性原则

房地产开发企业在筹集资金过程中,必须全面地、理性地衡量项目现有或预期的收益能力和偿债能力,使房地产开发企业的权益资本和债务资本保持合理的比例,负债率和还债率控制在一定的范围之内,降低房地产开发企业的财务风险。

安全性按风险程度大小分为 A,B,C,D 四级:A 级表示风险很小,B 级表示风险较小,C 级表示风险较大,D 级表示风险极大。房地产开发企业应该尽可能选择风险程度为 A 级的筹资方案,因为它的安全性最大。

(三)经济性原则

首先必须根据和适应投资的要求,以投资定筹资,充分考虑房地产开发企业的筹资能力;其次要合理降低筹资成本(包括使用资本)和筹资的期限(包括付息和还本的时间),不同来源和用途的资金都会影响项目的付息水平,因此筹资时必须考虑房地产开发项目的财务安排;再次必须考虑房地产开发项目的各种生产要素、开发进程与筹集资金的配套和协调;最后也要考虑固定资产投资所需要的资金与维持项目正常营运所需要的资金的配套,经济合理地筹集资金。

筹资方案的经济性按综合筹资成本费用率标准划分,共分为 A,B,C,D 四级:A 级表示筹资成本最低，B级表示筹资成本较低，C级表示筹资成本较高，D级表示筹资成本很高。房地产开发企业应该尽可能选择筹资成本为A级的筹资方案。

（四）可行性原则

在筹集资金过程中，除了要考虑企业的筹资能力、偿还能力、盈利能力和经营能力外，还必须考虑筹资方式的落实程度。按筹资方案的落实程度，筹资方案的可行性分为A、B、C、D四个等级：A级表示筹资方式及所筹资金全部落实，B级表示筹资方式及所筹资金能基本落实，C级表示筹资方式及所筹资金尚不能肯定，D级表示筹资方式及所筹资金没有落实。

根据上述原则，房地产开发企业应该在确定适当、合理的筹集时机和规模条件下，选择AAA级标准的筹资方案为最佳筹资决策方案，因为它的安全性、经济性和可行性均是最佳的；而DDD级方案则是最差的，通常不被选用。

三、房地产开发资金筹措方式

（一）动用自有资金

自有资金作为股本金，是房地产开发商对其所投资项目投入的资本金。股本金既是投资者"赚取利润"的本钱，也是其"承担投资风险"的具体表现。房地产开发商的自有资金包括现金和其他速动资产，以及在近期内可以回收的各种应收款等。速动资产包括各种应收的银行票据、股票和债券，以及其他可立即售出的建成楼宇等。至于各种应收款，包括已订合同的应收售楼款、近期可出售的各类物业付款等。

（二）争取银行贷款

银行贷款是房地产开发项目最主要的资金来源，如果开发商不会利用银行信贷资金，完全靠自有资金周转，就很难扩大投资项目的规模及提高自有资金的投资效益水平，还会由于投资能力不足而失去许多良好的机会。因此，银行贷款对于房地产开发商来说相当重要，是主要的间接融资方式。我国的房地产开发项目中，银行的资金一般占60%以上，房地产开发对银行贷款的依赖程度较大。

房地产开发企业向银行贷款是一种较好的筹资方法：一是贷款这种筹资方式的筹资成本较低，贷款利息较其他筹资方式的利息低；二是手续比较简单；三是有房地产作担保。一般金融机构都愿意进行房地产贷款业务，我国大多数专业银行都设有房地产信贷部，办理房地产存款业务。投资者可以选择中国银行、中国工商银行、中国建设银行、中国农业银行等作为借款对象，还可以向信托投资公司申请委托贷款。按照有关规定，凡经工商行政管理部门登记并在银行开户，具有法人资格的国家、集体、个体、中外合资、中外合作、外商独资企业和个人，在从事房地产开发、经营和购买活动中资金不足时，均可申请贷款。贷款发放的基本条件是：借款企业须持有国家批准的开发计划，拥有一定比例的自有流动资金，并已在贷款银行开设账户。

（三）利用证券化资金

1. 发行房地产股票

房地产股票是股份制房地产开发商发放的股份入股凭证。股票购买者就是股份制房地产企业的股东，他们对企业拥有以股票体现的部分所有权，股东有权根据企业的经营成果获得股息和红利，但必须对企业经营不良的后果负有限责任。股东不能向企业要求退股，但可以把股票转让给别人。房地产开发股份有限公司可根据企业不同时期、不同经营情况的需要，选择发行不同种类的房地产股票，包括普通股和优先股。

股份制房地产开发企业在投资开发房地产项目时，可以通过发行股票的办法筹措资金。发行股票的范围，可以在境内，也可以在境外，但均需要经过严格的审查与审批程序。国内股票市场上的房地产板块，目前已成为我国股市的一支重要力量，万科、保利、招商、金地等房地产股票在股票市场都有很高的知名度。

2. 发行房地产债券

房地产债券是房地产企业为了筹措房地产资金而向社会发行的借款信用凭证。债券的发行者是债务人，债券的购买者是债权人，债券持有人有权按照约定的期限和利率获得利息，并到期收回本金，但无权参加房地产企业的管理，也不对其经营状况承担责任或享受权益。房地产债券有记名式和无记名式两种。由于记名式房地产债券具有手续繁琐、流通性差的特点，而无记名式房地产债券具有手续简便、流通性良好、风险性小等特点，所以房地产投资者一般以选择无记名式房地产债券为主。发行房地产债券的好处很多，主要有：可在需要资金时及时筹集到账，又可在资金充裕时停止筹措行为，灵活且高效；没有银行贷款那种中途停贷或回收的风险；发行债券易于被大众接受。

（四）通过联建和参建筹资

联建和参建筹资实际上是一种合伙制融资，指合伙人按照彼此达成的协议共同出资投资于某一房地产项目。在实践中，联建一般是指各单位之间的共同投资行为。参建一般是指个人参与某一房地产项目的投资行为，而这一房地产项目是由一个或几个房地产企业为主开发经营的。开发商如果确实筹款困难，那么寻找一家或几家有经济实力的国际或国内公司联合开发，是一种分散和转移资金压力的较好办法。开发商可以组织合作成员发挥各自的优势，并由各成员分别承担和筹集各自需要的资金。

（五）利用外资

利用外资是房地产融资的一种渠道和方式，具体形式有中外合资、合作开发、外商独资开发等。据有关部门资料显示，外商投资房地产呈现逐年递增趋势，投资规模不断扩大。有条件的企业可以利用外资进行房地产投资，但所承受的政治风险较大，一旦出现意外，损失非常大。

（六）通过预售筹资

当房地产开发进行到一定程度，符合规定的预售条件即可预售。对房地产开发商来说,预售部分房屋既可以筹集到必要的建设资金,又可以降低市场风险。尽管可能损失部分未来收益,但对习惯于"借鸡生蛋"的开发商来说,适时、适价地预售部分房屋是必要的。

（七）利用承包商垫资

在建筑市场竞争激烈的情况下,许多有一定经济实力的承包商,有可能愿意带资承包建设工程,以争取到建设任务。这样,开发商就将一部分筹资的困难和风险分摊给了承包商。

四、房地产开发资金成本及其计算

（一）房地产开发资金成本

房地产开发资金成本是投资者在房地产开发项目实施中,为筹集和使用资金而付出的代价。房地产开发资金成本由资金筹措成本和资金使用成本两部分组成。房地产开发资金筹措成本是指房地产投资者在资金筹措过程中支付的各项费用,主要包括向银行借款的手续费;发行股票、债券而支付的各项代理发行费用,如印刷费、手续费、公证费、担保费和广告费等。房地产开发资金筹集成本一般属于一次性费用,筹资次数越多,资金筹集成本也就越大。房地产开发资金使用成本又称资金占用费,它包括支付给股东的各种股利、向债权人支付的贷款利息,以及支付给其他债券人的各种利息费用等。房地产开发资金使用成本一般与所筹集资金的多少以及所筹集资金使用时间的长短有关,具有经常性、定期支付的特点,是资金成本的主要内容。

房地产开发资金成本可用绝对数表示,也可用相对数表示。为便于分析比较,房地产开发资金成本通常用相对数来表示,即支付的报酬与提供的资本之间的比率,也称房地产开发资金成本率,可用下列公式来计算

$$K = \frac{D}{P-F} \times 100\% \text{ 或 } K = \frac{D}{P(1-f)} \times 100\%$$

式中：K——资金成本率(一般通称为资金成本);

D——使用费;

P——筹资总额;

F——筹资费用;

f——筹资费用率,即筹资费用与筹资总额之比。

按照房地产开发资金成本的计算对象和计算方式不同,可分为个别资金成本、综合(加权平均)资金成本和边际资金成本。

（二）个别资金成本的计算

个别资金成本是指按各种资金筹资方式计算确定的成本。采用不同筹资方式取得

的资金,由于影响资金成本的具体因素不同,其资金成本也就高低不等。个别资金成本是比较不同筹资方式优劣的一个标准。下面主要介绍几种长期筹资方式下的个别资金成本。

1. 长期借款资金成本率公式

房地产开发向银行借款,所支付的利息费用一般可作为财务费用,通常在所得税前扣除,这可使房地产开发企业少缴一部分所得税,因此,长期借款的资金成本率计算公式可以写成

$$K_1 = \frac{I_1(1-T)}{1-f_1}$$

式中:K_1——长期借款成本率;
I_1——长期借款利率;
f_1——借款费用率;
T——企业所得税率。

[例7-1] 某房地产企业长期借款200万元,年利率10.8%,借款期限3年,每年付息一次,到期一次还本,企业所得税率33%,筹资费用忽略不计,试计算这笔长期借款的资金成本率。

解: $10.8\% \times (1-33\%) = 7.236\%$

上述公式仅适用于每年末支付利息、借款期末一次全部还本的情况。如果利息的支付采取贴现的形式,在借款中预先扣除,而不是在每期期末支付,则借款成本计算公式为

$$K_1 = \frac{I_1(1-T)}{1-I_1-f_1}$$

2. 债券资金成本率公式

房地产开发企业发行债券的成本主要是指债券利息和筹资费用。债券利息的处理与长期借款利息的处理相同,应以税后的债务成本为计算依据。房地产开发债券筹资费用一般比较高,不可在计算融资成本时省略。债券资金成本率可按下列公式计算

$$K_b = \frac{R_b(1-T)}{(1-f_b)} \text{ 或 } \frac{I_b(1-T)}{B(1-f_b)}$$

式中:K_b——债券资金成本;
R_b——债券利率;
I_b——债券年利息率;
B——债券筹资额;
f_b——债券筹资费用率;
T——企业所得税率。

若债券溢价或折价发行,为了更精确地计算资金成本,应以其实际发行价格作为债券筹资额。

[例 7-2] 某房地产开发企业发行总面值为 500 万元的 10 年期债券,票面利率为 8%,发行费率为 5%,发行筹资额 550 万元。企业所得税率为 33%,试计算该公司债券的资金成本。如果房地产公司以 350 万元发行面额为 500 万元的债券,试计算其资金成本率。

解:(1) 根据公式得:

$$K_b = \frac{500 \times 8\% \times (1-33\%)}{550(1-5\%)} = 5.13\%$$

(2) 以 350 万元价格发行时的资金成本率为

$$K_b = \frac{500 \times 8\% \times (1-33\%)}{350(1-5\%)} = 8.06\%$$

3. 普通股资金成本率公式

普通股股息不是固定的,普通股持有者的投资风险最大,股息率也最高。另外,普通股股息率将随着房地产开发项目经营状况而变化,发行普通股也需要较高的筹资费,所以普通股筹资成本率很高。计算普通股资金成本常用的方法有两种。

(1) 评价法。其计算公式为

$$K_e = \frac{D}{S(1-f)} \times 100\% + g$$

式中:K_e——普通股资金成本率;
  D——普通股预期年股利支出;
  S——普通股筹资额;
  f——普通股筹资费率;
  g——普通股利年增长率。

[例 7-3] 某房地产开发公司发行普通股正常市价 400 万元,筹资费用率为 5%,第一年支付股利率为 10%,预计每年股利增长率为 9%,试计算其资金成本率。

解:根据公式有

$$K_e = \frac{D}{S(1-f)} \times 100\% + g = \frac{400 \times 10\%}{400 \times (1-5\%)} + 9\% = 19.53\%$$

(2) 资本资产定价模型法。其计算公式为

$$K_e = R_f + \beta(R_m - R_f)$$

式中:R_f——无风险报酬率;
  R_m——平均风险股票必要报酬率;
  β——股票的风险校正系数。

[例 7-4] 某一期间证券市场无风险报酬率为 10%，平均风险股票必要报酬率为 15%，某房地产开发公司普通股 β 值为 1.10，试计算该普通股的资金成本。

解：根据公式有

$$K_e = R_f + \beta(R_m - R_f) = 10\% + 1.10 \times (15\% - 10\%) = 15.5\%$$

4. 优先股资金成本率公式

房地产开发企业发行优先股，也需要支付筹资费，其股息要分期支付。优先股的股息率一般高于债券的利率，所以筹资成本也高于债券。优先股的显著特点是股利支出是固定的。其计算公式如下

$$K_p = \frac{D}{S(1-f)} \times 100\%$$

式中：K_p——优先股资金成本率；
D——优先股预期年股利支出；
S——优先股票面价值；
f——优先股筹资费率。

[例 7-5] 某房地产开发公司为某项目发行优先股股票，票面额按正常市价计算为 200 万元，筹资费率为 4%，股息年利率为 14%，试求其优先股资金成本。

解：根据公式得

$$K_e = \frac{14\%}{1-4\%} = 14.58\%$$

5. 留用利润资金成本率公式

房地产开发项目的税后利润除了用于支付股息外，一般都要留有一部分用于投资。留用利润是房地产企业内部的一种资金来源。股东虽然没有以股息的形式分得这部分利润，但可以从股票市价的提高中得到好处。房地产开发企业留用一部分利润，等于普通股股东对房地产开发企业进行了追加投资，使普通股的资金增加。股东对这一部分追加投资同以前缴给企业的股本一样，也要求给予相应比率的报酬。因此，房地产开发企业对这部分资金并不能无偿使用，也应计算其资金成本。留用利润不需要支付筹资费，其计算公式如下

$$K_n = \frac{D_1}{P_0} + g$$

式中：K_n——留用利润的成本率；
D_1——第一年股利；
P_0——留用利润总额；
g——股利年均增长率。

(三)综合筹资成本率的计算

房地产开发需要多种渠道来筹措长期资金,为了进行筹资和投资决策,确定最佳资本结构,还需测算企业或项目各种长期资金来源综合的资金成本,即以各种资金占全部资金的比重为权数,对各种资金成本进行加权平均计算,是由个别资金成本和加权平均权数两个因素决定的,计算公式如下

$$K = \sum_{j=1}^{n} W_j K_j$$

式中:K——加权平均资金成本;

W_j——第j种来源资金占全部资金的比重(权重);

K_j——第j种来源资金的成本。

[例7-6] 设某房地产开发项目拟定的筹资方案有关财务数据如表7-1所示,根据已知条件计算个别资金成本率和综合资金成本率。

表7-1 某房地产开发项目筹资方案有关财务数据

银行贷款	贷款余额400万元	年利率7.5%	抵减金额20万元	所得税率33%
普通股	发行总额400万元(40万股)	预期股利1元/股	发行费用2.4万元	预期股利增长率3%
优先股	发行总额400万元(40万股)	股利率0.7元/股	发行费用12万元	
债券	发行总额1500万元	债券利率9.0%	发行费用15万元	所得税率33%
留用利润	个人所得税率25%,留用利润额200万元	股利率0.7元/股	普通股市价12元	预期年股利增长率5%

解:首先计算个别资金成本率。

银行贷款资金成本率 $K_1 = \dfrac{400 \times 7.5\% \times (1-0.33)}{400 \times \left(1-\dfrac{20}{400}\right)} \times 100\% = 5.29\%$

普通股筹资成本率 $K_e = 3\% + \dfrac{40 \times 1}{400 \times \left(1-\dfrac{2.4}{400}\right)} \times 100\% = 13.06\%$

优先股筹资成本率 $K_p = \dfrac{40 \times 0.7}{400 \times \left(1-\dfrac{12}{400}\right)} \times 100\% = 7.22\%$

债券资金成本率 $K_b = \dfrac{1500 \times 9.0\% \times (1-0.33)}{1500 \times \left(1-\dfrac{15}{1500}\right)} \times 100\% = 6.09\%$

留用利润资金成本率 $K_n = \left[5\% + \dfrac{0.70}{12\times(1-0)}\right] \times (1-25\%) = 8.12\%$

再计算综合资金成本率。由已知,总筹资额为(400+400+400+1 500+200),即 2 900万元,因而可以求出 W_j,结果如下

$$W_1 = 400 \div 2\ 900 = 13.79\%$$
$$W_2 = 400 \div 2\ 900 = 13.79\%$$
$$W_3 = 400 \div 2\ 900 = 13.79\%$$
$$W_4 = 1\ 500 \div 2\ 900 = 51.73\%$$
$$W_5 = 200 \div 2\ 900 = 6.90\%$$

代入综合筹资成本率计算公式可得

$$\begin{aligned}K = &\ 5.29\% \times 13.79\% + 13.06\% \times 13.79\% + 7.22\% \times 13.79\% \\ &+ 6.09\% \times 51.73\% + 8.12\% \times 6.90\% \\ =&\ 7.24\%\end{aligned}$$

(四)边际资金成本的计算

房地产开发企业的个别资金成本和加权平均资金成本,是房地产开发企业过去融资的或目前使用的资金成本。随着时间的推移,市场条件的变化,房地产开发企业的个别资金成本随着发生变化,加权平均资金成本也因此发生变化。因此,房地产开发企业在追加融资和追加投资时,必须考虑边际资金成本。

房地产开发企业的边际资金成本是指企业在新增加一个单位的资本而需要负担的成本。同时边际资金成本也需分为资本成分的边际成本和加权平均边际资金成本,而且边际资金成本通常用于企业的投资决策之中来区别于历史成本。

[例 7-7] 某房地产开发公司有关资本结构及其他资料如表 7-2 所示,试根据该表提供的资料说明追加融资时,边际资金成本的计算方法。

表 7-2 当前的资本结构

资本来源	金额(元)	所占比重(%)	资本成本率(%)
长期负债	90 000	30	8
优先股	30 000	10	12
普通股	180 000	60	18
合计	300 000	100	14.4

解:1. 确定各种融资方式的资金成本

在一定的市场条件下,房地产开发企业的融资能力是一定的。随着房地产开发企业融资规模的扩大,投资者所冒的投资风险也就越大,他们所要求的投资回报率也就越高,

对融资的企业来说,其融资成本也会扩大,则新增资本的加权平均资金成本也会增加。假设该企业各种增资方案的资本成本如表7-3所示。

表7-3 各种增资方案的资金成本

资金来源	最优资本结构(%)	增资的数量范围(元)	资金成本率(%)
长期负债	30	<270 000	8
		270 000—720 000	10
		>720 000	12
优先股	10	≤252 000	12
		>252 000	14
普通股	60	<1 080 000	18
		1 080 000—2 880 000	20
		>2 880 000	22

2. 计算筹资总额分界点

筹资总额分界点是指各种筹资方式下成本发生变动的最大筹资总额,它是根据最优资本结构和各种融资方式下资本成本发生变化的融资范围确定的,计算公式为

$$BP_j = \frac{TF_j}{W_j}$$

式中:BP_j——筹资总额分界点;

TF_j——第 j 种来源资金的成本分界点;

W_j——目标资本结构中第 j 种资本的比重。

根据上述公式,该房地产开发公司筹资总额分界点计算如表7-4所示。

表7-4 筹资分界点计算

资金方式	资金成本率(%)	各种资金的筹资范围(元)	筹资总额分解点(元)	筹资总额的范围(元)
长期负债	8	<270 000	270 000/0.3 = 900 000	<900 000
	10	270 000—720 000	720 000/0.3 = 2 400 000	900 000—2 400 000
	12	>720 000	—	>2 400 000
优先股	12	≤252 000	252 000/0.1 = 2 520 000	≤2 520 000
	14	>252 000	—	>2 520 000
普通股	18	<1 080 000	1 080 000/0.60 = 1 800 000	<1 800 000
	20	1 080 000—2 880 000	2 880 000/0.60 = 4 800 000	1 800 000—4 800 000
	22	>2 880 000	—	>4 800 000

3. 计算边际资金成本

根据上一步骤可得到新的融资范围是：900 000元以下；900 000—1 800 000元；1 800 000—2 400 000元；2 400 000—2 520 000元；2 520 000—4 800 000元；4 800 000元以上。对这六个筹资范围分别计算加权平均资金成本，便可求得各种筹资范围的边际资金成本。计算过程见表7-5。

表7-5 边际资金成本计算

筹资总额范围（元）	资金来源	资本结构(1)(%)	资金成本率(2)(%)	边际资金成本(3)=(1)×(2)(%)
900 000以下	长期负债	30	8	2.4
	优先股	10	12	1.2
	普通股	60	18	10.8
	合计	100	—	14.4
900 000—1 800 000	长期负债	30	10	3
	优先股	10	12	1.2
	普通股	60	18	10.8
	合计	100	—	15
1 800 000—2 400 000	长期负债	30	10	3
	优先股	10	12	1.2
	普通股	60	20	12
	合计	100	—	16.2
2 400 000—2 520 000	长期负债	30	12	3.6
	优先股	10	12	1.2
	普通股	60	20	12
	合计	100	—	16.8
2 520 000—4 800 000	长期负债	30	12	3.6
	优先股	10	14	1.4
	普通股	60	20	12
	合计	100	—	17
4 800 000以上	长期负债	30	12	3.6
	优先股	10	14	1.4
	普通股	60	22	13.2
	合计	100	—	18.2

五、房地产开发资金筹措方案选择

(一)衡量房地产开发资金筹措方案的标准

房地产开发企业在考虑运用各种筹资方式筹措资金时,应首先设计出筹措到所需资金的多个不同方案,进而对这些方案进行计算和分析,从中选出最优方案;然后再考虑所选方案,改进该方案的资本结构,使之达到最优。这个过程就是资本结构的优化与筹资决策。

1. 筹资方案的收益率大于综合资金成本率

考察筹资方案是否有利时,通常是用各种筹资方案的综合资金成本率与相应方案的投资收益率进行比较。如果投资收益率大于综合筹资成本率,则表明此筹资方案是可行的。

2. 财务杠杆效应与财务风险之间达到最佳均衡

当某一筹资方案确定的资本结构中债务资本比例在某个范围内增加时,负债资本的资金成本率并不会增大,总资本的平均资金成本率会因此下降,这时房地产开发企业可以在较小的财务风险条件下获得财务杠杆效应。但当资本结构中的债务比例超过某个范围时,财务风险迅速增大,负债资本资金成本率明显上升。这个范围,就是财务杠杆效应与财务风险之间的最佳均衡点。

3. 综合筹资成本率最低

在筹资方案中,不同的权益资本和不同的债务资本都各有不同的筹资成本率和不同的具体筹资条件和要求。因此,筹资者对经过前述两方面考虑后保留下来的筹资方案还要进一步优化,在诸多方案中选择一个综合筹资成本率最低的筹资方案。

(二)房地产开发资金筹措方案的决策程序

一般而言,房地产开发资金筹措方案的决策程序为:根据项目的实际情况,编制房地产开发资金使用计划表;根据投资资金使用计划表和公司的资金情况,编制若干个可能的筹资方案;计算各筹资方案的资本结构和资金成本率;选择资金成本率最低的筹资方案为待选方案;计算公司的财务杠杆效应,判断各方案资本结构的效益情况;计算各有关方案的财务比率等指标,判断各方案资本结构的风险程度;综合比较和分析,对候选方案的可行性进行判定;如果证明候选方案不可行,则可从余下的方案中选择一个,重复上述过程。直至找到一个资金成本率较低,又通过可行性研究的筹资方案,便是决策方案。

第二节 房地产开发项目规划设计方案的评价

房地产开发项目规划设计方案的评价,是房地产开发企业对开发项目在规划与设计阶段所进行的重要管理工作，是择优选择设计方案的前提。本节以居住小区开发为例，介绍住宅规划设计方案的评价指标体系及评价选择的方法。

一、房地产开发项目规划设计方案评价的特点

（一）评价主体的多元性

房地产开发项目规划设计方案，评价主体除开发者（开发企业）本身外，还涉及使用者（城市居民）、管理者（城市规划管理部门）、设计者和施工者。不同的评价主体，对方案的评价目标与准则往往不尽相同，因而导致不同的评价结果。

1. 使用者

在上述众多的评价者中，最主要的是使用者，这是因为开发者欲获得良好的经济效益，其开发项目必须能得到使用者的认可。因此，使用者对开发项目的意见是极为重要的。

2. 城市规划管理部门

城市规划管理部门从代表城市社会公众利益出发，以城市建设必须服从城市总体规划为原则，尽可能照顾到局部的特点，对设计方案进行评价，并通过行政审批认可后，项目才能建设实施。因此，城市规划管理部门对开发项目的评价意见也至关重要。

3. 设计者和施工者

设计者和施工者对设计方案的理解和看法也是不容忽视的。前者通过构思，从开发项目的适用性、经济性和美观性等方面，表达开发者的意图；后者从建设实施的角度，对开发项目施工的可能性、功效进行评价，这两者都直接关系到开发项目的效益。因此，他们也是重要的评价者。

（二）评价目标的多样性

开发项目规划设计的目标不是单一的，而是多样的。评价规划设计方案，不能以经济效益目标作为唯一的标准，应同时兼顾社会效益和环境效益，以综合效益的好坏作为方案取舍的标准。

1. 效益的综合性

由于城市中存在着广泛的外部性，城市中各项开发建设活动客观上对城市社会产生影响，为了提高房地产开发活动的外在效益和减少其外在成本，代表广大城市居民利益的城市规划管理部门必须在考虑土地利用的经济效益的同时，保证土地开发利用的社会效益和环境效益。

2. 多目标密切相关

开发项目的经济效益、社会效益和环境效益三者之间有着密切的关系，既有矛盾的一面，更有统一的一面。如开发低档住房，虽然收益率较高档住房低，但用户多、需求量大、风险小，因而仍然能取得良好的经济效益；再如良好的小区环境可增加用户购房的吸引力。

（三）评价结论的不确定性

1. 评价者的主观性

房地产开发项目规划设计方案标准的评价指标体系中，有很多定性指标难以定量描述，只能根据主观的判断来确定，评价者由于经验、价值观和专业水平存在着差异，往往对同一个方案，不同的评价者所作的评价结论也不尽一样。

2. 项目未来情况的不确定性

对规划设计方案的评价，实际上是对方案实施后所取得的效益进行评估，由于设计方案未经实施，因而对未来情况难以准确描述，只能通过评价者对规划设计的图纸、模型等来进行分析、设想，从而作出主观判断。因此，很难保证这种预测性的判断是非常准确的。

二、房地产开发规划设计方案评价指标体系

居住小区开发项目规划设计方案的评价的指标体系可分为用地面积指标和主要技术经济指标。

（一）用地面积指标

居住小区用地面积指标是指小区内居住建筑、公共建筑、道路和绿化等所占的土地面积。通过小区用地平衡表，分析各类用地所占的比重，从而评价土地利用的合理性和经济性。某居住小区用地平衡表如表 7-6 所示。

表 7-6　某居住小区用地平衡表

项　目	面积（公顷）	人均面积（平方米/人）	百分比（%）	国家指标（1980 年）（平方米/人）
总用地	17.10	16.18	100	16—23
居住用地	10.34	9.78	60.45	9—11
公建用地	3.57	3.38	20.00	5—7
道路用地	1.24	1.17	8.14	1—3
绿化用地	1.95	1.85	11.41	1—2

（二）主要技术经济指标

1. 住宅平均层数

住宅平均层数指各种住宅层数的平均值，按各种层数住宅的建筑面积与占地面积之比计算，即

$$平均层数 = \frac{总建筑面积}{总用地面积}$$

2. 居住建筑密度

居住建筑密度指居住建筑基底面积与居住建筑面积之比,即

$$居住建筑密度 = \frac{居住建筑基底面积}{居住建筑用地面积}(\%)$$

3. 居住建筑面积密度

居住建筑面积密度指每公顷居住用地上建造居住建筑面积,即

$$居住建筑面积密度 = \frac{居住建筑面积}{居住用地面积}(平方米/公顷)$$

4. 人口净密度

人口净密度指每公顷居住用地上所容纳的居住人数,即

$$人口净密度 = \frac{居住人数}{居住建筑用地面积}(人/公顷)$$

人口净密度与平均每人居住建筑面积有关,在相同居住建筑面积密度条件下,平均每人居住建筑面积超高,则人口密度相对降低。

5. 平均每人、每户居住用地面积

$$平均每人(每户)居住用地面积 = \frac{居住建筑用地面积}{居住总人数(或总户数)}(平方米/人或户)$$

6. 建筑密度

建筑密度指项目用地范围内所有基底面积之和与规划建设用地面积之比,即

$$建筑密度 = \frac{用地范围内所有基底面积之和}{规划建设用地面积}$$

7. 建筑面积密度

建筑面积密度指每公顷开发小区用地上建造的建筑面积。即

$$建筑面积密度 = \frac{开发小区内总建筑面积}{小区总用地面积}(平方米/公顷)$$

8. 绿化覆盖率

绿化覆盖率指在建设用地范围内全部绿化种植物水平投影面积之和与建设用地面积的比率(%),即

$$绿化覆盖率 = \frac{全部绿化种植水平投影面积之和}{建设用地面积}(\%)$$

9. 人均公共绿地面积

人均公共绿地面积是衡量一个住宅区绿化水平的重要指标之一,指住宅区内平均每人占有的公共绿地面积,即

$$人均公共绿地面积 = \frac{住宅区内公共绿地总面积}{住宅区内总人口}(平方米/人)$$

10. 工程造价

工程造价包括工程总造价以及每户、每平方米建筑面积的综合造价。

此外,对旧城区开发项目,还应计算由拆、建、安所决定的增房量、余房量及其相应的造价。

$$增房量 = 新建住宅数量 - 拆除旧住宅的数量 \times 折旧率(\%)(平方米)$$

$$余房量 = 新建住宅数量 - 安置原有居住用房量(平方米)$$

$$增房量综合单方造价 = \frac{住宅建设总费用}{住宅建筑总面积 - 拆除旧房总面积 \times 折旧率}(元/平方米)$$

$$余房量综合单方造价 = \frac{住宅建设总费用}{住宅总面积 - 拆除安置用房总面积}(元/平方米)$$

三、房地产开发项目规划设计方案评价方法

对房地产开发项目规划设计方案的评价,首先要明确评价目标;其次将目标分解为相应的准则以及可以明确表述的评价内容或指标,从而构成结构明确、层次清楚的目标体系;再次选定合适的评价方法,对方案进行分析和评价;最后通过比较分析,判断和选择方案。

在规划设计方案评价过程中,所涉及的评价标准有两类:相对标准和绝对标准。前者是在不同方案之间进行相互比较;后者是以国家规定的定额指标和规划管理部门提出的规划设计要点作为评价依据。

开发项目规划设计方案评价是一种综合评价,即追求多目标综合效果的评价。这与在可行性研究阶段对开发项目进行评价是有区别的,虽然在可行性研究阶段对开发项目也考虑多目标因素,但其评价的重点是开发项目在经济上是否可行,财务上是否盈利,并通过一系列指标确定开发方案,从而作为开发项目规划设计的依据。因此,在规划设计阶段对开发项目的评价,一方面,根据可行性研究的结果,审查开发项目规划设计的技术经济指标;另一方面,对开发项目的社会和环境效益也要进行评价,而后者往往是定性判别。

为便于对方案进行综合评价,下面介绍的几种方法对定性指标都作了量化处理。

(一)综合评分法

对规划设计方案的各评价指标进行评分,其中定性指标采用专家打分,定量指标则转化为相应的评分,并确定各指标的权重,最后将各项指标的得分累加,求出该方案的综合评分值。

设有 j 个方案,每个方案有 k 个评价指标,K_i^j 为 j 方案第 i 个指标的评分,则 j 方案的综合评分为

$$K^j = \sum_{i=1}^{N} K_i^j \qquad j = 1, 2, \cdots, j$$

若对评价指标依其重要性赋予不同的权重 $W_i(i=1,2,\cdots,N)$,则上式改为

$$K^j = \sum_{i=1}^{N} W_i K_i^j \qquad j = 1, 2, \cdots, j$$

由上述两式可以求出各方案的综合评分值 $K^j(j=1,2,\cdots,j)$,综合评分值最大的方案为最优方案。

(二) 层次分析法

用层次分析法评价开发项目的规划设计方案的基本思路:按照评价问题中各类因素之间的隶属关系把它们从高至低排成若干层次,建立不同层次元素之间的相互关系。根据对同一层次元素相对重要性比较的结果,决定层次各元素重要性的先后次序,以此来作为决策的依据。

运用层次分析法评价房地产开发项目规划设计方案的步骤如下。

第一步,建立评价模型。将评价问题分为三个层次:目标层、评价指标层和方案层。如图 7-1 所示,并根据评价指标层和方案层确定评价指标集 X 和评价对象集 Y。

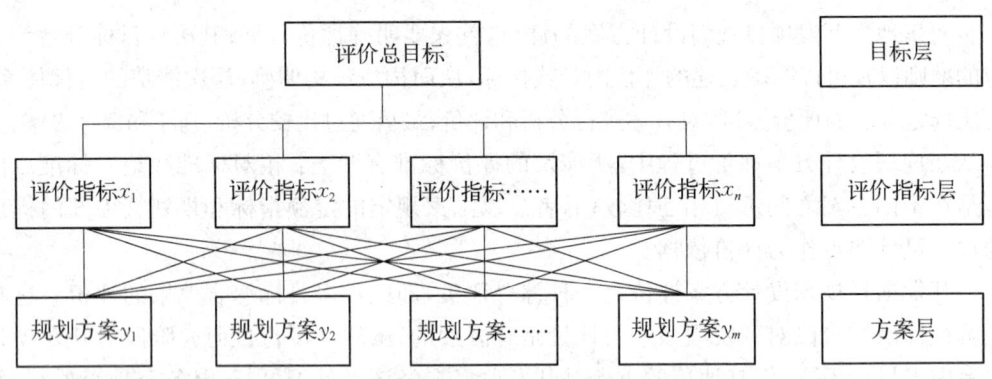

图 7-1 房地产开发项目规划设计方案评价模型

$$X = \{x_1, x_2, \cdots, x_n\};$$
$$Y = \{y_1, y_2, \cdots, y_m\}$$

式中:$y_1, y_2, \cdots, y_m$ 是 m 个需评价的方案,多个备选的评价方案组成评价对象集 Y;规划设计方案的评价指标(如小区设施配置、群体组合、环境景观、经济可行等)相应组成评价指标集 X。

第二步,建立判断矩阵。判断矩阵表示同层次元素相对上层次元素的重要程度,以评价指标层相对于目标层为例,其判断矩阵形式为

$$E = \begin{bmatrix} R_{11} & R_{12} & \cdots & R_{1_M} \\ R_{21} & R_{22} & \cdots & R_{1m} \\ R_{31} & R_{32} & \cdots & R_{3m} \end{bmatrix}$$

R_{ij} 表示以判断准则 H 的角度考虑评价指标层要素的相对重要程度。假设在准则 H

下，要素 X_1，X_2，X_3，$\cdots$，X_n 的权重分别为 w_1，w_2，w_3，$\cdots$，w_n，即 $W = [w_1 \quad w_2 \quad w_3 \quad \cdots \quad w_n]^T$，则 $R_{ij} = w_1/w_2$。

R_{ij} 是表示两个要素的相对重要性的数量尺度，称作判断尺度，取其值如表 7-7 所示。

表 7-7 判断尺度的取值

判断尺度	定 义	判断尺度	定 义
1	对 H 而言，X_i 和 X_j 同样重要	7	对 H 而言，X_i 比 X_j 重要得多
3	对 H 而言，X_i 比 X_j 稍微重要	9	对 H 而言，X_i 比 X_j 绝对重要
5	对 H 而言，X_i 比 X_j 重要	2,4,6,8	介于上述两个相邻判断尺度之间

由表可知：若 X_i 比 X_j 重要，则 $R_{ij} = w_i/w_j = 5$；反之，若 X_j 比 X_i 重要，则 $R_{ij} = 1/R_{ij} = 1/5$。

第三步，进行层次单排序。

首先对判断矩阵进行归一化处理，得到归一化比较矩阵 C_N，$C_{N_{ij}} = (C_{ij}) / (\sum_{i=1}^{m} C_{ij})(i = 1C_{ij})$（使各列（行）元素之和为 1），归一化比较矩阵为

$$C_{N_{ij}} = \frac{C_{ij}}{\sum_{i=1}^{m} C_{ij}}$$

再通过比较矩阵计算优先级矢量 P。按照 Thomas L. Satty 方法，$P = \{p_1, p_2, \cdots, p_m\}$；即

$$P_i = \frac{1}{m} \sum_{i=1}^{m} C_{Nij}$$

最后是检验比较矩阵的一致性。通过前面分析可知，比较矩阵具有完全一致性时，最大特征值 $\lambda_{\max} = n$（n 为比较矩阵的阶数），但是这在一般情况下是不可能的。为了检验比较矩阵的一致性，需要计算它的一致性指标 CI，即

$$CI = \frac{\lambda_{\max} - n}{n - 1}$$

当 $CI = 0$ 时，比较矩阵具有完全的一致性；反之 CI 愈大，则比较矩阵的一致性愈差。为了检验比较矩阵是否具有令人满意的一致性，需要将 CI 与评价随机一致性指标 RI 进行比较，前者与后者之比，称为比较矩阵的随机一致性比较，计为 CR（见表 7-8）。

表 7-8 平均随机一致性指标 RI

矩阵的阶数 n	1	2	3	4	5	6	7	8	9
RI	0	0	0.58	0.92	1.12	1.24	1.32	1.41	1.45

一般地，当 $CR = CI/RI < 0.10$ 时，就认为比较矩阵具有令人满意的一致性；否则，当 $CR > 0.10$ 时，就需要调整比较矩阵，直到满意为止。

$$E = \begin{Bmatrix} P_1 \\ P_2 \\ \vdots \\ P_n \end{Bmatrix}$$

第四步,进行方案总排序。在计算各层次要素对上一级要素的相对重要度以后,即可求出方案总排序。其计算过程如下。

设有目标层 A、评价指标层 X 和方案层 Y 构成的层次模型,评价指标层对目标层的相对权重为 $w^{(1)} = [w_1^{(1)} \quad w_2^{(1)} \quad \cdots \quad w_k^{(1)}]^T$,方案层 n 个方案对评价指标层的各指标的相对权重为 $w^{(2)} = [w_{l1}^{(2)} \quad w_{l2}^{(2)} \quad \cdots \quad w_{lk}^{(2)}]^T (l = 1, 2, 3, \cdots, n)$,这 n 个方案对目标而言,其层次总排序是通过 $w^{(1)}$ 与 $w_l^{(2)}$ 组合而得到的,其计算可采用表格式进行(见表7-9)。

表7-9 层次总排序计算

指标 方案	X_1 $w_1^{(1)}$	X_2 $w_2^{(1)}$	$\cdots$	X_k $w_k^{(1)}$	方案总排序结果
Y_1	$w_{11}^{(2)}$	$w_{12}^{(2)}$	$\cdots$	$w_{1k}^{(2)}$	$v_1^{(2)} = \sum_{j=1}^{k} w_j^{(1)} w_{1j}^{(2)}$
Y_2	$w_{21}^{(2)}$	$w_{22}^{(2)}$	$\cdots$	$w_{2k}^{(2)}$	$v_2^{(2)} = \sum_{j=1}^{k} w_j^{(1)} w_{2j}^{(2)}$
$\vdots$	$\vdots$	$\vdots$	$\vdots$	$\vdots$	
Y_n	$w_{n1}^{(2)}$	$w_{n2}^{(2)}$	$\cdots$	$w_{nk}^{(2)}$	$v_n^{(2)} = \sum_{j=1}^{k} w_j^{(1)} w_{nj}^{(2)}$

[例7-8] 某开发小区的规划设计有三个方案:Y_1,Y_2 和 Y_3,试根据规划设计方案的综合效果,用层次分析法选定最佳方案。

解:首先将开发小区设计方案综合评价的总目标分解为多个评价指标,为了计算简便,选取其中重要的三个评价指标(当评价指标更多时,计算方法相同),建立如下的评价模型(见图7-2)。

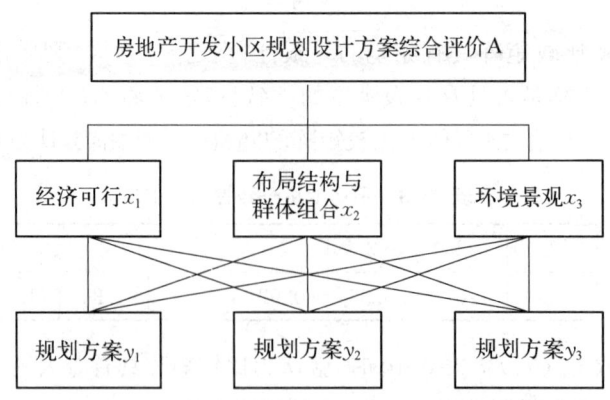

图7-2 开发小区规划设计方案综合评价模型

紧接着就是构造判断矩阵,并进行层次单排序。判断矩阵通过综合专家意见建立。目标-评价指标层判断矩阵如下。

A	X_1	X_2	X_3
X_1	1	5	3
X_2	1/5	1	5
X_3	1/3	1/5	1

这三个指标关于目标的排序权值如下

$$M_1 = 15, M_2 = 0.066\,7, M_3 = 1$$
$$V_1 = 2.466, V_2 = 0.405, V_3 = 1$$
$$p_1 = \frac{2.466}{2.466 + 0.405 + 1} = 0.637, p_2 = 0.105, p_3 = 0.258$$

一致性检验结果为

$$\lambda_{\max} = 3.038\,5, CI = 0.019\,2, CR = 0.019\,2/0.58 = 0.033\,2 < 0.10$$

同样,三个方案对于各个指标的判断矩阵以及运算所得的结果分别见表。对于指标 X_1(经济可行)来说

X_1	Y_1	Y_2	Y_3	P
Y_1	1	1/4	2	0.181 8
Y_2	4	1	8	0.727 2
Y_3	1/2	1/8	1	0.091 0

$$\lambda_{\max} = 3.0, CI = 0.0, CR = 0.0 < 0.1$$

对于评价指标 X_2(布局结构与群体组合)来说

X_2	Y_1	Y_2	Y_3	P
Y_1	1	4	1/3	0.255 9
Y_2	1/4	1	1/8	0.073 3
Y_3	3	8	1	0.670 8

$$\lambda_{\max} = 3.018\,3, CI = 0.009\,1, CR = 0.015\,7 < 0.10$$

对于评价指标 X_3(环境景观)来说

X_3	Y_1	Y_2	Y_3	P
Y_1	1	1	1/3	0.185 1
Y_2	1	1	1/5	0.156 2
Y_3	3	5	1	0.658 7

$$\lambda_{\max} = 3.029\,0, CI = 0.014\,5, CR = 0.025\,0 < 0.10$$

最后进行层次总排序。

A	X_1 0.637	X_2 0.105	X_3 0.258	总排序权值	优先次序
Y_1	0.181 8	0.255 9	0.185 1	0.190 4	3
Y_2	0.727 2	0.073 3	0.156 2	0.511 2	1
Y_3	0.091 0	0.670 8	0.658 7	0.298 4	2

$$CR = 0.008\,1 < 0.10$$

从以上结果可知，设计方案 Y_2 从综合评价来看是最佳方案。

第三节 房地产开发项目报建管理

一、房地产开发项目报建流程

房地产开发项目报建是指在原规划设计方案的基础上，房地产开发企业委托规划设计单位提出各单体建筑的设计方案，并对其布局进行定位，对开发项目用地范围内的道路和各类工程管线作更深入的设计，使其达到施工要求，并提交有关部门审批的过程。用于报建的建筑设计方案经城市规划管理和消防部门、抗震办、人防部门、环卫部门、供水供电管理部门审查通过后，可以进一步编制项目的施工图和技术文件，再报城市规划管理部门及有关专业管理部门审批。

房地产开发项目报建的流程如图7-3所示。房地产开发企业在取得土地使用权后，根据城市规划管理部门提出的设计要求，通过设计、招投标等方式，委托建筑设计院编制设计方案（两个或者两个以上）。方案完成以后，房地产开发商持项目规划设计方案、规划设计方案报审表、规划设计书及其他相关资料，再向城市规划行政主管部门提出规划设计方案审批申请。

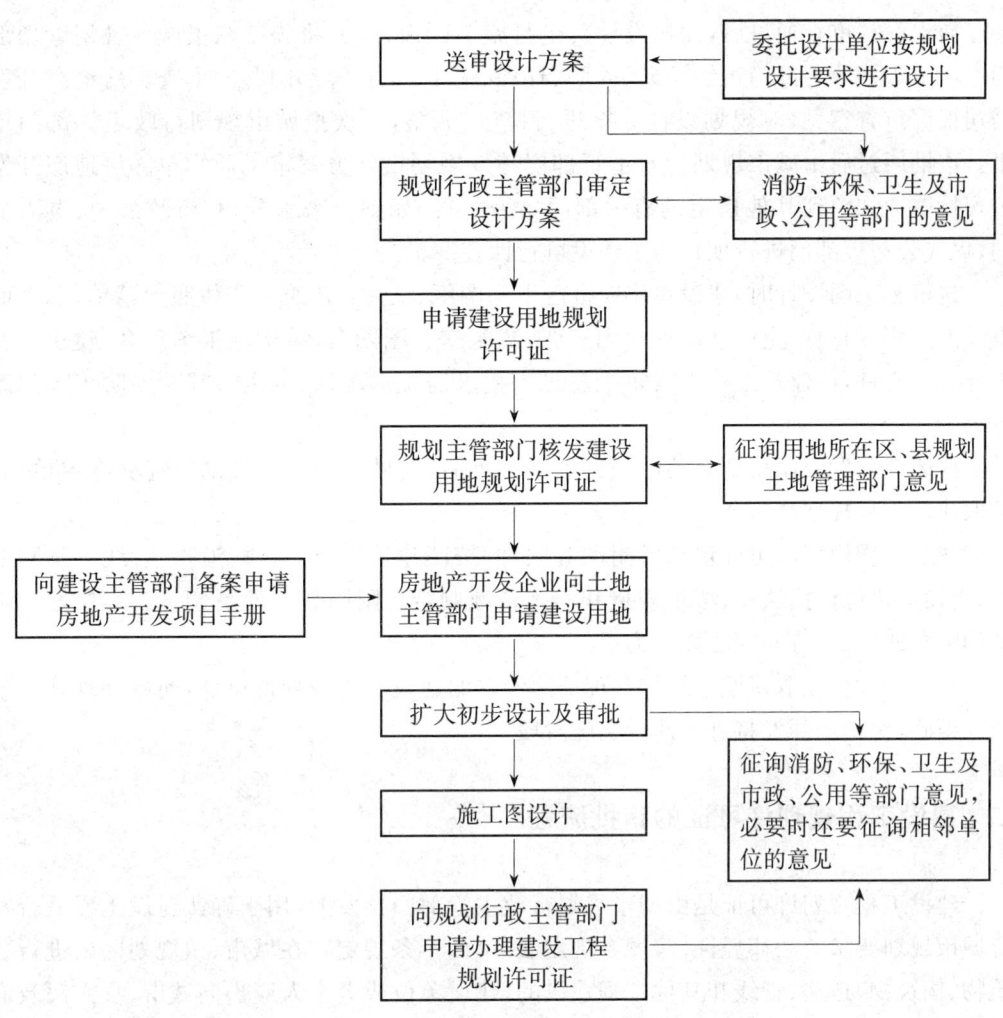

图 7-3 房地产开发项目报建流程

城市规划行政主管部门接到申请后,应在规定的期限内组织有关单位审查规划设计方案,并提出修改和调整意见。对于大型项目,城市规划主管部门需要组织消防、人防、环保、卫生、交管等部门共同审查。建设单位根据审查意见,对规划设计方案进行修改、调整。

送审设计方案时,房地产开发企业应报送下列图纸、文件和资料:填报建设工程设计方案送审单;总平面设计图两张(比例 1:500 或 1:1 000);选址批复及规划设计要求送审的其他文件、图纸;单体建筑物的平面图、剖面图、立面图各两套。图纸应标明建筑尺寸,平面图应写明设计指标;如果属于设计招标工程,应加送设计单位中标通知书复印件。

方案审查通过后,委托设计院进行项目的初步设计(对高层建筑),并将初步设计报城市规划管理部门,由规划管理部门组织抗震办、人防办、环卫、供水、供电等部门对初步设计进行会审。

初步设计审查通过后,委托设计院进行施工图设计,并将施工图报城市规划管理部门。城市规划管理部门组织消防、人防、环保、卫生、交管等部门共同审查。房地产开发公司根据审查意见,对规划设计方案进行修改、调整,再次报城市规划行政主管部门审批。审批通过后由城市规划行政主管部门签发规划设计方案审批通知单。房地产开发公司持该通知单到其他指定的有关部门签署意见,如到自来水公司、市政公司、电力公司、煤气公司等部门进行项目施工建设可行性签字。

送审施工图设计时,建设单位应报送下列图纸、文件:建筑工程执照申请单,总平面设计图两张,房地产企业基地地形图三张,建筑施工图两套,结构施工图一套,建筑工程设计批准文件,按建筑工程方案审批意见书要求需报送环保、卫生、消防、人防等部门意见书。

房地产开发公司得到有关部门的签署意见后,向城市规划管理部门提交会签单,并领取建设工程规划许可证。

建筑工程规划许可证包括的附图和附件,按照建筑物、构筑物、道路、管线等不同要求,由发证单位根据法律、法规规定和实际情况制定。附图和附件是建筑工程规划许可证的配套证件,具有同等法律效力。

一旦开发企业取得城市规划管理部门颁发的建设工程规划许可证,便可办理开工手续。至此,房地产开发将进入建设实施阶段。

二、建设工程规划许可证的审批流程

建设工程规划许可证是由城市规划行政主管部门核发的,用于确认建设工程是否符合城市规划要求的法律凭证。《城乡规划法》第四十条规定:"在城市、镇规划区内进行建筑物、构筑物、道路、管线和其他工程建设的,建设单位或者个人应当向城市、县人民政府城乡规划主管部门或者省、自治区、直辖市人民政府确定的镇人民政府申请办理建设工程规划许可证。申请办理建设工程规划许可证,应当提交使用土地的有关证明文件、建设工程设计方案等材料。需要建设单位编制修建性详细规划的建设项目,还应当提交修建性详细规划。对符合控制性详细规划和规划条件的,由城市、县人民政府城乡规划主管部门或者省、自治区、直辖市人民政府确定的镇人民政府核发建设工程规划许可证。"建设单位或者个人凡在城市规划区内的各项建设活动,无论是永久性,还是临时性的,都必须向城市规划行政主管部门提出申请,由城市规划行政主管部门审查批准。在取得建设工程规划许可证后,方可进行后续工作。建设工程规划许可证的审批流程包括以下五个步骤。

(一)建设工程规划许可证申请

建设单位应当持设计任务书、建设用地规划许可证和土地使用证等有关批准文件向城市规划主管部门提出建设工程许可证核发申请。城市规划主管部门对于申请进行审查,确定建设工程的性质、规模等是否符合城市规划的布局和发展要求;对于建设工程涉及相关主管部门的,则应根据实际情况和需要,征求有关行政主管部门的意见,进行综合协调。

(二) 初步审查

城市规划主管部门受理申请后,应对建设工程的性质、规模、建设地点等是否符合城市规划要求进行审查,并应征求环境保护、环境卫生、交通、通讯等有关部门的意见,以使规划更加合理完善。

(三) 核发规划设计要点意见书

城市规划主管部门根据对申请的审查结果和工程所在地段详细规划的要求,向建设单位或个人核发规划设计要点意见书,提出建设高度限制、与城市规划红线的边界限制、与四周已有工程的关系限制等规划设计要求。建设单位或个人按照规划设计要点意见书的要求,委托设计部门进行方案的设计工作。

(四) 方案审查

建设单位或个人根据规划设计要点意见书完成方案设计后,应将设计方案(应不少于两个)的有关图纸、模型、文件报送城市规划行政主管部门。城市规划主管部门对各个方案的总平面布置、工程周围环境关系和个体设计体量、层次、造型等进行审查比较后,将核发设计方案通知书,并提出规划修改意见。建设单位或个人据此委托设计单位进行施工图设计。

(五) 核发建设工程规划许可证

建设单位或个人按照设计方案通知书的要求完成施工图设计后,将注明勘察设计证号的初步设计文件(总平面图、个体建筑设计的平面图、立面图、剖面图、基础图、地下室平面图、剖面图等施工图及相关设计说明)报城市规划行政主管部门审查,经审查批准后,将核发建设工程规划许可证。

第四节　房地产开发项目招标投标

一、房地产开发项目招标投标概述

房地产开发项目招标,是指面对一项开发项目时,房地产开发企业将工程可行性研究内容、监理服务、勘察设计、设备需求、拟建工程的建设要求等,编制成招标文件,通过发布招标广告或向承包企业发出招标通知的形式,招引有能力的承包企业参加投标竞争(或进行协商),直至签订工程发包合同的全过程。房地产开发投标,是指承包企业在获得招标信息后,根据房地产开发企业招标文件提出的各项条件和要求,结合自身能力,提出自己愿意承包工程的条件和报价,供房地产开发企业选择,直至签订工程承包合同的全过程。可以说,房地产开发招标和投标是同一项房地产开发业务中密不可分的两个部分。

(一)房地产开发项目招标投标的作用

1. 有利于建设市场的法制化和规范化

从法律意义上说,房地产开发项目的招投标是招标、投标双方按照法定程序进行交易的法律行为,所以双方的行为都受到法律的约束。这就意味着房地产开发建设市场在招投标活动的推动下将更趋理性化、法制化和规范化。

2. 使工程造价更趋合理

房地产开发招标投标活动最明显的特点是投标人之间的竞争,而其中最集中、最激烈的竞争则表现为价格的竞争。价格的竞争最终导致工程造价趋于合理的水平。

3. 有效控制房地产开发投资

在房地产开发活动中,不同的投标人其个别劳动消耗水平是不一样的,但为了竞得项目并在市场中取胜,降低劳动消耗水平就成为市场取胜的重要途径。因此,必然要努力提高自身劳动生产率,降低个别劳动劳动消耗水平,进而导致整个房地产开发项目劳动生产率的提高、平均劳动消耗水平下降,使得房地产开发项目投资得到控制。

4. 有助于保证工程质量和缩短工期

投标竞争中表现最激烈的虽然是价格竞争,而实质上是人员素质、技术装备、技术水平和管理水平的全面竞争。投标人要在竞争中取胜,就必须在报价、技术、实力、业绩等方面展现出优势。因此,竞争迫使投标者采用新技术,加强企业和项目管理,从而促进全行业技术进步和管理水平的提高。

(二)房地产开发项目招标投标原则

1. 公开原则

房地产开发项目招标投标活动中所遵循的公开原则,要求招标活动信息公开、开标活动公开、评标标准公开、中标结果公开。

2. 公平原则

房地产开发项目招标人要给所有的投标人以平等的竞争机会,这包括给所有投标人同等的信息量、同等的投标资格要求,不设倾向性的评标条件。招标文件中所列合同条件的权利和义务要对等,要体现承发包双方的平等地位。

3. 公正原则

招标人在执行开标程序、评标委员会在执行评标标准时都要严格照章办事、尺度相同,不能厚此薄彼。

4. 诚实信用原则

房地产开发项目招投标双方都要诚实信用,不得有欺骗、背信的行为。招标人不得搞内定承包人的虚假招标,也不得在招标中设圈套损害承包人的利益。投标人不能用虚假的资质、虚假的标书投标,投标文件中所有各项都要真实。合同签订后,任何一方都要严格、认真地履行。

(三)房地产开发项目招标方式

1. 公开招标

房地产开发项目公开招标是指招标人以招标公告的方式邀请不特定的法人或者其他组织投标。招标的公告必须在国家指定的报刊、信息网络或者其他媒介发布。招标公告应当标明招标人的名称、地址、招标项目的性质、数量、实施的地点和时间,以及获得招标文件的办法等事项。如果要进行投标资格预审的,则在招标公告中还应标明资格预审的主要内容及申请投标资格预审的办法。

房地产开发项目公开招标的最大特点是一切有资格的承包商和供应商均可参加投标竞争,都有同等机会。公开招标的优点是招标人有较大的选择范围,可在众多的投标人中选到报价合理、技术可靠、资信良好的中标人。其缺点是:资格审查及评标的工作大、耗时长、费用高,同时参加竞争的投标者越多,每个参加者中标的机会越小,风险越大,损失的费用也就越多。

2. 邀请招标

房地产开发项目邀请招标是指招标人以投标邀请书的方式邀请特定的法人或者其他组织投标。投标邀请书上同样标明招标人的名称、地址,招标项目性质、数量、实施地点和时间,以及获取招标文件的办法等内容。房地产开发招标人采取邀请招标方式的,应邀请三个以上具备承担招标项目的能力且资信良好的潜在投标人投标。邀请招标虽然能保证投标人具有可靠的资信和完成任务的能力,能保证合同的履行,但由于受招标人自身的条件限制,不可能对所有的潜在招标人都了解,可能会失去技术上、报价上有竞争力的投标人。

二、房地产开发项目勘察设计招标投标

有关研究表明,建设项目总投资的 70% 以上是在建设前期确定的,建设项目投资效益的大小有 70% 以上也是在建设前期阶段决定的,勘察设计正好处于这个阶段。因此,勘察设计的优劣对工程项目建设的成败有着至关重要的影响,而通过勘察设计招标投标引入竞争机制,能够提高勘察设计质量、缩短勘察设计工作周期,进而提高建设工程质量、缩短建设时间、控制建设投资。

(一)勘察设计招标的特点

1. 勘察招标的特点

(1)勘察招标一般选用单价合同。由于勘察是为设计提供地质技术资料的,勘察深度要与设计相适应,且补勘、增孔的可能性很大,所以用固定总价合同不适应。

(2) 评标的重点不是报价,而是勘察质量。勘察报告的质量影响建设项目质量,项目勘察费与项目基础的造价或项目质量成本相比是很小的。低勘察费就可能影响工作质量、工程总造价、工程质量,是得不偿失的,因此勘察评价的重点不是报价。

(3) 勘察人员、设备及作业制度是关键。勘察人员主要是采用人员和分析人员,他们的工作经验、工作态度、敬业精神直接影响勘察质量;设备包括勘察设备和专业的分析仪器,这是勘察的前提条件;作业制度是保证勘察质量的有效保证,这些应是评标的重点。

2. 设计招标的特点

鉴于设计任务本身的特点,设计招标应用设计方案竞选的方式招标。设计招标与其他招标在程序上的主要区别表现为如下四个方面。

(1) 招标文件的内容不同。设计招标文件中仅提出设计依据、工程项目应达到的技术指标、项目限定的工作范围、项目所在地的基本资料、要求完成的时间等内容,而无具体的工作量。

(2) 对投标书的编制要求不同。投标人的投标报价不是按规定的工程量清单填报单价后算出总价,而是首先提出设计构思和初步方案,并论述该方案的优点和实施计划,在此基础上进一步提出报价。

(3) 开标形式不同。开标时不是由招标单位的主持人宣读投标书并按报价高低排定标价次序,而是由各投标人自己说明投标方案的基本构思和意图及其他实质性内容,或开标即对投标的设计文件作保密处理,评审只看方案的优劣,可以有效保证评标的公正性和公平性。

(4) 评标原则不同。评标时不过分追求投标价的高低,评标委员更多关注于所提供方案的技术先进性、所达到的技术指标、方案的合理性,以及对工程项目投资效益的影响。

(二) 勘察设计招标文件

1. 勘察招标文件的编制

勘察招标文件的主要内容有:投标须知,包括现场踏勘、标前会、编标、封标、投标、开标、评标等所涉及投标事务的时间、地点和要求;项目说明,包括名称、地点、类型、功能、总投资、建设周期等;勘察任务书;合同主要条件;技术标准及基础资料;编制投标文件用的各种格式文本。

勘察任务书的主要内容有:拟建设项目的概况,包括项目名称、地面、类型、功能、总投资、资金来源、建设周期;现场状况;勘察的目的;勘察的范围;勘察项目的要求;勘察的进度要求;提交勘察成果的内容和时间的要求;孔位布置图。勘察任务书由该项目的设计人提出,经招标人批准。

2. 设计招标文件编制

设计招标文件的主要内容有:招标须知,包括所有对投标要求的有关事项;设计依据文件,包括设计任务书及经批准的有关行政文件复印件;项目说明书,包括工作内容、设计范围和深度、总投资限额、建设周期和设计进度要求等方面内容;合同的主要条件;设计依据资料,包括提供设计所需资料的内容、方式和时间;投标文件编制要求等。

设计任务书大致包括以下内容:设计文件编制的依据;国家有关行政主管部门对规划方面的要求;技术经济指标要求;平面布局要求;结构形式方面的要求;结构设计方面的要求;设备设计方面的要求;特殊工程方面的要求;其他有关方面的要求,如环保、消防等。

（三）勘察设计投标书的组成

勘察设计投标书的内容包括:投标函;技术标书;投标保函;招标文件所要求的反映投标人资信、能力、业绩方面的证明材料。

持有当地建设工程设计证书的设计单位和取得有当地许可证的外省市设计单位,都可以在批准的业务范围内参加当地的开发工程设计投标,参加设计投标的单位可以独立,也可联合申请参加投标。投标单位的投标文件（标书）应按照招标文件规定的内容编制,一般包括:综合说明书;方案设计图纸;主要的施工技术要求;工程投资估算、经济分析和主要材料用量、设备要求;设计质量达到的等级和设计周期及其保证设计进度的措施、建设工期;设计收费金额等。

投标文件的说明书、图纸和模型一律不用图签及其他任何标识,不注明单位名称、不署名,而另行备文加盖公章及法人代表印章,一并密封后送交开发企业,最后由开发企业统一编号,以确保招投标活动公正性。

（四）勘察设计投标书的评审

投标书的方案各异,需要评审的内容很多。勘察投标书主要评审勘察方案是否合理、勘察技术水平是否先进、各种所需的勘察数据是否准确可靠、报价是否合理。

设计投标书主要考察设计指导思想是否正确,设计产品方案是否反映国内外同类工程项目较先进的水平,总体布置的合理性,场地利用系数是否合理,工艺流程是否先进,设备选型的适应性,主要建筑物、构筑物的结构是否合理,造型是否美观,"三废"治理方案是否有效;建筑标准是否合理,投资估算是否超过限额,先进的工艺流程可能带来的投资回报,实现该方案可能需要的外汇估算等;设计进度快慢;设计资历和社会信誉;报价的合理性。

（五）勘察设计投标书的定标

评标委员会通过投标人的评标答辩和对投标书进行评分比较后,在评标报告中推选出候选中标方案,由招标人定标并与候选中标人进行谈判。招标人与投标人签订合同后,对未中标的投标人应依据投标书设计工作量的大小,给予一定的经济补偿。

三、房地产开发项目施工招标投标

对房地产开发项目施工实行招标投标,有利于房地产开发企业选择优良的施工承包企业，也符合政府的有关规定和要求。房地产开发项目施工招标应尽可能采取竞争招标方式。

（一）申请施工招标的条件

房地产开发企业在实施施工招标前，应向当地招标投标办事机构或其他政府指定的管理机构申请登记，并接受其管理。申请施工招标的工程应具备下列条件：招标人已经依法成立；初步设计及概算应当履行审批手续的，已经批准；招标范围、招标方式和招标组织形式等应当履行核准手续的，已经核准；有相应资金或资金来源已经落实；有招标所需的设计图纸及技术资料。

（二）房地产开发项目施工招投标的程序

房地产开发项目施工采用竞争性招标方式时，其招投标实施程序见图7-4。

1. 组建招标机构

招标活动必须有一个机构来组织，这个机构就是招标组织。如果招标人具有编制招标文件和组织评标的能力，则可以自行组织招标，并报建设行政监督部门备案；否则应先选择招标代理机构，与其签订招标委托合同，委托其代为办理招标事宜。

招标代理机构是具有从事招标代理业务的营业场所和相应资金，拥有能够编制招标文件和组织评标的相应专业力量，并建有从事相关工作满八年并具有高级职称或者具有同等专业水平的技术、经济等方面的专家组成的评标专家库，且经县级以上人民政府行政主管部门认定代理和取得法人资格的社会中介组织。

无论是自行办理招标事宜还是委托招标代理机构办理，招标人都要组织招标领导班子，如招标委员会、招标领导小组等，以便能够对招标中的诸如确定投标人、中标人等重大问题进行决策。

房地产开发项目的招标应向招标投标管理机构提出招标申请。申请书的主要内容应包括：房地产开发企业的基本情况以及负责组织招标的人员的基本情况；拟招标的开发工程已具备的条件；拟采用的招标方式和对投标企业的要求等。房地产开发企业的招标申请经招标投标管理机构核准后，才可实施招标。

评标小组由房地产开发企业依法组建，开发项目评标由评标小组负责。评标小组的成员来自房地产开发企业的代表和有关技术、经济等方面的专家，成员人数为五人以上单数，其中技术、经济等方面的专家不得少于成员总数的三分之二。评标小组的专家一般由开发企业从有关部门提供的专家名册或招标代理机构的专家库内的相关专业的专家名单中随机抽取确定，评标小组成员的名单在中标结果确定前应当保密。

2. 准备招标文件

招标文件是房地产开发企业向投标承包单位说明工程情况和招标要求的重要书面文件，它提供招标工程的主要技术要求、主要的合同条款、评标的标准和方法，以及开标、评标、定标的程序等内容。它是承包企业投标报价和房地产开发企业评标的主要依据，也是签订工程承包合同的基础。

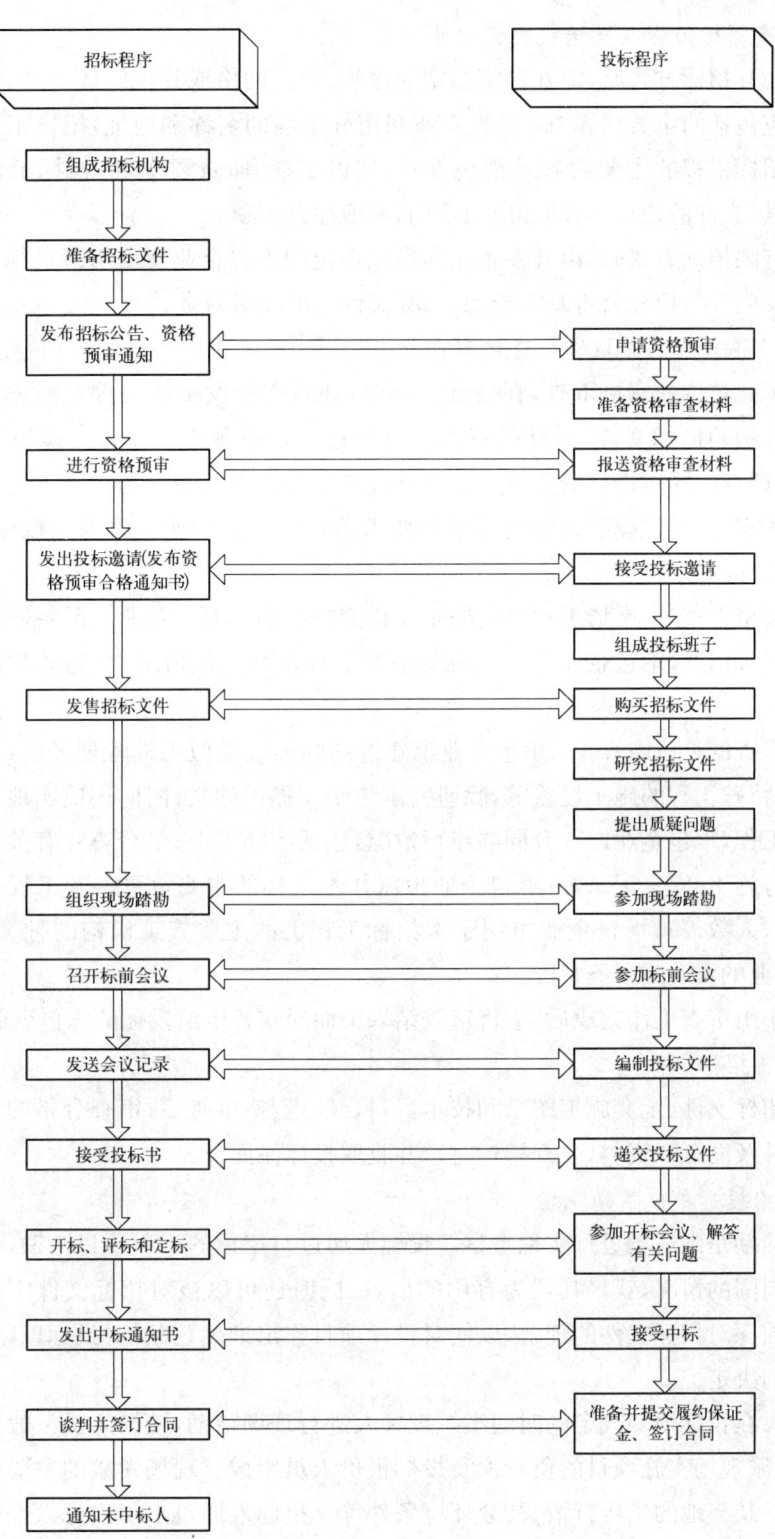

图 7-4 房地产开发项目施工招投标程序

3. 发布招标公告或发送投标邀请函

采取公开招标方式时,应在国家指定的报刊、信息网络或其他媒体上发布招标公告。招标公告应包括的主要内容有:开发企业和招标工程的名称和地址,招标工作联系人姓名、电话,招标工程的主要内容及承包方式、建设工期、质量要求等,投标承包企业的资格,领取招标文件的地点、时间和应缴费用,其他注意事项。

采取有限招标方式时,由开发企业向预先选定的承包企业发出邀请投标函。邀请投标函的主要内容与招标公告基本相同,招标文件一般随函附寄。

4. 对申请投标的单位进行资格审查

对拟承建单位的资格审查,在公开招标时,通常在分发招标文件之前进行。审查合格者才准许购领招标文件,故此类资格审查被称为资格预审。在直接邀请投标的情况下,则可在评标的同时进行资格审查。对承包单位资格审查的目的在于了解承包企业的技术和财务实力及管理经验,限制不符合要求条件的承包企业盲目参加投标,并将审查结果作为决标的参考。

进行资格审查时,申请工程承包的企业提交的材料包括:企业简况,各种证明文件,承包企业资金情况,承包企业近年完成的主要工程及其质量情况,在建的和尚未开工工程一览表。

资格审查的具体内容有:承包企业承建过的同种或类似工程管理经验,达到的工程质量等级,特殊工程的施工经验等,除研究承包企业提供的文件外,还应实地考察承包企业的在建工程;承包企业以往合同的履行情况,包括实际工期、是否遵守有关规程和设计图要求进行施工、安全记录等;承包企业拟派往本工程的主要负责人及工程技术人员的情况(简历、人数);承包企业可用于本招标工程上的主要施工机构的种类、型号和数量;承包企业的资金或财务状况。

招标小组审查工作完成后,应将审查结果书面通知各申请投标的承包企业。

5. 发售招标文件

分发招标文件、全套施工图纸和技术资料,经过资格审查,对审查合格的承包企业分发招标文件及图纸和资料(公开招标时),并收取投标保证金。

6. 组织投标单位踏勘现场

现场踏勘是到现场进行实地考察。投标人通过对招标的工程项目踏勘,可以了解实施场地和周围的情况,获得其认为有用的信息,同时还可以核对招标文件中的有关资料和数据并加深对招标文件的理解,以便对投标项目作出准确判断,对投标策略、投标报价作出正确的决定。

招标人在投标须知规定的时间组织投标人进行现场踏勘,踏勘人员一般可由投标决策人员、拟派现场实施项目的负责人及投标报价人员组成。现场考察的主要内容包括交通运输条件及当地的生产行情、社会环境条件等。招标人通过组织投标人进行现场踏勘可以有效避免合同履行过程中投标人以不了解现场,或招标文件提供的现场条件与现场实际不符为由推卸本应承担的合同责任。

7. 召开标前会议

标前会议也称投标预备会或招标文件交底会,是招标人按投标须知规定时间和地点召开的会议。标前会议上招标单位除了介绍工程概况外,还可对招标文件中的某些内容加以修改或予以补充说明,以及对投标人书面提出问题和会议上即席提出的问题给予解答。会议结束后,招标人应将会议记录以书面通知的形式发给每一位投标人。

8. 投标

投标人在获得招标文件后要组织力量认真研究招标文件的内容,并对招标项目的实施条件进行调查。在此基础上结合投标人的实际,按照房地产开发项目施工招标文件的要求编制投标文件。投标文件应当对招标文件提出的实质性要求和条件作出响应。

9. 开标、评标和定标

开标应当在招标文件确定的提交投标文件截止时间的同一时间公开进行,开标地点应当为招标文件中预定确定的地点。开标由房地产开发项目招标人主持,邀请所有投标人参加。开标时,由投标人或者其推选的代表检查投标文件的密封情况,也可以由招标人委托的公证机构检查并公证;经确认无误后,由工作人员当众拆封,宣读投标人名称、投标价格和投标文件的其他主要内容。开发企业设有标底的,启封和公开标底。开标过程应当记录,并存档备查。

开标后,由评标小组的专家从工程技术和财务的角度审查评议有效标书,此过程称为评标。评标工作应在招标投标管理机构参加下进行,以便实施监督。评标工作可在开标的当场进行,也可在随后进行,评标的标准是综合性的,一般包括以下几个方面:承包企业的经验;以往的施工成绩和经验;承包企业完成招标工程的潜力;机械装备、技术水平、施工方案、各种保证措施和管理体系;承包企业所报施工工期;承包企业投标标价。标书经评审后,评标小组应写出评标报告,并根据综合评分值(或投票结果,或其他约定方式评判的结果)确定候选的中标单位。

开发企业对投标者进行全面审查、评比、分析,最后选定中标者的过程叫作定标。一般的、不太复杂的工程可在开标时当场由评标小组成员通过投票的方式来决定中标者。对于规模较大、较为复杂的工程,则应由招标决策人分别对候选的中标企业进行全面调查和磋商、综合衡量,最后择优选定中标企业。

10. 签发中标通知

定标后招标人应及时签发中标通知书。招标人收到中标通知书后要出具书面回执,证实已经收到中标通知书。中标通知书对招标人和中标人具有法律效力。中标通知书发出之后,招标人改变中标结果的,或者中标人放弃中标项目的,应依法承担法律责任。

11. 提交履约担保,订立书面合同

招标人和中标人应当自中标通知书发出之日起 30 日内,按照招标文件和中标人的投标文件订立书面合同。招标人和中标人不得再行订立背离实质性内容的其他协议。招标文件要求中标人提交履约保证的,中标人应当于双方在合同上签字前或合同生效前提交。中标人提交了履约担保之后,招标人应将投标保证金或投标保函退还给中标人。

(三) 施工招标文件主要内容

(1) 投标须知。在投标须知中应写明：房地产开发招标项目的资金来源；对投标的资格要求；招标文件和投标文件澄清的程序；对投标文件的内容、使用语言的要求；投标报价的具体范围及使用币种；投标保证金的规定；投标的程序、截止日期、有效期；开标的时间、地点；投标书的修改与撤回的规定；评标的标准及程序等。

(2) 合同通用条款。一般采用标准《建设工程施工合同文本》中的"合同条件"。

(3) 合同专用条款。包括合同文件、双方一般责任、施工组织设计和工期、质量与验收、合同价款与支付、材料和设备供应、设计变更、竣工结算、争议、违约和索赔。

(4) 合同格式。包括合同协议书格式、银行履约保函格式、履约担保书格式、预付款银行包含格式。

(5) 技术规范。包括工程建设地点的现场条件、现场自然条件、现场施工条件、本工程采用的技术规范。

(6) 施工图纸。

(7) 投标文件参考格式。包括投标书及投标书附录、工程量清单与报价表、辅助资料表、资格审查表。

(四) 施工投标

1. 施工投标的主要工作

(1) 研究招标文件。研究招标文件，重点应放在投标者须知、合同条款、设计图纸、工程范围及工程量表上，当然对技术规范要求也要看清楚有无特殊要求。

(2) 调查投标环境。所谓投标环境，就是招标工程施工的自然、经济和社会条件，这些条件都是工程施工的制约因素，必然会影响到工程成本，是投标报价时必须考虑的，所以在报价前要尽可能了解清楚：工程的性质与其他工程之间关系；拟投标的那部分工程与其他承包商或分包商之间的关系；工程地貌、地质、气候、交通、电力、水源等情况，有无障碍物等；工程附近有无住宿条件、料场开采条件、其他加工条件、设备维修条件等；工地所在地的社会治安情况等。

(3) 制定施工方案。施工方案是投标报价的一个前提条件，也是招标单位评标时要考虑的因素之一。施工方案应由投标单位的技术负责人主持，制订时主要应考虑施工方法、主要施工机具的配置、各工种劳动力的安排及现场施工人员的平衡、施工进度及分批竣工的安排、安全措施等。

(4) 投标计算。投标计算是投标单位对承建招标工程所要发生的各种费用的计算。在进行投标计算时，必须首先根据招标文件复核或计算工程量。作为投标计算的必要条件，应预先确定施工方案和施工进度。此外，投标计算还必须与采用的合同形式相协调。报价是投标的关键性工作，报价是否合理直接关系到投标的成败。

(5) 确定投标策略。

(6) 编制正式投标书。

2. 施工投标报价技巧

(1) 不平衡报价法。不平衡报价法指在总价基本确定前提下,如何调整项目的各个子项的报价,以期既不影响总报价,又在中标后可以获得较好的经济效益。

(2) 零星用工(计工日)。零星用工一般可稍高于工程单价表中的人工单价,原因是零星用工不属于承包总价的范围,发生实报实销,可多获利。

(3) 多方案报价法。若业主拟定的合同条件过于苛刻,为使业主修改合同要求,可准备"两个报价",并阐明按原合同要求规定,投标报价为某一数值,倘若合同要求作某些修改,则投标报价为另一数值,即比前数值的报价降低一定百分点,以此吸引对方修改合同条件。

3. 施工投标报价策略

投标策略是指承包商在投标竞争中的指导思想与系统工作部署及其参与投标竞争的方式和手段。投标策略作为投标取胜的方式、手段和艺术,贯穿于投标竞争的始终,内容丰富。在投标与否、投标项目的选择、投标报价等方面,无不包含投标策略。常见的投标策略有:增加建议方案;多方案报价法;突然袭击法;无利润算标;低投标价夺标法。

4. 施工投标文件的编制

(1) 施工投标文件的内容。投标文件应严格按照招标文件的各项要求来编制,一般包括下列内容:投标书;投标书附录;投标保证金;法定代表人;授权委托书;具有标价的工程量清单与报价表;施工组织设计;辅助资料表;资格审查表;对投标文件中的合同条款内容的确认和响应。

(2) 施工投标文件编制的要点。要研究透彻招标文件,重点是投标须知、合同条件、技术规范、工程量清单及图纸;为编制好招标文件和投标报价,应收集现行定额标准、取费标准及各类标准图集,收集掌握政策性调价文件及材料和设备价格情况;投标文件编制中,投标单位应依据招标文件和工程技术规范要求,并根据施工现场情况编制施工方案或施工组织设计;按照招标文件中规定的各种因素和依据计算报价,并仔细核对,确保准确,在此基础上准确运用报价技巧和策略,并用科学方法作出报价决策;填写各种投标表格。招标文件所要求的每一种表格都要认真填写,尤其是需要签章的一定要按要求完成,否则有可能会因此而导致废标;投标文件的封装,投标文件编写完成后要按照招标文件要求的方式分类、贴封、签章。

(五) 施工评标

1. 施工评标指标的设置

施工评标的指标包括标价,施工方案,质量,工期,信誉和业绩。为贯彻信誉好、质量高的企业多得标、得好标的原则,使用评审指标时应适当侧重施工方案、质量和信誉。

2. 评标方法

评标法可以采用评议法、综合评分法和评标价法等。

评议法不量化评价指标,通过对投标单位的能力、业绩、财务状况、信誉、投标价格、工期质量、施工方案(或施工组织设计)等内容进行定性分析和比较,进行评议后选择在各指标都较优良的投标单位为中标单位,也可以用表决的方式确定中标单位。这种方法是定性评价法,由于没有对各投标书进行量化比较,评标科学性较差。一般适用于小型工程或规模较小的改扩建项目招标。

综合评分法是将评审各种指标和评标标准在招标文件内规定，开标后按评标程序，根据评分标准，由评委对各投标单位的标书进行评分，最后以总得分最高的投标单位为中标单位。

评标价法也称合理低标价法。评标委员会首先通过对各投标书的审查淘汰技术方案不满足基本要求的投标书，然后对基本合格的标书按预定的方法将某些评审要素按一定规则折算为评审价格，加到该标书的报价上形成评标价。以评标价最低的标书为最优（不是投标报价最低）。

四、房地产开发项目建设监理招标投标

根据建设部和国家计委联合颁布的《工程建设监理规定》，项目法人一般通过招标方式择优选定监理单位。对房地产开发工程建设监理实行招标，有助于房地产开发企业获得高质量的监理服务。

（一）工程建设监理招标类型

房地产开发建设监理招标，按照招标项目的范围可分为全过程监理招标、设计监理招标、施工监理招标。

1. 全过程监理招标

全过程监理招标是从房地产开发项目立项开始到建成交付的全过程的监理。这对投标人的要求很高，不仅要有会设计、懂施工的监理人才，还要有能从事房地产开发建设前期服务的高级咨询人才。通常所说的全过程监理招标，一般是指从设计开始到竣工交付过程中的监理。全过程监理招标目前在我国还比较少。设计施工全过程监理最大的优越性是监理工程师了解设计过程、熟悉设计内容及设计人员，这对协调设计与施工关系，处理施工中的设计问题非常有利。

2. 设计监理招标

招标人仅是将房地产开发项目设计阶段的监理服务发包，设计监理投标人一般都要求有设计方面的背景或特长。当设计监理服务让业主满意后，设计监理中标人在完成设计监理任务后也有的被邀请参加施工监理投标。

3. 施工监理招标

施工监理是我国在推行建设监理制过程中，实施最早且最为普遍的监理工作，同时施工监理招标在建设监理招标中也是最早开始的。随着施工监理市场竞争的日益激烈，施工监理招标在施工阶段监理委托中被广泛采用。

（二）工程建设监理招标文件的编制

1. 工程建设监理招标文件的主要内容

为了指导投标人正确编制投标文件，招标人编制的招标文件应包括以下内容和资

料:投标人须知,包括答疑、投标、开标的时间、地点规定,投标有效期,投标书编写及封装要求,招标文件、投标文件澄清与修改的时限规定等;工程项目简介,包括项目名称、地点和规模、工程等级、总投资、现场条件、计划开竣工日期等;委托监理任务的范围和工作任务大纲;合同条件;评标原则、标准和方法;招标人可向监理人提供的条件,包括办公、住宿、生活、交通、通讯条件等;监理投标报价方式及费用构成;项目的有关资料;投标书用的表格等。

2. 工程建设监理招标文件编制要点

监理招标文件编制的重点工作是编写监理任务大纲,拟定主要合同条件,确定评标原则、评标标准和方法。

监理任务大纲是监理投标单位制定监理规划、确定监理报价的依据,其主要内容有监理工作纲要和目标,总监理工程师及监理人员,监理工作计划,投资、进度、质量控制方法,合同管理和信息管理方法,监理工作报告等。

监理任务包括监理内容和目标。监理内容是在监理过程中的具体工作,如协助业主进行设计、施工招标、确定分包商、审批设计变更、审批工程进度、工程合同款支付签证、主持质量事故鉴定与处理等;监理目标主要是投资目标、工期目标和质量目标;此外,还包括业主授权,主要是指审批设计变更、停复工令、采购及支付等权利。

监理合同条件一般采用监理合同标准文本内容。

评标原则除应遵循客观、公平、公正、科学等评标的最基本原则外,主要依据招标的目标而定。监理招标的标的是"监理服务",与工程项目建设中其他各类招标的最大区别表现为监理单位不承担物质生产任务,只是受招标人委托对生产建设过程提供监督、管理、协调、咨询等服务。鉴于标的具有的特殊性,招标人选择中标人的原则是"基于能力的选择",但依据招标项目的不同、投标人的不同,可以有不同的评标原则,如选择最优秀的监理中标人,或选择取费最低的监理中标人,或在监理能力和监理费用中取得平衡的最合适的监理中标人。

评价标准就是体现投标人的能力和报价的一种综合,使招标人能在投标人的能力和报价中取得一种平衡。确定评价标准之前必须先有评价指标或评价的内容,评价指标应包括投标人的能力、投标人承诺在本监理项目上的投入及监理报价三个方面的内容。

常用的评标方法是评议法、综合评分法及最低评标价法。评议法是由评标委员会成员集体讨论达成一致或进行表决,取多数来确定中标人的方法。当监理项目较小、技术难度及复杂程度低而投标人特点明确时,可采用此法。综合评分法是由评标委员会对各投标人满足评价指标的程度给出评分,在考虑预先确定的各指标相对的权重得到的综合分,比较各投标人的得分高低选定中标人或中标候选人。最低评标价法是当招标的监理项目小、技术含量低、施工简单,而监理投标人的资信能力旗鼓相当时,选用此法。

(三)工程建设监理投标的关键事项

(1)了解招标项目及招标人,决定是否投标。一般正常的监理项目招标应在设计招标或施工招标之前。如果项目的资金并未到位,实施与否很难断定,如果投标人有足够的在手监理项目,就不应该参加这种项目的投标。

(2) 认真研究招标文件,明确监理任务和目标。在研究招标文件的同时,还要对项目现场作必要的踏勘,以便编写监理规划和计算报价。

(3) 确定项目的监理班子。这是完成监理任务、实现监理目标的关键,也是计算报价的重要因素,更是招标人评价监理能力和投入的主要内容。

(4) 编写切实可行且行之有效的监理规划。监理规划是监理工作的指南,是项目监理部的纲领性文件,体现监理工作计划、工作方法、监理水平和投入程度,是对招标人的承诺保证。

(5) 准备投标答辩。

(6) 填写投标表格,准备有关材料,封装递送。

(四)工程建设监理招标的开标、评标与定标

1. 工程建设监理招标开标

开标应按招标文件规定的时间、地点进行,必要时应邀请公证部门对开标进行公证。开标时招标单位应首先与投标人代表共同检查投标文件的密封完整性,并签字确认。由招标单位根据招标文件要求,启封核查投标人提交的证件和资料,并审查投标文件的完整性、文件的签署、投标保证金等,但是对于提交了"撤回通知"和逾期送达的投标文件不予启封。开标时应做好开标记录,并请公证人签字确认。开标后,应该按照招标文件规定的方法由评标委员会进行秘密评标。

2. 工程建设监理招标评标

评标由评标委员会按照招标文件中规定的原则、标准和方法进行评定,主要工作有:符合性审查;评委阅读标书,组织答辩;评审。

由评标委员会对监理单位所投的有效标书进行监理规划和总监理工程师答辩、监理组织机构和人员、监理报价及监理单位的社会信誉、资质等级、监理经验等方面的分析、研究和比较,选择其中较优者为中标监理单位。评标委员会可选用评议法、综合评分法或最低标价法选出中标人或中标候选人。评标委员会写出评标报告,提出中标人或中标候选人名单报招标人决策。

3. 工程建设监理招标定标

招标人根据评标委员会的报告,结合与项目有关的各种情况作出判断,选定中标人。如果要履行审批手续,应报送审批,获得批准后,再宣布定标结果。

五、建设物资采购招标投标

(一)建设物资采购方式

1. 直接采购

直接采购是一种非竞争性采购,一般适用于采购批量小、价值低、市场供应大的标准化产品,但也适用于"仅此一家、别无分店"专有技术、独家生产的产品。直接采购又可分

为询价采购和直接订购。

询价采购是指通过对几家供应商进行询价、比较之后，选择其中一家签订供货合同。这种采购方式对于采购者而言比较容易操作，且能取得较低的供应价格。

直接订购的采购方式常在以下情况下采用：原采购合同执行完后，要增加采购量。前提是原合同价比较低廉，或新采购量很小；为已有设备采购专用配件；为保证质量、实现某种性能要求从指定的供应商采购关键性的货物；在特殊情况下急需采购的某些材料，小型工具或设备。

2. 招标采购

对于采购批量大、潜在供应商多的物质，为了取得"物美价廉"的效果，一般都采用招标的方式。物资采购招标分为公开招标和邀请招标。

公开招标适用于采购量大、对潜在供应商了解不多或把握不准，或希望通过广泛吸引供应商以获得更优惠的价格、更高的质量或扩大建设项目在社会影响的情况下采用。

邀请招标是由招标单位向具有设备、材料制造或供应能力的单位直接发出投标邀请书，并且受邀请参加投标的单位不得少于3家。适用于合同金额不大或所需特定货物的供应商数目有限，或需尽早交货等情况。

（二）建设物资采购招标文件

工程建设物资招标文件是一种具有法律效力的文件，它是建设物资采购者对所需要采购物资的全部要求，也是招标和评标的主要依据，主要内容包括：招标书（说明），包括招标单位名称、工程名称和简介、招标物资简要说明（主要参数、数量、交货期等）、投标的截止日期和地点、开标日期和地点等；投标须知，包括对投标者和投标文件的基本要求（包括有关格式），评标、定标的基本原则等；招标设备清单、技术要求、技术规范及图纸；主要合同条款，包括价格计算及付款方式、交货条件、验收标准以及违约条款等，它们都将成为日后的正式合同条款；其他需要说明的事项。

（三）建设物资采购投标文件的编制

建设物资采购投标文件的主要内容包括：投标书；投标物质的数量及价目表；偏差说明书，即对招标文件某些要求有不同意见的说明书；证明投标单位资格的有关文件；投标企业法人代表授权书；投标保证金（根据需要而定）；招标文件要求的其他需要说明的事项。

编制投标书的基本要求：投标文件是评标定标的依据，不仅格式要符合招标文件的要求，而且内容要实质性地响应招标文件，否则投标书无效；招标人向招标人提供的投标文件应分为正本、副本，评标时以正本为准；投标截至日前，招标方允许对已提交的投标文件进行补充或修改，但须由投标方授权代表签字后方有效，在投标截止后，投标文件不得修改。

（四）建设物资采购招标评标方法

在工程建设物资采购招标中常用的评标方法有综合评标价法、全寿命费用评标价法和最低投标价法。

1. 综合评标价法

综合评标价法是指以设备投标价为基础,将评定各要素按预定的方法换成相应的价格,在原投标价上增加或扣减该值而形成评标价格。评标价格最低的投标书为最优。在评标时,除投标价格以外还需考察的因素和折算主要方法,一般包括以下几个方面:运输费用;交货期;付款条件;设备性能、生产能力;零配件和售后服务。

2. 全寿命费用评标价法

采购生产线、成套设备、车辆等运行期内各种后续费用较高的货物时,可以采用以设备全寿命费用为基础评标价法。评标时应首先确定一个统一的设备评审寿命期,然后再根据各投标书的实际情况,在投标价上加上该年限运行期内所发生的各项费用,再减去寿命期末设备的残值。计算各项费用和残值时,都应该按招标文件中规定的贴现率折算成净现值。

3. 最低投标价法

采购技术规格简单的初级商品、原材料、半成品以及其他技术规格简单的货物,由于其性能质量相同或容易比较其质量级别,可把价格作为唯一尺度,将合同授予报价最低的投标者。

本章小结

本章介绍了房地产开发项目的资金筹措、规划设计方案评价、项目报建管理以及房地产开发项目招投标等有关房地产开发项目准备的问题。

房地产开发资金筹措中介绍了开发项目资金的构成、特点、目的和筹资原则,资金筹集方式和资金筹措决策等问题。其中应重点掌握资金筹集方式、资金成本计算和财务杠杆原理。房地产开发项目资金筹集的方式有:自有资金、银行贷款、证券化资金、联建和参建筹资、利用外资、预售款和承包商垫资等。房地产开发资金成本按计算对象和计算方式不同,可分为个别资金成本、综合(加权平均)资金成本和边际资金成本。财务杠杆是指借入资金对房地产开发企业自有资金的影响,可以用企业自有资金利润率来反映。

房地产开发项目规划设计方案评价中介绍了评价的特点、评价指标体系以及评价方法。开发项目规划设计方案评价具有评价主体多元性、评价目标多样性和评价值的不确定性等特点。规划设计方案评价中常用评价方法有综合评分法、层次分析法和模糊评价法。

房地产开发项目报建管理介绍了开发项目报建的含义和步骤,建设工程规划许可证的作用和审批阶段。其中应重点掌握房地产开发项目报建的流程和报建送审应提交的资料。

房地产开发项目招标与投标主要介绍了房地产开发招投标概念与作用、活动原则和招标方式,监理招投标,勘察设计招投标,施工招投标以及建设物资采购招投标。其中应重点掌握施工招投标中有关申请施工招标的条件、房地产开发项目施工招投标的程序、施工招标文件的主要内容、施工投标和施工评标的方法。

关键词

  房地产开发 资金筹集 资金成本 财务杠杆 项目规划设计 方案评价 报建管理 监理招投标 勘察设计招投标 施工招投标 物资采购招投标

复习思考题

1. 选择题（以下选项中至少有一个是正确的）

  (1) 某房地产企业长期借款 200 万元，年利率 10.8％，借款期限 3 年，每年付息一次，到期一次还本，企业所得税率 33％，筹资费用忽略不计，这笔长期借款的资金成本率是（ ）。

  (A) 7.24％   (B) 8.23％   (C) 6.95％   (D) 8.15％

  (2) 某房地产开发公司发行普通股正常市价 400 万元元，筹资费用率为 5％，第一年支付股利率为 10％，预计每年股利增长率为 9％，试计算其资金成本率为（ ）。

  (A) 18.95   (B) 18.47   (C) 16.95％   (D) 19.15％

  (3) 某省跨海大桥项目，在招标文件中明确规定提交投标文件截止时间为 2005 年 3 月 8 日上午 8 点 30 分，开标地点为建设单位 11 楼大会议室。有甲、乙、丙、丁、戊五家单位参与投标，根据招标，根据招标投标法的有关规定，下列说法正确的是（ ）。

  (A) 开标时间是 2005 年 3 月 8 日上午 8 点 30 分之后的某一时间

  (B) 可以改变开标地点

  (C) 开标由该建设单位主持

  (D) 由于丙单位中标，开标时只要邀请丙单位即可

  (4) 根据《招标投标法》的有关规定，下列关于评标委员会的说法准确的有（ ）。

(A) 评标委员会的名单应向社会公布，以体现招标活动的公开性

(B) 评标委员会可以由 7 个人组成

(C) 评标委员会可以由 9 个人组成，其中经济专家 2 人，技术专家 2 人

(D) 评标委员会可以由 5 个人组成，其中经济专家 2 人，技术专家 2 人

(E) 评标委员会应根据招标人的意思推荐中标候选人

  (5) 房地产开发项目规划设计方案评价的特点有（ ）。

(A) 评价主体的多元性   (B) 评价主体的单一性

(C) 评价目标的多样性   (D) 评价目标的唯一性

(E) 评价值的不确定性

2. 名词解释

　　(1) 资金成本。

　　(2) 边际资金成本。

　　(3) 绿化覆盖率。

　　(4) 不平衡报价法。

3. 简答题

　　(1) 简述房地产开发资金的筹集方式。

　　(2) 简述房地产开发资金成本的计算方法。

　　(3) 简述房地产开发项目规划设计方案评价的特点。

　　(4) 简述建设工程规划许可证的作用。

　　(5) 简述工程施工招标应具备的条件。

　　(6) 为什么要对参加施工投标的承包企业进行资格预审?

　　(7) 简述开发工程施工竞争性招标的基本程序。

第八章 房地产开发项目实施

学习目标

学习了本章后,你应该能够:

1. 了解房地产开发项目实施阶段开发企业的主要管理任务;
2. 掌握房地产开发项目实施进度、投资、进度管理的主要内容,了解健康安全环境管理的主要内容;
3. 能够运用合同管理的有关知识对房地产开发项目进行合同分解、签订合同、跟踪合同;
4. 了解房地产开发项目索赔管理的有关知识;
5. 熟悉房地产开发项目验收的有关知识。

第一节 房地产开发项目建设管理

一、房地产开发项目建设管理模式

房地产开发项目中,开发商首先委托咨询、设计单位完成项目前期工作,包括施工图纸、招标文件等;其次选择一家具有资质和实力的监理机构;最后通过竞争招标把工程授予综合报价最优承包商。开发商要分别与设计机构、承包商和监理机构签订合同。开发项目建设管理模式指在项目施工阶段开发商与各参与者之间的合同关系。

(一)平行承发包管理

平行承发包是指项目业主将工程项目的施工和设备、材料采购的任务分解后分别发包给若干个施工单位和材料、设备供应商,并分别和各个承包商签订合同。各个承包商之间的关系是平行的,他们在工程实施过程中接受业主或业主委托的监理公司的协调和监督。

对于一个大型的房地产开发项目,开发企业既可以把所有的项目建设管理任务委托给一家监理商,也可以委托给几家监理商,如图8-1所示。

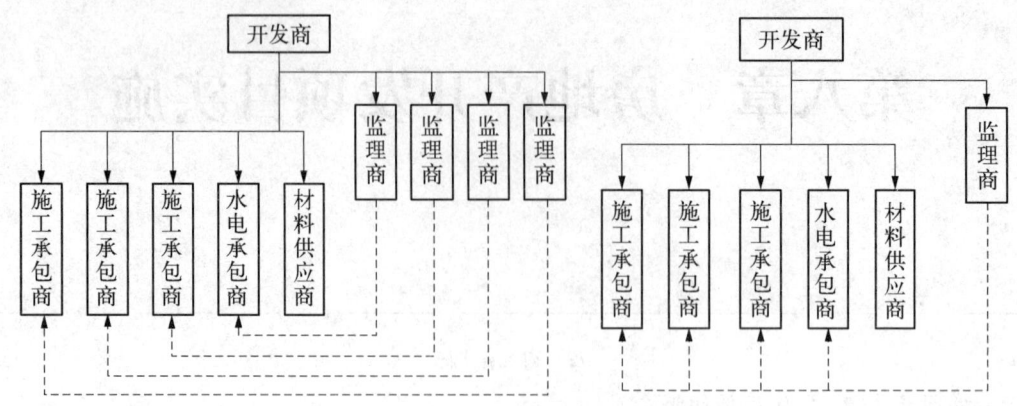

图8-1 开发项目平行承发包的两种管理模式

(二)总承包委托建设管理

工程项目总承包模式是指业主在项目立项后,将工程项目的施工、材料和设备采购任务一次性地发包给一个工程项目承包公司,由其负责工程的施工和采购的全部工作,最后向业主交出一个达到动用条件的工程项目。业主和工程承包商签订一份承包合同,也称为"交钥匙工程"。房地产开发商可以将一个房地产开发项目委托给一家总包单位,并委托一家监理商实施项目管理,如图8-2所示。

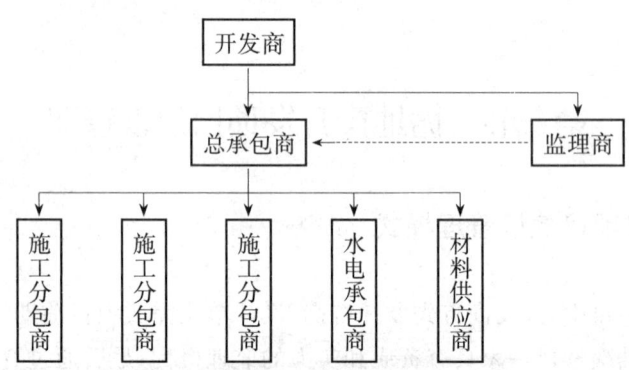

图8-2 开发项目总承包管理模式

对于实施平行承发包管理模式来说,有利于开发商指挥各个承包单位,通过项目之间进度、投资等建设目标完成状况的比对实施奖惩策略,但同时由于参与单位过多,开发商组织协调工作量很大;对于实施总承包模式来说,开发商只需面对一家总承包单位,而各分包商之间的作业面协调、任务协调等工作由总承包商来做,开发商组织管理工作量较小,缺点是一旦总承包单位和开发商发生不可调和的矛盾,对开发项目的建设将会带来很大的影响。

无论委托多家承包单位还是一家总包单位,开发商与施工承包企业、监理企业均应分别签订合同,施工合同要明确承包企业的权利和义务,监理合同明确工程监理的范围和内容。开发企业通过监理商与设计和施工单位协调,原来所承担的组织、控制、协调等项目管理工作,也大都交予监理单位。开发企业组成一套精简的项目管理班子,结合项目的驻工地代表,主要在工程决策、工程支付控制等重大问题上行使管理职能。监理制对于业主来说有节约人力物力资源、发挥专业公司优势、注重项目总体控制的优势。这对一些大型房地产开发公司在实施多区域多项目战略,以各类项目型公司为开发推进战略时较为常见。

部分开发商已经形成较为雄厚的专业技术力量,习惯按照传统的管理模式,组织强有力的项目建设指挥部。指挥部和监理商一起,共同负责完成项目建设目标。这种建设方式,有效地利用了开发商的人力、物力资源,利于开发商决策层项目实施战略的贯彻,但同时不可避免地造成和现场监理工作的冲突,对承包商来说会形成多头管理,往往导致承包商无所适从,反而不利于开发项目的正常进展。

二、房地产开发项目进度管理

进度管理是指以进度计划为依据,综合利用组织、技术、经济和合同措施,确保项目工期目标得以实现。进度(工期)是房地产开发企业最为关心的目标之一,能否按时完成任务、及时交工直接影响到企业的商业信誉和公众形象。

(一)房地产开发项目进度管理的主要内容

1. 编制开发项目实施阶段总进度规划

开发项目实施阶段总进度规划是在开发项目总进度计划的基础上,根据设计文件提出的要求、市场环境的变化、施工招标中所确定的工程工期等影响因素对实施阶段主要工作进度安排作出的原则性的规定。总进度规划的主要内容包括项目概况、项目外部环境、项目实施阶段总体部署、里程碑事件的安排、实施条件和保证措施等。

首先,总进度规划应该充分考虑施工工艺和技术的要求,实施阶段的工期控制应以开发商和承包商双方合同中所确定的建设工期为基础;其次,总进度规划应充分考虑公司市场部提出的经营计划和公司营销部分提出的销售计划,以经营计划约束总进度规划中各个单项工程竣工交付使用,以营销计划要求的预售时间作为里程碑事件的结束时间。

工程总进度规划的最终成果是开发项目的工程总进度规划报告。除此之外还应形成总进度规划简表发至公司各部门,作为项目计划和工作计划的重要依据。

2. 编制开发项目建设总进度计划、年度计划

开发项目建设总进度计划是指依据设计文件对开发项目从动工到竣工验收的全过程统一部署,是总进度规划的细化和完善,其主要目的是安排各单位工程的建设进度、合理分配年度投资、协调项目各参与单位。开发项目建设年度计划是依据工程建设项目总进度计划和设计文件确定开发项目的年度建设任务。

如采用总承包方式，总进度计划以承包商投标时的施工组织设计中总进度安排为基础，一般在项目开工前由开发商、承包单位、监理商共同确定；如采用平行承发包模式，开发商的工程主管部门应承担起编制总进度计划的责任。年度计划由承包单位根据总计划提出，经监理审定并报开发商批准，如果单位工程工期小于1年，则年度计划可以和施工进度计划合并使用。

3. 核准施工进度计划

施工企业编制的施工进度计划主要是确定工程承包合同内各单位工程及单项工程的施工期限和开竣工日期，在每一个工作周期内由施工单位依据总进度计划、年度计划编制，并由监理工程师审查通过后经开发企业批准确认后执行。目前，承包商施工进度计划的工作周期一般为月，承包商在每个月的月底提出下个月的施工进度计划。

4. 编制其他配套进度计划

其他配套进度计划包括以下两类。

（1）材料供应、设备采购计划。如果开发商实行的是甲方供料制，那么开发商应根据工程进度计划，制定出材料设备供应计划，确定材料、设备的数量和供货时间，以及各类物资的供货程序。如果合同中约定材料商、设备商由总承包单位选定，则相应的材料设备采购计划应提交开发商备案。

（2）临时工程计划。临时工程计划包括工地临时居住房屋、临时销售用房、现场供电、给排水等，主要是为承包单位的顺利施工、销售准备用的临时工程。临时工程计划应严格依照施工合同中的约定、销售部门提出的预售时间进行编制。

5. 督促监理工程师

在施工过程中，监理商委派的监理工程师的进度控制的任务主要是：通过完善项目控制进度计划、审查施工单位施工进度计划、做好各项动态控制工作、协调各单位关系、预防并处理好工期索赔，以求实际施工进度达到计划施工进度的要求。

房地产开发企业应加强对监理单位的监督工作，主要是检查监理单位的进度控制组织是否健全及其运行状态，审查监理单位提交的进度控制报告，督促监理单位做好进度控制工作，检查来自企业高层的进度控制指令落实与执行情况，做好工地例会等协调会议的组织与决议实施工作。

6. 检查与纠偏进度计划

进度计划的执行主体是施工企业，开发商应强化对计划执行情况的检查工作，开发商要抓好以下四个方面的工作：首先是注重计划编制环节的检查，承包单位提出的各类进度计划是否符合已经制定的总进度规划的要求；其次是抓好对计划完成情况的检查，正确估测完成的实际量，计算已完成计划的百分率；再次是强化分析比较，每月（旬、周）组织召开一次计划分析会，认真审阅监理工程师提交的监理报告，发现问题、分析原因，及时提出纠正偏差的措施，必要时进行计划的调整，使计划适应变化了的条件，保证计划的时效性，从而保证整个项目工期目标的实现；最后是认真搞好计划的考核、工程进度动态通报和信息反馈，为领导决策和项目宏观管理协调提供依据。

图8-3反映了在不同的项目建设阶段的主要进度管理任务。

开发项目建设
总周期策划
审批施工
进度计划
督促监理工程师
开发项目建设
总进度计划、
年度计划
配套进
度计划
进度计划的检查纠偏
策划阶段
前期准备
施工阶段

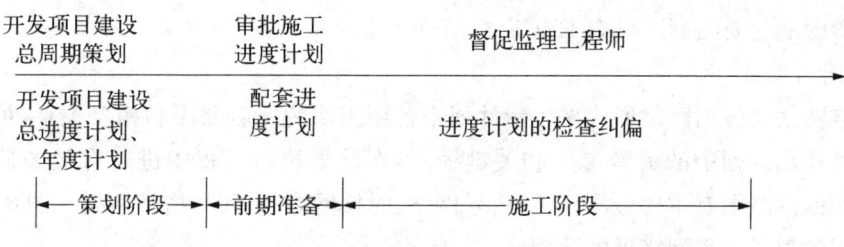

图 8-3 项目建设进度管理任务与项目建设阶段的关系

(二)进度计划的编制方法

进度计划编制是进度管理的重要内容,进度计划编制通常采用表格法、横道图和网络图法。

1. 表格法

表格法是用表格的形式表明单位工程的数量和开竣工日期,表格法主要用于总进度控制和里程碑时间的标示,如表 8-1 所示。表格法内容单一,信息一目了然,反映的信息量较少,主要在开发企业的高层使用。

表 8-1 某工程总进度计划

工程编号	单位工程名称	工程量		201×年				201×年				……
		单位	数量	1 季度	2 季度	3 季度	4 季度	1 季度	2 季度	3 季度	4 季度	……

2. 横道图法

横道图法是用直线线条在时间坐标上表示出单项工程内容进度的方法。横道图的优点是制作简便,明了易懂;缺点是从图中看不出各项工作之间的相互依赖和相互制约的关系,看不出一项工作的提前或落后对整个工期的影响程度,看不出哪些是关键工作。图 8-4 是某开发项目的横道图计划。

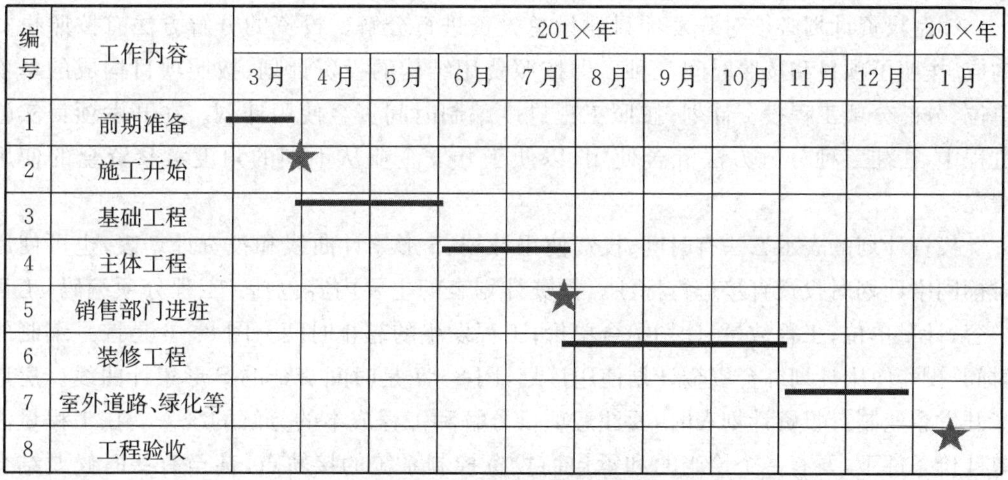

编号
工作内容
201×年
201×年
3月
4月
5月
6月
7月
8月
9月
10月
11月
12月
1月
1
前期准备
2
施工开始
3
基础工程
4
主体工程
5
销售部门进驻
6
装修工程
7
室外道路、绿化等
8
工程验收

图 8-4 工程进度横道图

横道图的主要绘制工具有 EXCEL,VISIO 等。

3. 网络图法

网络图法是应用网络形式来表示计划中各项工作的先后顺序和相互关系,可以通过参数计算找出计划中的关键工作和关键线路,在计划执行过程中进行有效的控制和监督。常用的网络图有单代号网络、双代号网络、时标网络、单代号搭接网络。图8-5是某小型工程的建设工程网络进度计划。

可以用专门软件绘制项目的网络计划图。

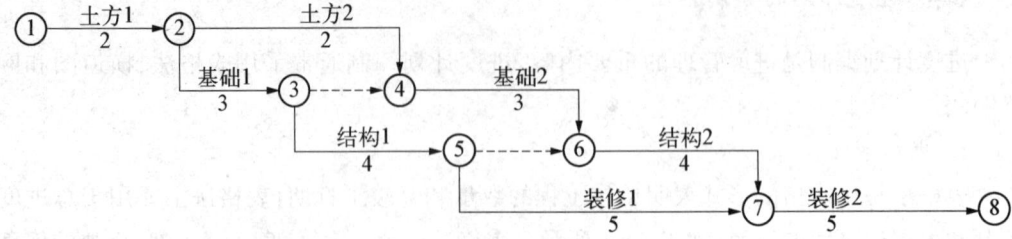

图 8-5 建设工程网络进度计划

三、房地产开发项目投资管理

房地产开发项目投资管理是在保证工期和质量的前提下,利用组织、经济、技术和合同措施将成本控制在计划范围之内,并且寻求最大限度的投资节约。

投资在不同的阶段有着不同的表现形式,一般地,按照建设工程的深入程度不同,开发项目投资表现为投资估算、投资概算、施工图预算、标底和合同价。在开发项目的实施阶段,主要是对合同价的管理,包括投资计划、投资跟踪、工程款支付和投资分析等。

(一)编制投资计划

编制投资计划必须对开发项目建设总投资进行分解。投资的分解方法有按照投资构成、按照子项目和按照时间三种。即按照费用结构的投资计划;按照项目构成的单项单位、分部分项工程投资计划;按照工程进度编制时间资金使用计划。在开发项目实施过程中,往往三种分解方法混合使用,以便于开发企业从不同的角度考察资金的使用情况。

投资计划的表示方法有时间-投资使用计划、S形累计曲线和投资计划表,也可使用时标网络计划对投资直接进行标注。投资计划表的主要内容包括:工程分项编码;工程内容;计量单位;工程数量;计划综合单价;工程发生的起止时间。图8-6是按月编制的时间-投资使用计划综合资金计划使用计划,图8-7是时间资金的S形累计曲线。房地产开发企业制订投资计划表时,要注意项目分解和工程成本的分解的统一。在工程量清单计价条件下,要有一个恰当的和承包商投资控制系统的接轨点,甚至有些时候要结合工程的形象进度加以说明。

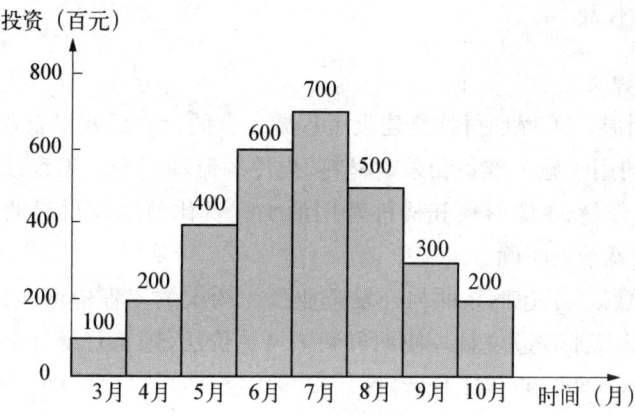

图 8-6　按月编制的时间投资使用计划

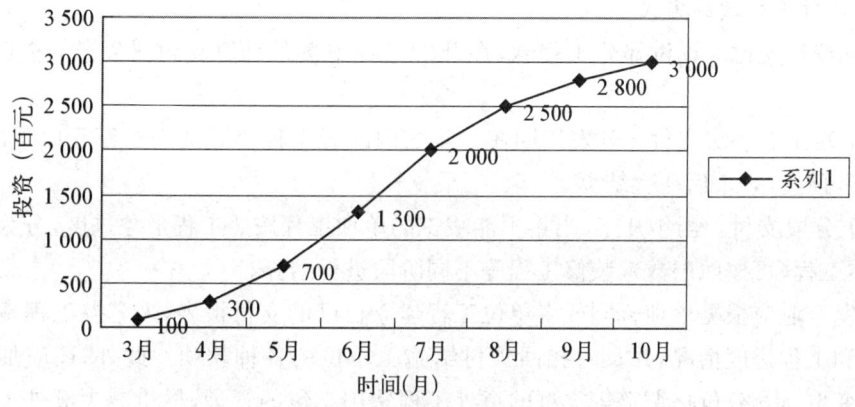

图 8-7　时间投资累计曲线

（二）跟踪投资

房地产开发项目工程建设阶段需要投入大量的人力、物力和财力，是项目费用消耗最多的阶段。在做好投资计划之后，定期地将计划投资与实际投资相互比较，发现偏差，分析偏差的原因，适当采取措施，保证项目开发成本的最合理化。投资跟踪的主要内容包括以下两个方面。

1. 设置跟踪指标

投资计划的对象多，为了更好地从多个角度反映投资，需要设置不同的分析指标，如工期-进度联合分析指标，效率指标，成本指标等。

2. 定期采集信息

按照成本结构，对各分部分项工程、单位工程的投资情况进行记录，也可通过读取监理的投资支付报告来完成。主要包括工程投资与支付、主要的节约和超支、工程变更支付等记录。

(三)支付工程款

1. 工程款的种类

(1)工程预付款。工程预付款是建设工程施工合同订立后开发企业在承包商正式动工前 7 天应支付的用于施工准备和采购材料、构件的流动资金。工程预付款的额度按照施工工期、建安工作量、主要材料和构件费用的工程费比值以及材料的中转储备周期确定,一般在招标时就予以明确。

(2)工程进度款。承包商按照与开发企业预先约定的工程价格的计算方法,按事先确定的支付周期计算工程进度款。使用可调工料单价法,则每月统计已完的工程项目名称,计算单价与合价,得出直接工程费,然后按照规定计算措施费、间接费、利润以及主材价差系数,最后按照规定计算利润,就是每个月应结算的工程进度款;使用综合单价法,只需将工程量与综合单价相乘,然后累计合价即为本月工程进度款。

2. 支付工程款的方式

(1)按月支付。预付部分工程款,在开发过程中按月结算支付进度款,竣工后统一结算。

(2)竣工后一次支付。开发周期在 1 年之内或者工程合同价 100 万元以下的,可以实行按月预支,竣工后一次结算。

(3)分段支付。当年开工,当年不能竣工的单项工程按照工程形象进度,分为基础工程、主体工程(可按照层数)、装修工程等不同阶段进行结算。

开发企业应根据单项合同或者单位工程建立自己的支付报表,来掌握工程费用的支付情况和工程进度情况,并及时扣回预付给施工单位的各种款项。此外,还应加强对诸多工程变更、索赔、价格调整等类型的意外工程费用支付的管理,尽量减少额外工程费用的支付。对一些确需变更的情况,应严格控制变更单价和施工工艺,并做好现场记录和有关数据的收集整理工作,避免浪费。

开发企业也可通过施工承包合同设置支付合同价比例上限,在合同支付达到上限时停止支付,到工程决算后支付工程尾款。

(四)分析投资

分析投资就是利用会计核算、业务核算和统计核算的资料,对投资的支出过程和影响因素进行分析,寻求成本降低的途径,为实现成本目标创立良好的条件。投资分析的主要方法有比较法、因素分析法和比率法。

1. 比较法

比较法,又称"指标对比分析法",是通过技术经济指标的对比,检查计划完成的情况,分析差异产生的原因,进而挖掘内部潜力的方法。这种方法具有通俗易懂、简单易行、便于掌握的特点,因而得到了广泛的应用。实践中,经常使用的是实际指标和目标指标、实际指标和上期指标、实际指标与同类企业和行业先进水平的对比,如对承包商的混凝土的完成数量和支付进行综合考核。

2. 因素分析法

因素分析法,又称"连锁置换法"或"连环替代法",是通过成本因素的分解,监测每一个因素的变化程度对成本形成的影响,从而找到投资控制中关键因素的方法。在进行分析时,首先要假定众多因素中的一个因素发生了变化,而其他因素则不变,然后逐个替换,并分别比较其计算结果,以确定各个因素的变化对成本的影响程度。如混凝土工程实际成本超支,可用因素分析法分析产量、单价、损耗率等因素的变动对实际成本的影响程度,以找出关键因素,然后强化对关键因素的管理。

3. 比率法

比率法主要是将两个以上的指标的比例进行分析的方法。它的基本特点是:先把对比分析的数值变成相对数,再观察其相互之间的关系,常用的比率法有相关比率法、构成比率法和动态比率法三种。相关比率法是将两个性质不同而又相关的指标加以对比,求出比率,并以此来考查经营成果的好坏;构成比率法又称比重分析法或结构对比分析法,可以考查成本总量的构成情况以及各成本项目占成本总量的比重,同时也可以看出量、本、利的关系,从而为寻求降低成本的途径指明方向;动态比率法是将同类指标不同时期的数值进行对比,求出比率,以分析该项指标的发展方向和发展速度。

(五) 投资约束

将项目投资情况和开工前已经设置成本要素、分部工程投资与开发项目总投资进行比较分析之后,要看偏差值与偏差率是否超过了预定额度。在发现投资超支或者投资可能超支时,则应进一步具体分析,找出投资超支的原因。

投资超支的原因可能是多方面的,如成本计划的不准确;信息采集的偏差。但是,更多的可能是实施管理的问题,如控制程序、预算外开支、材料管理不当;过多的工程变更等。要压缩已经超支的成本,通常采用的方法有以下四种。

(1) 采用效率更高的技术方案,降低原材料费用。

(2) 在符合国家质量标准的前提下降低工程质量标准。

(3) 在不影响开发项目的主要功能的基础上,删减 WBS 任务。

(4) 采取更加严格的管理措施,责任到人。

事实上,工程投资一旦失控,要在既定的投资计划内完成工程项目是非常困难的。开发企业的各级管理者一定要树立这个概念,不要放过任何投资超支的任何蛛丝马迹,要防患于未然。对于工程节约,开发企业也不可掉以轻心,要认真研究是否有进度过缓、偷工减料的因素,对于真实的成本节约,应适当给承包商以合同奖励。

注重设计方案优化,开发商应依据设计规范和当地建筑市场的实际情况,对设计院的施工图设计,会同监理单位或者咨询单位,对结构造型、使用功能、平面布局、防雷、节能、材料选型在开工前和工程施工中提出切实可行的优化建议。对于设计单位、施工单位提出的施工工艺,也要进行合理论证,如某开发项目的场地平整方案,由分层碾压改为强夯施工,仅此一项就节约资金 250 多万元。

（六）督促监理工程师

施工阶段监理机构委派的监理工程师的工程费用控制的主要任务是通过工程付款控制、新增工程费控制、预防并处理好费用索赔、挖掘节约投资潜力来努力实现实际发生的费用不超过计划投资。

为完成施工阶段投资管理任务的任务，房地产开发企业应重点督促监理工程师做好以下工作：认真审核施工组织设计和施工方案；制定本阶段资金使用计划，做到不多付、不少付、不重复付；严格控制工程变更，力求减少变更费用；研究确定预防费用索赔措施，及时处理费用索赔并协助开发商进行反索赔；做好工程计量工作；审核施工单位提交的工程结算书。

四、房地产开发项目质量管理

（一）质量管理的基本任务

质量管理是指房地产开发企业贯彻执行建设工程质量法规和强制性规范、标准，确保合同中规定的质量目标的监督与管理行为。在目前的建设管理体制下，工序质量、分项工程和分部工程的质量监督主要是由监理工程师负责。开发企业的重点是对开发项目全过程的质量监督、协调和决策，其质量管理的主要任务是编制工程质量计划、督促各方的质量行为、制定质量控制要点和工程质量档案管理。

（二）工程质量控制计划

开发企业的质量计划是本企业向外部环境表明开发项目的质量方针、目标以及具体的实现方法、手段和措施。主要内容一般包括：工程项目特点和作业条件分析；工程质量总目标和分解目标；质量组织机构、人员和资源配置；为保证质量采取的主要措施；工程验收的方法；材料设备等甲方供应材料的质量选择；工程质量控制要点；对监理工程师的管理。

（三）各方质量行为的督促

建设工程的参与各方应贯彻执行工程建设质量法规和强制性标准，正确配置施工生产要素和采用科学管理的方法，实现工程预期的使用功能和满足质量标准。对于设计方来说，是通过施工质量的验收、设计变更以保证竣工项目的各项施工结果与设计文件和国家规范的标准相一致；对于施工单位，是通过施工过程的工序、分部分项、单位工程的质量自控，保证交付满足合同和设计文件约定质量标准的建设产品；对于监理单位来说，通过审核文件、批准施工组织设计、旁站等一系列的控制手段，履行监理委托合同赋予的监督责任，保证工程质量达到合同和设计文件的规定；对于开发企业来说，是通过对开发项目的全过程的全面的监督管理、协调和决策，保证竣工项目达到决策和设计文件中的标准。

(四) 主要质量控制要点

1. 审核施工组织设计

施工组织设计是施工承包单位对特定工程项目的施工方法、工序流程、进度安排、施工管理及安全、环保对策的全过程的指导文件。施工组织设计由监理工程师审查、总监理工程师审核签认后报送开发企业。开发商对施工组织设计的审核,总体原则是尊重承包单位的管理决策和技术决策,但应对重要的分部分项工程方案、施工顺序、施工方案与总体进度计划的一致性、施工方案和施工总平面图的协调性进行审查。

2. 对原材料的检验

材料质量的好坏直接影响工程的质量,因此为了保证材料质量,开发商应当在订货阶段就向供货商提供检验的技术标准,并将这些标准列入订购合同中。有些重要材料应当在签订购货合同前取得样品或样本,材料到货后再与样品进行对照检查,或进行专门的化验或试验。未经检验或不合格的材料不得供应到施工现场。

3. 对工程中的配套设备进行检验

工程建设中应确立设备检查和试验的标准、手段、程序、记录、检验报告等制度,对于主要设备的试验与检查,可考虑到制造厂进行监督和检查。在各种设备安装之前均应进行检验和测试,要避免采用不合格品。

4. 控制混凝土质量

混凝土工程质量对建筑工程的安全极其重要,必须确保混凝土浇注质量。混凝土中水泥、砂、石和水配比的计量;混凝土试块制作、养护和试压等管理制度;浇灌混凝土之前的挖方、定位、支模和钢筋绑扎等工序检查,在这几个混凝土工程中的主要控制点,开发商应会同监理工程师通过审核技术报告、现场观察、实验等手段保证混凝土工程投入与产出的质量。

5. 隐蔽工程验收

隐蔽工程验收是指将被其后工程施工所隐蔽的分项、分部工程,在隐蔽前所进行的检验验收。它是对一些已完成的分项、分部工程质量的最后一道检查。由于检查对象就要被其他工程覆盖,给以后的检查、维修、整改带来障碍,故显得尤为重要。开发商应会同监理工程师对地基基础、基坑回填、混凝土中的钢筋工程、混凝土中的电线管、防水施工的基层等隐蔽工程作重点检查和抽查。

(五) 确立有关质量文件的档案制度

为了便于信息的随时调用,应汇集所有质量检查和检验证明文件、试验报告,包括承包商(分包商)在工程质量方面应提交的文件,按照统一的编码规则,进行分类管理,定期归档。

五、房地产开发项目安全健康环境管理

房地产业的内涵应是"以人为本"的绿色房地产营造过程,而不应以牺牲劳动者的健

康安全和环境的污染破坏为代价。房地产开发商是工程项目的安全健康环境总负责人,应注重与开发项目参与者的各自的和共同的安全环境健康制度建设、检查、教育和培训工作。

（一）安全健康环境管理

安全健康环境问题是关系到工程建设进度、工程质量和投资的重要内容。加强安全健康环境管理,是"以人为本"在建筑工程管理中的具体体现,对于开发项目的总体经济效益也有着重要的意义。开发项目的安全健康管理主要任务是保证建设工程的生产者和使用者以及第三人的安全。环境管理是指保护生态环境,如控制现场作业的粉尘、噪声、三废等对环境的危害,并考虑能源节约和减少资源的浪费等。

（二）参与者的主要安全任务

开发商应向承包商提供安全生产作业环境和安全施工措施的所需费用,及时将安全施工措施和拆除工程的有关资料向当地建设行政主管部门备案,不得任意压缩施工工期、明示或者暗示承包人采用不符合安全生产的规范标准;施工企业应在施工前编制详细的施工技术要求和安全方案,施工现场根据不同的施工阶段采取相应的安全措施,城区内施工应有封闭围栏措施,对毗邻的建筑物、构筑物和地下管线采取相应的措施,对于施工起重机械、脚手架、自升模板等安装、拆卸工程应由相应的资质单位承担并经验收后方能投入使用,为现场作业人员提供必要的安全措施和进行安全教育。

（三）安全计划

开发商安全计划的主要内容包括工程概况、控制目标、控制程序、组织机构、职责权限、规章制度、安全措施、检查评定、奖惩措施等。

承包人是施工安全措施的主要编制人,对于结构复杂、施工难度大、专业性较强的必须有单独的安全措施计划,对于高处作业、危险源作业、特种作业的必须制定单独的安全技术规程,做好特种作业人员的安全教育、安全培训和安全交底。

为消除事故隐患,开发商应会同监理工程师定期和不定期地开展施工安全检查,检查的重点是违章作业和违章指挥,检查的主要内容是施工单位的管理措施、事故隐患、问题的整改和事故的处理。

（四）文明施工

文明施工是树立承包商和开发商形象、提高工作效率的重要手段。文明施工的组织者是施工企业,监督者是开发商与监理商。

对于承包商来说,文明施工的主要内容是:施工现场的公示标志;施工现场的总平面布置整齐有序,材料机具设备堆置合理;施工现场用电符合安全操作规程;施工机械经检查合格,不侵占场内道路;施工道路通畅、排水系统良好、建筑垃圾堆放合理并能够及时清理;劳动保护器具、劳保设施经常检查,保证安全有效;职工生活设施符合卫生要求;消防设施运行良好。

对于开发商来说,文明施工的主要责任是对施工企业的监督检查。如检查文明施工责任制的制定与落实;对生活区、生产区、场容场貌、制度措施的检查;对发现的问题及时督促整改。

(五)环境管理

环境管理主要是对于施工现场的空气污染、水污染、噪声污染以及废弃物处理的防止措施。环境管理主要包括以下内容:施工垃圾及时清理,高大建筑物的建筑垃圾应有专门的处理方法;施工道路定期洒水,防止扬尘,车辆开出工地不带泥沙;对于细颗粒物的运输与储存要注意密封和遮盖;不在现场燃烧产生有毒、有害气体的物质,如工艺必须,则应有相应的处理装置;拆除建筑物时,注意洒水;施工废水、污水必须经沉淀池沉淀后排放;储备油料等液体物质时,应做好地面的防渗措施;食堂的污水排放应有隔油池;工地的临时厕所应有防止渗漏措施;从噪声源、传播过程和防护三个方面削减噪声危害,机械作业的昼间噪声不高于 85 分贝,夜间噪声不高于 55 分贝;建筑垃圾和废弃建筑材料包装物以及生活垃圾应坚持回收利用和减量处理。

(六)职业健康管理

职业健康管理的主要是任务是职业伤害事故防治和职业病防治。开发项目的健康管理的重点是前者。施工现场应重点做好防止落物、滚石、崩块等造成的人身伤害;防止车辆挤压、碰撞和颠覆的人身伤害,以及机械伤害、起重伤害等。

第二节 房地产开发项目合同管理

合同是平等主体的自然人、法人、其他组织之间设立、变更、终止民事权利义务关系的协议。合同是商品经济的产物,是商品交换的法律表现形式。现代社会的企业的经济往来,主要通过合同形式进行。合同管理又是房地产开发项目管理的重要内容,在质量控制、进度控制、投资控制、安全管理、信息管理、组织协调等项目管理职能中居于最为重要的位置。

一、房地产开发项目合同管理组织机构

合同管理的任务必须由一定的组织机构和人员来完成。要提高合同管理水平,必须使合同管理工作专门化和专业化,在开发商和各个开发项目中设立专门的机构和人员负责合同管理工作。

（一）设置合同管理部门

由合同管理部门专门负责企业所有工程合同的总体管理工作，主要包括以下十个方面。

(1) 收集市场和工程信息。

(2) 参与投标报价，对招标文件、合同草案进行审查和分析。

(3) 对工程合同进行总体策划。

(4) 参与合同谈判与合同的签订。

(5) 向开发项目派遣合同管理人员。

(6) 对开发项目的合同履行情况进行汇总、分析，对工程项目的进度、成本和质量进行总体计划和控制。

(7) 协调各个项目的合同实施。

(8) 处理与承包商，与其他方面重大的合同关系。

(9) 具体地组织重大索赔工作。

(10) 对合同实施进行总的指导、分析和诊断。

（二）合同管理部门的设置

对于大型的开发项目，设立项目的合同管理小组，专门负责与该项目有关的合同管理工作。在开发项目部中设立合同中心，设有合同经理、合同工程师和合同管理员。

对于一般的项目、较小的开发工程，可只设合同管理员，在项目部经理领导下进行施工现场的合同管理工作。

对于合同关系复杂、风险大、争执多的项目，如大型房地产开发项目、涉外房地产开发项目，开发商可聘请合同管理专家，或将整个公司的合同管理工作委托给咨询公司或管理公司，这样会大大提高工程合同管理水平和工程经济效益，但成本较高。

二、合同管理的主要任务

（一）房地产开发项目中的主要合同关系

现代社会的是以社会化生产和专业分工为标志的，稍微大一点的房地产开发项目，工程合同就有几十份之多。合同之间存在着复杂的关系，形成一个合同网络体系。在这个体系中，承包商和业主是两个主要的节点。

房地产开发商必须将开发项目以委托的形式发包出去，总承包模式下可能只有几份合同，而平行承发包模式下可能会有几十份合同。

承包商要完成开发合同赋予的任务，必须组织劳动力、机具设备、建筑材料、管理人员、临时设施。总承包模式下，还应具有相应的设计人员。承包商在不具备所有专业工程的施工能力和材料的情况下，可以将一些专业工程进行分包。房地产开发项目中，承包商签订的合同主要有劳务合同、设备供应合同、材料采购合同、运输合同、租赁合同等。

（二）合同管理的主要任务

合同管理贯穿于整个房地产开发项目过程之中，合同管理的主要任务如图8-8所示。

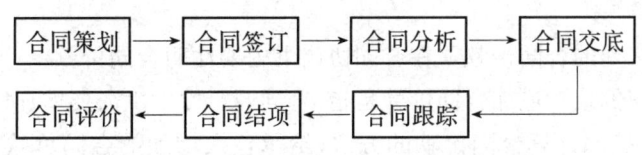

图8-8 房地产开发项目中合同管理的主要任务

三、合同策划与签订

（一）合同策划

合同策划是指开发商对整个开发项目进行深入研究，划分合同界面、合同实施的接触条件、标包的工程范围、承包方式、合同的主要条款以及合同的签订过程中应注意到的问题。即房地产开发项目应分为几个独立的合同、每个合同有多大工程范围、合同之间的关系、合同委托的方式、合同的主要条件。

合同策划主要考虑的因素包括以下几点：合同应有利于竞争投标，标包内容按工程量大小接近，不同标包之间的工作内容具有近似性或者区别性；材料设备标的发布应和施工计划紧密配合，且应结合市场情况作出合理的批次安排；合同发包时机应和企业的资金计划紧密结合。表8-2表明某开发项目的合同策划结果。

表8-2 ××项目的合同策划

序号	合同编号	类别	拟发包标段	发包时间	承包范围	备注
1	TJ-04-01	主体工程	1#楼、2#楼、3#楼	2004.02	基础、结构、房建	土建
2	TJ-04-02	主体工程	4#楼、5#楼	2004.02	基础、结构、房建	土建
3	ZX-04-01	装修工程	1#楼、2#楼、3#楼、4#楼、5#楼	2004.09	地面、吊顶、墙群	装修
4	FZ-04-01	外围道路	楼间道路、小区级道路	2004.12	给排水、地面、路边石	辅助
5	……	……	……	……	……	……

（二）施工合同签订

开发项目实施阶段，对于开发商来说，最为主要的是施工合同，施工合同还可分为土建工程施工合同、设备安装工程施工合同、管线工程施工合同和装饰装修工程施工合同。签订施工合同应尽量使用我国的《建筑工程施工合同》（示范文本），其中的要点如下：

1. 工期

在合同协议书内应明确注明开工日期、竣工日期和合同工期总日历天数。如果是招标选择的承包人,工期总日历天数应为投标书内承包人承诺的天数,不一定是招标文件要求的天数。

2. 合同价款

(1) 开发商接受的合同价款。在合同协议书内要注明合同价款。

(2) 追加合同价款。追加合同价款是指,合同履行中发生需要增加合同价款的情况,经开发商确认后,按照计算合同价款的方法,给承包人增加的合同价款。费用指不包含在合同价款之内的应当由开发商或承包人承担的经济支出。开发商应严格价款追加条件和费用支出条件。

(3) 合同的计价方式。通用条款中规定有三类可选择的计价方式,合同采用哪种方式需在专用条款中说明。可选择的计价方式有以下三种。

① 固定价格合同,是指在约定的风险范围内价款不再调整的合同。

② 可调价格合同,通常用于工期较长的施工合同。为了合理分担外界因素影响的风险,应采用可调价合同。可调价合同的计价方式与固定价格合同基本相同,只是增加可调价的条款,因此在专用条款内需明确约定调价的计算方法。

③ 成本加酬金合同,是指开发商负担全部工程成本,对承包人完成的工作支付相应酬金的计价方式。

选择哪一款合同格式,开发商应根据工程大小、规模、复杂程度、工程地质条件、图纸情况、风险负担来确定合同计价方式。

3. 对双方有约束力的合同文件

订立合同时已形成的文件有:施工合同协议书;中标通知书;投标书及其附件;施工合同专用条款;施工合同通用条款;标准、规范及有关技术文件;图纸;工程量清单;工程报价单或预算书。合同履行过程中,双方有关工程的洽商、变更等书面协议或文件也构成对双方有约束力的合同文件,将其视为协议书的组成部分。以上各文件的序号就是房地产开发合同争议时的优先解释顺序。

4. 开发商和承包人的工作

通用条款规定以下工作属于开发商应完成的工作。

(1) 办理土地征用、拆迁补偿、平整施工场地等工作,使施工场地具备施工条件,并在开工后继续解决以上事项的遗留问题。专用条款内需要约定施工场地具备施工条件的要求及完成的时间,以便承包人能够及时接收适用的施工现场,按计划开始施工。

(2) 将施工所需水、电、电信线路从施工场地外部接至专用条款约定地点,并保证施工期间需要。专用条款内需要约定三通的时间、地点和供应要求。某些偏僻地域的工程或大型工程,可能要求承包人自己从水源地(如附近的河中取水)或自己用柴油机发电解决施工用电,则也应在专用条款内明确,说明通用条款的此项规定本合同不采用。

(3) 开通施工场地与城乡公共道路的通道,以及专用条款约定的施工场地内的主要交通干道,保证施工期间的畅通,满足施工运输的需要。专用条款内需要约定移交给承包人交通通道或设施的开通时间和应满足的要求。

（4）向承包人提供施工场地的工程地质和地下管线资料，保证数据真实、位置准确。专用条款内需要约定向承包人提供工程地质和地下管线资料的时间。

（5）办理施工许可证和临时用地、停水、停电、中断道路交通、爆破作业，以及可能损坏道路、管线、电力、通信等公共设施法律、法规规定的申请批准手续及其他施工所需的证件（证明承包人自身资质的证件除外）。专用条款内需要约定开发商提供施工所需证件、批件的名称和时间，以便承包人合理进行施工组织。

（6）确定水准点与坐标控制点，以书面形式交给承包人，并进行现场交验。专用条款内需要分项明确约定放线依据资料的交验要求，以便合同履行过程中合理地区分放线错误的责任归属。

（7）组织承包人和设计单位进行图纸会审和设计交底。专用条款内需要约定具体的时间。

（8）协调处理施工现场周围地下管线和邻近建筑物、构筑物（包括文物保护建筑）、古树名木的保护工作，并承担有关费用。专用条款内需要约定具体的范围和内容。

（9）开发商应做的其他工作，双方在专用条款内约定。专用条款内需要根据项目的特点和具体情况约定相关的内容。

虽然通用条款内规定上述工作内容属于开发商的义务，但开发商可以将上述部分工作委托承包方办理，具体内容可以在专用条款内约定，其费用由开发商承担。属于合同约定的开发商义务，如果出现不按合同约定完成，导致工期延误或给承包人造成损失时，开发商应赔偿承包人的有关损失，延误的工期相应顺延。

通用条款规定，以下工作属于承包人的义务。

（1）根据开发商的委托，在其设计资质允许的范围内，完成施工图设计或与工程配套的设计，经工程师确认后使用，发生的费用由开发商承担。如果属于设计施工总承包合同或承包工作范围内包括部分施工图设计任务，则专用条款内需要约定承担设计任务单位的设计资质等级及设计文件的提交时间和文件要求（可能属于施工承包人的设计分包人）。

（2）向工程师提供年、季、月工程进度计划及相应进度统计报表。专用条款内需要约定应提供计划、报表的具体名称和时间。

（3）按工程需要提供和维修非夜间施工使用的照明、围栏设施，并负责安全保卫。专用条款内需要约定具体的工作位置和要求。

（4）按专用条款约定的数量和要求，向开发商提供在施工现场办公和生活的房屋及设施，发生的费用由开发商承担。专用条款内需要约定设施名称、要求和完成时间。

（5）遵守有关部门对施工场地交通、施工噪声以及环境保护和安全生产等的管理规定，按管理规定办理有关手续，并以书面形式通知开发商。开发商承担由此发生的费用，因承包人责任造成的罚款除外。专用条款内需要约定需承包人办理的有关内容。

（6）已竣工工程未交付开发商之前，承包人按专用条款约定负责已完成工程的成品保护工作，保护期间发生损坏，承包人自费予以修复。要求承包人采取特殊措施保护的单位工程的部位和相应追加合同价款,在专用条款内约定。

（7）按专用条款的约定做好施工现场地下管线和邻近建筑物、构筑物(包括文物保护建筑)、古树名木的保护工作,专用条款内约定需要保护的范围和费用。

（8）保证施工场地清洁符合环境卫生管理的有关规定。交工前清理现场达到专用条款约定的要求,承担因自身原因违反有关规定造成的损失和罚款。专用条款内需要根据施工管理规定和当地的环保法规,约定对施工现场的具体要求。

（9）承包人应做的其他工作,双方在专用条款内约定。承包人不履行上述各项义务,造成开发商损失的,应对开发商的损失给予赔偿。

四、合同分析

大型房地产开发项目中,工程建设合同往往几份、十几份甚至上百份地交叉在一起,有着十分复杂的合同关系。合同条文繁杂、法律语言不容易理解,合同文件和工程活动的具体要求混杂在合同条文之中,工程项目管理职能人员所涉及的活动和问题可能只是一个合同的某一个侧面,合同中可能存在某些未知的风险,因此房地产开发商必须加强合同分析的工作。

合同文本分析是一项综合性的、复杂的、技术性很强的工作,它要求合同管理者必须熟悉合同相关的法律、法规;精通合同条款;对工程环境有全面的了解;有承包合同管理的实际工作经验和经历。

房地产开发商的合同分析成果可以归结为合同要点和应注意事项,在工程正式开工前编制成册。合同管理人员向项目管理人员和企业的各有关职能部门进行合同交底,组织大家学习合同分析的结果,将合同的内容作出阐释,把合同事件的责任人分解到工程小组和分包人,规定合同执行中的经常性的检查与监督任务,明确促进承包商按时按质完成任务本方可以采取的手段。

合同分析一般包括以下内容。

（1）界定承包人和开发商的主要权利、义务和主要任务。

（2）合同的价格分析。对每个合同采用的计价方法及合同价格的范围、工程款结算的程序、合同价格的调整条件、拖欠工程款的责任等进行认真的分析整理。

（3）合同工期的分析。工期的拖延直接导致投资的增加和索赔事件发生,所以必须加强对工期理解。

（4）违约责任的理解。违约责任包括:如果合同一方未遵守合同规定,造成对方损失,应受到相应的合同处罚;由于开发商不能及时履行合同出现严重违约的处理规定;由于承包人在质量和进度上不能正确履行合同的责任。对这些内容进行理解,便于在出现任何情况时迅速找出解决的办法。

（5）验收责任的理解。在机械、材料和设备的现场验收交接、隐蔽工程验收、单项工程验收、全部工程验收中的责任,必须明确了解。

五、合同变更

合同变更是指合同实施过程中由于各种原因引起的设计变更、合同变更,包括工程量变更、工程项目的变更、进度计划变更、施工条件变更以及原招标文件和工程量清单中未包括的新增工程等。工程变更管理是施工过程合同管理的重要内容,工程变更常伴随着合同价格的调整,是合同双方利益的焦点,因此合理确定并及时处理好工程变更,既可以减少不必要的纠纷,保证合同的顺利实施,又有利于开发商对工程造价的控制。

(一) 合同变更的方式

工程的任何变更都必须获得监理工程师的批准,监理工程师有权要求承包商进行其认为是适当的任何变更工作,承包商必须执行工程师为此发出的书面变更指示。如果监理工程师由于某种原因必须以口头形式发出变更指示时,承包商应遵守该指示,并在合同规定的期限内要求监理工程师书面确认其口头指示,否则承包商可能得不到变更工作的支付。

(二) 变更的程序

监理工程师、承包商、开发商均可提出工程变更申请。监理工程师都必须与项目业主进行充分的协商,最后由监理工程师发出书面变更指示。开发商可以委任监理工程师一定的批准工程变更的权限(一般是规定工程变更的费用额),在此权限内,监理工程师可自主批准工程变更,超出此权限则由开发商批准。

监理工程师依据变更批准文件制定变更指令,说明工程变更的原因及详细的变更内容说明,以及变更执行的时间和费用结算的情况。最后监理审批承包商项目部的合同管理负责人员向监理工程师发出合同款调整和/或工期延长的索赔通知。具体流程如图 8-9 所示。

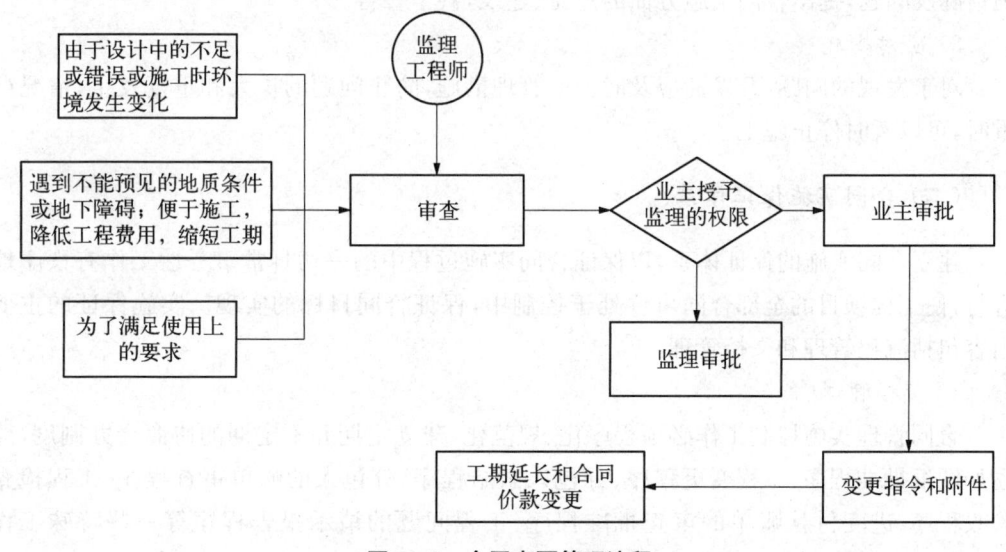

图 8-9 合同变更管理流程

(三) 变更管理

开发商的合同变更管理包括变更通知、变更的处理程序，落实变更的措施，修改变更相关的资料，检查变更措施的落实情况。

六、合同监督与实施保证体系

(一) 合同监督

合同监督的主要任务是对合同实施情况进行分析，找出偏差，以便采取相应的措施，必要时调整合同的实施过程，达到合同的总目标。合同监督的依据是合同文件、合同分析与合同检查的结果，其主要工作包括合同实施监督、合同跟踪、合同诊断和合同措施决策。承包人和开发商、监理工程师、分包人之间的有关合同的文件沟通都应以书面形式进行。

1. 合同实施监督

开发商应监督项目经理部、分包人严格执行合同，并做好各分包人的协调和管理工作。同时，也应督促开发商执行其合同责任，以保证工程顺利进行。合同实施监督的任务是合同变更分析、合同结算分析、投资进度分析、合同签证管理、合同执行情况评估。其主要目的是观察合同执行的状况，如合同阶段分析的主要任务、合同支付占到总体投资的比例、达到停止支付的标准与否。

2. 合同跟踪和诊断

开发商应全面收集并分析合同实施的信息与工程资料，将合同实施情况与合同分析资料进行对比分析，找出其中的偏离。承包人对合同履行情况作出诊断。合同诊断包括：合同执行差异的原因分析、合同差异责任分析、合同实施趋向预测。及时通报合同实施情况及问题，提出合同实施方面的意见、建议，甚至警告。

3. 应对措施

对于发现的问题，开发商应及时采取管理措施，防止问题的扩大和重复发生，情况严重时，可以暂时停止施工。

(二) 合同实施保证体系

建立合同实施的保证体系，以保证合同实施过程中的一切日常事务性工作有秩序地进行，使工程项目的全部合同事件处于控制中，保证合同目标的实现。实施保证的主要内容包括流程管理和文档管理。

1. 流程管理

合同管理实施控制工作必须程序化、规范化，建立定期和不定期的协商会办制度，建立如图纸批准程序、工程变更程序、分包人索赔程序、分包人的账单审查程序、工程检查验收程序、进度付款账单的审查批准程序、工程问题的请示报告程序等一些特殊工作程序。

2. 文档管理

文档管理的主要任务如下。

（1）合同资料的收集。合同包括许多文件资料，在实施的过程中又会产生许多资料，如报告、指令、决策等。这些资料是完整的工程建设记录和工程分析的依据，应注意收集。

（2）资料的整理。原始资料必须经过加工才能成为可供决策的信息，成为工程报表和报告文件。

（3）资料的归档。建立与其相适应的编码系统和文档系统，使各种合同资料能方便地进行保存与查询。

（4）资料的使用。

七、合同评价

合同执行后，将合同签订和执行过程中的利弊、经验教训总结出来，提出分析报告，作为以后工程合同管理的借鉴。合同评价包括以下内容。

（1）合同签订情况评价。主要是反思合同合作方的选择、合同条款制定合理与否等因素。

（2）合同执行情况评价。主要是看是否按照制定的合同条款严格执行。

（3）合同管理工作评价。主要是看合同管理工作是否精细、是否及时发现合同中的问题以及有无相关的处理措施。

第三节 工程索赔管理

在房地产的项目实施阶段，若合同当事人一方因对方不履行或不完全履行既定义务，或由于对方行为使自己受到损失时，可要求其补偿损失，即"索赔"。索赔是房地产开发过程中发包方和承包方之间承担风险比例的合理再分配，是开发过程中经常发生的现象。

索赔在现代工程项目管理中占据越来越重要的位置，索赔费用成为合同双方争夺的焦点，有的承包商坦言，成本价投标、利润靠索赔，因此工程索赔的处理与防范已经成为房地产开发项目中降低合同成本的重要手段之一。

一、索赔的概念

（一）索赔的概念

工程索赔是指签订工程承包合同的开发商和承包商在履行合同过程中，根据法律、合同规定及惯例,对并非自己的过错,而是应由合同对方承担责任的情况造成的实际损失,向对方提出给予补偿的要求。房地产开发项目工程索赔包括施工索赔和反索赔两个方面,一般将承包商向开发商的索赔称为施工索赔,将开发商向承包商的索赔称为反索赔。

(二)索赔的特征

索赔具有以下基本特征。

(1)索赔是双向的。不仅工程承包商可以向开发商索赔,开发商同样也可以向承包商索赔。

(2)开发商的相对有利地位。在房地产开发项目实施过程中,开发商是资金占有方,在合同中始终处于相对主动和有利地位,对工程承包商的违约行为可以直接从应付工程款中扣抵、扣留保留金或通过履约保函向银行索赔来实现自己的索赔要求。因此,在工程实践中大量发生的、处理比较困难的是承包商向开发商的索赔。

(3)只有实际发生了经济损失或权利损害,受损方才能向对方索赔。经济损失是指因对方因素造成合同外的人工费、材料费、机械费、管理费的额外开支。权利损害是指虽然没有经济上的损失,但造成了一方权利上的损害,另一方有权获得一定的补偿。

(4)索赔是一种未经对方确认的单方行为。索赔是单方面行为,对对方尚未形成约束力,这种索赔要求能否得到最终实现,必须要通过双方确认后才能实现。

(三)索赔的分类

1. 按索赔事件的影响分类

(1)工期拖延索赔。由于开发商未能按合同规定提供施工条件,如未及时交付设计图纸、技术资料、场地、道路等;或非承包商原因开发商指令停止工程实施;或其他不可抗力因素作用等原因,造成工程中断,或工程进度放慢,使工期拖延,承包商对此提出索赔。

(2)不可预见的外部障碍或条件索赔。如果在施工期间,承包商在现场遇到一个有经验的承包商通常不能预见到的外界障碍或条件,例如地质与预计的(开发商提供的资料)不同,出现未预见到的岩石、淤泥或地下水等。

(3)工程变更索赔。由于开发商或工程师指令修改设计、增加或减少工程量、增加或删除部分工程、修改实施计划、变更施工次序,造成工期延长和费用损失,承包商对此提出索赔。

(4)工程终止索赔。由于某种原因,如不可抗力因素影响、开发商违约,使工程被迫在竣工前停止实施,并不再继续进行,使承包商蒙受经济损失,因此提出索赔。

(5)其他索赔。如货币贬值、汇率变化、物价和工资上涨、政策法令变化、开发商推迟支付工程款等原因引起的索赔。

2. 按索赔要求分类

(1)工期索赔,即要求开发商延长工期,推迟竣工日期。

(2)费用索赔,即要求开发商补偿费用损失,调整合同价格。

（四）索赔的原因

引起索赔的原因可以归纳为以下几个方面。

(1) 开发商违反合同规定。

(2) 设计缺陷和变更。

(3) 意外风险和不可抗力事件。

(4) 法律的修改。

(5) 暂停部分工作、停工（全面暂停）、终止合同。

(6) 合同缺陷或对合同文件的歧义解释并造成损失。

(7) 行使权利过当、增加特殊要求（如增加检验项目且检验合格）而造成的损失。

(8) 对方原因导致项目缺陷（包括对未最终移交的工程不恰当使用）而发生损失。

(9) 支付延误造成的损失。

(10) 物价上涨。

(11) 汇率变化。

二、索赔的程序

（一）承包商的索赔程序

开发商未能按合同约定履行自己的各项义务和发生应由其承担的其他情况，造成工期延误或延期支付合同价款及造成承包商的其他经济损失，承包方可按下列程序以书面形式向开发商索赔。

(1) 索赔事件发生28天内，向监理工程师发出索赔意向通知书。

(2) 发出索赔意向通知书28天内，向监理工程师提出补偿经济损失（或）延长工期的索赔报告及有关资料。

(3) 监理工程师在收到承包方送交的索赔报告和有关资料后，于28天内给予答复，或要求承包方进一步补充索赔理由和证据。

(4) 监理工程师在收到承包方送交的索赔报告和有关资料后28天内未给予答复，或未对承包方作进一步要求，视为该项索赔已经认可。

当该索赔事件持续进行时，承包方应当阶段性向监理工程师发生索赔意向，在索赔事件终了28天内，向监理工程师送交索赔的有关资料和最终的索赔报告。

（二）索赔证据

证据作为索赔文件的一部分，关系到索赔的成败，证据不足或没有证据，索赔是不成立的。索赔证据应具有真实性、全面性、及时性和相应法律证明效力。承包商可以作为索赔证据的主要有以下几个方面。

(1) 招标文件、合同文本及附件。

(2) 来往文件、签证及更改通知等。

(3) 会谈纪要。
(4) 进度计划和实际施工进度表。
(5) 现场工程文件。
(6) 照片。
(7) 报告。
(8) 交接班记录。
(9) 材料和设备采购、订货运输使用记录等。
(10) 市场行情记录。
(11) 各种会计核算资料。
(12) 国家法律、法令、政策文件等。

(三) 索赔计算

索赔计算的内容主要包括费用索赔和工期索赔。

1. 费用索赔

费用索赔内容一般包括以下几个方面：人工费、设备费、材料费、保函手续费、贷款利息、保险费、利润、管理费。

索赔费用的计算方法包括实际费用法、总费用法和修正的总费用法。在工程实践中一般多采用实际费用法和修正的总费用法。

(1) 实际费用法。该方法是按照每索赔事件所引起损失的费用项目分别分析计算索赔值，然后将各费用项目的索赔值汇总，即可得到总索赔费用值。这种方法以承包商为某项索赔工作所支付的实际开支为依据，但仅限于由于索赔事项引起的超过原计划的费用。

(2) 修正的总费用法。这种方法是对总费用法的改进，即在总费用计算的原则上，去掉一些不确定的可能因素，对总费用法进行相应的修改和调整，使其更加合理。具体做法如下：将计算索赔额的时段局限于受到外界影响的时间，计算受影响时段内某项工作所受影响的损失，对投标报价费用重新进行核算，按受影响时段内该项工作的实际单价进行核算，乘以实际完成的该项工作的工程量，得出调整后的报价费用，索赔金额等于某项工作调整后的实际总费用扣减该项工作的报价费用。

2. 工期索赔

(1) 因承包商的原因造成施工进度滞后，属于不可索赔的内容；承包商不应承担任何责任的延误，可以索赔工期。有时工期延期的原因中可能包含有双方责任，此时工程师应进行详细分析，分清责任比例，只有非承包商责任部分才能批准顺延合同工期。

(2) 被延误的工作应是处于施工进度计划关键线路上的施工内容。只有位于关键线路上工作内容的滞后，才会影响到竣工日期。此时的工期索赔额度一般为被延误的工作尚需完成的工作日。

(3) 被延误的工作不在批准进度计划的关键路线上，但对后续工作的影响导致进度计划中后续工作由非关键路线转化为关键路线，其滞后将影响总工期的拖延。此时，工期索赔额度等于工作延误时间和工作自由时差的差值。

(四) 索赔报告

1. 索赔报告的内容

一个完整的索赔报告应包括以下四个部分。

(1) 总论部分。本部分一般包括以下内容：序言；索赔事项概述；具体索赔要求；索赔报告编写及审核人员名单。总论部分应概要地论述索赔事件的发生日期与过程；承包商为该索赔事件所付出的努力和附加开支；承包商的具体索赔要求。

(2) 根据部分。本部分主要是说明自己具有的索赔权利，这是索赔能否成立的关键。根据部分的内容主要来自该工程项目的合同文件，并参照有关法律规定。该部分中承包商应引用合同中的具体条款，说明自己理应获得经济补偿或工期延长。

(3) 计算部分。索赔计算是以具体的计算方法和计算过程，说明承包商应得经济补偿的款额或延长时间。

在款额计算部分，承包商必须阐明下列问题：索赔款的要求总额；各项索赔款的计算，如额外开支的人工费、材料费、管理费和所失利润；指明各项开支的计算依据及证据资料，施工单位应注意采用合适的计价方法。至于采用哪一种计价法，应根据索赔事件的特点及自己所掌握的证据资料等因素来确定。另外，承包商还应注意每项开支款的合理性，并指出相应的证据资料的名称及编号，切忌采用笼统的计价方法和不实的开支款额。

(4) 证据部分。证据部分包括该索赔事件所涉及的一切证据资料，以及对这些证据的说明，证据是索赔报告的重要组成部分，没有可靠的证据，索赔是不能成功的。

(五) 工程师对索赔报告的审查

监理工程师负责审核承包商的索赔申请。接到承包商的索赔意向通知后，监理工程师应建立自己的索赔档案。

在接到正式索赔报告后，监理工程师应认真研究承包商报送的索赔资料。首先，在不确定责任归属的情况下，客观分析事件发生的原因，重温合同的有关条款，研究承包商的索赔证据，并查阅承包商的工程资料；其次，通过对事件的分析，监理工程师再依据合同条款划清责任界限，如有必要时还可以要求承包商进一步提供补充资料，尤其是对承包商与开发商或监理工程师都负有一定责任的事件，更应划出各方应承担合同责任的比例；最后，再审查承包商提出的索赔补偿要求，剔除其中不合理部分，拟定自己计算的合理索赔款额和工期展延天数。

依据合同条件内涉及索赔原因的各条款内容，可以归纳出监理工程师判定索赔成立的条件如下。

(1) 与合同相对照，事件已造成了承包商成本的额外支出，或直接工期损失。

(2) 造成费用增加或工期损失的原因，按合同约定不属于承包商应承担的行为责任或风险责任。

(3) 承包商按合同规定的程序,提交了索赔意向通知和索赔报告。

上述三个条件应当同时具备。

由于对索赔事件的责任划分不一致、索赔证据有效性、索赔的计算方法分歧,因此双方应对索赔处理进行协商,确定合理的补偿额。如工程师的权限范围超越了索赔额度,应报请开发商处理;如索赔工期成立,工程师可以批准顺延相应的工期。

三、索赔的管理

由于工程索赔可能导致工程费用的增加和工期的延长,从而直接影响到工程的预定目标完成,因此开发商必须加强对索赔的管理,主要有确立索赔管理的基本原则、反索赔管理、对索赔的驳斥和做好索赔的预防工作。

（一）索赔管理的基本原则

1. 预防为主的原则

任何索赔事件的出现,都会造成工程拖期或成本加大,增加履行合同的困难,对于开发商和承包商双方来说都是不利的,因此应努力从预防索赔发生着手,洞察工程实施中可能导致索赔的起因,防止或减少索赔事件的出现。

2. 必须以合同为依据

遇到索赔事件时,应站在客观公正的立场上,以合同为依据,审查索赔要求的正当性。

3. 公平合理原则

处理索赔时,应恪守职业道德,以事实为依据,以合同为准绳,作出公正的决定。合理的索赔应予以批准,不合理的索赔应予以驳回。

4. 协商原则

应认真研究索赔报告,充分听取监理工程师和承包商的意见,主动协商,力求取得一致同意的结果。这样做不仅能圆满处理好索赔事件,也有利于顺利履行和完成合同。当然,在协商不成的情况下监理工程师有权作出决定。

5. 授权的原则

根据监理合同授予监理工程师索赔处理权限之内,当索赔金额或延长工期时间超出授权范围时,则要求监理工程师应向开发商报告,在取得新的授权后才能作出决定。

（二）反索赔

因承包商原因不能按照协议书约定的竣工日期（包括工程师同意顺延的工期）,或因承包商原因工程质量达不到协议书约定的质量标准,或因承包商不履行合同义务或不按合同约定履行义务的情况,承包商均应承担违约责任,赔偿因其违约给开发商造成的损失。双方在专用条款内约定承包商赔偿开发商损失的计算方法,或者承包商应当支付违约金的数额或计算方法。

施工过程中开发商反索赔的主要内容有以下六个方面。

(1) 工期延误反索赔。由于承包商的原因造成工期延误的,开发商可要求支付延期竣工违约金,确定违约金的费率时可考虑的因素有:开发商盈利损失;由于工程延误引起的贷款利息的增加;工程延期带来的附加监理费用及租用其他建筑物时的租赁费。

(2) 施工缺陷反索赔。如工程存在缺陷,承包商在保修期满前(或规定的时限内)未完成应负责的修补工程,开发商可据此向承包商索赔,并有权雇用他人来完成工作,发生的费用由承包商承担。

(3) 对超额利润的索赔。如工程量增加很多(超过有效合同价的15%),使承包商在不增加任何固定成本的情况下预期收入增大,或由于法规的变化导致实际施工成本降低,开发商可向承包商索赔,收回部分超额利润。

(4) 开发商合理终止合同或承包商不正当放弃合同的索赔。在这样的情况下,房地产开发商有权从承包商手中收回由新承包商完成工程所需的工程款与原合同未付部分的差额。

(5) 由于工伤事故给开发商方人员和第三方人员造成的人身或财产损失的索赔,及承包商运送建材、施工机械设备时损坏公路、桥梁或隧道时,道桥管理部门提出的索赔等。

(6) 对指定分包商的付款索赔。在承包商未能提供已向指定分包商付款的合理证明时,开发商可据监理工程师的证明书将承包商未付给指定分包商的所有款项(扣除保留金)付给该分包商,并从应付给承包商的任何款项中扣除。

(三) 索赔的反驳

索赔的反驳是指对承包商提出的索赔要求进行评审、反驳与修正。它包括以下内容。

(1) 此项索赔是否具有合同依据、索赔理由是否充分及索赔论证是否符合逻辑。

(2) 索赔事件的发生是否为承包商的责任,是否为承包商应承担的风险。

(3) 在索赔事件初发时承包商是否采取了控制措施。据国际惯例,凡遇偶然事故发生影响工程施工时,承包商有责任采取力所能及的一切措施,防止事态扩大,尽力挽回损失。如确有事实证明承包商在当时未采取任何措施,开发商可拒绝其补偿损失的要求。

(4) 承包商是否在合同规定的时限内(一般为发生索赔事件后的28天内)向开发商和监理工程师报送索赔意向通知。

(5) 认真核定索赔款额,肯定其合理的索赔要求,反驳修正其不合理的要求,使之更加可靠准确。

开发商在进行对索赔的反驳和反索赔时一定要做到有理、有利、有节,否则极易引发诉讼和仲裁。

(四) 索赔的预防

开发商在施工过程中首先要加强工程目标管理,做好项目的投资控制、进度控制和质量控制,避免工程合同价款的调整。在项目前期应对方案进行合理规划,在选择设计单位和承包商时要考察其资质和以往同类建筑的设计能力,在工程实践中,开发商要应做好现场记录等资料收集和整理,要积极地会同承包商科学合理地安排施工顺序,尽量减少索赔的发生。

1. 注重合同签订

在合同签订过程中必须事先预防和避免合同的失误和疏漏,对一些容易出现的问题事先进行研究讨论,制定标准格式及相应的处理办法,对合同条件和协议条款中合同双方各自享有的权利和应尽的义务等作出详细规定,依照国家定额工期要求合理确定工期、避免盲目压缩工期而人为造成工期延误引起索赔,对于工期较短的1年以内的工程,开发商可对一些主要材料,如钢筋、水泥、松木、杉木等进行价格调查,从而确定较合理的价格并采用总价合同。

2. 严格控制图纸质量

房地产开发商应对设计图纸的深度和质量提出要求,施工过程中尽量避免变更,对必须变更的部分尽量提前实现。图纸会审应仔细认真,发现问题应督促设计单位及时修改,以免引起费用、工期索赔。同时,还应做好施工前期的准备工作,如清除地面、架空和地下障碍等,使施工场地具备施工条件,按协议条款的约定保证工程开工时完成;满足施工期间道路畅通;向承包商提供施工场地工程地质和地下管网线路资料,保证数据真实准确;办理施工所需各类手续;及时组织承包商和设计单位进行图纸会审;进行详细的设计交底,避免由于图纸原因影响承包商无法在合同约定时间内正常开工。

3. 做好材料设备验收采购及保管

由承包商负责采购的材料设备,监理企业应在规定时间内按照国家标准和开发商的要求进行检查验收,由开发商负责供应的材料设备,应在合同约定时间内保质保量地提供给承包商,避免采购的材料设备的种类、数量、规格、质量、等级和供应时间与合同约定不符引起索赔。

4. 抓好施工的过程控制

及时完成与工程进度密切相关的各项工作,如按合同约定拨付工程款、避免因延误造成索赔;工程完工后按合同约定日期办理竣工验收,避免引起工程保管费用的索赔;竣工后在合同约定时间内办理工程结算并按合同约定时间付清结算款;在保修期满按合同约定的时间退还剩余保修金,否则拖欠付款会导致利息索赔。

第四节　项目竣工验收

房地产开发项目的竣工验收是指建设单位在单位工程验收和专业验收的基础上,邀请有关部门和相关专业人员,对房地产项目中涉及公共安全和公众利益的内容及公共设施配套建设等情况的核定。

竣工验收是房地产项目建设管理的最后一个环节,通过竣工验收,房地产开发商即可将质量合格的建筑物投入销售或使用。同时,竣工验收也是全面检验工程质量、考核工程投资的重要阶段。《中华人民共和国城市房地产管理法》第二十六条第二款规定:"房地产开发项目竣工,经验收合格后,方可交付使用。"《城市房地产开发经营管理条例》第十七条规定:"房地产开发项目竣工,经验收合格后,方可交付使用;未经验收或者验收不合格的,不得交付使用。房地产开发项目竣工后,房地产开发商应当向项目所在地的县级以上地方人民政府房地产开发主管部门提出竣工验收申请。房地产开发主管部门应当自收到竣工验收申请之日起 30 日内,对涉及公共安全的内容,组织工程质量监督、规划、消防、人防等有关部门或者单位进行验收。"《中华人民共和国建筑法》第六十一条规定:"交付竣工验收的工程,必须符合规定的建筑工程质量标准,有完整的工程技术经济资料和经签署的工程保修书,并具备国家规定的其他竣工条件。建筑工程竣工经验收合格后,方可交付使用;未经验收或者验收不合格的,不得交付使用。"因此,房地产开发商对于符合验收条件的开发项目,都应按照有关规定和国家的质量标准进行验收。未经验收或验收不合格的,不得交付使用。

房地产验收包括对商品房工程本身进行的验收,对整个小区包括主体工程、基础设施、公共配套设施、绿化等进行的综合验收,对分期建设的小区按建设进度进行分期验收,以及最近住房和城乡建设部新提出的分户验收。

一、竣工验收应满足的条件

依据我国施工合同范本和相关法律的规定,竣工工程应满足以下条件。
(1) 完成工程设计和合同约定的各项内容。
(2) 施工单位在工程完工后对工程质量进行了检查,确认工程质量符合有关法律、法规和工程建设强制性标准,符合设计文件及合同要求,并提出工程竣工报告。工程竣工报告应经项目经理和施工单位有关负责人审核签字。
(3) 对于委托监理的工程项目,监理单位对工程进行了质量评估,具有完整的监理资料,并提出工程质量评估报告。工程质量评估报告应经总监理工程师和监理单位有关负责人审核签字。
(4) 勘察、设计单位对勘察、设计文件及施工过程中由设计单位签署的设计变更通知书进行了检查,并提出质量检查报告。质量检查报告应经该项目勘察、设计负责人和勘察、设计单位有关负责人审核签字。
(5) 有完整的技术档案和施工管理资料。
(6) 有工程使用的主要建筑材料、建筑构配件和设备的进场试验报告。
(7) 建设单位已按合同约定支付工程款。
(8) 有施工单位签署的工程质量保修书。
(9) 城乡规划行政主管部门对工程是否符合规划设计要求进行检查,并出具认可文件。
(10) 有公安消防、环保等部门出具的认可文件或者准许使用文件。

（11）建设行政主管部门及其委托的工程质量监督机构等有关部门责令整改的问题全部整改完毕。

二、竣工验收的程序

（1）工程完工后，施工单位向开发商提交工程竣工报告，申请工程竣工验收。实行监理的工程，工程竣工报告须经总监理工程师签署意见。

（2）开发商收到工程竣工报告后，对符合竣工验收要求的工程，组织勘察、设计、施工、监理等单位和其他有关方面的专家组成验收组，制定出验收方案。

（3）开发商应当在工程竣工验收7个工作日前将验收的时间、地点及验收组名单书面通知负责监督该工程的工程质量监督机构。

（4）开发商组织工程竣工验收。开发商在组织验收的过程中必须完成以下内容。

① 建设、勘察、设计、施工、监理单位分别汇报工程合同履约和在工程建设各个环节执行法律、法规和工程建设强制性标准的情况。

② 审阅建设、勘察、设计、施工、监理单位的工程档案资料。

③ 实地查验工程质量。

④ 对工程勘察、设计、施工、设备安装质量和各管理环节等方面作出全面评价，形成经验收组人员签署的工程竣工验收意见。

（5）验收后的意见。开发商在验收后14天内给予认可或者提出修改意见。竣工验收合格的工程可办理工程移交手续，承包商不再承担工程保管责任。需要进行局部修改的部分，按照验收意见进行修改并按责任的原因承担相应的费用。

工程竣工验收一次通过的，承包商提交验收报告的日期为工程的实际竣工日期。工程按照发开发商要求修改后通过竣工验收的，以承包人修改后的提请验收日期作为实际竣工工期。

开发商收到承包商提交的竣工验收报告后28天内不组织验收，或者验收后14天内无修改意见的，视为验收报告被认可。从第29天开始，承包商不再承担工程保管和其他一切意外责任。

（6）竣工验收备案。开发商向工程验收备案机关领取和填写"房屋建筑工程和市政基础设施工程竣工验收备案表"（以下简称"备案表"），工程验收合格之后，持验收单位和验收人签章认可的"备案表"、有关工程竣工验收审查记录表格，并附规定提交的工程竣工验收备案的文件办理备案手续。

开发商办理工程竣工验收备案应当提交下列文件。

① 工程竣工验收备案表。

② 工程竣工验收报告。竣工验收报告应当包括工程报建日期，施工许可证号，施工图设计文件审查意见，勘察、设计、施工、工程监理等单位分别签署的质量合格文件及验收人员签署的竣工验收原始文件，市政基础设施的有关质量检测和功能性试验资料以及备案机关认为需要提供的有关资料。

③ 法律、行政法规规定应当由规划、公安消防、环保等部门出具的认可文件或者准许使用文件。

④ 承包商签署的工程质量保修书。

⑤ 法规、规章规定必须提供的其他文件。

⑥ 商品住宅还应当提交住宅质量保证书和住宅使用说明书。

备案机关收到建设单位报送的竣工验收备案文件,验证文件齐全后,应当在工程竣工验收备案表上签署文件收讫。工程竣工验收备案表一式两份,一份由开发商保存;一份留备案机关存档。

三、分户验收

住宅工程质量分户验收,是指住宅工程在按照国家规范要求内容进行工程竣工验收时,对每一户及单位工程公共部位进行的专门验收,并在分户验收合格后出具工程质量竣工验收记录。

住宅工程竣工验收时,建设单位应当先组织施工和监理单位有关人员进行质量分户验收。已选定物业公司的,物业公司应当参加住宅工程质量分户验收工作。

住宅工程质量分户验收应当依据设计图纸的要求,在确保工程地基基础和主体结构安全可靠的基础上,以检查工程观感质量和使用功能质量为主,主要包括以下检查内容:建筑结构外观及尺寸偏差;门窗安装质量;地面、墙面和顶棚面层质量;防水工程质量;采暖系统安装质量;给水、排水系统安装质量;室内电气工程安装质量;其他规定、标准中要求分户检查的内容。

住宅工程质量分户验收应当按照以下程序进行:在分户验收前根据房屋情况确定检查部位和数量,并在施工图纸上注明;按照国家有关规范要求的方法,对本规定要求的分户验收内容进行检查;填写检查记录,发现工程观感质量和使用功能不符合规范或设计文件要求的,书面责成施工单位整改并对整改情况进行复查;分户验收合格后,必须按户出具由建设、施工、监理单位负责人签字或签章确认的"住宅工程质量分户验收表",并加盖建设、施工、监理单位质量验收专用章。

住宅工程质量分户验收不合格的,建设单位不得组织单位工程竣工验收。

住宅工程交付使用时,"住宅工程质量分户验收表"应当作为住宅质量保证书的附件一并交给业主。

住房和城乡建设部2008年3月《关于加强廉租住房质量管理的通知》中明确指出,对廉租住房全面实施质量分户验收,确保每套住房都达到入住即可使用的条件。

四、综合验收

综合验收是指开发项目按规划、设计要求全部建设完成,并符合竣工验收标准时,即应按规定要求组织综合验收。开发单位按照规定的程序提出申请,由城市建设行政主管部门组织正式综合验收,签证验收报告。对于已验收的单项工程,可以不再办理验收手续,但在综合验收时应将单项工程的验收单作为全部工程的附件并加以说明。

对于住宅小区等群体房地产开发项目竣工,应当进行综合验收,且必须达到以下标准。

(1) 所有建设项目按批准的小区规划和有关专业管理及设计要求全部建成,并满足使用要求。

(2) 具备永久供水、供电、通邮、安装电话、垃圾处理等条件,道路、排水畅通;住宅及公共配套设施、市政公用基础设施等单项工程全部验收合格,验收资料齐全。

(3) 各类建筑物的平面位置、立面造型、装修色调等符合批准的规划设计要求。

(4) 施工机具、暂设工程、建筑残土、剩余构件全部拆除清运完毕,达到场清地平。

(5) 拆迁居民已合理安置。

房地产开发公司向当地建设行政主管部门提出竣工综合验收申请报告、填写"房地产开发建设项目竣工综合验收申报表"并附送验收资料;建设行政主管部门自收齐验收资料后在规定的期限内进行综合验收评定;评定合格的,发给房地产开发建设项目竣工综合验收合格证,并作为房屋交付使用的依据。开发建设项目综合验收不合格的,开发建设单位必须按规定的期限进行整改,并承担开发建设项目的维护和管理责任。

值得注意的是,国务院在《国务院关于第三批取消和调整行政审批项目的决定》(国发[2004]16号)中取消了住宅小区等群体房地产开发项目竣工综合验收。不少地区按照国务院的要求,逐步取消了综合验收审批,为切实保证购房者的利益,这些地区明确规定达到交付使用的商品房必须完成规划、单体工程质量、消防、人防、燃气等专项验收;公共配套设施、市政公用设施及园林绿化工程按设计要求建成,并满足使用功能要求;供电、给水、排水等设施按设计要求建成,并经有关行业单位认可,达到正常使用条件。

五、竣工结算与竣工决算

竣工结算是反映项目实际造价的技术经济文件,是开发商进行经济核算的重要依据。每项工程完工后,承包商在向开发商提供有关技术资料和竣工图纸的同时,都要编制工程结算,办理财务结算。工程结算一般应在竣工验收后一个月内完成。

开发项目的竣工决算是以竣工结算为基础进行编制的,它是在整个开发项目竣工结算的基础上,加上从筹建开始到工程全部竣工,有开发建设的其他工程费用支出。竣工结算是由承包商编制的,而竣工决算是由房地产开发商编制。通过竣工决算,一方面能够正确反映开发项目的实际造价和投资成果;另一方面通过竣工决算和概算、预算、合同价的对比,考核投资管理的工作成效,总结经验教训,积累技术经济方面的基础资料,提高未来建设工程的投资效益。

六、编制竣工档案资料

开发项目的技术资料和竣工图是开发项目的重要技术管理成果。物业管理者将依据竣工图纸和技术资料进行管理和进一步改建、扩建。因此,开发项目竣工后,要认真组织技术资料的整理和竣工图的绘制工作,编制完整的竣工档案,并按规定分别移交给使用者和城市档案馆。

1. 技术资料的内容

技术资料的内容主要包括以下三个部分。

(1) 前期工作资料。包括开发项目的可行性报告,项目建议书及批准文件,勘察资料,规划文件,设计文件及其变更资料,地下管线埋设的实际坐标、标高资料,征地拆迁报告及核准图纸,原状录像、照相资料,征地、拆迁安置的各种许可证和协议书,施工合同,各种建设事宜的请示报告和批复文件等。

(2) 土建资料。包括开工报告,建(构)筑物及主要设备基础的轴位定线、水准测量及复核记录,砂浆和混凝土试块的试验报告,原材料检验证明,预制构件、加工件和各种钢筋的出厂合格证和实验室检验合格证,地基基础施工验收记录,隐蔽工程验收记录,分部、分项工程施工验收记录,设计变更通知单,工程质量事故报告及处理结果,施工期间建筑物或构筑物沉降测定资料,竣工报告和处理结果,竣工报告及竣工验收报告等。

(3) 安装方面的资料。包括设备安装记录,设备、材料的验收合格证,管道安装、试漏、试压和质量检查记录,管道和设备的焊接记录,阀门、安全阀试压记录,电气、仪表检验及电机绝缘、干燥等检查记录,照明、动力、电讯线路检查记录,工程质量事故报告和处理结果,隐蔽工程验收单,设计变更及工程资料,竣工验收单等。

2. 绘制竣工图

开发项目的竣工图是真实地记录各种地下、地上建筑物、构筑物等详细情况的技术文件,是对工程进行验收、维护、改建、扩建的依据。因此,开发商应组织、协助和督促承包商、设计单位,认真负责地把竣工图编制工作做好。竣工图必须准确、完整。如果发现绘制不准或遗漏时,应采取措施修改和补齐。

技术资料齐全,竣工图准确、完整,符合归档条件,这是工程竣工验收的条件之一。在竣工验收之前不能完成的,应在验收后双方协定期限内补齐。

本章小结

房地产开发项目实施阶段的主要任务是在投资预算范围内,按照开发项目进度计划的要求,高质量地完成建安工作。开发项目总投资的70%以上是在这个阶段投入的;工程实体质量也是在这个阶段形成的;开发项目的顺利实施对于房屋的后期销售、资金的按时回收、项目效益的实现意义重大,必须对开发项目的实施给予高度重视。

开发商在建设阶段的三大目标是投资目标、工期目标和质量目标,所面临的主要任务是安全环境健康管理、投资管理、进度管理、质量管理、合同管理、信息管理以及作为项目的总负责人的组织与协调任务。本章正是从这样的一个概念出发,对建设阶段开发商的重点任务作了详细的介绍。

学生应能够对建设过程中的总体任务有着清楚的认识,熟悉开发项目进度计划,掌握利用编制工具编制开发项目进度计划;了解不同阶段的投资计划,掌握投资管理的方法;掌握设置质量控制点对开发项目做质量跟踪;了解对开发项目的安全质量环境管理;了解合同管理的一般知识,熟悉合同策划和合同分析的内容;熟悉工程索赔的知识,掌握工程索赔处理和反索赔的一般要求;熟悉项目验收的流程,了解竣工备案的要求。

 关键词

房地产开发项目建设阶段 投资管理 进度管理 质量管理 安全健康环境管理 合同管理 合同策划 合同分析 工程索赔 索赔管理 工程竣工验收

 复习思考题

1. 名词解释

(1) 投资管理。

(2) 进度管理。

(3) 质量管理。

(4) 安全健康环境管理。

(5) 合同策划。

(6) 合同监督。

(7) 工程索赔。

2. 单项选择题(以下选项中有一项是正确的)

(1) 委托监理模式与自行管理模式相比,其优点在于( )。

(A) 开发商组建一只实力雄厚的管理队伍,有利于企业的发展

(B) 开发商在重大问题上行使决策权,有利于总体控制

(C) 开发商对于建设工程合同、进度、质量、投资的控制与协调工作要担负起主导职责

(D) 任何一个开发项目都必须由监理企业管理

(2) 进度管理中,以下说法正确的是( )。

(A) 开发项目的进度总体策划应在招投标结束后,承包商正式进入施工场地前开始

(B) 为了确保工程进度计划按照开发项目的建设目标来实现,开发商有必要亲自编制施工进度计划

(C) 开发商应注重每周的工程例会,对计划执行进行审查并提出修正意见

(D) 开发商的高层管理者应亲自定期调整工程网络计划

(3) 不属于开发项目投资常用的分解方法的是( )。

(A) 按照开发项目的参与人员分解
(B) 按照开发项目的投资构成分解
(C) 按照开发项目的时间分解
(D) 按照项目、子项目进行分解

(4) 开发商应对开发项目的主要质量控制点的管理中,下列说法正确的是( )。
(A) 在隐蔽工程验收中,开发商负有主导义务
(B) 开发商应要求承包单位直接提交施工组织设计,并认真审核
(C) 开发商对于建设项目混凝土的浇注应给予高度的重视
(D) 无论采用何种材料供应模式,进场材料均需要开发商认可

(5) 开发商合同管理中,① 施工合同通用条款;② 投标书及其附件;③ 中标通知书;④ 施工合同专用条款;⑤ 施工合同协议书。合同文件的有效顺序为( )。
(A) ⑤③②④①
(B) ④①②③⑤
(C) ①④②③⑤
(D) ⑤④①③②

(6) 开发项目的建设工程合同中,不属于承包商的义务的有( )。
(A) 向工程师提供年、季、月工程进度计划及相应进度统计报表
(B) 已竣工工程未交付开发商之前,承包人按专用条款约定负的成品保护工作
(C) 施工现场地下管线和邻近建筑物、构筑物(包括文物保护建筑)、古树名木的保护工作
(D) 办理施工许可证和临时用地、停水、停电、中断道路交通的审批手续

(7) 开发商在索赔处理时,直接从工程款当中扣除了自己的损失,这样做违反了哪些原则?( )。
(A) 预防为主
(B) 协商一致
(C) 公平合理
(D) 授权原则

(8) 开发商进行反索赔时,下列说法错误的是( )。
(A) 由于承包商的原因造成工期延误的,开发商可要求支付延期竣工违约金
(B) 如工程存在缺陷,承包商在保修期满前(或规定的时限内)未完成应负责的修补工程,开发商可据此向承包商索赔
(C) 开发商合理终止合同或承包商不正当放弃合同的索赔
(D) 发生不可抗力事件造成的工程损失向承包商进行索赔

(9) 开发商应当在工程竣工验收( )个工作日前将验收的时间、地点及验收组名单书面通知负责监督该工程的工程质量监督机构。
(A) 3
(B) 5
(C) 7
(D) 10

(10) 工程竣工验收在我国实行的是( )。
(A) 核准制
(B) 备案制
(C) 协商一致
(D) 开发商自主决策

3. 多项选择题(以下选项中至少有一个是正确的)

(1) 进度管理的主要任务包括( )。

(A) 编制开发项目的总进度计划
(B) 编制开发项目的年度建设计划
(C) 编制开发项目的施工进度计划
(D) 编制临时工程计划
(E) 审核监理提交的工程进度报告

(2) 房地产项目实施阶段,开发商的投资比较包括( )。
(A) 施工图预算和合同支付之间的比较
(B) 工程概算和合同价之间的比较
(C) 合同支付与合同价之间的比较
(D) 工程估算与合同支付之间的比较
(E) 合同支付与企业财务费用之间的比较

(3) 开发商编制的工程质量计划包括( )。
(A) 工程质量总目标和分解目标
(B) 旁站管理
(C) 材料设备等甲方供应材料的质量选择
(D) 工程质量控制要点
(E) 编写并经开发商高级管理层批准的施工组织设计

(4) 开发商安全健康管理的主要任务是( )。
(A) 开发商应向承包商提供安全生产作业环境和安全施工措施的所需费用
(B) 及时将安全施工措施和拆除工程的有关资料向当地建设行政主管部门备案
(C) 指挥承包商现场文明施工
(D) 清理现场施工垃圾
(E) 开发商应会同监理工程师定期和不定期地开展施工安全检查,检查重点的是违章作业和违章指挥

(5) 房地产开发商设立合同管理组织机构包括( )。
(A) 在企业中设立专门的合同管理部门
(B) 在开发项目中设立专门的合同管理小组
(C) 监理商的合同管理部门为企业的下属机构
(D) 汇集开发商、监理商、承包商的合同管理人员,形成项目合同管理中心
(E) 在开发项目中设立专门的合同管理员

(6) 开发商合同策划考虑的主要因素有( )。
(A) 开发商领导的数量 (B) 工程的性质、数量、特点
(C) 企业的资金计划 (D) 竞争性投标的安排
(E) 按照单位工程进行发包

(7) 开发商的合同分析的主要内容包括( )。
(A) 合同的价格和计价方式
(B) 开发商的主要义务和权利

(C) 合同工期和违约责任

(D) 合同中的文字错误以及其可能带来的恶劣影响

(E) 企业在验收中的责任

(8) 开发商的索赔预防工作主要包括( )。

(A) 认真审核合同,保证把所有的可能索赔消弭于无形之中

(B) 减缓工程款的支付,防止投资支付过多之后难以索赔

(C) 做好施工的过程控制工作

(D) 做好合同签订与分析工作

(E) 控制施工图质量,做好图纸会审工作

(9) 开发商的开发项目竣工应满足的条件为( )。

(A) 完成工程设计和合同约定的各项内容

(B) 工程质量评估报告应经监理工程师审核签字

(C) 施工单位项目经理签字的工程竣工报告

(D) 施工单位签署的工程质量保修书

(E) 有完整的技术档案和施工管理资料

4. 简答题

(1) 开发商的建设项目进度计划体系包括哪些内容?

(2) 项目实施阶段,在有监理的情况下,开发商如何完成质量管理任务?

(3) 项目实施阶段,开发商如何进行合同管理?

第九章 房地产营销管理

学习目标

学习本章后,你应该能够:

1. 理解房地产销售的含义、性质和特征,了解房地产销售管理的内容和程序;

2. 了解房地产价格的构成和影响因素,在具体定价目标下选用适当的定价方法和策略;

3. 了解房地产销售渠道的内涵、结构和功能,选择房地产直接销售和间接销售的形式,分析销售渠道管理的内容;

4. 理解房地产促销的含义和作用,了解房地产组合策略的内容和制定的影响因素,解释房地产促销四种策略的异同和组合的方法。

第一节 房地产销售管理

一、房地产销售

(一)房地产销售的含义

销售是指企业将生产和经营的产品或服务出售给消费者(顾客)的活动。房地产销售则是指房地产企业以不同的方式向市场提供住宅、写字楼、商业楼宇、标准厂房等房地产商品和服务,来满足消费者生产或生活、物质或精神的需求,并获取收入和利润的经济活动。

(二)房地产销售的特征

房地产销售是房地产企业在现代销售理论的指导下,采取各种有效的销售策略,将房地产商品和服务出售或出租以获得收入和利润来求得生存和发展的一种经营行为。房地产销售是房地产市场营销活动的有机组成部分,是房地产市场营销计划的具体实施和运用,具有如下特征。

1. 复杂性

房地产是实物、权益和区位的统一,这就使得房地产销售活动比一般的销售活动更加复杂,主要表现在三个方面:一是房地产实物质量及其组合完成的功能难以在短时间内把握;二是房地产交易的实质是其产权的流转及其再界定,涉及很多领域和部门,需要经过繁杂的法律程序,耗费的时间较长、交易费用较高;三是房地产销售极易受国家的政策法规、社会经济发展状况等外部环境的影响。

2. 区域性

房地产具有固定性的特点,就不能像其他一般商品那样可以通过运输而流动,在空间上进行数量和种类上的调剂。在房地产销售活动过程中,商品实体不会流动,只有消费者和资金的流动以及商品权益的流转,房地产销售人员更多地依赖于房地产所在现场的推销,相关的销售组织和机构往往在房地产所处区域设立,而在区域以外所进行的营销基本上属于促销活动,最终仍然需要在房地产所在地完成交易,如商品实物的查看、货款的支付和权属的转移登记等。因此,房地产销售活动的开展和完成具有很强的区域性。

3. 风险性

与一般商品的生产不同,房地产商品的开发耗时较长、过程较为复杂、环境的不确定性较高,这些因素都加大了房地产销售的风险,尤其是在预售方式下更是如此。如果再考虑到房地产商品价格的昂贵性和使用的长期性,房地产销售的风险性就表现得更加突出。

4. 严密性

既然房地产交易的实质是房地产产权的流转及其再界定,加上房地产市场信息的匮乏,这就促使交易双方需要借助律师、估价师或经纪人等专业人员提供的服务。在复杂的交易活动中特别重视过程的严密性,以最大限度地降低交易的风险,保证销售的顺利进行。

5. 差异性

房地产具有异质性、价值量大、使用期限长等特点,决定了消费者对房地产商品的购买将以复杂的购买行为模式为主,且单一消费者的购买行为重复率非常低,这就使得房地产销售将是典型的一对一推销方式,销售人员面对的消费者绝大多数是全新的,随时都会出现意料之外的情况,从而对房地产销售人员的素质提出了更高的要求。

二、房地产销售管理

(一)房地产销售管理的内涵

对销售管理的理解,有狭义和广义两种。狭义的销售管理是指以销售人员为中心的管理,是企业营销组合中促销策略的一部分;广义的销售管理是指对所有销售活动的综合管理,其内容涉及价格制定、人员销售、营业推广、分销渠道等活动,几乎与营销组合同义(见图9-1)。

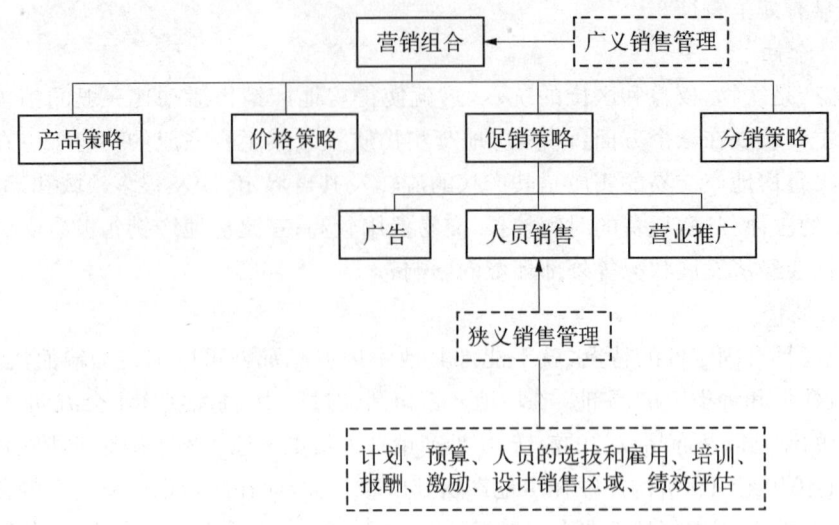

图 9-1 销售管理与营销组合的关系

鉴于我国实际情况,本书倾向于广义的销售管理,明确强调房地产销售管理是房地产企业对房地产销售活动进行计划、组织、指挥和控制,以达到实现企业价值的过程,其活动涉及营销组合的产品策略、价格策略、促销策略和分销策略。

(二) 对房地产销售管理的认识

1. 房地产销售管理是企业经营活动的中心内容

企业要实现在销售环节取得预期收入和利润的目的,就必须通过管理来协调各种开发经营活动与销售活动的关系,如销售部门与其他职能部门之间的关系、销售活动与营销活动之间的关系、销售活动自身的组织实施等。

2. 房地产销售管理重在实施和控制

就某一个项目而言,企业应关注:制定什么样的租金或价格水平,选择什么样的销售渠道,以多大的促销力度向市场推出产品;在销售活动具体展开的过程中出现了什么样的问题,是哪一个环节的问题,应该如何解决等。因此,销售人员或销售渠道的管理固然是房地产销售管理的重要内容,同时也需要通过编制规划(如销售策略、目标和行动方案)、设立特定的组织体制和运行机制来指导和保证整个销售活动的顺利进行。

(三) 房地产销售管理的内容

1. 制定房地产企业销售规划

销售规划是企业营销战略管理的最终体现,是指对房地产企业销售活动的计划与安排。一般来说,销售规划是在销售预测的基础上,设定企业的销售策略与目标,编制销售配额和销售预算,其具体内容如下。

(1) 制定销售目标。房地产企业应在综合分析经营环境与企业内部优劣势情况的基础上对销售前景进行预测,制定合理的销售目标。一般来说,销售目标包括销售总目标和阶段性销售目标。

（2）选择销售策略。销售策略是房地产企业依据营销策略而制定的、具体指导销售活动开展的计划和政策。房地产销售策略的内容包括租售方案（如房地产产品是出租还是出售、租售的进度、租售价格的制定及其调整策略）、租售的渠道（如是选择直接销售方式还是间接销售方式）、租售促销策略、房屋租金或售价货款回收政策、租售的远景规划和销售部门或特定销售渠道的整体目标。销售策略一经确定，其他后续工作就应该围绕如何将其落实来展开。

（3）制定销售行动方案。销售行动方案即销售的具体工作程序和方法，其内容包括具体的实施计划、销售日程表以及相应的资源（资金和人员）配置计划。行动方案应尽量做到细化和量化，便于定期加以检查和评估。

2. 设计房地产企业销售组织

设计销售组织实际上就是将销售人员组织成一个团队，以有效地执行销售策略和行动方案，实现销售目标。设计的内容包括销售组织的目的和战略、销售组织的规模和结构、适当的决策和报酬制度等。

销售组织是企业将销售规划付诸实施的组织保证，企业在设计销售组织时当然应从企业营销战略和现有营销组织、企业资源及其经营环境出发，但更应以已经制定的销售规划为前提。

如果企业认为有能力由自己来承担销售任务并选择直接销售方式，那么企业就应该拥有一套属于自己的销售队伍，其规模和人员素质应能满足完成销售目标任务的需要，或具备选拔、培训和激励销售人员的合理机制，在销售队伍内部有责、权、利的适当划分。

如果企业经过权衡后考虑采用代理销售的方式，那么企业就不需要拥有自己的销售队伍，但仍应有专门负责经营（销售）业务的人员或部门，其职能就与直接方式下有很大的不同，经营（销售）人员或部门的主要任务就是协调与代理商之间的关系、对代理商实施监督和控制。

3. 指挥和协调房地产企业销售活动

房地产企业的销售活动是以销售人员组成团队的形式来展开的。一个销售团队一般分为三个层次，即负责经营（销售）业务的高层管理人员、销售经理和普通销售人员，有时在后两者之间还会设置项目销售经理。他们在实际销售过程中的分工是：经营（销售）业务的高层管理人员负责对企业营销策略的实施进行统筹控制；销售经理和项目销售经理具体负责对普通销售人员的管理；普通销售人员展开对具体房地产产品的销售。

房地产企业销售活动的指挥和协调就是由销售经理和项目销售经理对普通销售人员及其行为进行指导和协调，将公司的营销目标与思路准确地传达给普通销售人员，在销售团队中达成共识，从而围绕一个共同的目标更加有效地工作。

4. 评价和改进房地产企业销售活动

评价和改进销售活动是对销售管理过程进行控制的一个环节，是顺利完成销售目标的必经程序。销售经理或项目销售经理必须关注销售人员及其业务的发展状态和动向，制定各种适宜的考核标准，建立评估与考核体系，适时对销售人员及其业务进行评估和考核,并根据实际情况对销售计划与目标、销售策略作必要的调整和修改,不断提高销售人员的工作效率,控制企业产品销售和整体服务质量。

(四)房地产销售管理的程序

依据销售管理的内容,房地产销售活动应遵循如下的程序(见图9-2)。

(1)根据经营环境和市场状况,确立公司目标。这实际上是销售管理活动的前提。
(2)依据市场状况和公司发展目标,制定企业销售规划。
(3)依据销售规划的要求,设计销售组织。
(4)销售活动的指挥与协调。这实际上是销售活动的过程管理阶段。
(5)销售活动的控制,即销售活动的结果管理。评价的结论将成为修正销售规划乃至公司目标的依据。

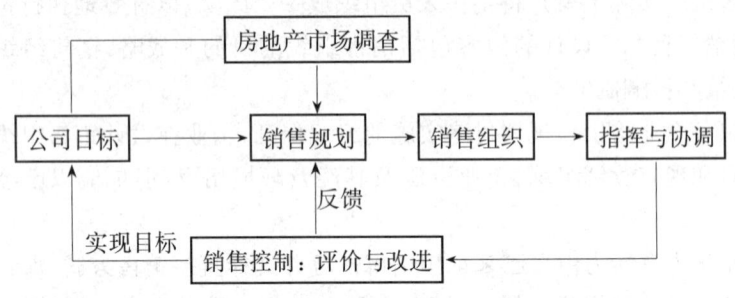

图9-2 房地产销售管理的程序

第二节 房地产价格管理

一、房地产价格

在房地产销售管理的过程中,房地产价格是十分敏感而关键的因素。价格的制定和调整,关系到房地产商品的接受程度、企业销售目标和经营战略的完成状况。因此,房地产企业应从房地产价格的实际构成出发,在综合考虑各种影响因素的基础上,遵循科学的定价程序和方法,尽可能合理地定价,并适时调整和修订。

(一)房地产价格的构成

1. 土地取得成本

土地取得成本是指取得房地产开发用地所必需的费用、税金等。目前土地取得的途径有三种,取得成本各有不同:通过征收农地取得开发用地的,其成本包括农地征收中发生的费用(如征地补偿安置费、征地管理费、耕地占用税等)和土地使用权出让金等;通过拆迁城市房屋取得用地的,其成本包括拆迁中发生的费用(如房屋拆迁补偿安置费、房屋拆迁估价服务费、管理费等)和土地使用权出让金等;通过市场购买的,其成本包括购买土地的价款和税费等。

2. 开发成本

开发成本是指在开发用地上进行基础设施和房屋建设所必需的直接费用、税金等,在实践中包括五项内容,即勘察设计和前期工程费、基础设施建设费、房屋建筑安装工程费、公共配套设施建设费和开发建设过程中的税费。

3. 管理费用

管理费用是指为组织和管理房地产开发经营活动所必需的费用,包括房地产企业人员的工资及福利费、办公费、差旅费、固定资产使用费、职工教育费等,一般按土地取得成本与开发成本之和的一定比率来测算其数量。

4. 贷款利息

计入成本的贷款利息,由市、县人民政府根据本地区商品房建设占用贷款平均使用周期、平均比例、利率和开发项目的自身条件等因素确定。

5. 销售费用

销售费用是指进行房地产销售所必需的费用,包括广告宣传费、销售代理费等,一般按售价的一定比率来测算。

6. 税费

税费是指进行房地产销售的企业应交纳的税费,包括营业税、城市维护建设税和教育费附加,以及其他应由卖方负担的税费等。

7. 利润

利润是指房地产企业完成销售后的销售收入扣除全部生产、销售的成本,并缴纳税金后的净利润。

(二)影响房地产价格的因素

正如在房地产开发经营环境分析中所揭示的,环境因素对开发经营活动的影响是全方位的,其中就包含对房地产价格水平及其运行的深远而复杂的影响。房地产企业应该把握这些影响因素的作用,包括作用的方向、程度、时间效应(持续性和时滞性)。有些时候需要依靠经验作出判断,必要时应该量化影响因素与房地产价格水平及其变动之间的关系。房地产企业通过对影响因素定性和定量的分析,将最终结果反映在制定的价格政策上,从而有效降低环境的不确定性,充分利用环境中蕴含的市场机会。在房地产开发经营活动中,应着重考察如下三个方面的重要因素。

1. 宏观环境

宏观环境因素是对几乎所有地区房地产价格水平有所影响的因素,如人口的数量、分布和结构,经济发展状况,物价水平,利率和汇率水平,投资体制的变迁,城市化进程,政治安定和社会治安状况,财政政策和货币政策等。

一般来说,在政局稳定、社会治安良好的情况下,人口数量的增加,人口素质的提高,都会引起对房地产需求的增加。经济的高速发展往往伴随着城市化进程的迅速展开。经济增长势头好,预示着投资、生产活动活跃,对厂房、写字楼、商店、住宅和各种娱乐设施等的需求增加,由此会引起房地产价格上涨,尤其是地价上涨。

物价水平、利率、汇率以及政策因素与房地产价格之间的关系比较复杂。建筑材料和设备价格、人工费的上涨,会通过开发建设成本来推动房地产价格的上升,从较长时期来看,房地产价格的上涨率要高于一般物价的上涨率;利率除了影响房地产开发投资利息外,对需求者购房的负担也产生影响,还会影响需求者对房地产预期价值的判断;政策因素则通过利率、税种和税率等工具以及消费者预期来对房地产供需施加影响,从而影响房地产价格。

2. 中观环境

中观环境因素是对某个地区房地产价格水平有所影响的因素,如城市的基础设施状况,城市规划,土地资源的可获得性和价格水平,地区产业结构和主导产业的性质,城市居民收入,地区行业法规和政策、行业规范以及市场态势、特点等。

房地产开发经营具有强烈的区域性,尤其表现在城市层面上,即一个城市的城市规划、基础设施状况、土地资源的可获得性和价格水平、地区产业结构和主导产业的性质以及居民收入水平等因素,决定了这个城市房地产价格是在高位或是低位水平运行;而地区行业法规和政策、行业规范以及市场态势、特点等因素,则决定了这个城市房地产市场竞争的规范性、激烈程度以及整个市场的波动程度,这实际上指的是房地产价格的波动程度。

3. 微观环境

微观环境因素是房地产自身状况或条件对其价格水平有所影响的因素,如项目的区位、景观、公共服务设施的完备程度、建筑物本身的特征等。

毫无疑问,房地产项目在区位上的优劣直接关系到其所有者或使用者的生活满足程度,或经济效益,或社会影响,它也就大致确定了该房地产的价格水平等级。不同房地产对区位因素的要求是不一样的,而且在其自然地理位置固定不变的情况下,其社会经济位置却会发生变化,由此会反映在房地产价格水平上。另外,房地产所在区域的自然和人文景观、公共服务设施的完备程度、建筑物本身的物理特征,如质量、功能、装饰装修、完好程度、外观形象等,也对房地产价格有一定影响。景观悦目、服务设施完备,建筑物质量优良、功能完善、式样新颖,可以让人感觉舒适,房地产价格就高;反之,其价格就低。

当然,在房地产价格的影响因素中,还有其他的一些值得注意的因素,如国际因素、人们的心理因素等。房地产企业在制订价格时,应根据具体项目和特定情况进行全面综合权衡。

二、房地产价格制定

(一)房地产价格制定的理论依据

房地产企业在确定具体房地产的价格时就应遵循房地产价格形成和运动的一般规律,

以促成销售的成功。对房地产价格形成和运动规律的认识,就构成了企业定价的依据。

1. 生产费用价值论

生产费用价值论认为,商品的价格是商品价值的货币表现,而商品的价值是由其生产所必需的费用所决定的,必需的费用得到补偿是企业获利的前提,也是企业进行开发投资的前提。因此,企业在对产品进行定价时,总是希望价格不能低于已投入的必需费用,这个必需费用就包括正常的费用、税金和利润。房地产企业由此可以根据开发建设的正常支出和应获得的利润来制定产品的价格。

2. 预期原理

预期原理认为,决定房地产当前价值的,是基于购买者对其未来所能带来的收益现金流或者能够从中获取的效用(满足感、乐趣等)的预期。与生产费用理论完全不同,预期原理是一种以消费者为基础的定价方式,即站在消费者的立场,考虑产品在未来可能产生的最大获利或最大效用,并以此为依据确定消费者可能为此付出的相应代价,这个代价就是房地产企业确定或调整房地产当前价格的基础。

3. 替代原理

替代原理揭示的是企业或商品之间的竞争关系,即在同一市场上,相同的商品具有相同的价值,即价格具有替代性。房地产产品之间虽没有完全相同的,但有相当或相似的,在同一供求圈内,具有相似效用的房地产因为具有一定的替代性而展开竞争,其价格也会相互牵制而趋于相近。依据替代原理,房地产企业应根据竞争项目的特征和价格水平来制定和调整价格,同时要关注竞争项目的后续反应。

4. 供求理论

企业可以单独从自身的角度、需求的角度或者供给的角度来制定价格,但这些方式都各有侧重,也各有优劣。供求理论认为,需求、供给和价格三者是相互依存、相互影响的关系,供求决定价格,而价格又反过来影响供求。以供求理论作为定价的依据,就要求企业综合衡量供求与价格之间的互动关系,既要了解竞争者的状况,也要把握消费者的需求水平,同时还要考虑价格变动对供给和需求的影响,即供给价格弹性和需求价格弹性,尤其是需求价格弹性,它是房地产企业制订价格调整策略时的主要根据。

(二)房地产价格制定的程序

房地产企业应对房地产价格的制定工作给予足够的重视,在价格的制订过程中遵循严格的程序。

房地产价格制定的程序一般包括六个步骤:确定定价目标、测算开发经营成本、估测目标市场需求、分析竞争者、选择定价法并进行测算和确定销售价格,如图9-3所示。

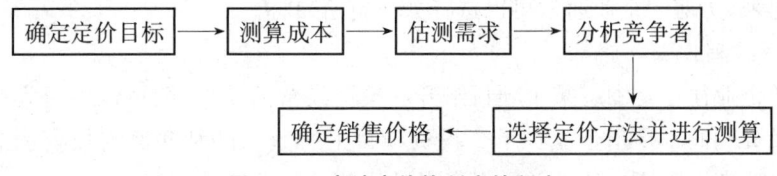

图9-3 房地产价格制定的程序

1. 确定定价目标

定价目标是企业预期通过制定及实施价格策略所应达到的目的,它服从和服务于企业的市场营销战略目标,直接影响定价方法的选择及价格政策的确定。如房地产企业在市场竞争中处于劣势地位,希望扩大现有市场占有率,扭转在市场格局中的不利局面,则企业可以选择低价策略。

2. 测算开发经营成本

由生产费用理论可知,企业的必需费用得到补偿是定价的前提,测算开发经营成本的目的就是为房地产企业定价提供费用数据。考虑到该定价方式的特点,如果直接将测算出的费用数据作为房地产价格,则其结果往往偏于保守,所以一般将测算出的开发经营成本数据作为制定价格的下限水平。

3. 估测目标市场的需求

房地产产品总是要为消费者提供利益或效用的,目标消费者的数量有多少、支付能力有多高、对一定价格区间的承受力有多强等,这都是在本阶段应解决的问题。由于没有考虑竞争项目的影响,测算出消费者的数量和消费者愿意承受的价格水平就会过于乐观,因此企业会以本阶段的分析结论作为调整价格的依据和制定价格的上限水平。

4. 分析竞争者

房地产市场是一个垄断竞争的市场,企业在定价时不仅要考虑产品之间的替代性,还要考虑竞争者的营销策略。分析竞争者,就是要调查和分析竞争者提供的产品和服务、竞争者的价格策略及其变动、竞争者的反应、竞争者的促销手段等。房地产企业在已经确定的上、下限水平之间,需要根据竞争者的情况制定有利的价格。

5. 选择定价方法并进行测算

可供选择的定价方法主要有三类,即成本导向定价法、需求导向定价法和竞争导向定价法,每种定价方法的依据不同,分别适应不同的环境和定价目标。房地产企业应从根据企业的目标和所处的环境来选择适宜的定价方法,初步测算出销售价格。

6. 确定销售价格

房地产企业需要对初步测算出的价格进行综合权衡和审核:是否符合企业的经营战略和定价目标,是否符合国家的方针政策和法律法规,是否与其他营销策略协调一致,是否符合消费者的利益等。

(三)房地产价格制定的目标

明确定价目标是定价程序中的首要内容。房地产企业在确定定价目标时需要考虑的因素主要有企业的营销战略、目标市场的需求状况、竞争环境以及产品的质量和功能等。归纳起来,房地产企业通常可以选择如下定价目标。

1. 实现预期投资利润率

房地产企业往往是围绕某个项目来开展投资经营活动,一般也以项目为单位进行核算。预期投资利润率是指企业在单个投资项目上所获取的利润额与投资额的比率。该指标反映房地产投资项目的效益和投资者的愿望。企业之所以决定对某项目进行投资,就是期望顺利收回投资并取得预期利润。为了达到这个目的,企业可以采用在开发成本的基础上再加上一定百分比的预期利润的方法来进行定价。在开发成本一定的情况下,房地产价格的高低就取决于企业预期利润率的大小:预期利润率越高,则制定的价格水平也越高。在我国房地产业发展的初期,房地产企业基本属于国有,商品房价格的制定多采用这种方法。随着房地产市场的迅猛发展,企业的性质发生了很大的变化,除经济适用房外,商品房的价格完全放开,一般就只有具有较强实力的企业仍然采用这种定价方法。

2. 项目或当期利润最大化

追逐利润是绝大多数企业通常选择的经营目标,由于房地产开发经营是以项目来展开的,企业对利润目标的持续追求就需要借助项目或当期利润最大化来实现,即由每个项目的利润最大化来实现企业长期利润的最大化。如果房地产企业能够较为准确地把握市场需求和开发经营成本,就能够通过制定一个恰当的价格来实现项目或当期利润最大化目标。这实际上对房地产企业提出了更高的要求,即在项目投资之前重视对投资环境和市场状况的调查和分析工作,同时企业还必须具备较高的经营和管理能力。

3. 适应市场竞争

从某种意义上来说,应付市场竞争并能够生存和发展,是每一个企业的最高目标。企业参与竞争的方式有很多,而价格无疑是其中使用得较为频繁、效果非常直接的重要手段。房地产市场是分层次的、区域性的市场,企业往往需要在较小的区域范围内为争取同一目标消费群而展开激烈的竞争。房地产企业以应付竞争为定价目标,就要在定价前有意识地广泛收集竞争者的有关资料,将本企业的产品与竞争者的类似产品进行全面细致的比较,制定出具有相对竞争力的价格。企业既可以利用价格竞争来排斥竞争对手,争夺市场,也可以采用追随市场领导者的价格,以避免竞争,保存和发展自己。具体选择何种竞争价格,主要取决于企业的实力、市场地位和产品的特色。

4. 树立企业品牌

树立品牌是企业的一项综合性的任务和目标,它不仅意味着高质量的产品、优质的服务,也意味着较高的成本和价格。提高价格会降低消费者对本企业产品的需求,因而其风险相对较高,只有实力雄厚的企业才会致力于其品牌的创立。但是,房地产企业以树立品牌为定价目标仍具有重要的意义,因为它可以在市场中建立企业的形象和信誉度,增强消费者对企业及其开发产品的信心,有效降低房地产市场信息不对称的程度。所以,这种定价目标并不局限于短期经济利益,而着眼于企业长远和持续的发展。

5. 提高市场占有率

以市场占有率为目标也就是以销量为目标。市场占有率的高低,反映了房地产企业的经营状况和产品的竞争力,关系到企业在市场中的地位和发展前景,是企业能否左右市场的标志,比获取高额利润更为重要。实际情况是,较高的市场占有率意味着较大的销售数量,企业通过维持或提高其产品市场份额的方式,不但可以获取较高的盈利,还可以扩大企业及其产品的影响,持续吸引消费者的注意力。因此,具有相当实力的房地产企业往往以提高市场占有率作为定价目标,其做法是在市场占有率既定的情况下,采用低价渗透的策略发展和扩大市场。

6. 求得生存

房地产企业有时难免陷入经营困境,如由于市场需求发生变化或者因决策出现失误,结果导致开发产品积压滞销、企业开工不足、资金周转不灵等。在这些特殊情况下,企业应以维持生存为定价目标,即当务之急是要解决资金或变现问题,其中可行的选择就是低价策略。具体来说,价格可容忍的下限是平均变动成本,只要定价高于平均变动成本,企业除变动成本外,还收回部分固定成本,就可以继续维持经营。但需要注意的是,生存定价目标只能是权宜之计,企业以此求得在短期内渡过难关,然后转入正常经营状态;否则,无利可图的企业是难以长期存活的。

(四)房地产销售价格制定的方法

房地产销售价格制定的方法较多,归纳起来可分为三大类:成本导向定价法、需求导向定价法和竞争导向定价法。每一种类型的定价方法中又各自包含具体的定价方法。

1. 成本导向定价法

成本导向定价法是房地产企业以产品成本为基础,再加上一定的利润和税金来制定产品价格的一种方法。按照房地产成本以及在成本基础上利润核算的方法的不同,成本导向定价法可以进一步划分为成本加成定价法、目标利润定价法和变动成本定价法。

(1)成本加成定价法。又称完全成本定价法,是以成本为中心的传统定价方法,即在单位成本的基础上,再加上一定比率的加成来制定房地产的价格,用公式表达出来就是

$$价格 = 成本 + 利润 + 税金$$
$$单价 = 单位成本(1 + 成本利润率)/(1 - 税率)$$

其中,利润即加成,是售价与成本之间的差额,一般以成本为基数的成本利润率(成本加成率)来计算,税金是按销售收入(售价)为基数的税率来计算。

由上式可见,在单位成本既定的情况下,房地产价格的高低将主要取决于加成率(成本利润率)的大小,加成率的确定就是运用本方法进行定价的关键。加成率与产品的需求价格弹性成反比:产品的需求价格弹性较大,加成率应低一些;产品的需求价格弹性较小,加成率应高一些。

成本加成定价法的优点是简单易行,有利于保本求利,且对买卖双方都比较公平;缺点是仅着眼于成本,忽视了市场需求和竞争状况对价格的影响,不适应市场供求变化和竞争环境的要求,一般只适用于供不应求的卖方市场下的产品定价。

(2)目标利润定价法。又称投资收益定价法,是根据房地产企业的总成本和计划的总销售量,再加上按投资收益率确定的目标利润额来进行定价的方法,用公式表示就是

$$单价 = (总成本 + 目标利润 + 税金)/预计销售面积$$
$$目标利润 = 投资总额(1 + 投资收益率)$$

在上式中,投资收益率的确定是本定价方法的关键,其下限是同期银行存款利率,具

体取值由企业根据具体情况而定。

目标利润定价法的优点是可以较好地帮助企业实现其投资回收计划；缺点是较难把握，尤其是对总成本和销售量的预测要求较高，预测不准会使得制定的售价不合理，直接影响企业销售目标的实现。

（3）变动成本定价法。又称边际贡献定价法，是企业以房地产开发的变动成本为基础来确定产品销售价格的方法，用公式表示就是

$$预计单价 = 单位变动成本 + 单位边际贡献$$

一般地，企业的销售收入，首先补偿变动成本，然后是固定成本。当边际贡献等于固定成本时，企业可实现保本；当边际贡献大于固定成本时，企业可实现盈利；当边际贡献小于固定成本时，企业就要亏损。因此，在正常情况下，企业据此确定的售价不得低于变动成本与目标利润、税金之和，即售价≥变动成本＋目标利润＋税金；在竞争十分激烈、形势比较严重的情况下，企业确定的售价只需要高于变动成本即可，实际上这是一种减少损失的策略。

2. 需求导向定价法

需求导向定价法是房地产企业以市场需求为基础，根据消费者的需求强度和对价格的心理反应的不同来制定产品价格的一种方法。与成本导向定价法相比，需求导向定价法灵活有效地运用价格差异，对平均成本相同的同一商品可以依据市场需求的变化来调整价格。需求导向定价法可以进一步划分为理解价值定价法、需求差别定价法和最优价格定价法。

（1）理解价值定价法。理解价值定价法是以消费者对产品的理解和感受形成的认知价值为基础来确定销售价格的方法。显然，企业不是从产品的成本费用和预期利润出发，而是从产品的效用和市场供求状况出发，站在消费者的角度来形成产品的价值。因此，本方法的关键在于企业需要正确地估计产品在消费者心目中的认知价值。如果过高估计消费者对产品的认知价值，就会制定出偏高的价格；如果估计过低，制定的售价就会偏低。无论是偏高还是偏低，销售的效果都会受到严重影响。要正确运用理解价值定价法，企业应搞好市场调查和分析的基础工作。

（2）需求差别定价法。需求差别定价法是房地产企业根据消费者对某种房地产产品的需求差异来确定销售价格的方法。这里的需求差异包括房地产产品在需求对象、需求地点、需求时间、需求强度上存在的差异，表现为消费者在收入和支出水平、消费习惯等方面各不相同，对该种房地产产品价格的看法也有差别，房地产企业可以据此对不同的消费者制定不同的价格以区别对待。因此，实施需求差别定价法的条件，是在市场分析的基础上对市场进行细分，然后对不同的细分市场分别定价。

（3）最优价格定价法。最优价格定价法是房地产企业根据消费者对某种房地产产品的接受程度来确定销售价格的方法。这里的接受程度是指产品价格的高低直接关系到消费者对该种产品的购买量。一般地，价格越高，其销量就越小；价格越低，其销量就越大，即销售量与价格呈负相关关系。考虑到销售量、销售价格与企业利润之间的密切关

系，在追求最大利润的情况下，企业可以测算出相应的最优销售价格。因此，最优价格定价法利用了房地产产品的需求价格弹性，据此确定的价格依据充分、科学，企业也能获得最大的利润。

3. 竞争导向定价法

竞争导向定价法是房地产企业以竞争商品的价格为基础，根据同类房地产的市场竞争情况来制定产品价格的一种方法。这种定价方法以竞争为中心，同时考虑了房地产企业自身的实力、发展战略等因素。竞争导向定价法主要有两种表现形式，即随行就市定价法和主动竞争定价法。

（1）随行就市定价法。又称随行定价法，是以同行业竞争商品现行的平均价格水平为基础，再适当考虑本企业产品的质量、成本等方面的因素来确定产品的销售价格的方法。这种方法的原则是使本企业产品的价格与竞争产品的平均价格保持相当的水平，即在本企业产品比同类产品的质量更好或功能更多时，其价格应在竞争产品平均价格的水平上适当调高；反之则可以适当调低。采用这种定价方法，本企业和竞争对手的产品可以在市场上共存，不会出现激烈的价格竞争。因此，运用随行就市定价法确定的价格随行就市，消费者易于接受，定价风险小。

（2）主动竞争定价法。主动竞争定价法是房地产企业立足于竞争，以本企业与竞争对手在产品上的差异来制定销售价格的方法。这种定价方法一般为实力雄厚或产品独具特色的房地产企业所采用。具体做法是：首先将本企业产品估算的价格与竞争产品的价格进行比较；其次是分析产品在实物和区位上的差别，找出造成价格差异的原因，由此确定本企业产品的特色、优势和市场定位；最后按照定价目标制定产品价格。房地产企业通常采用低价以抢占市场，提高本企业产品的市场占有率，排斥或兼并其他企业。因此，主动竞争定价法的风险较大，房地产企业一定要慎重行事，充分研究市场和竞争对手。

（五）房地产销售价格制定的策略

房地产销售价格的制定，不仅需要以科学的理论和方法为依据，还要有高超的定价策略和技巧。定价策略是对定价进行指导的思想和原则，目的是通过灵活运用价格手段，使企业适应市场的不同情况，实现企业的定价目标和销售目标。不同的房地产在不同的时间、不同的地点可以采用不同的定价策略。房地产企业常用的定价策略有新产品定价策略、折扣与让价的定价策略、心理定价策略和差别定价策略。

1. 新产品定价策略

新产品定价策略是指产品在投入期的定价策略，又分为高价（撇脂定价策略）、低价（渗透定价策略）和中价（满意定价策略）三种策略。

（1）撇脂定价策略。撇脂定价策略是一种高价策略，即在新产品上市初期，将其价格定得尽可能地高，以求在产品生命周期的开始阶段获取高额利润，尽快收回投资。这种定价策略利用了消费者因为追求时髦、猎奇的求新心理而对高价格具有较强的承受能力，但其应用仍需要具备一定的条件，如新产品需求量较高且需求价格弹性较低，具有独特技术或专利保护、竞争对手不会迅速进入市场。

按照投入销售费用的不同,撇脂定价策略又分为快速撇脂策略和慢速撇脂策略。快速撇脂策略是指在销售高价格产品时投入较高的促销费用,以尽可能快地获取高额利润;慢速撇脂策略是指在销售高价格产品时,投入的销售费用有限,因而销售的速度较慢。

撇脂定价策略有利于企业在短期内获取高额利润,尽快收回投资;有利于企业提高声望,树立品牌;有利于企业掌握主动权,留有余地以降价或应付成本的上升;有利于企业利用高价限制需求,有计划地开发目标市场。然而,撇脂定价策略也存在不足:高价损害消费者的利益;高价诱发激烈的市场竞争;高价不利于企业迅速开拓市场;高价策略难以长久采用。

(2) 渗透定价策略。渗透定价策略是一种低价策略,是指在新产品上市初期,将其价格定得较低,以吸引消费者,迅速打开市场,提高市场占有率。这种定价策略利用了消费者的选价心理,即在同类产品中易于接受价格相对较低的产品,因而是一种长期发展策略。它的应用条件是:市场容量大,新产品特点不突出、技术简单、容易仿制,且需求价格弹性较高。

按照投入销售费用的不同,渗透定价策略又分为快速渗透策略和慢速渗透策略。快速渗透策略是指在销售低价格产品时投入较高的促销费用,以尽可能快地占领市场,收回投资;慢速渗透策略是指在销售低价格产品时,投入的销售费用有限,因而覆盖市场的速度较慢。

渗透定价策略有利于企业刺激市场需求迅速增加,尽快让新产品打开销路,占领市场;有利于企业排斥和阻止竞争对手的进入,保持较高的市场占有率;有利于企业扩大生产规模,不断降低产品的生产成本;有利于企业利用低价长期占领市场,获取长久利益。渗透定价策略的缺点是:低价使得产品的利润微薄甚至无利,企业的投资回收期较长,有时会连投资都无法回收;低价不利于企业树立品牌形象。

(3) 满意定价策略。满意定价策略是一种中价策略,是指在新产品上市初期,将其价格定得适中,介于撇脂价格和渗透价格之间,既能保证房地产企业获取一定的利润,又能为消费者所接受。运用这种策略制订价格时,一般采用反向定价法,即企业首先通过市场调研,了解消费者易于接受的价格,然后结合本企业产品的成本、利润和税金等方面的因素来确定销售价格,这样就会让企业和消费者都感到满意,故称满意定价,又称温和定价或君子定价。

满意定价策略的优点是能被消费者普遍接受,且竞争性不强、风险较小,企业在正常情况下能够实现预期盈利目标,适合企业长期采用;其缺点是定价比较保守,不适于复杂多变或竞争激烈的市场环境。

2. 折扣与让价的定价策略

折扣与让价的定价策略是指房地产企业先为其产品确定一个正式价格,然后以此为基础进行适当减让,以吸引消费者购买的定价策略。

(1) 折扣定价策略。在折扣定价策略中,减让的一部分价格是以折扣的形式给出的,如数量折扣、现金折扣、功能折扣和季节性折扣。

数量折扣是指房地产企业根据消费者购买房地产面积或金额的多少，分别给予不同折扣的策略。一般来说，购买的面积越大或金额越高，给予的折扣也越大，以鼓励消费者大量购买，扩大企业产品的销售量。

现金折扣是指房地产企业对按照约定日期付款的消费者给予一定比例折扣的策略。企业采用现金折扣的方式，可以鼓励购房者及早付清房款，防止出现呆账，加速企业的资金周转。

功能折扣又称贸易折扣、交易折扣，是指房地产企业根据房地产中间商在营销中所担负职能的不同，分别给予不同的折扣，其目的在于充分调动不同中间商的积极性，大力开展促销活动，加快本企业产品的销售。

季节性折扣是指房地产企业根据销售季节的不同，给予中间商或消费者折扣的策略。一般来说，企业在旺季给予的折扣较小或没有，而在淡季则给予较大的折扣，目的是鼓励中间商均衡进货、消费者进行反季节购买。

（2）让价定价策略。让价又称销售津贴，实质上是一种折扣形式，如促销让价和以旧换新让价。

促销让价是房地产企业为了鼓励中间商自己负担开展各种促销活动，而给予这些中间商津贴或降价的补偿。

以旧换新让价是房地产企业对采用以旧换新方式进行购买的消费者给予让价，以达到刺激消费需求，促进产品的更新换代，扩大新一代产品销售的目的。

3. 差别定价策略

差别定价是指房地产企业对于同类房地产，根据其面积、朝向、质量、楼层、视野等因素的不同而制定不同的价格。常用的差别定价策略有以下六种。

（1）质量差价。房地产的质量包括设计质量、用材质量和施工质量，任意一种质量较高，则房地产的价格会相对向上调整。

（2）朝向差价。房屋朝向的好坏，与其所处的地域有关，如当地的气候、主风向、光照和当地人们的生活习惯。一般来说，住宅的朝向以每套主居房的朝向为准，向南的价格最高，向北的价格最低。

（3）楼层差价。不同楼层的单元房，其价格不同。房地产企业根据高层或多层房屋的高度、提升工具、光照时间和消费习惯等具体情况，来确定标准价格楼层与其余各层的差价率。

（4）面积差价。面积差价是指商品房的面积不同，其价格也不一样。面积过大或过小，商品房的价格都不会太高。

（5）视野差价。视野差价是指视野较好的商品房，如面临公园和大海，其价格会较高；视野差的商品房，其价格会较低。

（6）边间差价。边间差价是指建筑物的临空或采光面的多少会影响商品房的价格。临空或采光面越多，商品房的价格越高。

4. 心理定价策略

心理定价策略是指房地产企业根据房地产消费者的购买心理特征来确定销售价格的策略,如尾数定价策略、整数定价策略、声望定价策略、习惯定价策略等。

(1) 尾数定价策略。尾数定价策略是指房地产企业利用消费者认识数字的心理特征,有意制定尾数价格,其方法是尽可能在价格数字上不进位,让消费者产生价格较廉的感觉,另外将尾数近似到十位数,如 2 980 元/平方米,使消费者认为产品价格计算准确,从而在心理上产生真实感、信任感和便宜感,增加对该产品的消费。

(2) 整数定价策略。整数定价策略是指房地产企业将产品价格定为一个整数,不留尾数的一种策略。房地产商品在设计、质量、结构、造型等方面差异较大,消费者往往借助产品的价格来判断产品的档次或价值,整数定价就可以给消费者"一分价钱一分货"的感觉,尤其适用于高档商品房价格的制定,通过定价以显示产品的优质和名牌,而消费者则通过产品的售价显示自己的身份和地位。

(3) 声望定价策略。声望定价策略是指房地产企业凭借其名牌产品或自身的声誉来制定销售价格的策略,一般用于名牌产品、高档产品、高级工艺品和质量不易鉴别的产品的定价。这种策略利用了消费者"价高质优""追求名牌"的心理,充分发挥企业自身信誉和产品的名牌效应,制定高于同类物业的价格,获得较高的收益;但要注意不能将价格定得过高,让该目标市场上的消费者都不能接受,效果就适得其反。

(4) 习惯定价策略。习惯定价策略是指房地产企业根据消费者对同类产品已习惯的心理和价格来制定销售价格的策略。消费者在长期的商品交易和使用的过程中,会对某类商品形成习惯性的标准,即习惯价格。符合习惯价格的销售价格就会被顺利接受,偏离习惯价格的销售价格则容易引起怀疑。房地产企业应尊重消费者的心理需求,轻易不要变动习惯价格,在根据某些因素对房地产价格进行调整时,也要遵照习惯的调整常规。

第三节 房地产销售渠道管理

一、房地产销售渠道

(一) 销售渠道及房地产销售渠道

1. 销售渠道

销售渠道是位于生产者与消费者之间的中间商,按照它们在中间环节执行职能的不同,可以分为商业中间商、代理中间商和服务性中间商。商业中间商也称经销商,是取得商品的所有权后再销售出去,如批发商和零售商;代理中间商则不拥有商品的所有权,只负责寻找消费者,代表生产者与消费者和其他中间商进行洽商,如经纪机构和经纪人;服务性中间商是既不取得商品的所有权,也不负责洽商买卖,只在销售渠道中发挥协助营销的功能,如运输企业、仓储企业和广告公司等。这里所谓的销售渠道专指对房地产交易发挥直接推销作用（取得所有权再行销售或受托进行洽商）的商业中间商和代理中间商。

2. 房地产销售渠道

房地产销售渠道是指将房地产产品从房地产企业向消费者转移所经过的通道，包括在这个过程中所有取得产品所有权或协助产品所有权转移的营销机构与个人。房地产企业只有将开发建设的产品销售出去，其商品的价值才能得到实现，也才能进行再投资或再开发；消费者通过市场获取房地产产品进行使用，才能满足其需要。

房地产销售渠道实现了房地产开发者和消费者之间的连接和沟通，弥合了房地产产品、服务与其消费者的需要在时间、地点和所有权等方面的差异，有效地保障了产品的流通和价值的循环。从房地产企业到消费者，房地产产品的所有权通过直接或间接的销售渠道发生了转移。

（二）房地产销售渠道的特点

房地产和房地产市场的特点，或者房地产销售的特点决定了房地产销售渠道具有与一般产品销售渠道不同的特点，主要有以下三点。

1. 房地产销售渠道的区域性

房地产销售具有区域性，在房地产销售渠道中发挥不同作用的中间商必须围绕销售活动设立其经营场所，虽然一些大型的房地产中间商会在不同地区设立连锁经营机构，但这些连锁经营机构的业务也必然是以所在地区的业务为主，具有浓厚的本地化特色。

2. 房地产销售渠道较短

相对于一般产品而言，房地产销售渠道较短，所经过的中间环节较少，主要受房地产企业的规模、经营管理能力和开发量等因素的影响，一般采取直接销售、委托代理商或通过房地产专门经销机构三种渠道形式，其中又以前两种形式最为普遍。自身营销力量较强的房地产企业可以选择最短的直接销售渠道，即将房地产直接销售给消费者，而不需要经过其他中间环节。自身营销力量较弱或开发量较大的房地产企业可以选择间接销售渠道，充分利用中间商比较完善的销售网络和熟练的推销技巧来销售其开发的房地产产品。房地产销售渠道的结构如图9-4所示。

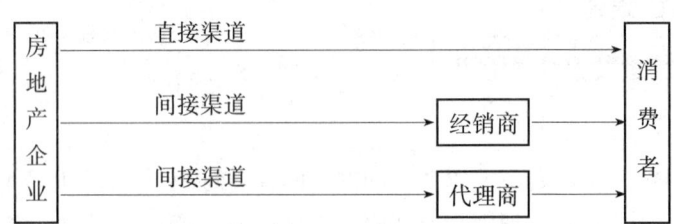

图9-4 房地产销售渠道的结构

3. 房地产销售渠道的长短与市场的供求状况直接相关

在房地产产品供不应求的情况下，房地产企业可以直接进行销售，而且对自身配备的销售部门要求不高，销售人员可以坐等消费者上门，这时采用间接销售渠道就会耗时、耗力,降低了经营效率,增加了成本。但在房地产产品供过于求的情况下,房地产企业自行进行销售的成本相对较高,而选择间接销售渠道就会极大地提高效率,既扩大销售量,又缩短销售时间。

（三）房地产销售渠道的功能

房地产销售渠道是企业面向市场的最重要的外部资源。无论房地产企业在不同的销售渠道之间如何进行选择,房地产销售渠道都必须具有如下八种功能。

(1) 收集信息。信息的内容包括消费者、竞争者以及其他有意义的影响者的信息。
(2) 推广产品。向消费者发布和传播房地产产品和服务的说明性信息。
(3) 接洽。寻找潜在的消费者并进行沟通。
(4) 配合。使所提供的产品符合消费者的要求,包括规划、建设、设备及装修等。
(5) 谈判。与消费者就产品价格和其他条件达成最后协议,以实现所有权的转移。
(6) 融资。收集和分配资金,保证渠道工作的资金周转。
(7) 配送和转移产品。包括实体的转移和储存,所有权的转移。
(8) 承担风险。承担渠道工作中的风险。

二、房地产直接销售与间接销售

在市场营销学中,销售渠道可以划分为不同类型,如长渠道和短渠道；密集分销渠道、独家分销渠道和选择分销渠道；单渠道和多渠道等。根据房地产销售业务的特点,这里按照生产者是否采用中间商,将销售渠道分为直接销售渠道和间接销售渠道。

（一）房地产直接销售

房地产直接销售是房地产企业直接面对消费者进行销售,而不通过任何中间环节的销售渠道,简称直销。房地产直接销售的主要形式有以下三种。

1. 订购销售

订购销售是指由房地产企业同消费者签订购房合同,按合同的约定提供商品房、收取款项的形式,如商品房的代建、预售等都属于这种形式。

2. 自设机构或部门销售

这种类型是房地产企业采用较多的一种直销形式,即由房地产企业设立自己的销售机构或部门,专门负责销售本企业开发的商品房。随着自身实力和营销能力的增强,这些自设机构和部门也开始销售其他房地产企业开发的商品房,成为中间商或代理中间商。

3. 推销员推销

推销员推销是指由房地产企业派出推销员或通过电话访问等方式,直接向消费者推销商品房,现在这种形式采用得已越来越少。

房地产直接销售的优点是:了解市场,降低费用,加强推销,控制价格,提供优质服务。缺点是对房地产企业的开发和营销能力要求较高,不利于企业扩大经营规模;分散了房地产企业的人力、物力和财力,不符合社会分工发展的需要,相应地也增加了企业的经营费用;不利于房地产企业分散经营风险,一旦市场发生变化,企业必须独自承担全部风险和损失。

房地产直接销售渠道的特点非常突出。在我国房地产业发展的初期,房地产市场处于卖方市场,相关的中介服务业务缺乏发展的空间,直接销售一度是主要的销售渠道,绝大多数房地产企业都设有自己的销售机构或部门。在房地产市场发育比较成熟、市场运行机制比较健全的情况下,直接销售形式所占的比重不大。我国目前房地产市场竞争日益激烈,房地产供过于求的状况愈益明显,间接销售渠道正在逐渐取代直接销售渠道,成为房地产企业更依赖的销售形式。但是,我们不应忽视直接销售渠道的作用,尤其是具有实力的大型房地产公司仍然可以充分发挥自己的全面优势,将销售力量保留下来并有所发展。

(二) 房地产间接销售

房地产间接销售是房地产企业通过房地产中间商来向消费者销售自己开发的房地产产品,而自己并不承担销售业务的销售方式。房地产间接销售的主要形式有以下两类。

1. 房地产商业中间商或经销商

房地产经销商是指拥有房地产商品所有权和处置权的中间商。我国房地产企业多是从原来承担房地产行政管理职能或其他行政部门分化出来,也有从其他行业的大企业衍生出来的,逐渐形成了目前业务比较独立的房地产企业。随着房地产市场的日益完善,房地产经销商已经从原来的兼营性转变成以房地产业务为主,甚至专营房地产业务,同时从原来的批发和零售兼具的方式转变成以零售为主。房地产经销商的实力得以不断加强。

房地产经销商的出现和发展,体现了房地产经营业务分工的发展,有力地弥补了房地产开发企业经营能力不足的缺陷,有助于降低房地产开发企业的经营费用,分担了房地产开发企业的市场风险。在房地产市场竞争加剧的情况下,房地产经销商的作用越来越突出和重要。

2. 房地产代理商

房地产代理商又称房地产中介,是指接受房地产企业或房地产经销商的委托,从事销售业务,但不拥有房地产商品的所有权的中间商。传统的房地产中介主要是传递信息或居间介绍,待交易达成后收取佣金。现代的房地产中介在服务的技术和内容上则有了很大的发展,具有较高的专业技术含量,其职能主要表现为:通过市场调查和分析,协助房地产开发企业或业主进行准确的定位;通过市场促销活动,引导需求者;为置业人士提供购楼程序上的服务;协助交易双方进行融资计划和安排;为交易双方提供信息服务,改善市场运行效率。

房地产代理商可以采取多种服务形式,既可以联合代理,也可以独家代理;既可以单方代理(买方代理或卖方代理),也可以双重代理;另外,还可以由一家代理商担任首席代理,然后首席代理再去委托分代理。无论采取何种具体的形式,如果房地产企业需要将销售任务委托给代理商,就必须尽早确定代理商及其代理的方式,以便让代理商更快地介入房地产开发项目,发挥代理商的专业特长,尽可能地降低开发经营的不确定性。

虽然我国房地产业发展的时间不长,市场交易也不太活跃,但是房地产销售的特点决定了代理商存在的客观必然性。因此,我国很注重房地产中介服务行业的发展和规范,先后在《城市房地产管理法》和《城市房地产中介服务管理规定》中作出了相关的规定,对中介服务人员实施资格管理,对中介服务机构实施资质管理。此后,房地产代理行业得到长足的发展,由原先主要从事换房业务扩展到现代代理业务的方方面面。由于房地产代理商不需要事先垫付资金以拥有房地产商品的权益,市场风险不大,可以预计,我国的房地产经纪机构和经纪人无论在数量上,还是在服务的内容和质量上都会有更大的发展。

三、房地产销售渠道选择与管理

(一)房地产销售渠道选择的原则

房地产企业总是要选择适宜的渠道将其开发的产品销售出去。所谓适宜的销售渠道,不仅应保证企业的产品能及时地到达目标市场,还要有较高的销售效率和较低的销售费用,协助企业取得满意的经济效益。因此,房地产企业在确定销售渠道时,应遵循以下四项原则。

1. 效益性原则

不同的销售渠道有不同的产出,也需要投入相应的成本。效益性原则的要求是,房地产企业应对各种可供选择的销售渠道进行评价,从中挑选出投入较少而产出较大的渠道。

2. 可控性原则

无论选择何种销售渠道,房地产企业都应掌握主动权,充分体现主体地位。可控性原则的要求是,房地产企业应对整个营销过程起到有效的控制作用,便于协调企业与中间商之间、中间商相互之间的矛盾和冲突。

3. 协同性原则

在中间商的经营实力、管理水平、信誉与经验一定的情况下,合作意愿无疑是房地产企业确定中间商的重要因素。协同性原则要求,房地产企业应尽量选择能够真诚合作的中间商,这样容易形成合力,更快完成销售目标。

4. 适应性原则

房地产企业通过协议的方式来选择销售渠道,当市场环境发生变化时,协议的存在会降低房地产企业的适应能力,因为房地产企业不能在协议有效期内任意取消已选择的销售渠道。适应性原则要求房地产企业应慎重确定协议的期限,除非销售渠道在前面三个原则方面都很优越,否则协议不应是长期限的。

（二）影响房地产销售渠道选择的因素

除以上应遵循的原则之外，房地产企业在选择销售渠道时，应着重从如下五个方面进行全面的分析。

1. 房地产产品方面

房地产产品的价值、质量和技术特征不同，对销售渠道的要求也不一样。一般来说，产品的单位价值量高、技术复杂或质量优良，其销售渠道不宜长。

2. 房地产市场方面

房地产市场方面的因素包括市场的范围、消费者的购买习惯、供求状况因素等。如果目标市场的范围较小，涉及的消费者分布比较集中，或者消费者购买的频率较低，或者市场供不应求，房地产企业就可以选择短渠道销售方式。

3. 房地产企业方面

在选择销售渠道时，房地产企业还必须考虑自身的规模和实力、销售力量和销售经验、对控制销售渠道的要求等因素。房地产企业的自身规模和实力较强，选择销售渠道的灵活性就比较大，如果再具备较强的销售力量和经验，或者试图对销售渠道进行严格的控制，那就可以选择较短的销售渠道。

4. 中间商方面

中间商的实力、管理、声誉和经验不同，在执行分销任务时各有优势。房地产企业固然应根据中间商的特点作出选择，而中间商的素质无疑会让房地产企业的选择具有倾向性。

5. 政策法规方面

房地产企业选择销售渠道，不仅应守法合规，而且应考虑市场环境变化的风险，尽量保持对销售渠道进行必要调整的弹性。

（三）房地产销售渠道的管理

房地产企业一旦经过综合权衡决定了采取何种销售渠道，就必须围绕选定的渠道展开工作。如果选择直销，房地产企业就应根据企业资源和项目情况做好销售前的准备、销售的实施和管理工作，充分发挥直销的优势，克制直销的劣势，同时要善于把握时机，在坚持直销为主的情况下，注意结合运用其他的销售渠道作为有益的补充。如果选择间接销售渠道，房地产企业就要协调好与中间商的关系，以各种适宜的措施来激励中间商的积极性，促进房地产商品高效地向消费者流转，即加强对中间商的管理。

1. 房地产直接销售的管理

（1）销售前的准备。销售前的准备包括房地产项目合法性资料的准备、销售资料的准备、销售人员的准备和销售现场的准备四个方面。

合法资料分为未竣工房地产项目和已竣工房地产项目的合法性资料两种类型。未竣工房地产项目只有符合预售条件才能进入市场进行销售，由于各地对预售的规定有所不同，商品房预售条件和预售许可证的办理程序，企业应按照国家和地方的有关法律政策来执行。对于已竣工房地产项目的销售,企业应主要按照《商品房销售管理办法》的规定来执行。

项目销售资料包括法律文件、宣传资料和销售文件。法律文件主要有建设工程规划许可证、土地使用权出让合同、商品房预售许可证或销售许可证以及商品房买卖合同。宣传资料则依据企业的销售策略而定,一般应有介绍楼盘产品特性的形象楼书、全面反映楼盘整体情况的功能楼书。销售文件则客户置业计划、认购合同、购房须知、价目表、付款方式和需交税费一览表、办理按揭指引、办理入住指引等。

销售人员的准备是售前准备中相当重要的一环,房地产企业首先需要选拔、确定销售人员的数量,然后在正式展开销售前,依据企业自身背景和目标、物业情况、销售技巧和程序以及其他相关知识等内容,对销售人员进行全面的岗前培训。

销售现场的准备工作包括设计和布置售楼中心(模型)、看楼通道、样板房、形象墙和围墙、户外广告牌、灯箱、大型广告牌、导示牌、彩旗、示范环境、施工环境等,以求给来现场的消费者一个良好的印象。

(2)销售的实施和管理。房地产企业在做好了售前准备工作之后,还需要确定销售阶段和工作流程才能开展具体的销售工作。因此,销售的实施和管理包括三个内容,即销售实施阶段的划分、销售工作流程的确定和销售管理。

销售实施阶段是依据市场销售规划、工程进度及形象配合等因素来划分的,并适时进行调整。一般地,房地产销售可以分为预热期、强销期、持续销售期、尾盘期等几个阶段,企业需要在每个阶段制定出计划销售的比例,以作为评估、考核和调整的依据。

销售工作流程可以确保销售工作有序、快捷、准确地进行。在通常情况下,常规销售程序应包括这样几个步骤,即客户接待与谈判、收取预定款性质的费用与签订认购合同、交纳首期房款并签订正式商品房买卖合同、交纳余款或办理按揭以及其他售后服务。

销售管理包括客户接待的管理、销售现场的管理和房号管理。客户接待的管理应确保销售人员遵循销售工作流程的要求,热情、周到、机敏地与客户进行接触,让所有来现场的消费者接受优质的服务。销售现场的管理涉及销售经理与销售人员权限的划分、销售人员相互之间的职责及协作等方面的内容,其原则是既发挥个人的作用,也发扬团队精神,共同圆满地完成销售目标。房号管理是对预先统一安排的房号进行计划,保证对外有统一的售价与房源结合的资料,并进行动态管理。

2. 房地产间接销售的管理

(1)选择中间商并签订合作协议。依据销售渠道选择的原则,综合考察中间商的经营业绩、专业经验、背景以及就项目所提出的初步营销策划书面报告等因素,确定适宜的中间商进行合作,并签订协议,就中间商的权限范围、佣金水平或提成比例及其结算方式、保证金数额、销售周期任务量及违约责任、合同纠纷的处理等内容作出规定。

(2)采取措施协调与中间商的利益关系。房地产企业应充分认识到与中间商之间的利益差异,并采取有针对性的激励措施来调动中间商的积极性,如向中间商提供适销对路的优质产品,适当地向中间商分配利润,与中间商协作促销,帮助中间商提高售后服务能力等。除此之外,房地产企业可以考虑适当采取一些惩罚性措施,如终止合作等,以凸显激励的作用。

（3）及时对中间商进行评价，作为对其进行激励、管理，乃至调整的依据。房地产企业可以从三个角度制定评价标准：一是经济性标准，比较不同销售渠道的成本和销售额；二是控制性标准，评估中间商的业绩，如推销本企业产品的积极性、促销情况、对客户的服务水平、信息反馈水平等；三是适应性标准，考虑企业在市场环境发生变化后的适应能力。

（4）根据评价的结果以及市场的状况，适时对销售渠道进行调整。市场环境不可能是一成不变的，保持销售渠道调整的适度的弹性是非常有必要的。常见的调整方式有：增减销售渠道中的中间商；增减销售渠道；改变整个销售渠道。需要注意的是，房地产企业在对销售渠道进行调整时，应深入细致地调查研究、慎重决策，没有充足的依据就不应轻易对销售渠道作出重大的改变。

第四节 房地产促销管理

一、房地产促销

（一）房地产促销的概念

1. 房地产促销的含义

房地产企业要将自己开发建设的产品成功地销售出去，除产品本身适销对路、价格制定适当、销售渠道选择合理而外，还需要与现时和潜在的消费者进行沟通，以引发消费者对本企业产品的注意和兴趣，激发消费者的购买欲望及购买行为。房地产企业与消费者之间的这种沟通，就是房地产促销。

房地产促销是指房地产营销者将房地产企业、产品及其服务的有关信息，通过人员促销和非人员促销的方式，传递给目标顾客，帮助其认识、了解并信赖本企业的产品和服务，达到扩大销售的目的。

2. 房地产促销的分类

房地产促销有人员促销和非人员促销两种方式：人员促销即人员推销；非人员推销则包括广告、公共关系和销售促进三种方式。

（二）房地产促销的作用

1. 传播信息，沟通供需

这是促销的最基本的作用。在市场经济条件下，房地产企业与消费者达成交易的基本条件是信息沟通。由于消费者群体在空间上分散，对房地产企业及其产品的相关信息了解甚少，加上房地产交易活动比较复杂，房地产商品价值量较大，房地产企业之间的竞争日益激烈，因此如果房地产企业能够通过一定的沟通渠道，向目标市场传递有关企业背景,物业产品的位置、户型、质量、价格和服务等信息,就可以诱导消费者对产品和服务的兴趣并采取购买行动,密切自己和消费者之间的联系,进而获取来自消费者的信息反馈,在持续的交流与沟通中实现双赢。

2. 突出特点,增强竞争能力

在竞争激烈的市场上,除产品质量外,差异性往往能够帮助房地产企业出奇制胜。有效的促销活动可以准确、快速地向消费者传导本企业在产品和服务上所具有的优势及所带来的利益等方面的信息,让消费者对本企业的产品和服务产生偏爱。

3. 刺激需求,引导消费

消费者的需求和购买行为具有可诱导性,容易受外界环境和宣传的影响,在房地产交易活动中,消费者也需要营销人员引导他们增加对房地产基本知识的认识和理解,因此房地产企业合理安排促销活动,可以有效地激发消费者的需求欲望,扩大销售或者稳定市场。

4. 树立企业形象,拓展市场

房地产市场是一个低效率的市场,消费者大多只能通过企业的品牌形象和声誉、以前开发的产品等有限的信息来作出购买决策,顾虑很多。如果房地产企业通过开展一系列促销活动不断提高知名度,塑造良好的企业形象,就可以赢得消费者的信任,形成不断拓展市场的良性循环。

二、房地产促销策略

下面介绍的就是房地产企业常用的四种促销策略,即广告策略、销售促进策略、公共关系策略和人员推销策略。

(一)房地产广告策略

房地产广告是由房地产企业出资,通过媒体将企业的形象以及产品和服务的相关信息进行公开宣传,达到影响消费者行为、提高企业知名度、促进产品销售的目的。由于媒体能够巧妙地利用文字、图像、声音和色彩等手段,大量地复制信息,以非人格性的形式在广泛的范围里进行传播,因此广告是房地产营销策略中最有效的促销手段之一,房地产企业可以通过广告迅速扩大企业和产品在市场中的影响。据调查,60.2%的居民是通过报纸获取房地产信息,34.1%的居民经常注意户外广告。随着互联网的发展和普及,关注互联网传媒广告及相关信息的人会越来越多。

为了充分发挥广告的功效,房地产企业在广告策略的运用中应遵循如下的决策程序。

1. 制定广告目标

广告目标是指房地产企业通过广告活动所要求达到的目的,或者目标市场接触广告信息后作出的反应。广告有多种类型,具有各不相同的作用、性质和诉求对象、区域、内容、目的。对企业而言,广告的最终目标是扩大销售、增加盈利,直接目标则有告知、劝导和提醒三种。制定广告目标,就是要在企业经营目标和营销目标的指导下,明确广告的直接目标、诉求内容、诉求对象和区域。

2. 确定广告预算

广告预算是房地产企业为了实现广告目标而在一定时期内投入广告的经费及其使用计划,是企业控制广告活动、规划经费使用、提高广告效率以及评价广告效果的依据,其目的是以最小的投入来获得最大的销售额。确定广告预算的方法主要有四种:销售百分比法,即以一定时期内销售额的一定比例来决定广告的开支;销售单位法,即以每一个销售单位投入的广告费用来决定广告的开支;目标任务法,即根据广告目标来确定广告的开支;竞争对抗法,即以竞争对手的广告费用来决定本企业广告的开支。

3. 进行广告设计

广告传播的信息都有赖于广告的创意、表现手法来表达出来,它们直接决定广告的效果。房地产企业在进行广告设计时,应遵循真实性、独特性、针对性和艺术性的一般原则,力求打动消费者。为了达到目的,房地产企业可以按照韦伯·扬提出的"广告创意五阶段"开展广告的设计工作:一是调查阶段,了解消费者的需求和购买欲望;二是分析阶段,总结产品特色,并作为广告的诉求点;三是酝酿阶段,为广告创意做准备;四是开发阶段,列出多个供选择的创意;五是评价决定阶段,从供选方案中选择最理想的信息,并以一定的广告手法和风格表达出来。

4. 选择广告媒体

广告媒体是房地产企业与目标消费群联系的中介,是信息传播的载体。不同媒体具有各自的优缺点,房地产行业常用的广告媒体有报纸、电视、户外广告(如路牌、车厢广告、车站和广场广告)、销售点广告、直邮广告、传单海报广告、互联网传媒广告、杂志、广播、空中飞行物等。在广告媒体的选择上,房地产企业应考虑的因素主要有:各种媒体的特点和对象;消费者接受媒体的习惯;产品和服务的特点及其优先满足的消费者的偏好层次、特征;销售的区域和媒体的费用等。

5. 选择广告发布时间

广告的形式、语言固然是影响宣传效果的关键性因素,广告的发布时间也同样重要,它直接关系到产品是否能给媒体受众留下深刻的印象。通过媒体安排广告的发布时间,首先需要确定广告发布的节奏,即在集中发布、连续发布、间歇发布或混合型发布等方式中进行选择;其次是需要确定广告发布的周期,即从广告的筹备期、公开期、强推期到持续期的时间长短,确定的依据是产品的营销周期和楼盘的施工进度;最后要注意时机的确定,尽量优选收视率(或收听率)最高的"黄金时间",优选同类物业购买的旺季,或者优选同类广告推出较少的时段。

6. 评价广告效果

及时对广告的心理效果、经济效果和社会效果进行评价,有利于改进广告活动的策略、调整企业促销的手段。做好评价工作的关键,在于采用适当的标准和方法。比较常用的方法有广告费用占销率法、广告费用增销率法、单位费用促销法等。在实际工作中,也有房地产企业尝试使用广告投放后的来电来访数量指标来进行衡量。

（二）房地产销售促进策略

房地产销售促进又称营业推广，是房地产企业运用各种短期诱因，以刺激和鼓励消费者购买房地产产品和服务的促销活动。销售促进策略既可针对消费者，也可针对中间商或销售人员，都最终能对消费者发挥最直接的作用，效果显著，已经成为房地产企业重要的竞争手段。

例如展销会，一般有固定的场所、时间，有大规模的宣传活动，往往会聚集众多参展的房地产开发公司和经销公司，相互对比、评价，竞争气氛浓厚；更重要的是也会吸引大量的消费者，他们轻轻松松就可以观察、了解到数十个楼盘的信息，通过沟通、交流和反复的比较，可以初步筛选出自己心仪的物业产品，然后可以有针对性地进行现场踏勘。因此，展销会是一种非常有效的推广形式，房地产企业都很重视每次参展的机会，不惜代价地抢占有利的展示摊位，将展台布置得富有特色，并且综合运用电视录像、售楼书、模型等手段加强参展楼盘的宣传效果，其目的就是引起消费者的注意和兴趣。

销售促进能够在短时间内对产品销售发挥较强的刺激作用，但这种效果持续的时间比较短，而且在建立长期品牌上基本没有什么帮助；相反，如果销售促进使用过于频繁或者运用不当，还会让消费者对产品质量和价格产生怀疑。因此，房地产企业一定要慎重使用销售促进。

一般来讲，销售促进的实施过程包括以下五个步骤。

1. 确定销售促进的目标

房地产企业运用销售促进策略，对消费者而言是鼓励购买，对中间商是加强对本企业产品的销售力度，对销售人员则是努力推销或开拓新的市场。对象不同，目标应有差别，但最终目的都是扩大销售。

2. 选择销售促进的工具

选择销售促进工具，要充分考虑销售促进的目标、市场环境以及各种工具的特点、成本和效益等因素。适用于对消费者的工具主要由现场展示样板房、赠品、价格折扣、先租后售或若干年后还本销售、包租售房、展销会等；适用于中间商的工具主要是价格折扣、推广津贴、合作广告、推销竞赛等；适用于销售人员的工具主要是销售竞赛和奖品等。

3. 制订销售促进方案

一个完整的方案的内容包括：确定该方案的成本费用，明确受众范围的大小，选择销售促进的媒体，确定合理的期限，确定总预算等。初步制定的方案应在小范围内进行测试，以确保效果。

4. 实施和控制销售促进方案

销售促进方案的实施过程包括两个阶段：前置时间，即实施前的准备；销售的延续时间，即从开始实施优待方法到大部分商品已经为消费者购买为止的时间。在实施的过程中，房地产企业应做好控制工作，即考虑选择的方式是否合适、期限是否合理，同时要注意中后期宣传，不能弄虚作假等。

5. 评价销售促进的效果

可以采用多种方法对销售促进策略实施的效果进行评价,最简便方法的是比较策略实施前后的销售结果。

(三) 房地产公共关系策略

房地产公共关系是指房地产企业为改善与社会公众的关系,促进社会公众对本企业的认识、理解与支持,达到树立良好社会形象、促进房地产商品销售目标的一系列促销活动,如开展新闻宣传、主办专题活动、借助公关广告、开展公益服务活动等。

公共关系策略是一种内求团结、外求发展的经营管理艺术,房地产企业有计划地与公众之间进行持久的双向沟通,协调企业上下、内外的关系,提高企业知名度和美誉度,树立企业形象,间接达到促进销售的目的。与其他促销方式不同,房地产公共关系策略不是企业所实施的直接宣传活动,也就没有采用直接付款的方式,而是借助于公共传播媒体,由有关新闻单位或社会团体进行的宣传活动,因此容易获得公众的信赖和注意,达到了潜移默化的良好效果。目前,房地产企业日益重视公共关系策略的运用,如万科集团曾经在全国12个城市60个小区,同步举行了以"友情·亲情·真情"为主题的HAPPY家庭节,聘请知名人士和新入住小区的居民担当现场司仪,内容包括家庭趣味竞技游戏、"情暖我心"亲情故事征文、中秋晚会等。房地产公共关系策略实施的步骤可归纳为以下五点。

1. 调查公共关系

通过调研,企业可以了解自身形象现状,并分析产生问题的原因,为确立公共关系目标提供依据。

2. 确定公共关系目标

虽然从大目标来说,公共关系就是为了促使公众了解企业,改善企业与公众之间的关系,但从具体目标来说,企业在公共关系上存在的问题就是在开展某项公共关系项目时的目标。公共关系的目标应具有可行性和可控性。

3. 编制公共关系计划

公共关系是一项长期的工作,必须有一个连续性的长期计划,计划中应该载明在一定时期内的工作目标、方案、具体的公关项目和策略等。

4. 执行与实施公共关系计划

企业可以根据计划的要求和不同的发展阶段,实施某一个具体的公共关系项目,包括项目主题的设计、沟通方式的选择和具体活动的开展等。

5. 评价公共关系效果

一般从三个方面评价,即曝光的频率、反响和促销前后销售额和利润的比较。

(四) 房地产人员推销策略

房地产人员推销是房地产企业派出的销售人员直接与消费者接触,通过交谈来帮助和说服消费者,促成交易,扩大销售的过程。推销人员可以采取在售楼部与客户面对面直接交谈的现场推销方式,也可以采取电话询问、上门访谈的访问推销形式。

房地产产品的特性和交易的复杂性，决定了人员推销在房地产销售中具有不可替代的作用。在访问推销或现场推销中，推销人员在企业和消费者之间起着纽带性作用。一方面，销售人员是企业的象征，向消费者传递信息，并针对具体顾客展开推销；另一方面，销售人员可以归纳消费者的反馈信息，为企业制定营销策略提供依据。在这种长期的接触和沟通中，可以使买卖双方建立感情，增进了解，密切企业与消费者的关系，让消费者产生信任感，推动消费者采取购买行动。在实践中，人员推销是效果很好、花费很大的一种促销形式。

推销人员在与消费者直接对话的过程中达到了传递信息、促销产品的目的，这就要求推销人员不但素质要高，其行为举止也应规范。房地产企业不但重视对推销人员的选拔、培训和管理工作，对推销人员的工作程序也有严格的规定。一般来说，推销人员的工作程序有以下五步。

1. 寻找顾客

寻找客户是房地产销售人员工作的起点，销售人员只有不断寻找客户，然后通过资格审查，筛选出有诚意的准客户，才有接近客户并传达信息，直至达成交易的可能。在巩固老客户的同时，必须积极寻找新客户，寻找顾客就成为销售人员的经常性工作。

2. 接近前的准备

在正式与客户接触之前，为了提高成交率和推销工作的效率，销售人员应做好充分的准备，如待见客户的购买特征、可能出现的问题、推销材料等。此外，还应就约见的时间、地点等事项与客户达成一致。

3. 接近顾客

接近客户是为了尽快地转入推销洽谈，因此，销售人员应引起客户的注意，激发客户对产品的兴趣，并给客户留下良好的第一印象。常见的接近技巧有产品接近法、利益接近法、问题接近法、馈赠接近法等。

4. 推销洽谈

推销洽谈是销售人员与客户面谈的过程，是整个推销的核心环节。销售人员应将产品的特色与客户的实际需求结合起来，在向客户传递产品信息的同时，根据客户的情绪随机应变，消除客户的顾虑，强化客户的购买欲望，直至达成交易。当然，在交流的过程中，难免会出现来自客户的各种异议，如价格异议、质量异议、服务异议等，销售人员应视其为客户的必然反应，冷静应对，弄清异议产生的原因，对症下药。

5. 成交、跟进和维护

当客户就产品和服务表示认可，销售人员应抓住机会来达成最终交易，并做好协议签订后的服务工作，如按揭贷款、房屋产权证的办理等。良好的售后服务是建立与客户之间信任的必要条件，有助于稳定老客户、争取新客户。

三、房地产促销组合策略

（一）房地产促销策略的基本形式

由房地产促销策略的内容可知，促销的方式有广告、销售促进、公共关系和人员推销四种,每一种促销方式又包含许多具体的促销手段,从而在实践中各有不同的侧重。虽然各种促销方式及其手段都可以通过信息沟通来刺激消费者的需求,扩大房地产商品的销售,但正因为各有侧重,它们的作用也就各不相同,各有优劣(见表9-1)。房地产企业应该在实际工作中对四种促销策略灵活掌握,配合使用,扬长避短,发挥协同效应。

表9-1 四种促销策略的优劣比较

促销策略	优势	劣势
广告	传播的范围广、及时、形象生动,节省人力	属于间接传播,单向信息沟通,难以形成即时购买,成本费用高
销售促进	直接而有效,刺激性强,手段灵活多样	短期效果明显,但不能长期使用,易产生消极影响
公共关系	影响范围大,可信度高,可有效提升知名度,树立企业形象	组织实施的难度大,经济效果不直接,不能急功近利
人员推销	双向信息沟通,针对性较强,灵活性高,注重人际关系,成交率高	成本费用高,对销售人员的要求较高,接触面窄

实际上,为了有效地与消费者沟通,房地产企业不但要雇佣广告公司设计广告,也要雇佣促销专家设计销售奖励计划,聘请公共关系顾问来塑造公司形象,还要对销售人员进行严格培训,使其既懂礼仪又懂专业。因此,房地产企业通常会根据企业和产品的特点,结合营销目标和影响促销的各种因素,对广告、销售促进、公共关系和人员推销四种促销进行选择、编配和运用,此即所谓的房地产促销组合,其目的是获得更好的促销效果。

房地产企业通过将具有不同特点的促销方式进行整合,就形成了房地产促销组合策略。归纳起来,房地产促销组合的基本策略有三种形式,即推式策略、拉式策略和混合策略。

1. 推式策略

该策略是指房地产企业采取以人员推销和销售促进为主、结合其他方式的促销策略,这是一种主动的直接方式,将产品推向市场,如推向中间商或消费者,其目的是说服中间商和消费者购买本企业的房地产产品。

2. 拉式策略

该策略是指房地产企业采取广告和销售促进为主、结合其他方式的促销策略,这是一种间接的方式,将顾客吸引到销售现场,使顾客在强大的信息攻势下产生强烈的购买欲望,形成急切的市场需求,其目的是刺激需求来消除中间商的顾虑。

3. 混合策略

该策略是上述两种策略的综合运用,既向消费者大力推销,又通过广告刺激房地产市场需求。

(二) 制定房地产促销组合策略应考虑的因素

1. 促销目标

促销目标是与营销阶段和营销环境相适应的。房地产企业应根据所处营销阶段和营销环境来制定相应的促销目标,进而依据促销目标和促销方式的特点来选择适合的促销组合。

2. 促销组合的预算

房地产企业开展促销活动是要支付费用的,尤其是人员推销和广告。用于促销的资金必须是企业有能力承担的,并且能够适应竞争的需要。为了高效地使用促销资金,企业应做好预算,然后根据预算选择组合中的促销方式。

3. 房地产产品的特性和生命周期

房地产产品及其交易的复杂性对促销活动提出了更高的要求,而这些要求在产品生命周期的不同阶段会有所不同:在产品的介绍期,多采用广告和公共关系策略,以使消费者了解和认识产品,对本企业产生信任感;在成长期,仍然采用广告、人员推销和公共关系组合策略,重在宣传本企业产品特色;在成熟期,采用销售促进和广告并重的方式,意在增进消费者对本企业产品的购买兴趣和偏爱;在衰退期,多采用销售促进和人员推销方式,以尽快售完尾盘。

4. 消费者的购买阶段

在消费者不同的购买阶段,促销策略所起的作用不同,如在消费者的知晓阶段,广告和公共关系的促销作用最大;在了解阶段,除广告和公共关系之外,人员推销的作用开始显现;在信任阶段,组合中各方式的作用大小次序则是人员推销、广告、公共关系和销售促进;在购买阶段,人员推销的作用最大,销售促进次之。

5. 市场条件

市场条件主要是指产品所在区域的市场状况,如消费者的分布、竞争楼盘的促销情况等。在房地产销售中,目标市场的范围决定了广告和公共关系的促销范围,人员推销则始终是有效的房地产促销策略之一。房地产企业还应根据竞争楼盘的情况来调整自己的促销组合及其策略。

[例 9-1]   **某房地产项目开盘活动**

本章主要介绍了房地产企业对销售工作进行管理所涉及的关键性内容,实际上,房地产企业的开发经营工作基本上是围绕特定项目来展开:从开展与特定项目有关的市场调查和分析工作开始,到项目营销方案的策划、营销方案的形成、营销计划书的编制,直至具体营销工作的实施和控制等。其中,项目的开盘备受各个企业的重视,原因在于开盘意味着企业正式将项目推向市场,消费者能否接受该产品(引起注意、产生兴趣并采取购买行动)、接受到什么样的程度(现场的气氛、是否以预计的价格购买、购买的数量),都将在开盘前后的一两个月里显现出来。如果开盘活动成功,项目的销售率会超过 70%。

项目开盘前的准备期、开盘及其后的两个月时间分别对应通常销售阶段中的预热期和强销期,房地产企业对这两个阶段应慎重对待。

某花园小区开盘日活动流程

某房地产公司于2006年在某城市开发建设了一个花园小区,确定于3月6日正式公开发售。在此之前,该公司策划部已拟就项目的前期策划、持续销售期策划、尾盘销售期策划,如销售目标的制定,宣传资料、报版的设计,宣传媒体及发布时间的确认,开盘方案(开盘时间、前期是否采用认筹排号形式集中人气后开盘、开盘活动、促销政策、路演等),售楼部设计,样板房方案,不同销售期或重大节假日的销售卖点及其宣传,包括喜封金顶、珍藏户型、教师节、五一、十一等。与此同时,该公司销售部也已做好前期准备工作,如销售人数的确定、销售人员的选拔和培训(房地产基础知识、合同条款、相关法律法规、销售流程、项目情况、沙盘说词、人员演练、销售技巧等),周边市场的调查,必要法律文件的准备(含三证和《商品房买卖合同示范文本》),订单合同条款的落实及准备工作,正常销售流程的制定(包括上门客户的接待、电话接听与追踪、逼定、签合同、办按揭、催款、交房等)。

该小区开盘活动的过程如下。

1. 开盘活动内容的确定

(1) 开盘典礼活动。

(2) 幸运抽奖活动(一等奖柜式空调1名、二等奖21吋纯平彩电2名、三等奖微波炉5名)。

(3) 开发商、区政府和物业管理公司领导讲话,放礼花,鸣炮。

(4) 开盘选房活动。

2. 开盘日前一天现场完成准备的内容

(1) 售楼部的布置(旨在烘托气氛)。售楼部外布置拱门、气球、横幅、条幅,舞台、地上铺红地毯;售楼部内悬挂喜气的吊旗和气球等。

(2) 现场道具。室外活动区道具如舞台、背景板、音箱、隔离带、拱门、空飘气球、抽奖箱、礼品及奖品存货;等候区道具如凳子、红地毯、X展架、易拉宝;排队区道具如红地毯、凳子、隔离带。室内选房区道具如X展架、饮水机、麦克风、销售资料(房源销控表、空白合同书、计算器、圆珠笔、户型单页、优惠明细单、印泥、纸巾);销控区道具如窗口表、贴花、话筒;签订区道具如计算器、签章、定金收据、信封、POS机、验钞机、笔、盒子。

(3) 其他准备。如落实开盘当日现场节目演出人员、音响师,确定主持人、各级领导贵宾名单及讲话稿,现场花卉摆放完毕,准备外场音响和宣传片、音乐碟。

3. 开盘当日的活动

7:30前,工作人员全部到场,检查当日所需用具是否全部到位,同时安排保安及工作人员位置,让选房客户在排队区落座。

(1) 室外人员区域安排:排队区(售楼部右侧)——工作人员4名,保安10名[其功能是:选房客户凭认购单号顺序排队;听取咨询(规则介绍,销控了解)]。舞台(售楼部右侧)——保安1名(其功能是:奖品展示,开盘仪式举行,文艺演出舞台、主持人现场氛围调节)。

(2)室内人员区域安排：入口——保安3名，工作人员2名(其功能是引导选房客户进入)；选房区(原沙盘展示区)——销售人员8名(其功能是：使客户在清净、不受任何影响的情况下有秩序地选房)；销控区——销控1人，喊号贴号1人(其功能是：展示房源窗口表，控制现场销售节奏)；认购手续签订区——工作人员6名(其功能是：认购书专人审核、盖章，交款，换领定金收据，发放签约文件)。

7:30—8:00，现场负责人员全部到场，沟通活动内容。

8:00—8:30，检查一切全部到位情况，现场播放动感音乐，积聚人气。

9:00—9:30，主持人宣布开盘仪式开始，介绍开盘当日优惠举措及选房活动流程。

(3)抽奖活动程序：工作人员及保安两人到排队区搜集奖券，将奖券副联撕下投入奖箱；此段时间穿插相关文艺演出。

(4)选房程序：选房客户按认购单号码的先后顺序排队；按时进入候选区等待，每次仅限5组(每组限2人)；按时进入营销中心选房区，按先后顺序选房；每组客户认购时间为5分钟；已选房者填写《商品房买卖合同书》；已选房客户将填写好的《商品房买卖合同书》携至财务处接受审核、盖章，交款并换取正式收据。

9:30—9:50，主持人邀请来访嘉宾及领导上台讲话：开发公司领导、区政府领导、物业管理公司领导。同时，20名保安列队上台表演，以行动验证物业管理公司的承诺。

10:00—17:00，相关领导上台剪彩，开发公司领导宣布开盘开始。工作人员同时放礼花、放鞭炮。

在背景音乐下，前5组客户进入候选区等待选房，同时文艺演出进行：上午是巴西桑巴舞表演(穿插与观众互动)，下午是杂技歌舞表演(穿插项目成交情况介绍、观众参与互动游戏)。

本章小结

作为房地产企业经营的主要内容，房地产销售工作的成效对企业的生存和发展有着极为重要的意义。本章在对房地产销售进行定义的基础上，辨析了销售与交换、推销之间的区别，并指出了房地产销售在企业整个营销工作中的地位。可以说，房地产销售是企业营销计划的具体实施和展开，理应引起房地产企业的足够重视。

为了获得更好的效益，房地产企业应该按照一定的程序，对房地产销售实施管理。除了通过开发阶段的市场分析和项目的策划来制定产品策略而外，在经营过程中，房地产企业仍然需要加强市场调查工作，以便于正确制定房地产产品的价格策略、销售渠道策略和促销策略。本章重点介绍了这三种营销策略，而对于营销战略、产品策略以及更具体的价格调整问题则没有涉及。值得指出的是，房地产销售的每一种策略都有相应的决策和执行程序；尽管销售任务可以转给中间商承担，房地产企业就不必像直接销售那样耗时费力，但仍应对本企业产品的销售过程掌握适度的控制权，即制定房地产产品的价格、保留调整销售渠道的权利、监控促销的效果并适时给予协助。

关键词

　　房地产销售　　房地产销售管理　　房地产价格　　房地产价格制定的策略　　房地产销售渠道　　房地产促销

复习思考题

1. 选择题（以下选项中至少有一个是正确的）

（1）发布房地产信息最主要的载体是（　　）。
　　（A）电视　　　　　　（B）报纸　　　　　　（C）广播　　　　　　（D）杂志

（2）按照定义，房地产销售渠道（　　）。
　　（A）是指中间商　　　　　　　　　　　（B）包括中间商
　　（C）可以没有中间商　　　　　　　　　（D）大多不超过两个层次

（3）下面关于几种定价方法的说法，不正确的有（　　）。
　　（A）成本加成定价法的计算公式也可以写成：单价＝单位成本／(1－销售利润率－税率)
　　（B）边际贡献定价法是一种最保守的定价方法
　　（C）需求导向定价法主要是从市场需求和消费者的心理特征出发，所以不看重产品的开发费用和质量
　　（D）采用竞争导向定价法所制定的价格不能高于竞争对手的价格，否则就没有竞争力

（4）下列说法不正确的是（　　）。
　　（A）自身营销力量较强的房地产企业应选择最短的销售渠道，即直接销售
　　（B）自身营销力量较弱的房地产企业应选择最长的销售渠道，即既包括经销商，又包括代理商和中间商，这样可以充分借助其营销网络和技巧
　　（C）直接销售简称直销，在我国是一种违法的销售方式，会逐渐在房地产领域取缔
　　（D）中间商的全部职能和中心任务就是帮助房地产企业将其开发的产品全部推销出去

（5）下列说法正确的是（　　）。
　　（A）房地产产品的单位价值越高，销售渠道应越短
　　（B）房地产产品供不应求时，销售渠道应短
　　（C）房地产企业生产管理能力越强，销售渠道应越短
　　（D）房地产企业规模越大、声誉越高、资金越雄厚，销售渠道应越短

（6）下列关于房地产促销策略的说法，正确的有（　　）。

(A) 房地产广告促销传播面广,见效快
(B) 房地产销售促进又称营业推广,可用于短期促销
(C) 房地产公共关系促销是不花代价的,可以广泛采用
(D) 房地产销售人员是企业的象征,综合素质要求高,应该经常性地进行培训
(7) 下列说法正确的有( )。
(A) 电视是发展速度最快的广告媒体,但在房地产领域的运用尚不普遍
(B) 展销会这种公共关系促销方式目前在各大城市引起了重视
(C) 房地产销售促进中有专门针对消费者的一些活动,如赠送设备、物业管理费等
(D) 房地产人员推销的特点在于推销的针对性、完整性和情感性,在房地产产品的销售中优势明显
(8) 撇脂策略是一种高价策略,所以( )。
(A) 它限制了一般性需求　　　　　(B) 它刺激了高端需求
(C) A,B 两种说法都对　　　　　　(D) A 对、B 错

2. 简答题

(1) 房地产销售的特征有哪些?
(2) 房地产销售管理的内容是什么?
(3) 房地产价格的构成因素有哪些?
(4) 房地产定价的理论依据是什么?
(5) 房地产企业的定价目标有哪些?
(6) 试比较房地产直接销售和间接销售的优缺点。
(7) 房地产企业选择销售渠道的影响因素有哪些?
(8) 房地产企业如何处理与中间商的关系?
(9) 房地产促销的实质和作用是什么?
(10) 如何制定房地产促销组合策略?

3. 论述题

(1) 试说明影响房地产价格的因素。
(2) 房地产企业如果选择直接销售方式,应该如何开展工作?
(3) 试比较房地产促销的四个具体策略的优缺点。

4. 计算题

某商品住宅的固定成本为 400 万元,单位建筑面积的变动成本为 2 000 元,项目完工后可供出售的建筑面积为 10 000 平方米,预计成本加成率为 30%,各项税费的平均税率为 5%,但开发商希望能够从该项目获得 40% 的投资回报。请问:以你对市场状况或开发商经营管理能力的判断,你认为该住宅价格的适宜水平是多少?

第十章 房地产开发与经营项目后评价

> **学习目标**
>
> 学习本章后,你应该能够:
> 1. 了解房地产开发与经营项目后评价的概念及作用;
> 2. 掌握房地产开发与经营项目后评价的方法;
> 3. 能运用指标体系设置的原则、方法及内容建立房地产开发与经营项目后评价模型,对项目进行综合效益评价;
> 4. 掌握房地产购后行为评价的概念、作用及内容。

第一节 房地产开发与经营项目后评价概述

一、房地产开发与经营项目后评价的概念

房地产开发与经营项目后评价就是以房地产开发与经营项目为对象,对其经济效益、社会效益、环境效益以及顾客满意度进行的全面考核。

房地产开发与经营项目一般经历三个阶段——产品形成阶段、流通阶段、使用阶段,这一连续的过程实际上是一个不断地投入与产出的过程。在房地产开发与经营项目历经形成、流通、使用三个阶段之后,站在不同的角度,对房地产开发经营项目的目的、决策、实施过程、效益、作用与影响等全过程进行系统的、客观的、全面的分析和总结,就是房地产开发与经营项目后评价。

房地产开发与经营项目后评价对房地产企业、建设主管部门乃至全社会来说,都是一件十分有意义的工作。在我国,房地产开发与经营项目后评价并没有受到充分的重视,许多来源于开发与经营实践工作的数据资料没有得到及时的整理和利用,这对房地产企业和政府管理部门来说都是一个不小的损失。不少房地产企业在进行新项目决策之时,就出现了数据不够、材料不足、经验无法把握等问题。例如,有些决策分析人员未

掌握"税费"的内容,有些决策者甚至不了解本企业各类型物业的单方造价水平等,这些都与企业缺乏项目后评价有关。

二、房地产开发与经营项目后评价的作用

房地产开发与经营项目后评价通过对项目全过程的经验总结,利用其持有的反馈功能发挥评价作用。

(一)有助于国家更好地决策

通过房地产开发与经营项目后评价,可以发现国家在宏观经济管理中存在的问题,及时作出调整。即国家可从宏观角度,发现项目立项是否符合宏观发展战略、产业政策、行业布局等,如发现问题,及时进行调整并作出相应的政策反应。此外,国家还可根据后评价提供的数据修正某些不正确或过时的国民经济参数。

(二)有助于项目本身的完善和提高

通过后评价可以及时反馈出项目从立项到实施运营中的实际情况,房地产企业可及时检查自身的计划执行情况,发现问题,尽可能地采取适当的补救措施,改进执行方法,合理地作出决策。通过项目后评价,可以对该项目的效益以及影响效益的各因素进行全面检查、横向对比、总结经验,进一步明确和落实投资责任,不断提高项目投资效果,为后续的开发经营活动提供决策依据。后评价提供的信息资料成果在指导投资规划和策略、项目选定和评估、建筑设计和建筑材料设备采购、工程实施和管理、项目营销策略和技巧等方面都可以起到重要作用。

(三)有利于部门间的合作和管理水平的提高

房地产开发与经营项目后评价要对项目的全过程进行全面的分析,因此后评价涉及面广,需要财政、金融、审计、计划等多部门相互协调,密切配合,同时还需要专门人才的努力,才能保证后评价各项工作顺利进行和取得预期目标,此外,通过后评价能使宏观经济效益和微观经济效益更好地结合,提高各部门间的合作和管理水平。

三、房地产开发与经营项目后评价的方法

房地产开发与经营项目后评价的分析方法总体上要坚持定量分析和定性分析相结合,在项目后评价的实际过程中,最基本的评价方法有以下三种。

(一)"前后对比"和"有无对比"评价法

项目后评价"前后对比"是将项目可行性研究和评估时所预测的效益与项目竣工投产运行后的实际结果相比较,找出差异和原因,这也是项目过程评价应遵循的原则之一。

"有无对比"是将项目投产后实际发生的情况与没有运行的投资项目可能发生的情况进行对比,以度量项目的真实效益、影响和作用,对比的重点主要是分清项目本身的作用和项目以外的作用。

(二) 单指标评价法

单指标评价法是指把某个效益指标与该指标相应的对比标准进行比较,来达到评价的目的,制定指标的对比标准有以下两种方法。

1. 定额方法

可参考国家对项目效益特征的定额要求,进行对比分析之后制定房地产企业应达到的效益标准。

2. 同类比较法

以外单位同类开发与经营项目的相应指标或本企业以前开发与经营项目的相应指标为标准,进行一定的系数调整之后制定企业应达到的效益标准。

(三) 综合评价法

综合评价法是指把项目整个评价指标体系中的所有指标加以综合,采用一系列方法,形成一定的参数或指数,进行项目效益横向或纵向对比的方法。

反映房地产开发与经营项目效益的指标是多方面的,有反映盈利状况的利润及利润率指标;有反映成本状况及资源占用状况的指标;有反映工作量及工程数量的指标等。即使同为利润率指标,还可分为企业人均利润率、销售利润率、资金利润率等。这些指标都从各个不同角度反映了房地产开发与经营的经济效果。在某一个房地产开发与经营项目完成之后,对其投入与产出的比较,往往难以从个别指标得出结论,一般都要同时兼顾生产、流通、服务等各个领域,同时考虑数量、质量、价值量,还要研究项目的经济效益、社会效益以及对环境的影响程度等,将这些因素用指标的形式加以综合,正确处理各指标之间的关系,建立一套科学的分析方法,方能对项目进行全面的考核。

四、设置房地产开发与经营项目后评价指标体系的原则

(一) 全面性与系统性统一原则

由于房地产开发与经营项目的自身特点,要正确进行该项目后评价工作,就应在指标设置上同时考虑其全面、完整性与系统、层次性两方面的要求,既要能够对项目全过程作出完整、全面的反映,同时也要在不同阶段,根据具体的情况有不同侧重。

(二) 科学性和现实性相结合原则

依据客观规律,选择的指标应能最本质地反映建设项目特征,同时又要从实际出发,实事求是地选用那些为人们所认识、所重视,多数已在应用的指标。

(三)普遍性与可比性相结合原则

房地产开发与经营项目包含的内容较广,根据对象的不同,评价的侧重点不同。因此,在进行指标选择时必须注意指标的普遍性,即选择一系列能反映项目特点的有代表性的通用指标,组成指标体系。

同时,指标必须有一定的可比性,不仅要在内容、核算口径上可比,还应在时间、规模以及质量上可比,以便于不同地区、不同时间、不同内容的项目之间进行横向比较。

(四)定量与定性相结合原则

房地产开发与经营项目后评价的指标体系是比较复杂的,既有定性的指标,也有定量的指标。要科学地定量评价综合效益,难点之一在于指标的量化问题,定性指标可用描述将之归类,以解决定性指标的数值化问题,从而对每一个指标逐一进行量化,建立与数量的对应关系,使所确定的数量能反映综合效益在该项指标上的水平高低。

要科学地确定综合效益的大小,还必须对已获得的指标值进行综合处理。对指标值进行综合处理时,要解决两个问题:一是指标对综合效益的影响程度,即指标值的权重;二是综合处理方法。为了能够简单而又较客观地给定每个指标的权数,可采用权重排序法给定每个指标权重。结合调查结果,运用对比分析法,对所确定的指标按其功能和对综合效益影响程度的大小进行排序,同时把所确定的指标按其功能和对综合效益影响程度的大小分为几个层次,按指标重要性给定权数。

第二节 房地产开发与经营项目综合效益评价

一、房地产开发与经营项目经济效益评价指标

经济效益评价是指从房地产企业或单位出发,对该项目经济状况进行评定,看其在经济方面是否合理,合理程度如何,评价的内容包括选项、利润、工期等方面。

房地产开发与经营项目经济效益评价指标的选择要求能够全面、客观地反映企业经济效益情况,对于房地产项目,由于房地产开发企业和房地产经营企业经济活动的内容与形式均不同,所以应该取不同的指标体系。

(一)房地产开发企业经济效益评价指标

1. 工程造价指标

工程造价指标主要有以下四种。

(1)总造价——某项目的投资总额。

(2)单位造价——项目总造价与建筑面积的比值。

(3) 户均造价——工程总造价与居住总户数的比值，这个指标适用于住宅开发的情况。

(4) 可售单位面积造价——工程总造价与可售建筑面积的比值，这个比值越大，房地产开发企业获得的利润就越高。

2. 盈利能力指标

盈利能力指标主要有以下三种。

(1) 项目开发总利润——项目总收入扣除项目总支出后的数值，总利润直接反映项目为企业所取得的总盈利水平。

(2) 全部投资利润率——房地产开发项目的利润总额与项目全部投资的比率。

(3) 自有资金利润率——房地产开发项目的利润总额与房地产开发企业自有资金投资的比率。由于房地产开发涉及金额大，房地产开发企业大都通过银行贷款的方式来获得资本，这是"借鸡生蛋"的投资策略，较高的自有资金利润率才是企业追逐的真正目标。

3. 建设工期指标

建设工期指标主要有以下两种。

(1) 建设工期——房地产开发项目从计划筹建到竣工验收并全部交付使用的全过程所花费的时间。建设工期反映了项目的建设速度，它的缩短既能减少资金的占用，又能提前获得使用效益；反之则会使企业蒙受经济上的损失。

(2) 反映建设工期计划完成程度的相关指标——如项目建设总工期计划完成程度指标，即项目实际总工期与计划总工期的比值，以此来反映实际工期与计划工期的比较情况，这个比值越小，项目的完成程度越好，对企业越有利。

4. 工程质量指标

工程质量指标主要有以下两种。

(1) 开发工程质量优良率——质量评定为优良的建筑面积与竣工建筑面积的比率，这个比率越大，表示建筑物的质量越好，质量好不仅能延长建筑物的使用寿命，也能减少使用过程中的维修费用，给使用者带来良好的感受，提升项目的社会效益。

(2) 房屋返修率——返修的建筑面积与竣工建筑面积的比率，这个比率越小，表示建筑物的返修程度低，建筑质量越好。

(二) 房地产经营企业经济效益评价指标

1. 营业利润

营业利润是指企业有目的地从事房地产经营所获取的利润，是企业利润的主要部分。房地产经营企业的营业利润按如下公式进行计算

$$营业利润 = 经营利润 + 其他业务利润$$

$$经营利润 = 经营收入 - 经营成本 - 销售费用 \\ - 经营税金及附加费 - 管理费用 - 财务费用$$

$$其他业务利润 = 其他业务收入 - 其他业务支出$$

2. 投资净收益

投资净收益是指企业对外投资收入减去投资损失后的余额,包括对外的长期投资与短期投资。

3. 经营成本降低额及成本降低率

经营成本降低额是指实际发生的房地产经营成本与前期经营总成本的差额,而经营成本降低率指的是经营成本降低额与前期经营总成本的比率。经营成本减少指标的衡量有利于房地产经营企业分析经营管理过程中的成本控制,以采取相应的措施减少资金的占用,提高资金的利用率。

4. 房屋销售利润

房屋销售利润是指房地产经营企业销售房屋和提供相关服务的主要经营收入扣除其成本、费用、税金后的利润,这一指标适用于以房产经营为主要经营内容的房地产企业。

二、房地产开发与经营项目社会效益指标

社会效益评价是指在房地产开发与经营项目完成后,对该项目宏观经济效果的分析与评价。本文以住宅开发项目为主要对象,来讨论社会效益指标体系的设置。

(一)国民经济指标

国民经济指标是指反映开发项目给国民经济带来直接和间接效果的指标,可供参考的指标有以下四个。

1. 项目开发总产值

项目开发总产值是指房地产开发企业在项目上完成的以价值表现的开发总量,它综合反映了项目的全部生产规模、水平和为社会提供商品建筑使用价值的成果。

$$项目开发总产值 = 各单位工程竣工总产值 + 辅助生产产值 + 开发运输产值 + 其他开发产值$$

2. 项目开发净产值

项目开发净产值与项目开发总产值不同,它仅反映开发建设过程中所创造的价值部分,而非开发项目的全部价值,它是衡量开发项目对国民经营影响程度的重要指标。

$$项目开发净产值 = 利润 + 税金 + 工资总额 + 职工福利基金 + 利息支出 + 其他$$

3. 项目利税总额

项目利税总额是指整个开发项目上交给国家财政或政府主管机关的税金(费)、留给企业的利润总额,它标志着项目对国家财政的贡献大小。

4. 项目投资利税率

项目投资利税率是指开发项目实现的利税总额与总投资的比率,它从国民经济角度

反映了国家国民经济的投资效率。

（二）劳动就业指标

房地产开发与经营项目参与人员之多，是其他的项目所不能比拟的，该项目的建成与使用将为社会提供大量的劳动岗位，如施工人员、销售人员、物业管理人员等，为缓解社会就业压力作出了一定的贡献。

劳动就业水平可用劳动就业率、项目劳动就业率等相关指标来衡量劳动就业率。

劳动就业率是指全部就业人口占总人口的比例，即全部人口的就业率能否与人口年龄结构的变化相互适应和协调发展。在经济比较发达、人口再生产进入稳定型的国家，总人口的就业率一般保持在40%—45%的范围内。

房地产开发与经营项目劳动就业率是指本项目的就业人口与区域总人口的比率，这个比率直接反映着房地产开发与经营项目在劳动就业这一方面的社会效益。

（三）提供居住水平指标

与发达国家相比，我国的住宅水平较低，人均居住面积不足，尤其在人口密度较高的大城市，居民的居住需求与住宅总供应这一矛盾显得更为突出。房地产住宅开发为社会、为居民提供了住房，满足了人们日益增长的住房需求，因此居住水平指标从另一角度反映了房地产开发与经营项目给社会带来的效益。

可供参考的居住水平指标有以下五种。

（1）项目实际安置的居住总人数——整个住宅开发项目交付使用后实际安置的居民总人数。

（2）项目实际安置的居住总户数——整个住宅开发项目交付使用后实际安置的居民总户数。

（3）项目实际安置的居民净增总人数——项目实际居住总人数与拆除的旧居住区内居住人数的差值，它反映项目为整个社会提供净增的居民人数。

（4）项目实际安置的居民净增总户数——项目实际居住总户数与拆除的旧居住区内居住总户数的差值。

（5）住宅开发总建筑面积以及与原有指标的对比值——项目的总建筑面积与拆除的旧居住区建筑面积的对比。

（四）交通便捷程度指标

居住者总是要在居住区、工作地点、购物区域之间移动，移动效率的高低则反映了居住区的交通便捷程度。交通便捷程度高的居住区减少了社会资源的耗费，如交通费用支出的减少、汽车尾气排放量的减少等。从一点来看，房地产住宅开发区的交通便捷程度反映了项目给社会带来的一定程度的效益或费用。交通便捷程度的指标包括以下两种。

（1）住宅区内部交通方便程度指标体系。包括住宅内楼梯、电梯、楼道、坡道等交通联系部分的方便程度。

(2) 住宅区外部交通方便程度指标体系。包括上下班、购物、上学、托幼、外出乘车的方便程度。

(五) 住宅区安全程度指标

住宅开发不仅要保证居民正常情况下的生命安全，还要考虑在发生特殊情况时的安全，如防火、防震、防空、交通安全等，针对这些因素选择合适的指标进行评价。

以防火方面的指标选择为例，住宅开发要认真执行国家有关部门制定的防火规范，除了在室内设置必要的灭火设施外，在室外还需要设置消火栓，每个消火栓的服务半径为 150 米，因此可以按灭火设施的个数、设置方式来设置相应的分类指标进行评价。另外，还可以选择住宅间距为防火的评价指标之一，在住宅区规划中关于防火间距的规定如表 10-1 所示。

表 10-1 民用建筑防火间距的规定　　　　单位：米

耐火等级	一二级	三级	四级
一二级	6	7	9
三级	7	8	10
四级	9	10	12

(六) 住宅区卫生指标

住宅区的卫生情况，直接与居民的健康及居住舒适度相联系，包括以下三个指标。

1. 饮用水的标准

生活饮用水是人类生存不可缺少的要素，与人们的日常生活密切相关。生活在城市里的居民，其生活饮用水的来源是由自来水公司集中供给的。一般而言，水质的好坏决定于集中供水的水质质量，个人是无法选择的。为了确保向居民供给安全和卫生的饮用水，我国卫生部颁布了《生活饮用水卫生标准》，它是关于生活饮用水安全和卫生的技术法规，在保障我国集中式供水水质方面起着重要作用。

控制饮用水卫生与安全的指标包括四大类。

(1) 微生物学指标——饮用水中的病原体包括细菌、病毒以及寄生型原生动物和蠕虫，其污染来源主要是人畜粪便。我国《生活饮用水卫生标准》中规定的指示菌是总大肠菌群。

(2) 水的感官性状和一般化学指标——我国的饮用水标准规定，饮用水的色度不应超过 15 度，也就是说，一般饮用者不应察觉水有颜色，而且也应无异常的气味和味道，水呈透明状，不浑浊，也无用肉眼可以看到的异物。其他和饮用水感官性状有关的化学指标包括总硬度、铁、锰、铜、锌、挥发酚类、阴离子合成洗涤剂、硫酸盐、氯化物和溶解性总固体。这些指标都能影响水的外观、色和味，因此规定了最高允许限值，另外还规定了游离余氯的指标。

(3) 毒理学指标——为保障饮用水的安全，确定化学物质在饮用水中的最大允许限值,也就是最大允许浓度是十分必要的,在我国《生活饮用水卫生标准》中,共选择15项化学物质指标,包括氟化物、氯化物、砷、硒、汞、镉、铬、铅、银、硝酸盐等。这些物质的限值都是依据毒理学研究和人群流行病学调查所获得的资料而制定的。

(4) 放射性指标——在饮用水卫生标准中规定了总 α 放射性和总 β 放射性的参考值,当这些指标超过参考值时,需进行全面的核素分析以确定饮用水的安全性。

2. 垃圾收集与处理

发达国家城市一般都较注重垃圾的分类收集。如日本,不管是在大商场内,还是在街头,都能看到两个垃圾箱并排而立,一个写着不可燃垃圾,一个写着可燃垃圾。垃圾分类收集方便,是保持垃圾焚烧厂正常运转的一个重要原因。实践证明,环卫工作处理居民业已分类过的垃圾效率更高。

垃圾处理是一个系统工程,每个环节都不可忽视。各国不同的国情,决定了各国采用不同的垃圾处理方式,我国城市总体上存在着重收集、轻处理的倾向。目前,城市垃圾处理最主要方式是填埋,约占全部处理量的70%;其次是高温堆肥,约占20%以上;焚烧量甚微。垃圾收集是否分类、是否定点、是否按时、垃圾处理方式的采用是衡量住宅区环境卫生水平的重要指标。

3. 公共环境卫生的保持

一般来说,每个城市都会制定相应的城市公共环境卫生条例,包括城市市容、城市环境卫生设施、城市环境卫生管理、法律责任等,住宅区的公共环境卫生评价也可以从这几个基本点出发选择相应的指标进行衡量,如道路清洁程度、绿化是否定期维护、休闲娱乐设施是否定期保养、停车管理是否到位等。

房地产开发与经营项目的社会效益评价内容极为广泛,定性指标多、定量指标少,应该结合不同项目特点及产生的外部效果的不同选择指标,充分考虑定性指标的合理量化问题,从而建立合适的指标体系,从宏观上对项目的效益进行评价。

三、房地产开发与经营项目环境影响评价指标

房地产项目的广泛社会联系性决定了项目对周围地区的环境影响是巨大的,项目的环境影响评价就是站在可持续发展的角度上分析项目与整个社会环境发展之间的关系。环境影响评价是房地产开发与经营项目综合效益评价的重要组成部分,也是工作难度最大的一部分。环境问题随着经济、社会的发展在不断地发展,人们对环境认识的方法也在不断地深化、完善,如何建立房地产开发与经营项目的环境影响评价指标体系,国内尚无统一标准,可参考以下环境影响指标体系,有选择性地选取或根据项目内容的不同,在此基础上进行调整。

(一) 污染控制指标

1. 大气污染

大气污染是指空气中有害气体和有害物质的浓度和气味等,这些有害物质和有害气

体主要来自工厂排放、汽车尾气和冬天取暖用煤的燃烧等,应根据我国大气污染环境标准进行指标的设置。

2. 声环境和视环境

声环境和视环境指噪声强度、居民视线的干扰程度以及外装修所带来的光污染程度等。

3. 废水废渣的处理

房地产开发经营项目施工及使用所产生的废水废渣的处理应符合城市环保部门的相关规定,用合适的指标对此进行衡量。

(二)环境条件指标

环境条件指标的设置与项目内容直接相关,可将这部分指标分为内部环境条件指标和外部环境条件指标。

1. 内部环境条件指标

以住宅小区为例,内部环境条件指标用以衡量住宅内部环境的舒适度,包括住宅面积、绿化面积、容积率、隔声、隔热、日照、通风、用水、环境艺术设计等。

2. 外部环境条件指标

外部环境条件指标用以衡量项目外部环境条件的优劣性,包括建筑密度、市政设施的完善程度、公共建筑的设置、绿地及公共活动面积及外部环境艺术设计等。

(三)自然资源的保护与利用

自然资源和生态环境是任何国家经济社会发展的基石。人类基本生活需要的供养以及现代化建设所需的一切原材料,无不源自大自然。自然资源并非取之不尽、用之不竭,自然环境对人类废弃物的吸纳、净化也是有限的,以浪费资源和牺牲环境为代价,发展就不可能长久。

(四)项目对生态环境的影响

上述后两项指标体系的设置可根据实际情况进行考虑,如农地的开发建设,占用农地,减少了耕地面积;郊区楼盘的开发建设,对植被、土壤的破坏;生产有毒化工产品的工厂建设给周边居民带来健康的危害等。这些项目的开发建设,可能对自然资源造成浪费、对生态环境造成影响。

环境影响评价应对以上各类指标的投入与产出进行清单分析,这些投入产出包括资源的利用及对空气、水体、土壤的污染排放等。然后再在此基础上,运用清单分析的结果,并采用一定的换算模型将清单分析的数据转换成可比较评价的指标,从而对项目各个阶段所涉及的所有直接的、潜在的环境影响,作出进一步的分析和评价。环境影响评价的深度和方法取决于研究的内容、目标和范围。

总的来说,项目的经济效益、社会效益和环境影响三者之间是统一的矛盾体,它们既相互促进又相互制约。

四、房地产开发与经营项目综合效益评价

综合效益评价,就是房地产开发与经营项目经济效益、社会效益和环境影响效益评价的综合。

(一)构建综合效益评价指标体系

选定用来构造评价函数的指标体系,要求能够全面、客观地反映房地产开发与经营项目的经济、社会和环境影响效益情况。下面以住宅开发为例,构建综合效益评价指标体系如图 10-1 所示。

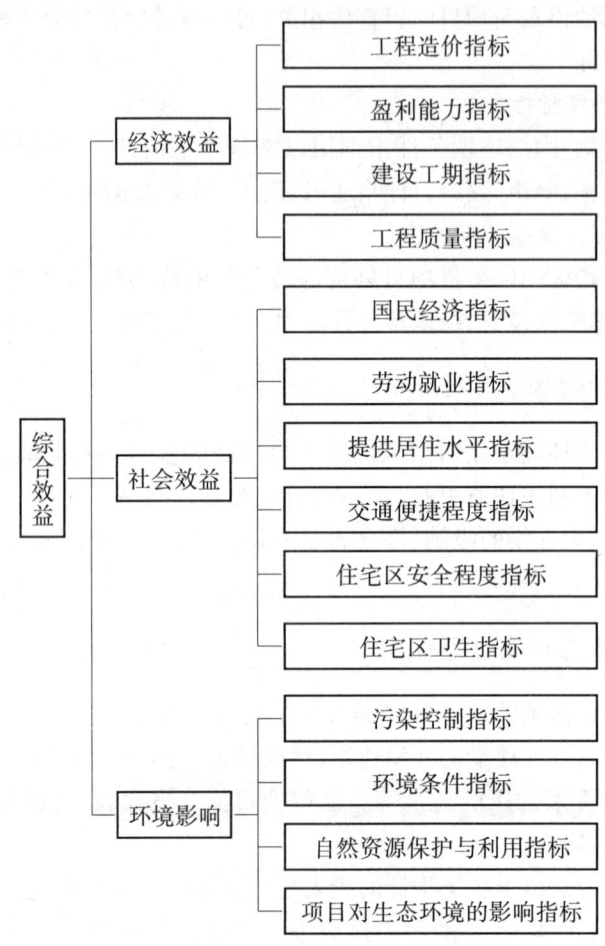

图 10-1 住宅开发综合效益评价指标体系

以上的三级指标体系,在实际评价过程中还需要细分第四级甚至是第五级指标,然后按一定的方法收集指标数据,对定性的指标采取一定的量化方法,数据收集应特别注意指标值的真实性。

(二)确定反映各指标影响程度的权重系数 W_i

权重系数用来反映各指标因素在综合效益评价分析中的地位,W_i 满足归一化的条件,即

$$W_1 + W_2 + W_3 + \cdots + W_n = 1$$

权重系数对评价结果影响很大,W_i 的取值比较困难,没有统一的标准,一般按实际经验和部门要解决的实际问题确定。按实际经验,影响综合效益较大的指标,如经济效益中的成本降低额、自有资金利润率等,取较高的权重系数;本部门按期要解决的重点问题,如工程质量问题、建设工期问题等,可相应加大有关指标的权重系数。

三大效益是矛盾的统一体。以住宅开发为例,如果增加公共辅助设施,如购物街、健身中心等,由于增加了居民生活的方便程度,使得社会效益增加,但是开发成本增加,经济效益减少;如果减少绿化面积、增加容积率,经济效益虽然增加了,但环境影响程度变差。从另一角度来考虑,如果提高住宅小区内绿化面积、美化居住环境,方便居民生活,楼盘品质得以提升,可吸引更多的消费者,又可以增加项目的经济效益。因此,需要对经济效益、社会效益、环境影响进行全面考虑,从而全面系统地对项目的综合效益进行评判。

综合效益评价方法有很多种,有评价函数法、层次分析法、修正理想点法等,这些方法的运用需要数学工具的辅助,过程比较复杂,这里不一一介绍。

第三节 房地产购买后行为评价

一、房地产购买后行为评价及其主要内容

(一)房地产购买后行为评价的含义

房地产购买后行为评价是指客户购买房地产产品后,在观察期和使用期对于产品使用价值、心理期望满足程度、企业守信程度、服务满意程度和投资价值的全面感受、体验与判断,以及据此而必然产生的对于产品及开发商的评价、社会传播行为和处理不满的方式的选择。

(二)购买后行为评价的主要内容

1. 购买者对于产品及开发商的满意度

购房者在签订合同、付款之后,就进入反复地、深入地、长期地对于开发商行为的观察和对产品价值的实际体验阶段。基于他们自己的观察、体验,对产品价值进行判断的同时,也对开发商进行评价,进而形成"好"或"恶"、"偏爱"或"反感"的情感,这种情感的

态度可以简化为满意与不满意两种情况。对产品及开发商的满意度将决定他们后续的对开发商及其产品可能产生的行为。购房者对于产品及开发商满意度的社会性集合,就形成了开发商的市场信誉,这也就形成了开发商企业品牌的核心价值部分(见图10-2)。

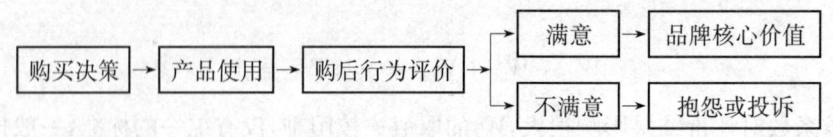

图10-2 消费者购后行为图示

2. 购房者的社会传播行为

购买后,基于对开发商全部行为的感受与判断而产生的社会性传播行为,是一种自发的、非正式的信息传播,它在"信友不信商"的市场中,往往使人们感到真实、可信度高,传播的速度快,影响面大。据一位美国商人说,它的影响幅度为1:100,即一个人不满,将直接或间接影响到100人对企业的信任度;反之,一个超乎寻常的满意,也会传播影响至100个人对企业的赞誉认同。在房地产经营中,极为常见而又被人们熟知的"客户带来新客户"的链条效应,即是最好的佐证。

3. 购房者处理不满的方式的选择

购买后处理不满的方式的选择,是客户在充分权衡开发商责任与自身利益后为维护利益而作出的反应。当认为是开发商的责任时,客户将选择合法、合理、合算的方式追究开发商。诉诸法庭是终极方式。

妥善处理这种不满,是开发商塑造企业品牌的重要环节。这样的问题若是处理不好,轻则影响购房者对开发商的信任,重则严重损害开发商在社会公众前的商誉。

二、影响购买者购后满意度的因素

(一)购买者对于预期效果的预测

房地产产品的总价值高,涉及因素多,因此住宅的购买专业性最强、决策参考信息最广泛、决策参与人最多、决策过程最长、综合成本最高,同时也是最为理性的购买。因此,每一个购买者在决策之前,都会花很多的时间反复地研究、比较,在这个研究比较的过程中,他们往往会在购买之前形成一个对产品性能的预期,如果购买后在使用过程中发现产品的实际性能未能达到预期,购房者就会产生不满意的感觉,相差越远,这种不满就会越强烈。如果购买后发现产品的性能超过预期,就会给他们带来情感上的满足(见图10-3)。

(二)购买者对交易公平性的理解

公平交易准则认为交易各方应当得到公平待遇,也就是说卖方投入产出的比例应当与买方投入产出的比例相近。

交易的投入包括交易所需的时间、金钱、信息和精力等,而交易的产出则可能是时间

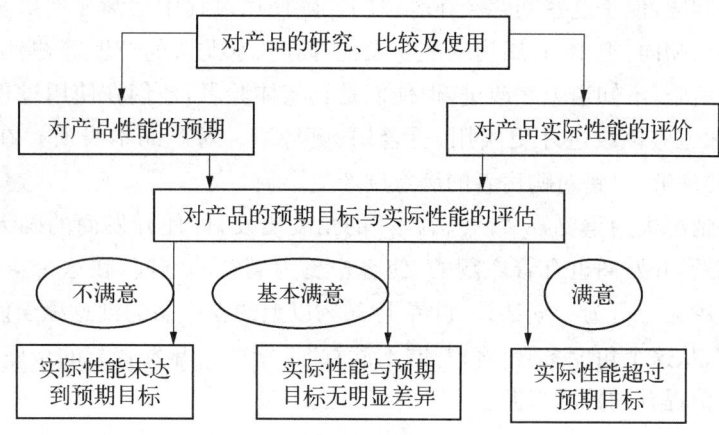

图 10-3 消费者购后满意度图示

的节约、所需的产品或服务或者某种程度的补偿。以郊区盘的购买为例,购买者在一开始就要付出比在市内交通方便地段购房更多的交通费用及时间,这是购房者的投入,产出则是他们所享受到的郊区盘的优势点,比如:空气新鲜、风景优美、价格便宜等。如果购房者认为交通太过不方便(投入过多),或者价格太贵、环境一般(产出不足),就会产生不满意的感觉。

购买者对交易公平性的理解还体现在与其他购房者的比较上,这在分期开发的小区内可以找出很典型的例子。一般来说,随着小区环境的逐步美化、住宅性能的逐步提高,房价总是处在上涨状态之中的,二期、三期的业主所购买的住宅价格都会比一期的业主所购价高,如果后几期的业主觉得投入与产出不成比例,即付出的房地产产品价格与获得的享受,如更优美的环境、更完善的性能、更贴心的服务不成比例,他们就会产生不满意的感觉。

(三)购买者购后心理状态以及购后效果不理想的原因归属

消费者购后心理状态直接影响到消费者对购物预期目标实现与否的认可和对交易公平性的理解。消费者购后的心理状态可能是积极的,也可能是消极的,甚至两种状态同时存在。例如,由于供不应求,某些城市的中低档楼盘售楼人员态度极为恶劣,购房者在购买之后可能对产品感到满意,却对售楼人员的行为感到不快甚至愤怒。

购买者若发现预期的目标未能实现,或者认为交易对自己的不公平,就会觉得不满意,但若这种购后效果的不理想并非是因产品性能或者服务质量的低下所致,而是由于其他外部不可抗力因素的因素,他们的不满意情绪则可能减少或者消失。拿刚才的分期开发的小区业主来说,若是后几期业主知道房价的提升是由于整个城市或者整个地段的房价上涨趋势所致,他们往往表示理解;若他们了解到房价的提升仅仅是开发商的炒作行为,他们往往会有"上当受骗"的感觉,从而表现出极度的不满。

(四)购买者对产品本身可改良、优化空间的理解

房地产产品与其他产品不同,它的专业性较强,很多购房者在购买之初并没有意识

到其中的许多问题,但是这些问题会在客户的实际使用过程中逐渐显现出来。以住宅为例,房间的布局、朝向、卫生间、厨房的配套设施,插座、水龙头的位置等,购房者可能由于专业知识水平所限,不知道怎么改进,但他们是真实体验者,他们在使用过程中会逐渐发现问题所在,知道应该改进才更实用、更合用、更舒适。对产品本身所存在的这些可改良、优化空间的理解,也将对购房者的满意度产生影响。

这第四种情况极为重要,从"以人为本"的角度出发,即使开发商的确无法确定责任和商业道德问题,开发商也有着广阔的、使客户更为满意的空间,在这个空间里,为树立良好的企业品牌大有可为。据估计,世界上70%以上的新产品的创意源于使用者在使用中的"不满意",从这个角度来看,客户的"不满意"是新产品开发智慧的金库,是开发商后续开发产品价值提升的核心来源。

三、注重后行为评价,塑造开发商品牌

房地产开发商要想立足长远发展的战略,塑造企业的品牌形象,就必须注重购房者的后行为评价,并根据反馈机制规范自己的行为。

(一)促进与加强购房者的购后满意感

对购房者购后满意感的促进始于购前阶段并延续到购后阶段,开发商可以从以下四个方面入手,引导购房者对产品或服务的合理预期,并加强他们对交易公平性的理解,从而增强其购买决策的信心和满意感。

1. 了解购房者的购房目的与态度

购房者的购房可能是首次置业,可能是二次或多次置业,也可能是投资置业等,不同的目的他们的购房专业程度不同、购买态度不同,从而影响到他们对住宅产品或服务的预期。

2. 注意掌握好促销分寸

由于产品的信息不对称性,在某些房地产广告中,的确存在着一些虚假成分,例如对未来蓝图夸夸其谈的描述、不按真实比例的区位图的误导等,这些都是极为有害的,它将提高购房者对产品的未来预期,一旦发现与事实不符,将极大地引起他们的不满。因此,开发商对产品的促销应当恰如其分,避免言过其实导致过分地提高购房者的预期,有时甚至可以留有一定余地。

3. 合理确定价格水平

住宅产品的总价值比一般的产品要高,尤其在我们国家,很多人是倾尽所有购买住宅。因此,价格因素一直以来就是购房者的重要因素之一。住宅价格过高势必导致购房者的高预期,若是没有相应的产品性能相配套,不满是可想而知的。

4. 保持产品性能与质量的稳定

购房者购后满意感最终还是要靠住宅产品的质量来保证,只有真正从业主角度出发,考虑到他们的现存的和潜在需求的住宅,才能使得购房者真正感到满意。

（二）减少或消除购房者购后不满意感

为了减少或消除购房者购后的不满意感，促使他们消极态度的转变，开发商可以采取以下三点措施。

1. 保证后期物业管理的质量

物业管理既是客户的迫切需求，也是开发商企业品牌含金量的标志。因为开发商组织的建筑设计、施工、销售等环节存在的缺陷在物业管理过程中都会集中地、逐步地暴露出来；开发商精心营造的优势也会在物业管理中集中地、逐步地表现出来，由此而形成业主对开发商的品牌宣传。

当然，在房地产售后服务这一环节上，开发商不必，也不能包揽这一服务。物业管理的决策权在业主委员会或业主大会。但在开发建设期内，开发商必须作出对客户满意放心的安排。否则购房者在物业管理过程中所形成的不满将会影响到对开发商的评价。

2. 购后阶段帮助购房者增加对交易公平性的理解

开发商不仅应当在购前促销信息中强调本身的投入与努力，而且还应在购后阶段继续向购房者提供有关的信息，从而降低或消除购房者因交易不公平而产生的不满。

3. 尊重客户意见，适时予以反馈

客户对产品的不满，尤其是由于书中所提到的因"产品本身可改良、优化空间"而产生的不满，将是开发商改进未来产品的重要信息。了解到这部分信息后，就必须做到真正的重视，将之作为改良、优化产品的动力机制，并适时地与客户建立反馈环节，并建立相应的激励机制。这样不仅能从根本上提升产品质量，更重要的是加强了客户对开发商未来开发行为的信任，树立了企业的品牌形象。

开发商注重后行为评价，势必将抛弃企业短期行为，势必将由利润最大化的追求转化为客户满意下的满意利润目标，势必将向客户提供性价比更高的产品和更为优质的服务，势必将依法规范自己的开发经营行为，如此这般，将从根本上推动房地产市场健康发展。

本章小结

在房地产开发经营项目历经形成、流通、使用三个阶段之后，站在不同的角度，对房地产开发经营项目的目的、决策、实施过程、效益、作用与影响等全过程进行系统的、客观的、全面的分析和总结，就是房地产开发经营项目后评价。

项目后评价实质上是对房地产开发经营活动投入与产出之间的比较，分别从企业财务的角度、国民经济的角度以及全社会环境影响的角度出发所考虑的投入交出之间的比较，就是房地产开发经营综合效益评价。综合效益评价所采用的方法以多指标评价法为主，多指标评价法的指标体系的建立十分关键，本章列举了经济效益、社会效益、环境影响评价的各项指标，并对综合效益评价的方法进行了简单的讲述，这一部分内容在国内未臻成熟,指标的选取、体系的建立、评价方法的确定还未成定论,随着房地产开发经营活动的规范化,随着房地产相关理论的深入,将会有更大的发展。

购买后行为评价,是站在房地产开发商的角度进行的项目后评价,本章阐述了购买后行为评价的含义与内容,并提出了房地产开发商相应的对策。重视后行为评价,有利于产品质量的改进,有利于增进顾客满意度,有利于塑造开发商的品牌效应,有利于推进房地产市场的健康发展。

关键词

房地产开发与经营项目后评价　综合效益评价　环境影响评价　房地产购买后行为评价

复习思考题

1. 名词解释

（1）房地产开发与经营项目后评价。

（2）房地产购买后行为评价。

2. 选择题（以下选项中至少有一项是正确的）

（1）房地产开发与经营项目后评价的作用主要有哪些？（　　）。

（A）有助于国家更好地决策

（B）有助于项目本身的完善和提高

（C）有利于部门间的合作和管理水平的提高

（D）有利于数据的整理与分析

（E）有利于决策者在后续项目中的决策

（2）经济效益、社会效益、环境影响三者之间的关系是什么？（　　）。

（A）社会效益是基础　　　　　　（B）三者相互独立,互不影响

（C）经济效益是核心　　　　　　（D）三者是矛盾综合体

（E）三者既相互促进,又相互制约

（3）下面的指标选项哪些属于社会效益评价的内容？（　　）。

（A）自然资源保护与利用指标　　（B）劳动就业指标

（C）住宅区卫生指标　　　　　　（D）项目污染控制指标

（E）建设工期指标

（4）下面哪些选项属于房地产购买后行为评价的内容？（　　）。

（A）对购买产品的喜好　　　　　（B）对房地产开发商的评价

（C）产品投诉　　　　　　　　　（D）与朋友聊天中谈到所购住宅的不足

(E) 签订购房合同

(5) 下面哪些因素可以提高购房者的购后满意度?(　　)。
(A) 精美的广告　　　　　　　　　(B) 合适的促销手段
(C) 产品性价比的提高　　　　　　(D) 物业管理质量的保证
(E) 对业主不满的及时处理

(6) 下面选项中哪些说明了注重购后行为评价的重要性?(　　)。
(A) 提升房地产企业的品牌效应　　(B) 提高后续开发的产品质量
(C) 带来稳定的客户源　　　　　　(D) 给开发商带来直接的经济利益
(E) 体现了交易的公平性

3. 论述题

结合实际,建立房地产开发与经营项目经济评价指标体系。

复习思考题参考答案

第一章 绪 论

1. 选择题

(1) ABC；(2) AC；(3) CD；(4) AC；(5) BCD

2. 简答题

(1) 答案要点：房地产开发的基本程序包括以下六个阶段。① 投资决策分析阶段,包括开发设想的形成,环境分析与机会选择；② 依法取得土地使用权阶段；③ 可行性研究阶段；④ 前期准备工作阶段,包括资金的筹措,项目招投标,规划设计,报建工作；⑤ 项目实施阶段；⑥ 销售阶段。

(2) 答案要点：根据房地产经济活动的过程,房地产经营可分为房地产产品形成环节的经营、房地产产品流通环节的经营和房地产产品消费环节的经营三种。① 房地产产品形成过程的经营。房地产产品的形成,从立项、选址开始,历经环境分析与机会选择、可行性研究、依法取得土地使用权、前期准备、建设施工一直到竣工验收为止,从时间序列上来看,与房地产开发的程序是一致的。这一过程房地产经营的主要内容有地产经营和房产的建造。② 房地产产品流通过程的经营。流通过程的房地产经营,主要指的是房产交易,包括有房屋销售、房屋租赁,以及诸如房地产抵押、房地产典当、房地产置换等其他的经营方式。流通过程的房地产经营是房地产企业的主要内容。③ 房地产产品消费过程的经营。房地产产品在流通过程中作为一种消费商品形成之后,便进入了房地产的消费领域。此期间的经营内容包括房屋修缮与管理、物业管理等。

第二章 房地产开发与经营基本理论

1. 选择题

(1) ABCD；(2) AD；(3) AD；(4) BCD

2. 简答题

(1) 答案要点：决策原则有遵守政策法规原则、经济效益原则、风险意识的原则、定性分析与定量分析相结合的原则；类型分为确定型决策、风险型决策和不确定型决策。

(2) 答案要点：常见的不确定型决策方法主要有以下几种。① 大中取大法。又称为乐观主义准则。对客观情况总是抱着乐观的态度。首先找出每种方案在各状态下的最大收益值,再从中找出最大收益值,其对应的方案则为最佳方案。② 小中取大法。又称悲观主义准则。是坏中求好,即先从每个方案中选择一个最小的期望值(最坏的结果),然后从中选择一个相对最大者(坏中求好),其所对应的方案就是较好方案。一般来说,这种方法常为比较保守稳健的投资决策者所采用,因为它可以保证在各种可能的情况下收益不低于此值。③ 最小最大后悔值法。又称为最小机会准则、后悔值准则。这种决策方法是以某个自然状态下的最大收益值定为理想目标。如果没有采取这一理想方案,而采取了其他方案从而使取得的收益减少,就会感到"后悔",这样每个自然状态下的理想最大收益值与它在其他方案的收益值之差所形成的损失值,称为"后悔值"。然后选最大后悔值最小的方案作为比较满意的方案。

(3) 答案要点:房地产开发与经营决策可分为以下六个基本步骤。① 发现问题;② 确定目标;③ 拟定方案;④ 分析评价;⑤ 选择方案。

(4) 答案要点:略。

第三章 房地产企业

1. 名词解释

(1) 房地产企业是指集合土地、资本、人力、物力、企业家才能等生产要素,创造利润、承担风险,并专门从事房地产开发、房屋买卖、物业管理、租赁、房地产抵押,以及房屋信托、交换、维修、装饰乃至房地产信息、咨询、管理服务,并包括土地使用权的出让、转让等经济活动在内的经济组织。

(2) 房地产企业组织是指围绕企业的开发经营目标,将企业全体员工组织起来并开展分工协作,从而推动企业的房地产开发经营各项活动顺利开展所必需的组织形式和组织机构。

(3) 房地产企业经营决策是指企业管理层为了实现企业经营目标对未来一定时期内有关企业经营活动的方向、内容及方式的选择或调整过程。

2. 选择题

(1) ABCD;(2) ABCD;(3) C;(4) ABCD;(5) ABCD

3. 简答题

(1) 答案要点:经济发达国家的实践表明,房地产业对国民经济发展具有重要的推动作用,是国民经济的支柱产业,也是繁荣城市经济的先导性、动力性产业。房地产企业专门从事房地产商品在生产、流通、消费领域的各种经济活动,是房地产业具体从事房地产开发、经营活动的经济实体,是房地产业在国民经济中拥有重要地位、具有重要作用的具体体现者和执行者。房地产企业在国民经济中的重要作用具体表现在以下几个方面:为国民经济的发展提供物质保证;为城市建设事业的发展开辟稳定的资金来源;为相关产业的发展起到有力的带动作用;促进消费结构和产业结构的合理化。

(2) 答案要点:要建立房地产开发经营企业,需要具备以下条件。有符合公司法人登记的名称和组织机构;有适应房地产开发经营需要的固定办公场所;有符合规定额度的注册资本和流动资金;有一定人数的持有专业证书的房地产专业、建筑工程专业的专职技术人员和专职财会人员以及法律法规规定的其他条件。

对房地产开发企业资质等级实行分级审批制。一级资质由省、自治区、直辖市人民政府建设行政主管部门初审,报国务院建设行政主管部门审批;二级资质及二级资质以下企业的审批办法由省、自治区、直辖市人民政府建设行政主管部门制定。经资质审查合格的企业,由资质审批部门发给相应等级的资质证书。除此之外,还对房地产开发企业的资质实行年检制度,对于不符合原定资质条件或者有不良经营行为的企业,由原资质审批部门予以降级或者注销资质证书。

(3) 答案要点:具体来说,房地产开发企业主要人员构成主要有注册建筑师、工程师、财务人员、营销策划人员、项目拓展及发展人员、法律顾问。

(4) 答案要点:房地产企业经营目标可分为经营的战略目标和战术目标,战略目标是指企业长远发展方向、规划的总目标或基本目标,由成长性目标、盈利性目标和竞争性目标构成;房地产企业经营的战术目标是战略目标的具体化,也是实现战略目标的必然途径,其内容由五个方面构成,即市场定位、产品结构、价格策略、广告策略、营销策略。

(5) 答案要点:一般而言,影响房地产企业经营决策的因素主要如下。① 环境。包括宏观环境、中观环境和微观环境,宏观环境主要是指国家经济发展形势以及相关政策的变化等,如个人可支配收入的提高、银行信贷利率的变化、国家对于土地使用权出让制度的变化、是否开征物业税等;中观环境主要是指地产企业所在城市建设与规划、房地产供给与需求及区域文化等情况;微观环境主要是指房地产项目附近区域竞争楼盘情况及消费者需求等情况。这些环境因素的变化对于企业经营决策的影响是不言而喻的。② 决策者对风险的态度。由于决策者对未来的认识能力有限,当前预测的未来活动与未来实际发生的情况不可能完全相符,因而决策者的素质就决定了他对风险的态度。这就要求房地产企业决策者需要不断提高专业水平和心理等素质。③ 思维定式。由于过去的决策影响着现在的决策,决策者也很难脱离以前的决策经验思维,因而对目前的决策有重大的影响。但是,房地产企业伴随着内部状况的改变以及外部环境的影响,决策者应尽可能不要受到过去决策的影响,即脱离思维定式的影响,选择更加民主、科学的决策方法。④ 时间。在房地产企业开发项目的过程中,有时候在项目现场出现一些突发事件,如发生工程事故等,这种时间压力可能限制决策者对事件的评价,从而诱使决策者偏重消极因素,忽视积极因素,仓促决策。

4. 论述题

(1) 答案要点:企业数量稳步增加,但大多数企业规模偏小;企业经营业绩普遍提高,但增长缓慢;企业成长性良好,但赢利能力相对滞后;企业的区域分布具有较高的集中性;企业融资渠道比较单一;企业的经济类型具有多样性,民营企业的发展趋势远强于国有企业。

(2) 答案要点:相关政策制度、经济结构、企业发展模式、国际政治事件等。

第四章 房地产开发与经营环境分析

1. 名词解释

(1) 房地产开发与经营环境是指影响房地产开发与经营活动整个过程的外部因素和条件的总和,是人类有计划、有目的地利用和改造自然环境而创造出来的高度人工化的生存环境。根据分析角度的不同,可将房地产开发与经营环境分为宏观环境、中观环境与微观环境。

(2) 房地产开发与经营环境分析是指对影响房地产开发与经营的外部因素与条件进行分析,找出关键、重点影响因素,整理出有利与不利条件,发现规律,为下一步决策提供依据的过程。

(3) 房地产开发与经营风险是指房地产企业在开发与经营过程中所发生的对未来结果的不确定性,包括政治、经济、金融、意外、个别风险五类。

2. 选择题

(1) BD;(2) C;(3) AB;(4) AD;(5) ABD

3. 简答题

(1) 答案要点:第一步,分析房地产企业内部环境的优势与劣势;第二步,分析房地产开发与经营外部环境的有利与不利因素;第三步:综合以上分析,得出机会点与风险点。企业优势与环境有利条件结合,即 S+O=机会点;企业优势与环境不利条件结合,即 S+T=可规避风险点;企业劣势与环境有利条件结合,即 W+O=可借力机会点;企业劣势与环境不利条件结合,即 W+T=风险点(威胁点)。

(2) 答案要点:房地产开发与经营的政治风险——由于未能预期政治事件的发生或政策发生变

化,导致国家投资环境的变动,进而给房地产开发经营活动带来损失的可能性。房地产开发与经营的经济风险——在房地产开发与经营过程中,由于各种无法预料的经济形势变动或市场需求波动的影响,使房地产企业的实际收益与预测收益发生背离,有蒙受经济损失的可能。房地产开发与经营的金融风险——由于金融业各种经济杠杆发生变动给房地产企业带来损失的可能,主要包括利率风险和外汇风险。来自自然界和冲突的意外风险——自然界的意外风险与灾难,如水灾、地震、台风等。房地产开发经营的个别风险——由于某房地产企业的经营、财务和人事等方面的原因而该房地产企业带来损失的可能性。

4. 论述题

答案要点:政策扶持下的产品,是开发产品选择的机会,如中低档住宅、经济适用房的开发建设;政策制约或限制的产品,需要谨慎行事,如别墅的开发建设。政策有利的时机,是房地产开发与经营的时机切入点,如旧城改造推动着土地供给市场及住宅需求市场的双重发展,抓住有利时机,进行住宅开发,将获得极大的主动权。

第五章　房地产开发用地的获取

1. 名词解释

(1) 土地使用权出让是指国家以土地所有者身份将土地使用权在一定年限内让与土地使用者,并由土地使用者向国家支付土地出让金的行为。

(2) 土地使用权转让是指经出让方式获得土地使用权的土地使用者,通过出售、交换或赠与方式将土地使用权转移给他人的行为。

(3) 土地使用权行政划拨是指经县级以上人民政府依法批准,在土地使用者缴纳补偿、安置等费用后,将该幅土地交付其使用,或者将土地使用权无偿交付给土地使用者使用的行为。

(4) 土地征用是指国家为了公共利益的需要,按照法定程序和条件,将农村集体所有土地转变为国家所有的行为。

(5) 假设开发法是指求取评估地块未来开发完成后的价格,减去未来的正常开发成本、税费和利润后,所得剩余为评估地块价格的方法。

2. 选择题

(1) BCD; (2) ABCD; (3) ABCD; (4) ABCDE; (5) A

3. 简答题

(1) 答案要点:根据《中华人民共和国城市房地产管理法》第十三条规定:"土地使用权出让最高年限由国务院规定。"同时依据国务院《城镇国有土地使用权出让和转让暂行条例》第十二条规定:"国有土地使用权出让最高年限按下列用途确定:居住用地 70 年;工业用地 50 年;教育、科技、文化、卫生、体育用地 50 年;商业、旅游、娱乐用地 40 年;综合或其他用地 50 年。

出让土地使用权的最高年限应当执行上述规定,但最高年限并不是唯一年限,具体出让项目的实际年限是由国家根据产业特点和用地项目情况确定或与土地使用者协商确定。土地使用权出让的实际年限不得突破规定的最高年限。出让年限届满后,如果土地使用者申请续期,应当至迟于届满前一年申请续期,政府除根据社会公共利益需要收回该宗土地以外,对申请续期的应当予以批准,经批准予以续期的,应当重新签订土地使用权出让合同,按规定支付土地使用权出让金。如果使用者未提出申请或申请未获批准,则政府无偿收回土地使用权。

(2) 答案要点:主要内容包括下列条款。出让方及受让人的姓名或者名称、地址;出让土地使用权的坐落位置、宗地号、面积、界址及用途；土地使用年限及起止时间，土地使用条件；交付土地出让金的数额、期限及付款方式；交付土地的时间，转让、出租和抵押土地使用权的条件，不可抗力对合同履行造成影响的处置方式；规划设计要点，项目建设进度及竣工时间；市政设施配套建设义务，使用相邻土地和道路的限制；违约责任，合同适用的法律及合同争议的解决方式等。

土地使用权出让方的权利主要有，要求受让方按合同规定按时缴纳出让价款，否则有权解除合同并请求违约赔偿；在合同履行过程中对受让方利用土地的情况行使监督和检查权；对受让方不按合同规定使用土地或者连续两年不投资建设的，行使警告、罚款直至无偿收回土地使用权的处罚权；合同规定的出让年限届满，无偿收回土地使用权，并同时取得其地上的一切不动产所有权；对合同的争议享有提请有关仲裁机构仲裁或向人民法院起诉的权利。土地使用权受让方的权利主要有，要求出让方按合同规定提供土地使用权，否则有权解除合同并请求违约赔偿；对合同的争议享有提请有关仲裁机构仲裁或者向人民法院起诉的权利；在不违反合同的情况下，享有独立行使土地使用权并排除不法干扰的权利；土地使用权出让年限届满，可以依法申请延期土地使用权。

土地使用权出让方的义务主要有，按合同规定提供土地使用权；执行有关仲裁机构或人民法院对合同争议所作的仲裁决定或判决、裁定；遇到不可抗力造成合同不能履行或者不能全部履行以及需要延期履行的情况，应及时将理由及情况通报对方当事人；土地使用权出让年限届满，为符合规定或需要延期的土地使用者办理延期手续。土地使用权受让方的义务主要有，按合同规定缴纳出让价款，并办理土地登记手续；按合同规定对土地进行开发、利用、经营，如需改变合同规定的土地用途，须经出让方同意并经有关部门批准；必须达到合同规定的条件，方可转让、出租、抵押土地使用权；遇到不可抗力致使合同不能履行或者不能全部履行以及需要延期履行时，应采取必要的补救措施尽力减少损失，并及时将有关情况及其理由通报对方当事人；土地使用权出让合同届满，及时交还土地使用权和办理土地使用权注销手续，并无偿交付地上建筑物及其附着物；接受出让方对合同履行情况的监督和检查。

（3）答案要点：由于土地使用权转让是以土地使用权出让为基础，因而，土地使用权的产权关系可能很复杂，这样土地使用权转让的限制性条件就会更加繁多，依据《中华人民共和国城市房地产管理法》和《城镇国有土地使用权出让和转让暂行条例》等有关法律法规的规定，土地使用权转让的一般条件主要如下。① 土地使用权转让只能在原土地使用权出让合同规定的权利义务范围内进行，不得擅自改变土地用途和土地使用条件；转让土地使用权前，必须按照合同规定，交付全部土地使用权出让金并取得土地使用权证书，这样土地使用者就享有对该土地使用权的处分权，可以依法进行转让。② 土地使用权转让必须办理产权过户手续以及土地使用权变更登记手续，这样将受到法律保护，土地使用权才能真正交付给受让人。③ 转让方应当依法缴纳土地使用权流转税收，如土地增值税、营业税、契税等。④ 转让的目的在于合理开发、利用、经营土地，提高土地利用效益，促进城市建设和经济发展，土地使用者不得非法转让土地，否则，要承担相应法律责任。

一般而言，国有土地使用权转让的内容主要包括以下几个方面。① 土地使用权转让时，国有土地使用权出让合同和登记文件中所载明的权利、义务随之转移给新的受让人。即"认地不认人"，要求新的土地使用权受让人使用土地必须按照国家与原受让人之间订立的土地使用权受让合同进行，不得随意改变。② 转让国有土地使用权的使用年限为国有土地使用权出让合同规定的使用年限减去原土地使用者已经使用年限的剩余年限。③ 对于国有土地使用权转让价格，如果明显低于市场价格的，市、县人民政府有优先购买权；如果市场价格不合理上涨时，市、县人民政府可以采取措施，平稳价格；土地使用权与地上建筑物、其他附着物一同转让时，其价格应分别作出评估。

（4）答案要点：根据《中华人民共和国土地管理法》的有关规定，列入国家固定资产投资计划的或准许建设的国家建设项目,经过批准,建设单位方可申请用地,其程序一般分为建设项目的预审、用地申请、拟定征地补偿安置方案、签订征地协议、出让或划拨土地使用权、颁发土地使用证六个步骤。

(5) 答案要点：工作主要如下。① 认真研究公告信息和相关文件,讨论本开发企业是否符合相关条件以及是否具有开发能力；② 进行现场勘察,了解地块具体位置、地块开发程度、地块周边情况、地块片区市场情况等内容；③ 研讨地块拟开发的物业形态、政策和工程技术的可行性,预测楼盘的销售或经营情况,以对地块价格进行准确测算；④ 测算地块价格,便于编制标书或参加拍卖叫价；⑤ 预测竞标风险,主要包括保证金风险、攀比风险、寻租损失风险等,并提出可行的措施方案。

4. 论述题

(1) 答案要点：问题。有关征地的范围问题；关于征地费与土地出让金巨大差价问题；征地补偿费的使用和透明度问题等。对策。完善立法、明晰征地范围；完善征地补偿制度；明晰产权,增加征地过程的透明度。

(2) 答案要点：前提条件。土地最佳利用方式开发；正确预测未来开发完成后的房地产价格；稳定的房地产政策环境和健全的房地产法律、法规；全面合理的房地产投资开发和交易税费项目；长远、稳定的土地供给计划；完整、公开及透明度高的房地产资料数据库。步骤。第一步,调查待开发房地产的基本情况。包括待开发房地产所属地区的市场情况、畅销物业形态、地块周边情况、地块基础设施通达程度等。第二步,选择最佳的开发利用方式。确定政府的规划限制,弄清规定的用途、建筑密度、容积率等。第三步,估计开发经营期。弄清待开发房地产的开发期限和经营期限,以利于房地产价格和其他费用的测算。第四步,预测开发完成后的房地产价格,同时估算开发成本、管理成本、投资利息、销售费用、销售税费及开发利润。第五步,测算地价。

第六章 房地产开发项目可行性研究

1. 名词解释

(1) 可行性研究是在工程项目投资决策前,对与项目有关的自然、社会、经济和技术等方面情况进行深入细致的研究；对拟定的各种可能建设方案或技术方案进行认真的技术经济分析、比较和论证；对项目的经济、社会、环境效益进行科学的预测和评价。

(2) 机会研究是在一定的地区和部门内,根据自然资源、市场需求、国家产业政策,通过调查,经过预测和分析研究,选择房地产开发项目,寻找最有利的投资机会。

(3) 房地产市场调查是指运用科学的方法,有目的、有计划、系统地判断、收集、记录、整理、分析、研究房地产市场过去及现在的各种基本状况及其影响因素,并得出结论的活动与过程,从而为房地产经营者预测其未来发展并制定正确的决策提供可靠依据。

(4) 财务评价是指根据国家现行财税制度、价格体系和项目评价的有关规定,从项目财务的角度,分析、计算项目直接发生的财务效益和费用,编制财务报表,计算财务评价指标,考察项目的盈利能力、清偿能力以及外汇平衡等财务状况,据以判断项目的财务可行性。

(5) 动态投资回收期是在考虑资金时间价值的情况下,以项目的净收益来抵偿全部投资(包括固定资产投资和流动资金)所需的时间,是反映项目投资回收能力的重要指标。

(6) 财务净现值是反映项目在计算期内获利能力的动态指标,是指按设定的贴现率,将各年的净现金流量折现到投资起点的现值代数和,以此反映项目在计算期内获利能力。

(7) 财务内部收益率是指项目在整个计算期内,各年净现金流量现值累计等于零时的折现率。

(8) 盈亏平衡分析是研究房地产开发项目在一定时期内的销售收入、开发成本、税金、利润等因素之间的变化和平衡关系的一种分析方法。

(9) 敏感性分析是分析和预测反映项目投资效益的经济评价指标对主要变动因素变化的敏感程度。

2. 选择题

(1) C；(2) A；(3) BC；(4) D；(5) B；(6) AD

3. 简答题

(1) 答案要点：可行性研究的作用有五个。① 可行性研究是项目投资决策的基本依据；② 可行性研究是筹集建设资金的依据；③ 可行性研究是项目立项、用地审批的条件；④ 可行性研究是开发商与有关各部门签订协议、合同的依据；⑤ 可行性研究是编制下一阶段规划设计方案的依据。

编制依据包括，国家和地方的经济和社会发展规划、行业部门发展规划等；批准的项目建议书或同等效力的文件；国家批准的城市总体规划、详细规划、交通等市政基础设施规划等；自然、地理、气象、水文地质、经济、社会等基础资料；有关建设方面的标准、规范、定额、指标、要求等资料；国家所规定的经济参数和指标；开发项目备选方案的土地利用条件、规划设计条件以及备选规划设计方案等；其他有关依据资料。

(2) 答案要点：可行性研究的主要内容包括，项目概况、开发项目用地的现状调查及动迁安置、市场分析和建设规模的确定、规划设计方案选择、资源供给、环境影响和环境保护、项目开发组织机构和人力资源配置、项目实施进度、项目经济及社会效益分析、结论及建议等。

(3) 答案要点：应该遵循下面述及的基本原则，即调查资料的准确性和时效性，针对调查主题的全面性和经济性，以及调查的创造性。

房地产市场调查可以分为不同的类型，按市场调查的范围分专题性市场调查、综合性市场调查；按市场调查的功能分探测性调查、描述性调查、因果性调查等。

(4) 答案要点：房地产市场调查的全过程可以分为调查准备、调查实施和分析总结三个阶段。调查方法主要有观察法、实验法、询问法。

(5) 答案要点：房地产市场调研的内容主要包括以下几个方面。① 房地产市场环境调研。包括宏观环境调研、区域环境调研、项目微观环境调研。② 房地产消费者调研。包括消费者的购买力水平、消费者的购买倾向、消费者的共同特性。③ 竞争楼盘调研。包括产品、价格、广告、销售情况、物业管理。④ 竞争对手调研。包括专业化程度、品牌知名度、推动度或拉动度、开发经营方式、楼盘质量、纵向整合度、成本状况、价格策略、竞争对手历年来的项目开发情况、竞争对手的土地储备情况以及未来的开发方向及开发动态等。

(6) 答案要点：包括土地费用、前期工程费、房屋开发费、管理费、财务费、销售费用及有关税费等。计算方法参考教材。

(7) 答案要点：见教材，略。

(8) 答案要点：房地产开发项目的不确定性分析就是分析不确定性因素对项目可能造成的影响，进而分析可能出现的风险。不确定性分析是房地产项目财务评价的重要组成部分，对房地产开发项目决策的成败有着重要的影响。房地产开发项目不确定性分析可以帮助投资者根据房地产项目投资风险的大小和特点，确定合理的投资收益水平，提出控制风险的方案，有重点地加强对投资风险的防范和控制。

房地产开发项目的不确定性分析主要包括盈亏平衡分析、敏感性分析和概率分析。

4. 计算题

(1) 若取折现率为 8%，完成表 6-7 如下。

表 6－7　某房地产开发项目现金流出、现金流入情况　　　　　　　　　单位：万元

序号	项目	第1年	第2年	第3年	第4年	第5年
1	现金流出	302.27	425.71	572.20		
2	现金流入			444.19	663.46	864.52
3	净现金流量	－302.27	－425.71	－128.01	663.46	864.52
4	累计现金流量	－302.27	－727.98	－855.99	－192.53	671.99
5	折现净现金流量	－279.88	－364.98	－101.62	487.66	588.38
6	累计折现净现金流量	－279.88	－644.86	－746.48	－258.81	329.56

（2）项目的静态回收期为：$5-1+\dfrac{|-192.53|}{864.52}=4.22$（年）。

动态投资回收期为：$5-1+\dfrac{|-258.81|}{588.38}=4.44$（年）。

（3）项目 FIRR＝23.07%。（比较略）

第七章　房地产开发项目的准备

1. 选择题

（1）A；（2）B；（3）C；（4）BD；（5）ACE

2. 名词解释

（1）资金成本就是投资者在工程项目实施中，为筹集和使用资金而付出的代价。资金成本由两部分组成，即资金筹集成本和资金使用成本。

（2）边际资金成本是指企业在新增加一个单位的资本而需要负担的成本。

（3）绿化覆盖率指在建设用地范围内全部绿化种植水平投影面积之和与建设用地面积的比率。

（4）不平衡报价法指在总价基本确定前提下，如何调整项目的各个子项的报价，以期既不影响总报价，又在中标后可以获得较好的经济效益。

3. 简答题

（1）答案要点：房地产开发资金的筹集方式有七种。① 动用自有资金；② 争取银行贷款；③ 利用证券化资金，主要包括发行房地产股票和发行房地产债券；④ 通过联建和参建筹资；⑤ 利用外资；⑥ 通过预售筹资；⑦ 利用承包商垫资。

（2）答案要点：房地产开发资金成本可用绝对数表示，也可用相对数表示。为了便于分析比较，房地产开发资金成本通常用相对数来表示，即支付的报酬与提供的资本之间的比率，也称资本成本率，可用下列公式来计算：

$$K=\dfrac{D}{P-F}\times 100\%\ \text{或}\ K=\dfrac{D}{P(1-f)}\times 100\%$$

式中：K——资金成本率（一般通称为资金成本）；

　　　D——使用费；

　　　P——筹资总额；

　　　F——筹资费用；

f——筹资费用率,即筹资费用与筹资总额之比。

(3) 答案要点:房地产开发项目规划设计方案评价的特点有三个。① 评价主体的多元性。开发项目规划设计方案,评价主体除开发者(开发企业)本身外,还涉及使用者(城市居民)、管理者(城市规划管理部门)、设计者和施工者。不同的评价主体,对方案的评价目标与准则往往不尽一样,因而导致不同的评价结果。② 评价目标的多样性。开发项目规划设计的目标不是单一的,而是多样的。评价规划设计方案,不能以经济效益目标作为唯一的标准,应同时兼顾社会效益和环境效益,以综合效益的好坏作为方案取舍的标准。③ 评价值的不确定性。主要体现在评价者的主观性和项目未来情况的不确定。

(4) 答案要点:建设工程规划许可证的作用主要表现在以下三点。① 确认建设单位或者个人有关建设活动的合法地位;② 作为建设活动过程中接受监督检查时的法律依据;③ 作为城市规划行政主管部门有关城市建设活动的重要历史资料和城市建设档案的重要内容。城市各项建设活动必须严格按照城市规划进行。建设单位或者个人凡在城市规划区内的各项建设活动,无论是永久性,还是临时性的,都必须向城市规划行政主管部门提出申请,由城市规划行政主管部门审查批准。在取得建设工程规划许可证后,方可进行后续工作。

(5) 答案要点:申请施工招标的工程应具备下列条件。① 招标人已经依法成立;② 初步设计及概算应当履行审批手续的,已经批准;③ 招标范围、招标方式和招标组织形式等应当履行核准手续的,已经核准;④ 有相应资金或资金来源已经落实;⑤ 有招标所需的设计图纸及技术资料。

(6) 答案要点:对承包单位资格审查的目的在于了解承包企业的技术和财务实力及管理经验,限制不符合要求条件的承包企业盲目参加投标,并将审查结果作为决标的参考。

(7) 答案要点:开发工程施工采用竞争性招标方式时,其实施程序主要有以下十步。① 确定招标的工程项目;② 组建招标工作小组;③ 向招标投标管理机构提出招标申请;④ 组建评标小组;⑤ 编制工程招标文件和标底;⑥ 发布招标公告或发送投标邀请函;⑦ 对申请投标的单位进行资格审查;⑧ 分发招标文件、全套施工图纸和技术资料;⑨ 组织投标单位踏勘现场,并对招标文件答疑;⑩ 开标、评标和定标。

第八章 房地产开发项目实施

1. 名词解释

(1) 投资管理是指在保证工期和质量的前提下,利用组织、经济、技术和合同措施将成本控制在计划范围之内,并且寻求最大限度的投资节约。

(2) 进度管理是指以进度计划为依据,综合利用组织、技术、经济和合同措施,确保项目工期目标得以实现。

(3) 质量管理是指房地产开发企业贯彻执行建设工程质量法规和强制性规范、标准,确保合同中规定的质量目标的监督与管理行为。

(4) 开发项目的安全健康管理主要任务是保证建设工程的生产者和使用者以及第三人的安全。环境管理是保护生态环境,控制现场作业的粉尘、噪声、三废等对环境的危害,并考虑能源节约和减少资源的浪费。

(5) 合同策划是指开发企业对整个开发项目进行深入研究,划分合同界面、合同实施的接触条件、标包的工程范围、承包方式、合同的主要条款以及合同的签订过程中应注意到的问题。

(6) 合同监督的主要任务是对合同实施情况进行分析,找出偏差,以便采取相应的措施,必要时调整合同的实施过程,达到合同的总目标。

(7) 工程索赔是指签订工程承包合同的开发企业和承包商在履行合同过程中,根据法律、合同规定及惯例,对并非自己的过错,而是应由合同对方承担责任的情况造成的实际损失,向对方提出给予补偿的要求。

2. 单项选择题

(1) B;(2) C;(3) A;(4) C;(5) A;(6) D;(7) D;(8) C;(9) C;(10) A

3. 多项选择题

(1) ABCE;(2) ABC;(3) ACD;(4) ADE;(5) ABE;(6) BCD;(7) ABCE;(8) BCDE;(9) AE

4. 简答题

(1) 答案要点:见第八章第一节进度管理。

(2) 答案要点:见第八章第一节质量管理。

(3) 答案要点:见第八章第二节合同管理。

第九章 房地产营销管理

1. 选择题

(1) B;(2) BCD;(3) CD;(4) BCD;(5) AB;(6) BD;(7) ACD;(8) ABC

2. 简答题

(1) 答案要点:房地产销售是房地产市场营销活动的有机组成部分,是房地产市场营销计划的具体实施和运用,具有复杂性、区域性、风险性、严密性和差异性等特征。

(2) 答案要点:房地产销售管理的内容包括,制定房地产企业销售规划;设计房地产企业销售组织;指挥和协调房地产企业销售活动;评价和改进房地产企业销售活动。

(3) 答案要点:房地产价格由土地取得成本、开发成本、管理费用、贷款利息、销售费用、税费和利润七个因素构成。

(4) 答案要点:房地产定价的理论依据主要有生产费用价值论、预期原理、替代原理和供求理论。

(5) 答案要点:房地产企业的定价目标包括,实现预期投资利润率;项目或当期利润最大化;适应市场竞争;树立企业品牌;以提高市场占有率为目标;以生存为目标。

(6) 答案要点:房地产直接销售的优点是了解市场,降低费用,加强推销,控制价格,提供优质服务。缺点是对房地产企业的开发和营销能力要求较高,不利于企业扩大经营规模;分散了房地产企业的人力、物力和财力,不符合社会分工发展的需要,相应地也增加了企业的经营费用;不利于房地产企业分散经营风险,一旦市场发生变化,企业必须独自承担全部风险和损失。

房地产间接销售的优点是有力地弥补了房地产开发企业经营能力不足的缺陷,有助于降低房地产开发企业的经营费用,分担了房地产开发企业的市场风险,通过专业活动和服务,为交易双方提供帮助,改善市场运行效率。缺点是增加了中间环节和产品成本,开发企业对市场的了解和控制力下降,增加了协调成本。

(7) 答案要点:房地产企业在选择销售渠道时,除遵循的原则之外,还应着重房地产产品方面、房地产市场方面、房地产企业方面、中间商方面、政策法规方面的影响。

(8) 答案要点:房地产企业选择了中间商之后,除签订内容合理的协议外,还应充分认识到与中间商之间的利益差异,并采取有针对性的激励措施来调动中间商的积极性,同时可以考虑适当采取一些惩罚性措施,如终止合作等,以凸显激励的作用。在合作的过程中,及时对中间商进行评价,作为对其进行激励、管理,乃至调整的依据,保持对中间商一定程度的控制权。

(9) 答案要点：房地产促销的实质是传播信息，沟通供需。房地产促销的作用包括传播信息，沟通供需；突出特点，增强竞争能力；刺激需求，引导消费；树立企业形象，拓展市场。

(10) 答案要点：制定房地产促销组合策略，首先要确定促销目标，进而依据促销目标和促销方式的特点来选择适合的促销组合；其次要考虑企业开展促销活动的预算；再次是要结合房地产产品的特性和生命周期选择适宜的组合策略；同时也要注意消费者所处的购买阶段以及当时的市场条件，并能根据竞争楼盘的情况来调整促销组合及其策略。

3. 论述题

(1) 答案要点：所谓房地产价格的影响因素，即对房地产价格水平及其变动产生影响的因素。在房地产开发经营活动中，应着重考察三个方面的重要因素。一是宏观环境方面的因素，如人口的数量、分布和结构，经济发展状况，物价水平，利率和汇率水平，投资体制的变迁，城市化进程，政治安定和社会治安状况，财政政策和货币政策等，是对几乎所有地区房地产价格水平有所影响的因素；二是中观环境方面的因素，如城市的基础设施状况，城市规划，土地资源的可获得性和价格水平，地区产业结构和主导产业的性质，城市居民收入，地区行业法规和政策、行业规范和市场态势、特点等，是对某个地区房地产价格水平有所影响的因素；三是微观环境方面的因素，如项目的区位、景观，公共服务设施的完备程度，建筑物本身的特征等，是房地产自身状况或条件对其价格水平有所影响的因素。其他的，如国际因素，人们的心理因素等，也是值得注意的因素。

房地产企业应该把握这些影响因素的作用，包括作用的方向、程度、时间效应(持续性和时滞性)；有些时候需要依靠经验作出判断，必要时应该量化影响因素与房地产价格水平及其变动之间的关系。房地产企业通过对影响因素定性和定量的分析，将最终结果反映在制定的价格政策上，从而有效降低环境的不确定性，充分利用环境中蕴含的市场机会。

(2) 答案要点：如果选择直接销售方式，房地产企业就应根据企业资源和项目情况做好销售前的准备、销售的实施和管理工作，充分发挥直销的优势。

在销售前的准备方面，房地产企业应做好房地产项目合法性资料的准备、销售资料的准备、销售人员的准备和销售现场的准备等四项工作。合法资料包括未竣工房地产项目预售许可证的办理，已竣工房地产项目应按照《商品房销售管理办法》的规定来执行。项目销售资料包括法律文件，如建设工程规划许可证、土地使用权出让合同、商品房预售许可证或销售许可证以及商品房买卖合同等，宣传资料如介绍楼盘产品特性的形象楼书、全面反映楼盘整体情况的功能楼书等，销售文件如客户置业计划、认购合同、购房须知、价目表、付款方式和需交税费一览表、办理按揭指引、办理入住指引等。销售人员的准备是售前准备中相当重要的一环，房地产企业首先需要选择、确定销售人员的数量，然后在正式展开销售前，依据企业自身背景和目标、物业情况、销售技巧和程序以及其他相关知识等内容，对销售人员进行全面的岗前培训。销售现场的准备工作包括设计和布置售楼中心(模型)、看楼通道、样板房、形象墙和围墙、户外广告牌、灯箱、大型广告牌、导示牌、彩旗、示范环境、施工环境等，以求给来现场的消费者一个良好的印象。在销售的实施和管理方面，房地产企业需要确定销售阶段和工作流程，并对具体的销售过程进行管理。

销售实施阶段是依据市场销售规划、工程进度及形象配合等因素来划分的，并适时进行调整。一般地，房地产销售可以分为预热期、强销期、持续销售期、尾盘期等几个阶段，企业需要在每个阶段制定出计划销售的比例，以作为评估、考核和调整的依据。销售工作流程可以确保销售工作有序、快捷、准确地进行。在通常情况下，常规销售程序应包括这样几个步骤，即客户接待与谈判、收取预定款性质的费用与签订认购合同、交纳首期房款并签订正式商品房买卖合同、交纳余款或办理按揭、其他售后服务。

销售管理包括客户接待的管理、销售现场的管理和房号管理。客户接待的管理应确保销售人员遵循销售工作流程的要求,热情、周到、机敏地与客户进行接触,让所有来现场的消费者接受优质的服务。销售现场的管理涉及销售经理与销售人员权限的划分、销售人员相互之间的职责及协作等方面的内容,其原则是既发挥个人的作用,也发扬团队精神,共同圆满地完成销售目标。房号管理是对预先统一安排的房号进行计划,保证对外有统一的售价与房源结合的资料,并进行动态管理。

(3) 答案要点:广告策略的优点是传播的范围广、及时、形象生动,节省人力;缺点是间接传播,单向信息沟通,难以形成即时购买,成本费用高。销售促进策略的优点是直接而有效,刺激性强,手段灵活多样;缺点是短期效果明显,但不能长期使用,易产生消极影响。公共关系策略的优点是影响范围大,可信度高,可有效提升知名度,树立企业形象;缺点是组织实施的难度大,经济效果不直接,不能急功近利。人员推销策略的优点是双向信息沟通,针对性较强,灵活性高,注重人际关系,成交率高;缺点是成本费用高,对销售人员的要求较高,接触面窄。

4. 计算题

可以设定三种不同情况,采用不同的成本定价法,分别确定适宜价格水平。

(1) 第一种情况:设定目前仍为买方市场,或者开发商定价能力较低,采用成本加成法,即

$$单位价格 = (400 + 2\,000)(1 + 30\%)/(1 - 5\%) = 3\,284(元/平方米)$$

(2) 第二种情况:设定市场低迷,或企业急需变现,采用变动成本定价法,即

$$单位价格 = 4\,000\,000/10\,000 + 2\,000 = 2\,400(元/平方米)$$

(3) 第三种情况:设定开发商经营管理能力较强,或市场状况较好,采用投资收益定价法,即

$$单位价格 = (400 + 2\,000)(1 + 40\%) = 3\,360(元/平方米)$$

第十章 房地产开发与经营项目后评价

1. 名词解释

(1) 房地产开发与经营项目后评价是指以房地产开发与经营项目为对象,对其经济效益、社会效益、环境效益以及顾客满意度进行的全面考核。

(2) 房地产购买后行为评价是指客户购买房地产产品后,在观察期和使用期对于产品使用价值、心理期望满足程度、企业守信程度、服务满意程度以及投资价值的全面感受、体验与判断,以及据此而必然产生的对于产品及开发商的评价、社会传播行为和处理不满意的方式的选择。

2. 选择题

(1) ABCE;(2) DE;(3) BC;(4) ABCD;(5) BCDE;(6) ABC

3. 论述题

答案要点:经济效益、社会效益、环境影响为三个二级指标,其下分别设置第三级指标,并结合实例根据情况设置第四级指标。

附录　国有土地使用权出让合同

第一章　总　　则

第一条　本合同当事人双方。

出让人：中华人民共和国_____省（自治区、直辖市）_____市（县）_____；

受让人：_____。

根据《中华人民共和国土地管理法》、《中华人民共和国城市房地产管理法》、《中华人民共和国合同法》和其他法律、行政法规、地方性法规，双方本着平等、自愿、有偿、诚实信用的原则，订立本合同。

第二条　出让人根据法律的授权出让土地使用权，出让土地的所有权属中华人民共和国。国家对其拥有宪法和法律授予的司法管辖权、行政管理权以及其他按中华人民共和国法律规定由国家行使的权力和因社会公众利益所必需的权益。地下资源、埋藏物和市政公用设施均不属于土地使用权出让范围。

第二章　出让土地使用权的交付与出让金的缴纳

第三条　出让人出让给受让人的宗地位于_____，宗地编号为_____，宗地总面积大写_____平方米（小写_____平方米），其中出让土地面积为大写_____平方米（小写_____平方米）。宗地四至及界址点坐标见附件《出让宗地界址图》。

第四条　本合同项下出让宗地的用途为_____。

第五条　出让人同意在_____年_____月_____日前将出让宗地交付给受让人，出让方同意在交付土地时该宗地应达到本条第_____款规定的土地条件：

(1) 达到场地平整和周围基础设施_____通，即通_____。

(2) 周围基础设施达到_____通，即通_____，但场地尚未拆迁和平整，建筑物和其他地上物状况如下：_____。

(3) 现状土地条件。

第六条　本合同项下的土地使用权出让年期为_____，自出让方向受让方实际交付土地之日起算，原划拨土地使用权补办出让手续的，出让日期自合同签订之日起算。

第七条　该宗地的土地使用权出让金为每平方米人民币大写_____元（小写

_____元);总额为人民币大写_____元(小写_____元)。

第八条 本合同经双方签字后_____日内,受让人需向出让人缴付人民币大写_____元(小写_____元)作为履行合同的定金。定金抵作土地使用权出让金。

第九条 受让人同意按照本条第_____款的规定向出让人支付上述土地使用权出让金。

(一)本合同签订之日起_____日内,一次性付清上述土地使用权出让金。

(二)按以下时间和金额分_____期向出让人支付上述土地使用权出让金。

第一期 人民币大写____元(小写____元),付款时间:____年____月____日之前。
第二期 人民币大写____元(小写____元),付款时间:____年____月____日之前。
第__期 人民币大写____元(小写____元),付款时间:____年____月____日之前。
第__期 人民币大写____元(小写____元),付款时间:____年____月____日之前。

分期支付土地出让金的,受让人在支付第二期及以后各期土地出让金时,应按照银行同期贷款利率向出让人支付相应的利息。

第三章 土地开发建设与利用

第十条 本合同签订后____日内,当事人双方应依附件《出让宗地界址图》所标示坐标实地验明各界址点界桩。受让人应妥善保护土地界桩,不得擅自改动,界桩遭受破坏或移动时,受让人应立即向出让人提出书面报告,申请复界测量,恢复界桩。

第十一条 受让人在该出让宗地范围内新建建筑物时,应符合下列要求:

主体建筑物性质_____;
附属建筑物性质_____;
建筑容积率_____;
建筑密度_____;
建筑限高_____;
绿地比例_____;
其他土地利用要求_____。

第十二条 受让人同意在该出让宗地范围内一并修建下列工程,并在建成后无偿移交给政府:

(1) _____;
(2) _____;
(3) _____。

第十三条 受让人同意在____年____月____日之前动工建设。

不能按期开工建设的,应提前30日向出让人提出延建申请,但延建时间最长不得超过一年。

第十四条 受让人在受让宗地内进行建设时,有关用水、用气、污水及其他设施同宗地外主管线、用电变电站接口和引入工程应按有关规定办理。

受让人同意政府为公用事业需要而敷设的各种管道与管线进出、通过、穿越受让宗地。

第十五条　受让人在按本合同约定支付全部土地使用权出让金之日起30日内,应持本合同和土地使用权出让金支付凭证,按规定向出让人申请办理土地登记,领取《国有土地使用证》,取得出让土地使用权。

出让人应在受理土地登记申请之日起30日内,依法为受让人办理出让土地使用权登记,颁发《国有土地使用证》。

第十六条　受让人必须依法合理利用土地,其在受让宗地上的一切活动,不得损害或者破坏周围环境或设施,使国家或他人遭受损失的,受让人应负责赔偿。

第十七条　在出让期限内,受让人必须按照本合同规定的土地用途和土地使用条件利用土地,需要改变本合同规定的土地用途和土地合作条件的,必须依法办理有关批准手续,并向出让人申请,取得出让人同意,签订土地使用权出让合同变更协议或者重新签订土地使用权出让合同,相应调整土地使用权出让金,办理土地变更登记。

第十八条　政府保留对该宗地的城市规划调整权,原土地利用规划如有修改,该宗地已有的建筑物不受影响,但在使用期限内该宗地建筑物、附着物改建、翻建、重建或期限届满申请续期时,必须按届时有效的规划执行。

第十九条　出让人对受让人依法取得的土地使用权,在本合同约定的使用年限届满前不收回;在特殊情况下,根据社会公共利益需要提前收回土地使用权的,出让人应当依照法定程序报批,并根据收回时地上建筑物、其他附着物的价值和剩余年期土地使用权价格给予受让人相应的补偿。

第四章　土地使用权转让、出租、抵押

第二十条　受让人按照本合同约定已经支付全部土地使用权出让金,领取《国有土地使用证》,取得出让土地使用权后,有权将本合同项下的全部或部分土地使用权转让、出租、抵押,但首次转让(包括出售、交换和赠与)剩余年期土地使用权时,应当经出让人认定符合下列第＿＿＿款规定之条件:

(一)按照本合同约定进行投资开发,完成开发投资总额的25％以上;

(二)按照本合同约定进行投资开发,形成工业用地或其他建设用地条件。

第二十一条　土地使用权转让、抵押,转让、抵押双方应当签订书面转让、抵押合同;土地使用权出租期限超过6个月的,出租人和承租人也应当签订书面出租合同。

土地使用权的转让、抵押及出租合同,不得违背国家法律、法规和本合同的规定。

第二十二条　土地使用权转让,本合同和登记文件中载明的权利、义务随之转移,转让后,其土地使用权的使用年限为本合同约定的使用年限减去已经使用年限后的剩余年限。

本合同项下的全部或部分土地使用权出租后,本合同和登记文件中载明的权利、义务仍由受让人承担。

第二十三条　土地使用权转让、出租、抵押,地上建筑物、其他附着物随之转让、出

租、抵押;地上建筑物、其他附着物转让、出租、抵押,土地使用权随之转让、出租、抵押。

第二十四条 土地使用权转让、出租、抵押的,转让、出租、抵押双方应在相应的合同签订之日起 30 日内,持本合同和相应的转让、出租、抵押合同及《国有土地使用证》,到土地行政主管部门申请办理土地登记。

第五章 期限届满

第二十五条 本合同约定的使用年限届满,土地使用者需要继续使用该地块的,应当至迟于届满前一年向出让人提交续期申请书,除根据社会公共利益需要收回该幅土地的,出让人应当予以批准。

出让人同意续期的,受让人应当依法办理有偿用地手续,与出让人重新签订土地有偿使用合同,支付土地有偿使用费。

第二十六条 土地出让期限届满,受让人没有提出续期申请或者虽申请续期但依照前款规定未获批准的,受让人应当交回《国有土地使用证》,出让人代表国家收回土地使用权,并依照规定办理土地使用权注销登记。

第二十七条 土地出让期限届满,受让人未申请续期的,该土地使用权和地上建筑物及其他附着物由出让人代表国家无偿收回,受让人应当保持地上建筑物、其他附着物的正常使用功能,不得人为破坏,地上建筑物、其他附着物失去正常使用功能的,出让人可要求受让人移动或拆除地上建筑物、其他附着物,恢复场地平整。

第二十八条 土地出让期限届满,受让人提出续期申请而出让人根据本合同第二十五条之规定没有批准续期的,土地使用权由出让人代表国家无偿收回,但对于地上建筑物及其他附着物,出让人应当根据收回时地上建筑物、其他附着物的残余价值给予受让人相应补偿。

第六章 不可抗力

第二十九条 任何一方对由于不可抗力造成的部分或全部不能履行本合同不负责任,但应在条件允许下采取一切必要的补救措施以减少因不可抗力造成的损失。当事人延迟履行后发生不可抗力的,不能免除责任。

第三十条 遇有不可抗力的一方,应在____小时内将事件的情况以信件、电报、电传、传真等书面形式通知另一方,并且在事件发生后____日内,向另一方提交合同不能履行或部分不能履行或需要延期履行理由的报告。

第七章 违约责任

第三十一条 受让人必须按照本合同约定,按时支付土地使用权出让金。如果受让人不能按时支付土地使用权出让金的,自滞纳之日起,每日按迟延支付款项的____‰向出让人缴纳滞纳金,延期付款超过 6 个月的,出让人有权解除合同,收回土地,受让人无权要求返还定金,出让人并可请求受让人赔偿因违约造成的其他损失。

第三十二条 受让人按合同约定支付土地使用权出让金的,出让人必须按照合同约定，按时提供出让土地。由于出让人未按时提供出让土地而致使受让人对该地块使用权占有延期的，每延期一日，出让人应当按受让人已经支付的土地使用权出让金的____‰向受让人给付违约金。出让人延期交付土地超过6个月的，受让人有权解除合同，出让人应当双倍返还定金，并退还已经支付土地使用权出让金的其他部分，受让人并可请求出让人赔偿因违约造成的其他损失。

第三十三条 受让人应当按照合同约定进行开发建设，超过合同约定的动工开发日期满一年未动工开发的，出让人可以向受让人征收相当于土地使用权出让金20%以下的土地闲置费；满两年未动工开发的，出让人可以无偿收回土地使用权；但因不可抗力或者政府、政府有关部门的行为或者动工开发必需的前期工作造成动工开发迟延的除外。

第三十四条 出让人交付的土地未能达到合同约定的土地条件的，应视为违约。受让人有权要求出让人按照规定的条件履行义务，并且赔偿延误履行而给受让人造成的直接损失。

第八章 通知和说明

第三十五条 本合同要求或允许的通知，不论以何种方式传递，均自实际收到时起生效。

第三十六条 当事人变更通知、通讯地址或开户银行、账号的，应在变更后15日内，将新的地址或开户银行、账号通知另一方。因当事人一方迟延通知而造成的损失，由过错方承担责任。

第三十七条 在缔结本合同时，出让人有义务解答受让人对于本合同所提出的问题。

第九章 适用法律及争议解决

第三十八条 本合同订立、效力、解释、履行及争议的解决均适用中华人民共和国法律。

第三十九条 因履行本合同发生争议，由争议双方协商解决，协商不成的，按本条第____款规定的方式解决：

（一）提交_____仲裁委员会仲裁；

（二）依法向人民法院起诉。

第十章 附 则

第四十条 本合同依照本条第____款之规定生效。

（一）该宗地出让方案业经_____人民政府批准，本合同自双方签订之日起生效。

（二）该宗地出让方案尚需经____人民政府批准，本合同自人民政府批准之日起生效。

第四十一条 本合同一式____份，具有同等法律效力，出让人、受让人各执____份。

第四十二条 本合同和附件共____页，以中文书写为准。

第四十三条 本合同的金额、面积等项应当同时以大、小写表示,大小写数额应当一致,不一致的,以大写为准。

第四十四条 本合同于____年____月____日在中华人民共和国_____省(自治区、直辖市)_____市(县)签订。

第四十五条 本合同未尽事宜,可由双方约定后作为合同附件,与本合同具有同等法律效力。

附:出让宗地界址图(略)

出让人(章):_____　　受让人(章):_____
住所:_____　　　　　　住所:_____
法定代表人(委托代理人)　　　　　　法定代表人(委托代理人)
(签字):_____　　　　 (签字):_____
电话:_____　　　　　　电话:_____
传真:_____　　　　　　传真:_____
开户银行:_____　　　　开户银行:_____
账号:_____　　　　　　账号:_____
邮政编码:_____　　　　邮政编码:_____
_____年___月___日　　　　　　 _____年___月___日

图书在版编目(CIP)数据

房地产开发与经营/谭术魁主编. —3 版. —上海：复旦大学出版社，2015.2(2022.6 重印)
(复旦博学·21 世纪工程管理系列)
ISBN 978-7-309-11073-9

Ⅰ. 房… Ⅱ. 谭… Ⅲ. ①房地产开发-高等学校-教材
②房地产经济-高等学校-教材 Ⅳ. F293.3

中国版本图书馆 CIP 数据核字(2014)第 254310 号

房地产开发与经营(第三版)
谭术魁　主编
责任编辑/岑品杰　王雅楠

复旦大学出版社有限公司出版发行
上海市国权路 579 号　邮编：200433
网址：fupnet@fudanpress.com　http://www.fudanpress.com
门市零售：86-21-65102580　团体订购：86-21-65104505
出版部电话：86-21-65642845
杭州长命印刷有限公司

开本 787×1092　1/16　印张 19.75　字数 411 千
2022 年 6 月第 3 版第 11 次印刷
印数 48 901—54 900

ISBN 978-7-309-11073-9/F·2091
定价：40.00 元

如有印装质量问题，请向复旦大学出版社有限公司出版部调换。
版权所有　侵权必究